Leitfaden zum Arbeitsrecht

Dieses Handbuch gibt unter anderem Auskunft über:
- Die Natur des Menschen
- Die Natur der Gesellschaft
- Gesellschaft und Wirtschaft
- Arbeit und Wertschöpfung
- Markt und soziale Funktion
- Verbrauch, Verbraucher-(Konsum-)Gesellschaft
- Gesellschaft und Macht
- Gesellschaft und Kommunikation

Dieses vorliegende Buch gilt in Skandinavien als klassische Einführung in die Sozialwissenschaften. Geschrieben für Laien, hat es inzwischen Eingang in den Schulunterricht und in die Universitäten gefunden. Der bedeutende Soziologe Joachim Israel stellt die drei zentralen Probleme der Gesellschaft vor: die wirtschaftlichen Prozesse, die Machtverteilung sowie die Kommunikation in einer einfachen, für jeden verständlichen Sprache. Dadurch gelingt es ihm, viel von dem oft vernebelnden Begriffswirrwarr der Soziologensprache aufzuhellen. Joachim Israel hat diesen Text mit einem jungen Volvo-Arbeiter Seite um Seite durchgesprochen und ihn in den sprachlichen Anregungen entsprechend verändert.

Joachim Israel, geb. 1920, Professor, Ordinarius der Soziologie an der Universität Lund. Veröff. u. a.: Der Begriff Entfremdung, rde 359, Reinbek 1972; Sozialpsychologie, Stuttgart 1976; The Language Of Dialectics And The Dialectics Of Language (erscheint 1977 bei Munksgaard, Kopenhagen).

Joachim Israel

Die sozialen Beziehungen

Grundelemente der Sozialwissenschaft
Ein Leitfaden

Übersetzt nach der schwedischen Originalausgabe
sowie nach der dänischen Fassung
von Jette Mez

rororo

Rowohlt

rororo aktuell – Herausgegeben von Freimut Duve

DEUTSCHE ERSTAUSGABE

Veröffentlicht im Rowohlt Taschenbuch Verlag GmbH,
Reinbek bei Hamburg, August 1977

Bei der Erstellung der deutschen Fassung halfen
Heinz Kulas, Rolf B. Lindner und Lutz Mez, der auch
die Bibliographie um deutsche Titel erweiterte
Umschlagentwurf Werner Rebhuhn (Foto: Sven Simon)
Satz Aldus (Linotron 505 C)
Gesamtherstellung Clausen & Bosse, Leck/Schleswig
Printed in Germany
980-ISBN 3 499 14063 2

gok

Inhaltsverzeichnis

«. . . Laßt uns auf alle Einwände eingehen, fordert Widerspruch heraus, laßt uns alle Voreingenommenheit und jegliche Geheimniskrämerei brandmarken. Laßt uns niemals eine Frage als ausdiskutiert betrachten, und wenn wir unser letztes Argument vorgebracht haben, laßt uns von neuem beginnen und, falls erforderlich, mit Beredsamkeit und Ironie.»

Proudhon in einem Brief an K. Marx, datiert vom 17. Mai 1846, als Antwort auf Marx' Vorschlag, daß P. und M. zusammenarbeiten sollten, um eine europäische sozialistische Föderation zu bilden.

Vorwort

Als der norwegische Gyldendal-Verlag mir anbot, eine Einführung in die Soziologie zu schreiben, versuchte ich, eine lang gehegte Idee zu verwirklichen: eine «andere» Einführung in die Soziologie zu verfassen. Das habe ich mit dem vorliegenden Buch versucht – *ob* und wie *gut* es mir geglückt ist, überlasse ich der Entscheidung des Lesers.

Die Soziologie handelt von der Gesellschaft. Aber wie sie oft betrieben wird, hat etwas Unwirkliches an sich. Manchmal fällt es einem schwer, die «Gesellschaft» wiederzuerkennen, so wie die Soziologen sie sehen und beschreiben. Ich glaube, dies hängt damit zusammen, daß man es in hohem Maß versäumt hat, sich mit dem zu beschäftigen, was die Leute im allgemeinen interessiert: wirtschftliche Prozesse und wirtschaftliche Probleme.

Aber auch diese Probleme sind nur ein Teil dessen, was wir gewöhnlich unter «Gesellschaft» verstehen. Tatsächlich gibt es in einer Gesellschaft drei zentrale Problemstellungen: 1. eine, die mit *Wirtschaft* und wirtschaftlichen Prozessen zu tun hat; 2. eine, die mit *Macht* zu tun hat; 3. eine, die mit *Sprache* und Kommunikation zu tun hat. Vielleicht wird jemand darauf hinweisen, diese These werde von dem Philosophen und Soziologen Jürgen Habermas vertreten. Ich bin von seinen Gedanken beeinflußt. Aber in meiner Darstellung folge ich Habermas und seinen Theorien nicht. Ich habe nur seine These benutzt, um dieses Buch einzuteilen. Es besteht also aus einem Teil, der von Wirtschaft handelt, einem zweiten, der von Macht und Klassen handelt und aus einem dritten, der von Sprache handelt und vielleicht noch mehr von Kommunikation.

Dazu kommt ein vierter Teil, der die ganze Darstellung einleitet. Hier versuche ich, einige (theoretische und methodologische) Voraussetzungen zu nennen, auf die soziologische Theorien im allgemeinen und die Theorien, die ich darzustellen versuche, fußen. Die klassische Soziologie sah es als *eine* ihrer wichtigsten Aufgaben an, die Gesellschaft zu kritisieren. Das heißt, sie gab sich nicht damit zufrieden, die bestehende Gesellschaft zu beschreiben und zu erklären, sondern versuchte, eine kritische und kritisierende Tätigkeit auszuüben. Man braucht nur Namen zu erwähnen wie Karl Marx, Max Weber, Emile Durkheim, Georg Simmel, Thorstein Veblen und Gunnar Myrdal, um zu verstehen, was ich meine.

Vieles von dieser kritischen Tradition ist verlorengegangen. Das merkt man besonders an den schwedischen Universitäten. Ihre Hauptaufgabe besteht heute darin, Berufsinstitution zu sein. Ängstlich versucht man, die Wünsche künftiger Abnehmer – welch abscheuliches Wort – akademischer Arbeitskraft zu ergründen. Es ist einleuchtend, daß eine gesellschaftskritische Analyse es in diesem Zusammenhang sehr schwer hat. Ja, man kann sogar so weit gehen zu behaupten, daß man ihr mit Mißtrauen begegnet, sie als etwas

Bedenkliches ansieht, wenn nicht gar als direkt gesellschaftsschädlich.

Ich habe versucht, diese kritische Tradition wiederaufzunehmen. Zumindest habe ich versucht, die bestehenden gesellschaftlichen Verhältnisse zu kritisieren. Ich habe in keiner Weise versucht zu verheimlichen, wo meine Sympathien liegen.

Ich betrachte die Gesellschaft als ein Ganzes. Deswegen ist es schwierig, die Soziologie völlig getrennt von anderen Gesellschaftswissenschaften zu betrachten. Ebensowenig sind in einer solchen Darstellung die verschiedenen Gebiete voneinander zu trennen. Deshalb behandle ich die gleichen Probleme an mehreren Stellen. Ich versuche aber jedesmal, sie von unterschiedlichen Standpunkten aus zu beleuchten. Aber dies hat zur Folge, daß ich immer wieder auf das verweise, was ich an anderer Stelle im Buch gesagt habe.

Wenn Wissenschaftler Bücher schreiben, können Leute im allgemeinen ihrer Darstellung nur schwer folgen. Ich glaube jedoch, daß man so schreiben kann, daß jeder, der Lesen gelernt hat, das Geschriebene versteht. Um mich diesem Ideal ein Stück zu nähern, habe ich mich mit Robert Björkenvall, der bei Volvo in Göteborg am Fließband arbeitet, zusammengesetzt. Er hat das ganze Manuskript gelesen und sprachlich und inhaltlich äußerst wertvoll kritisiert. Ich möchte diese Gelegenheit nutzen, um Dir, Robert, für Deine großartige Hilfe zu danken, für Deine Geduld und für Deine Intoleranz gegen jeden technischen, soziologischen Jargon. Sollte es mir nicht gelungen sein, verständlich zu schreiben, ist es bestimmt nicht Deine Schuld.

Kopenhagen, im März 1973 *Joachim Israel*

Vorwort zur deutschen Ausgabe

Die deutsche Ausgabe ist, verglichen mit der ursprünglichen Fassung, verkürzt. Die bei der Ausarbeitung des Buches zugrunde liegenden Gedanken sind jedoch auch in diesem Band beibehalten. Es wurde auch versucht, den Text an eine deutsche Leserschaft anzupassen.

Ich bin für Hinweise und Kritik der Leser sehr dankbar, da ich den Dialog mit dem deutschen Publikum suche. Es ist vorgesehen, in einer eventuellen späteren überarbeiteten Ausgabe diesen Dialog auszuwerten.

Kopenhagen, im April 1977 *Joachim Israel*

Teil I

Theoretische und methodologische Ausgangspunkte

1. Über die Natur des Menschen

1.1. Über die Natur des Menschen im alltäglichen Denken

Die meisten Menschen haben feste Vorstellungen davon, wie die Menschen beschaffen sind. Eltern glauben manchmal, daß Kinder böse zur Welt kommen – einige nennen es die Erbsünde –, andere glauben, daß Kinder im Grunde gut sind, aber böse werden, wenn man sie schlecht behandelt.

Lehrer haben feste Vorstellungen davon, warum Kinder fleißig oder faul sind, gern zur Schule gehen oder schwänzen. Ein Teil dieser Vorstellungen betrifft die «Natur des Menschen», das heißt, man stellt sich vor, daß Schulkinder bestimmte «angeborene» Eigenschaften haben.

Unternehmer haben feste Vorstellungen davon, wie Arbeiter beschaffen sind. Einige glauben, daß sie «von Natur aus faul sind», daß sie keine Verantwortung übernehmen wollen, daß sie nur an sich selbst denken usw. Die Konsequenz einer solchen Einstellung ist, daß die Arbeiter genau kontrolliert werden, daß sie keinen Einfluß haben und es schwierig ist, sie zur Zusammenarbeit zu bewegen.

Politiker glauben, daß es in der «Natur des Menschen» liegt, aufzuhören, zu arbeiten, wenn die Steuern zu hoch werden. Andere meinen, daß nur Konkurrenz und Wettstreit uns weiterbringen und das hervorbringen, was sie – oder wir – «Fortschritt» nennen. Wieder andere Politiker glauben, daß man einen Menschen nur dazu bewegen kann, eine verantwortungsvolle Tätigkeit zu übernehmen, indem man ihm einen hohen Lohn zahlt und andere Privilegien gewährt – obwohl es sich zeigt, daß viele geradezu Beschäftigungen suchen und es lieben, sich mit allerlei zu befassen, ohne dadurch wirtschaftliche Vorteile zu haben. Es kann ja auch mächtig machen oder einem ein solches Gefühl geben. Einige Politiker meinen, bestimmte Menschen wären praktisch veranlagt, andere dagegen theoretisch, und daß man deswegen die praktisch Veranlagten nicht zum Studieren «zwingen» soll.

Architekten haben feste Vorstellungen davon, welche Bedürfnisse die Menschen haben und glauben, sie würden Häuser und Städte bauen, um diese Bedürfnisse zu befriedigen – während sie in Wirklichkeit oft die Wünsche der Grundbesitzer und der großen Baufirmen befriedigen.

Ich könnte noch viele Beispiele aufzählen, aber ich halte es nicht für notwendig. Wir brauchen nur unsere eigenen Vorstellungen zu analysieren und das, was wir über andere Menschen sagen. Wir können das ganze zusammenfassen und behaupten, daß die meisten Menschen feste Vorstellungen davon haben, wie die Menschen beschaffen sind oder «wie die Natur des Menschen ist». Wir können außerdem feststellen, daß viele dieser Vorstellungen wissenschaftlich nicht untermauert sind, sondern das darstellen, was im Englischen so treffend *common sense* heißt, das heißt gesunder (oder ungesunder) Menschenverstand. Diese Vorstellungen beeinflussen aber unser Verhalten. Wir verhalten uns anderen Menschen gegenüber je nachdem, wie sie unserer Meinung nach «sind», wie «sie beschaffen sind» oder «wie ihre Natur ist». Unser Verhalten hat mitunter eine bedeutungsvolle Wirkung. Es bewirkt genau das Verhalten oder das Betragen, das wir von anderen erwarten. Indem wir bestimmte Vorstellungen von anderen Menschen haben, verhalten wir uns so, daß sie wiederum gezwungen sind, in Übereinstimmung mit unseren Erwartungen zu handeln. Tun sie es, dann wird unsere Vorstellung von ihnen als wahr bestätigt. Unsere Vorstellungen vom Menschen und seiner Natur haben somit eine sich selbst erfüllende Funktion oder können sie in bestimmten Fällen haben.

Dies gilt auch für wissenschaftliche Vorstellungen, besonders für die, die mit der Behandlung von Menschen zu tun haben. Viele Psychiater sind sich darüber einig, daß beispielsweise die Symptome von Patienten, die sich eine Weile in einer Nervenheilanstalt aufgehalten haben, in Wirklichkeit Folgen der zuteil gewordenen Behandlung sind. Die Patienten leiden an den Folgen des Hospitalismus.[1]

Oft läuft es so ab, daß der Arzt eine Diagnose stellt und daß er zusammen mit dem Pflegepersonal ein bestimmtes Verhalten erwartet, in Übereinstimmung mit dieser Diagnose. Verhält sich der Patient dann erwartungsgemäß, so begegnet man ihm mit Zustimmung oder anderen positiven und oft fast unmerkbaren Reaktionen. Dies bestärkt dann wiederum sein Verhalten. Er wird ein «guter Patient»[2].

Dieses Beispiel deutet darauf hin, daß es zwischen *common sense*, das heißt Alltagsvorstellungen und wissenschaftlichen Auffassungen keinen großen Unterschied gibt: vielleicht sind sie dem *Inhalt* nach unterschiedlich, aber der Form nach scheinen sie gewisse Ähnlichkeiten zu haben. Dies führt zu der Frage nach dem Unterschied – oder der Ähnlichkeit – zwischen alltäglichem und wissenschaftlichem Denken, insbesondere bei den Gesellschaftswissenschaften. Darauf werden wir zurückkommen.

1.2. Prämissen zur Natur des Menschen

Alles alltägliche Wissen und jedes sozialwissenschaftliche Wissen von Mensch und Gesellschaft setzt gewisse Annahmen voraus. Wir werden dies Prämissen nennen.[3] Diese Prämissen betreffen 1. die Natur des Menschen, 2. die Natur der Gesellschaft, was wiederum davon abhängt, wie man Mensch und Gesellschaft begreift. Wenn wir von bestimmten Annahmen über den Menschen oder die Gesellschaft ausgehen, entwickeln wir auf ihrer Grundlage alltägliche oder wissenschaftliche Theorien über Mensch und Gesellschaft. Diese Prämissen können die bestehenden Verhältnisse betreffen, eine bestimmte historische Entwicklung, und sie können auch Vorstellungen über künftige Verhältnisse, das heißt Utopien, Ideale usw. enthalten. Tatsächlich spielen Vorstellungen über die künftige Entwicklung eine große Rolle, nicht nur in unserem alltäglichen Denken, zum Beispiel in politischen Ideen, sondern auch bei den Gesellschaftswissenschaften.

Die erste Annahme, die wir über den Menschen machen, ist selbstverständlich: *Der Mensch ist ein biologisches Wesen.* Er wird mit 46 Chromosomen geboren, von denen die eine Hälfte von der Mutter stammt und die andere vom Vater. Die Chromosomen enthalten Gene, die Träger sämtlicher erblicher Eigenschaften sind. Der Mensch hat eine bestimmte anatomische Ausstattung, das heißt einen bestimmten Körperbau. Er funktioniert auf bestimmte physiologische Weise, das heißt, er ist Gegenstand verschiedener Lebensprozesse. Er hat einen bestimmten sensorischen Apparat – das heißt verschiedene Sinnesorgane – und bestimmte motorische Fähigkeiten – das heißt solche, die den Bewegungsapparat betreffen. Die biologische Natur des Menschen bildet jedoch nur den Rahmen. Sie setzt dem, was wir leisten oder nicht leisten können, eine Grenze.[4]

Diese biologische Ausstattung der Gattung Mensch unterscheidet sich jedoch in mancher Hinsicht von der anderer Säugetiergattungen. Erstens hat der Mensch die längste Kindheit und somit auch die größte Lernkapazität. Ein Fohlen kann eine halbe Stunde nach der Geburt laufen. Ein Kind aber macht seine ersten unsicheren Schritte mit etwa einem Jahr. Diese Tatsache führt uns zu dem zweiten Unterschied. Ein großer Teil des Tierverhaltens ist nicht erlernt, sondern instinktiv, das heißt angeboren. Es liegt in der Erbausstattung der Tiere. Eine Spinne braucht nicht zu lernen, wie sie ein Netz webt. Weben ist vielleicht nicht sehr schwer zu lernen, erfordert aber Übung, was den Menschen betrifft. Aber hier taucht der dritte Unterschied auf. Die Spinne kann nur auf eine bestimmte Art weben, der Mensch dagegen kann lernen, auf viele Arten zu weben. Außerdem kann er lernen, verschiedenes Material zu verwenden, von der Wolle bis zur synthetischen Faser.

Die biologische Ausstattung des Menschen ermöglicht es also: 1. das Leben mit einer großen Lernkapazität zu beginnen; 2. relativ unabhängig von angeborenen oder instinktiven Reaktionen zu sein; 3. nicht nur artgebunden aktiv zu sein wie beispielsweise die Spinne, sondern im Grunde genommen so viele Aktivitäten ausüben zu können, daß *ein* Mensch allein ihnen im Laufe eines ganzen Lebens nicht nachgehen kann.

Dazu kommt noch etwas anderes. Die Aktivität der Tiere wird in der Regel von einem unmittelbaren Bedürfnis zu überleben bestimmt. Die Spinne webt ihr Netz, um Nahrung zu bekommen. Der Mensch kann aktiv sein, obwohl seine dringlichsten Bedürfnisse befriedigt sind. Tatsächlich arbeitet er die ganze Zeit oder bleibt aktiv, selbst wenn seine unmittelbaren Bedürfnisse befriedigt sind. Die Befriedigung biologisch bedingter Bedürfnisse scheint die Menschen in hochindustrialisierten Gesellschaften kaum zu interessieren. Diese Art Befriedigung betrachten sie als selbstverständlich, was sie aber für die großen Menschenmassen der Dritten Welt nicht ist. Der Mensch in unserer Art von Geellschaft scheint das größte Interesse an jenen Aktivitäten zu haben, die nicht mit der unmittelbar biologisch bedingten Notwendigkeit – zu überleben – verbunden sind.[5]

1.3. Die Selbstschaffung des Menschen

Der Mensch hat als Art eine lange Entwicklung durchgemacht. Sie ist unter anderem dadurch charakterisiert, daß vor Millionen Jahren drei Dinge geschahen, die alle miteinander eng verbunden sind.

Der Mensch lernte, von seinen vier Extremitäten zwei zum Gehen zu benutzen. Im Gegensatz zu allen anderen Säugetieren, die auf allen vieren laufen, hat der Mensch gelernt, aufrecht zu gehen. Dies setzte die Vorderbeine frei, die in Arme und Hände umgebildet wurden. Sie konnten dann zum Arbeiten benutzt werden, das heißt um die Natur zu bearbeiten, um Geräte zu benutzen, in der Landwirtschaft wie auch bei der Jagd. Die Anwendung von Geräten führte unter anderem mit sich, daß sich der Mensch nicht länger von rohem Fleisch ernähren mußte. Statt dessen konnte er Nahrung anpflanzen und zubereiten. Dies bewirkte eine Veränderung der Zähne, besonders der Eckzähne. Sie wurden kleiner. Das wiederum bewirkte, daß sich die Schädelform änderte. Das Gehirn vergrößerte sich, und gleichzeitig erfolgte eine Differenzierung, das heißt eine Aufteilung und Spezialisierung der Gehirnfunktionen wie zum Beispiel der Redefunktion. Es wird behauptet, daß die Vergrößerung des Gehirns eine Folge des Gebrauchs von Werkzeug ist.[6] Der Gebrauch von Werkzeug beeinflußte das Bewegungsvermögen des Menschen, führte aber auch zu einem erhöhten Denkvermögen. Und erhöhtes Denkvermögen wiederum brachte neue Erfindungen mit sich. Der Gebrauch der erfundenen Instrumente beeinflußte dann wiederum das Gehirn. Wir können deshalb behaupten, daß die Entwicklung des Gehirns und die Anwendung von Werkzeug eng miteinander verknüpft und durch gegenseitige Wechselwirkung gekennzeichnet sind. Selbstverständlich ist der Zusammenhang komplizierter, als er hier dargestellt werden kann. Wichtig ist aber die Konsequenz: Die Aktivität des Menschen beeinflußt die ihn umgebende Natur und verändert gleichzeitig den Menschen selbst.

Zusammenfassend möchte ich an der grundlegenden Annahme festhalten, daß eine ständige Wechselwirkung zwischen dem Menschen und seiner natürlichen und sozialen Umgebung besteht. Der Mensch produziert Objekte, zum Beispiel Lebensmittel, um seine elementaren Bedürfnisse zu befriedigen. Produktion bedeutet, daß der Mensch die Natur bearbeitet und verändert. Dies kann durch Ackerbau, das heißt durch systematische Bearbeitung des Bodens geschehen. Heute noch besteht die große Mehrheit der Menschen aus Bauern. In China zum Beispiel, wo ca. 800 Millionen Menschen leben – ein Viertel der ganzen Menschheit –, arbeiten ca. 80 Prozent der Bevölkerung in der Landwirtschaft. Wir müssen etwa 150 bis 200 Jahre zurückgehen, um für Mitteleuropa die gleiche Prozentzahl zu erhalten.

Eine zweite Art, die Natur zu bearbeiten und zu verändern, ist die Gewinnung von Metall, Kohle und Öl. Das ermöglicht Produktion von Eisen und Stahl und außerdem Energie, die hierfür und für jegliche Produktion notwendig ist. Eine dritte Art ist die Anwendung von Holz im Bauwesen und in der Papierproduktion. Eine vierte Art der Naturbeherrschung ist die Verwendung von Atomkraft. Eine fünfte bildet die moderne Chemie, insbesondere die Petrochemie. Die Entwicklung der ganzen Menschheit kann somit charakterisiert werden als ein Prozeß der zunehmenden Kontrolle über die Natur und der Gewinnung von Produkten, die für das menschliche Leben notwendig sind.[7]

Die Veränderung der Natur ist durch eine immer kompliziertere Technik im materiellen Produktionsprozeß geschehen. Aber diese technische Entwicklung – die Entwicklung der Produktivkräfte – wirkt auf andere Gebiete der Gesellschaft ein, zum Beispiel auf die Ausbildung, die in jeder Hinsicht zunimmt, auf Transport, Kommunikation usw. Deshalb scheint der ständig fortschreitende materielle Produktionsprozeß mit seinen neuen Erfindungen nicht ausschließlich zur Herstellung von Objekten zu führen, die der menschlichen Bedürfnisbefriedigung dienen. Die vom Menschen geschaffene Welt scheint ihn in der Weise zu beeinflussen, daß neue Bedürfnisse entstehen, neue Zielsetzungen, neue Interessen, neue Wünsche. Auch hier sehen wir eine derartige Wechselwirkung, daß ein der Bedürfnisbefriedigung dienender Prozeß weit über dieses Ziel hinausgeht und seinerseits zur Triebkraft für Erfindungen und Veränderungen im Produktionsprozeß wird.

Dieser Produktionsprozeß läuft innerhalb eines bestimmten sozialen Rahmens ab, «der Gesellschaft». Die menschliche Tätigkeit schafft also die materiellen und die sozialen Bedingungen für das eigene Leben des Menschen. Aber diese Bedingungen wiederum wirken auf den Menschen ein. Der Mensch ist somit ein Produkt der materiellen und der sozialen Welt, die er *selbst* geschaffen hat.

Diese Überlegungen können wir in drei Behauptungen zusammenfassen, die zusammen einen Ausgangspunkt für unsere Sicht des Menschen in der Gesellschaft bilden: 1. Die Gesellschaft ist ein menschliches Produkt. 2. Die Gesellschaft ist eine Realität an sich. 3. Der Mensch ist ein soziales Produkt.[8]

Die erste Behauptung, die Gesellschaft sei ein menschliches Produkt, wirkt bei oberflächlicher Lektüre fast selbstverständlich. Denkt man aber genauer darüber nach, ist sie nicht mehr selbstverständlich. In Wirklichkeit handelt es sich um eine ziemlich umstrittene Behauptung, weil viele Gesellschaftstheorien die dritte Behauptung, der Mensch sei ein soziales Produkt, betonen, die erste aber vernachlässigen. Dadurch entsteht die Gefahr, daß der Mensch als mehr oder weniger passiv aufgefaßt wird, unsichtbaren Kräften ausgeliefert, die er nicht selbst beherrscht. Auf dieses Problem werden wir später zurückkommen.

Die Behauptung, die Gesellschaft sei ein «menschliches Produkt», kann kaum bedeuten, daß die Gesellschaft ein Produkt der Leistungen und Aktivität einzelner Individuen ist. Diesen Gedanken findet man zum Beispiel in Vorstellungen wie, die Geschichte werde von großen Männern «gemacht» oder «die Geschichte eines Landes sei die seiner Herrscher». Wenn wir über die Gesellschaft als ein menschliches Produkt sprechen, weisen wir auf Gruppen und Klassen von Menschen hin, die in Zusammenarbeit und im Konflikt miteinander das geschaffen haben, was wir «Gesellschaft» nennen. – Im nächsten Kapitel werde ich erörtern, was darunter zu verstehen sei. Ein «menschliches Produkt» bedeutet also, unsere gesamte Umgebung, mit Ausnahme dessen, was wir gewöhnlich die «vom Menschen unberührte Natur» nennen. Es wurde dadurch erschaffen, daß viele Menschen ihr Leben arbeitend verbracht haben und daß dieses Produkt Resultat einer langen Entwicklung, das heißt eines historischen Prozesses ist.

Davon ausgehend können wir zwei wichtige Annahmen machen: 1. Der Mensch ist ein soziales Wesen, und das im doppelten Sinne. Einerseits kann er nur mit anderen Menschen zusammen existieren. Einen isolierten Robinson Crusoe gibt es nur in Erzählungen, und selbst dort ist er nicht allein. Wir könnten keine Sprache benutzen, wir könnten nicht einmal sprechen lernen, wäre niemand da, mit dem wir sprechen könnten und der *verstünde*, was wir mit unseren Worten meinen. Die Kommunikation ist also eine notwendige Bedingung für die menschliche Existenz. Andererseits ist der Mensch ein soziales Wesen in dem Sinne, daß alles, was er macht und alles, was er denkt und sagt von der sozialen Umwelt geprägt ist, in der er lebt. Der Mensch ist in diesem Sinne per Definition ein soziales Wesen.

2. Die Behauptung, die Gesellschaft sei ein menschliches Produkt, bedeutet nicht, daß die Gesellschaft, das heißt die Gesellschaft in der wir heute leben, unser *eigenes* Produkt ist. Im Gegenteil, es gab sie schon vorher und es gibt sie unabhängig von unserer eigenen Existenz.

Dies führt uns weiter zu dem nächsten Satz in unserem Schema, daß nämlich die Gesellschaft eine Realität an sich ist. Dieser Grundsatz weist darauf hin, daß wir in etwas hineingeboren werden. Bei diesem «etwas» handelt es sich teils um bestehende soziale Institutionen, teils um ein System von bestimmte Strukturen bildenden Regeln. Betrachten wir zuerst die sozialen Institutionen. In jeder Gesellschaft gibt es ein bestimmtes Familien- oder Verwandtschaftssystem. Unser System ist relativ einfach, verglichen mit dem System sogenannter primitiver Gesellschaften. Dort gibt es oft feste

Regeln dafür, wen man heiraten darf und wen nicht. Nach unserem System beispielsweise können Cousins und Cousinen heiraten. Eine Cousine oder ein Cousin väterlicherseits sind alle Kinder der Geschwister des Vaters. Eine Cousine oder ein Cousin mütterlicherseits sind alle Kinder der Geschwister der Mutter. In einigen Gesellschaften darf man nur Cousins oder Cousinen väterlicherseits, aber nicht mütterlicherseits heiraten. In anderen Gesellschaften darf man sämtliche Cousinen und Cousins heiraten. In unserer Gesellschaft gibt es die Bestimmung, daß sich Geschwister nicht heiraten dürfen.

Die Mehrzahl der heute in Mitteleuropa geborenen Kinder wird in eine Kleinfamilie hineingeboren, wo sie oft Einzelkinder sind und nur manchmal eine Schwester oder einen Bruder haben. Familien mit mehr als zwei Kindern sind in der heutigen Gesellschaft statistisch gesehen eine Minderheit. Einige Kinder werden natürlich auch in Familien hineingeboren, die nur aus Mutter und Kind bestehen. Daß die Familie eine Kleinfamilie ist, bedeutet, sie umfaßt nur Eltern und Kinder und nicht mehrere Generationen, wie zum Beispiel in der alten schwedischen Bauerngesellschaft. Außerdem wird aller Wahrscheinlichkeit nach das Kind in eine monogame Familie hineingeboren, das heißt, wo man jeweils nur einen Ehepartner hat. Viele Kulturen, besonders mit mohammedanischer Religion, kennen zum Beispiel die polygame Ehe, wo der Mann mehrere Frauen hat.

Das Familiensystem, in das wir hineingeboren werden, wird von sozialen Normen geregelt und ist zur Institution geworden, das heißt, sie verändert sich nur langsam, wenn überhaupt und erscheint uns als Institution, als eine gegebene Realität. Die Familie als Institution gibt es, ehe wir geboren werden. Jetzt kann vielleicht darauf hingewiesen werden, daß die Familie als soziale Institution in der heutigen Gesellschaft nicht die gleiche Funktion hat wie in der Agrargesellschaft vor etwa hundertfünfzig Jahren. Dort war sie Produktions- sowie Verbrauchseinheit. Vieles oder der größte Teil des Familienverbrauchs wurde von der Familie selbst produziert und der größte Teil des Selbstproduzierten blieb in der Familie und ging nicht an Pesonen außerhalb. Heute wird in der Familie, außer zum Beispiel Weißbrot und Sandkuchen aus Backmischungen hergestellt, nur sehr wenig produziert.

Früher erfolgte ein großer Teil des Unterrichts und der Ausbildung innerhalb der Familie. Dies ist heute größtenteils einer anderen sozialen Institution übetragen worden, nämlich dem Ausbildungswesen der Gesellschaft. Früher gab es viele Kinder in einer Familie, deren zentrale Aufgabe es war, das Geschlecht fortzupflanzen. Die Fortpflanzung geschieht immer noch überwiegend in der Kleinfamilie, aber Sexualität und Fortpflanzung sind getrennt worden. Erfindung und Verbreitung von schwangerschaftsverhütenden Mitteln hat dies praktisch ermöglicht, und eine Veränderung dessen, was wir «gesellschaftliche Normen» im Bereich der Sexualität nennen, hat unsere früheren Vorstellungen verändert.

Andere Institutionen und vielleicht die für unser Leben bedeutungsvollsten sind die wirtschaftlichen Institutionen, in denen die Produktion erfolgt und die dafür verantwortlich sind, wie das gesamte Sozialprodukt unter den Mitgliedern der Gesellschaft verteilt wird. In den meisten Ländern der sogenannten westlichen Welt sind diese Institutionen dadurch gekennzeichnet, daß sie kapitalistisch sind. Das bedeutet, die Produktionsmittel sind ausschließlich oder überwiegend – zumindest in den wichtigsten Gebieten der Produktion – Privateigentum. Außerdem ist die Produktion nicht in erster Linie zentral geplant, sondern folgt Marktmechanismen, obwohl man in unserer heutigen Gesellschaft danach strebt, diese außer Kraft zu setzen. Da wir später die wirtschaftlichen Institutionen ausführlich behandeln werden, möchte ich hier nur ein Beispiel dafür geben, wie sie als eine gegebene Realität existieren.

Kapitalistische Wirtschaftsinstitutionen besitzen, wie auch sozialistische, ihre eigene Gesetzmäßigkeit, die damit das Verhalten der Menschen beeinflussen und ihm eine Grenze setzen. Stellen wir uns zum Beispiel vor, jemand, der einen Betrieb besitzt, will plötzlich nicht länger mit Gewinn produzieren, sondern sich statt dessen ungeachtet der Kosten auf Qualität konzentrieren. Ohne Eingreifen und Unterstützung des Staates könnte er in dem herrschenden wirtschaftlichen System und seinen institutionellen Verhältnissen nicht weiter produzieren. Mit anderen Worten: selbst wenn er ohne Gewinn produzieren wollte, wäre er dazu gezwungen. Das bedeutet, daß Kapitalisten der Funktionsweise der Gesellschaft unterworfen sind. Man kann es auch so ausdrücken, daß der Mensch in großen Gebieten des gesellschaftlichen Lebens nicht den eigenen Wünschen und Zielen gemäß handeln kann, wenn sie nicht mit der Funktionsweise der Gesellschaft übereinstimmen. Das bedeutet jedoch nicht, daß die Institutionen, die – so wie wir den Begriff diskutiert haben – etwa vom menschlichen Verhalten unabhängig sind. Sie sind menschliche Produkte und können verändert werden. Und wenn nicht anders, sind die revolutionären Veränderungen, die unser Jahrhundert geprägt haben, der beste Beweis dafür. Die Sowjetunion, China, Kuba, Vietnam, Jugoslawien und alle anderen Länder mit wirtschaftlichen und sozialen Institutionen, die «sozialistisch» genannt werden, sind Beispiele dafür, daß unsere erste Behauptung, «die Gesellschaft ist ein menschliches Produkt», nicht nur abstrakt ist, sondern auf eine konkrete Wirklichkeit hinweist. Hinzu kommt, daß Veränderungen stattfinden. Zum zentralen Problem wird dann, in welchem Ausmaß diese Veränderungen im Rahmen der Systemstruktur geschehen oder ob sie die ganze Struktur überschreiten und verändern.[9]

Bisher habe ich einige Beispiele für Gesellschaftsinstitutionen genannt, die als gegebene Realität existieren. Aber ich habe früher erwähnt, daß der Begriff «gegebene Realität» ein System von Regeln bezeichnet. Wir können unsere Sprache als solch ein System betrachten. Wir müssen dann zwischen

«Sprache» als System von Regeln und «Sprechen» – das heißt das, was wir tun, wenn wir Sprache *benutzen* – unterscheiden. Beispielsweise haben wir grammatikalische Regeln, die aussagen, wie wir die Wörter deklinieren sollen. Wir haben syntaktische Regeln, die unter anderem angeben, in welcher Reihenfolge wir die Wörter zusammenstellen sollen. Zum Beispiel folgt der Satz «er nicht deutsch spricht» nicht unseren syntaktischen Regeln.[10] Schließlich haben wir semantische Regeln, die den Inhalt oder die Bedeutung eines Wortes angeben, was unter anderem von dem Zusammenhang abhängt, in dem sie stehen. Man kann sagen, alle diese Regelsysteme existieren als gegebene Realität, weil sie uns beeinflussen, Sprache auf bestimmte Weise zu benutzen. Und nicht nur das. Wir können die Sprache benutzen, wir können sie sprechen, ohne diese Regeln zu kennen oder sie erklären zu können. Die meisten Menschen haben sehr verschwommene Vorstellungen von grammatikalischen und semantischen Regeln, sprechen aber eine Sprache perfekt. Außerdem können sie gleich angeben, wenn zum Beispiel ein Ausländer nicht korrekt spricht, auch wenn sie nicht sagen können, gegen welche Regeln er verstößt.

Wir können also eine Sprache sprechen und merken, ob andere sie korrekt oder falsch benutzen, ohne die Regeln zu kennen, die *beschreiben* oder *bestimmen* – was korrekt ist, wie die Sprache funktioniert. Wir können eine Sprache auch erlernen, ohne das Regelsystem zu lernen. Das tun Kinder gewöhnlich. Trotzdem «existiert» das Regelsystem in irgendeiner Bedeutung objektiv und unabhängig von den davon betroffenen Individuen. Auf ähnliche Weise funktioniert das Regelsystem, das unser soziales Zusammenwirken bestimmt. Wir verhalten uns unterschiedlich zu Kindern, Frauen, Alten und Leuten, die vermeintlich einen «hohen Status» haben usw. Wir machen uns doch meist keine Gedanken darüber, weil wir es für selbstverständlich halten. Wir benutzen oft den Ausdruck «natürlich ist es so», ohne darüber nachzudenken, *ob* es so «natürlich» ist oder *warum* wir es so «natürlich» finden. Wieder scheint ein System von Regeln zu existieren, das wir nicht anzweifeln, sondern als selbstverständlich betrachten. In dieser Bedeutung existieren sie als gegebene Realität.

Bisher habe ich einige Beispiele für gesellschaftliche Institutionen und Regelsysteme genannt, von denen man sagen kann, sie sind eine gegebene Realität in dem Sinne, daß sie unser Verhalten beeinflussen. Übrig bleibt die dritte Behauptung in unserem Schema – der Mensch sei ein Produkt dieser Realität.

Daß der Mensch ein soziales Produkt ist, wird hier auf bestimmte Weise erklärt: Die Menschen sind oder bleiben, was ihre gesellschaftlichen Beziehungen sind. Im nächsten Abschnitt werde ich dies ausführlicher erörtern. Hier möchte ich nur allgemein behaupten, daß die Menschen, die vor hundertfünfzig Jahren in einer Agrargesellschaft lebten – zum Beispiel in einem Dorf, das sie das ganze Leben kaum verließen – andere Menschen waren, als die Menschen, die heute in hochindustrialisierten Gesellschaften mit einer dominierenden Marktwirtschaft leben, mit einer hochentwickelten Technik, die es möglich macht, Atomkraft einzusetzen, in den Weltraum zu reisen oder mit Hilfe moderner Elektronik unsere technischen und wissenschaftlichen Möglichkeiten zu vergrößern und nicht zuletzt die Fähigkeit, den Menschen zu kontrollieren.

Dieser ganze Abschnitt ist ein Versuch zur Verdeutlichung, was unter der These der Selbstschaffung des Menschen zu verstehen ist: der Mensch ist ein Produkt der Welt, die er selbst durch einen langen historischen Entwicklungsprozeß geschaffen hat. Diese These über die Selbstschaffung des Menschen enthält eine Reihe von zum Teil schon erörterten Annahmen. Ich werde außerdem ein paar behandeln. Erstens, spricht man von der Selbstschaffung des «Menschen», weist man nicht auf bestimmte Individuen hin. Statt dessen abstrahiert man vom Individuum und spricht vom «Menschen» an sich, das heißt von der Gattung Mensch oder vom «Menschen in der westlichen Gesellschaft», vom «Menschen in der heutigen deutschen Gesellschaft». Das bedeutet, daß wir von einer konkreten Beschreibungsebene zu einer abstrakten Ebene übergegangen sind. Wir sehen hier von individuellen Unterschieden ab. Wir sprechen nicht von reich oder arm, Arbeiter oder Kapitalist, alt oder jung, sondern lediglich von dem abstrakten Wesen, dem «Menschen», der seine eigene materielle und soziale Welt schafft, und zwar in einem ständig fortlaufenden Prozeß. Deswegen *erscheint* «die tägliche Arbeit» oft als der Lebensinhalt. In unserer Gesellschaft ist es ein Problem, daß viele Menschen nur die Chance erhalten *zu leben, um zu arbeiten* und nicht einfach *zu arbeiten, um zu leben.* Im letzteren Fall sollte die Arbeit ein Mittel sein, um dem Menschen die Chance zu geben, nach Feierabend zu *leben.*

1.4. Die Persönlichkeit des Menschen und die Rollenanalyse

Im großen und ganzen gibt es zwei Auffassungen über die «Natur» des Menschen oder seine «Persönlichkeit», wie es in der Sozialpsychologie heißt.

Die eine stellt die Persönlichkeit des Menschen als eine Reihe von Eigenschaften dar, angeborene und/oder erworbene. Diese sind mehr oder weniger dauerhaft. Gerade diese Tatsache, daß sie als dauerhaft begriffen werden, erlaubt es, von «Persönlichkeit» zu sprechen. Denn, behaupten die Vertreter dieser Auffassung, wenn das Verhalten des Menschen so eingerichtet wäre, daß es sich in identischen oder ähnlichen Situationen nicht wiederholt, könnte man nicht von einer «Persönlichkeit» sprechen. Man könnte auch nicht vorhersagen, wie sich eine Person in der Zukunft verhält. Die «Persönlichkeit» ist also entweder das Verhalten, das wiederholt wird, oder das, was die Wiederholung bewirkt. Dies kann dann als Eigenschaft oder Charakterzug definiert werden.

In der Soziologie hat man eine bestimmte Version der Persönlichkeitspsychologie entwickelt: die sogenannte «Rollentheorie». «Rolle» kann unterschiedlich definiert werden. Aber gewöhnlich geht man davon aus, daß Menschen verschiedene Positionen in einer Organisation oder Institution innehaben. In der Familie hat der Vater *eine* Position und die Mutter eine *andere*, und die Kinder besitzen eine *dritte*. Mit jeder Position sind bestimmte Erwartungen verbunden, wie man sich verhalten soll. Vom Vater wird in der traditionellen männerdominierten Gesellschaft erwartet, daß er «Familienoberhaupt» ist und für den Lebensunterhalt der Familie sorgt. Von ihm erwartet man, daß er *arbeitet* und die Familie *versorgt*. Genauso gibt es traditionelle Erwartungen, daß die Frau als Mutter sich um die Kinder kümmert, die Hausarbeit macht und «normalerweise» nicht berufstätig ist. Es ist eine Tatsache, daß sich diese traditionellen Erwartungen an Männer und Frauen, Vater und Mutter jetzt allmählich ändern. Diese wichtige Tatsache soll hier jedoch nicht ausführlich behandelt werden, da ich das Beispiel ausschließlich benutze, um die Rollentheorie zu beleuchten. Sämtliche mit bestimmten Positionen verbundenen Erwartungen werden in dieser Theorie gewöhnlich unter der Bezeichnung «Rolle» zusammengefaßt. Die Rolle des Vaters ist es dann, in Übereinstimmung mit den Erwartungen zu handeln, die eine gegebene soziale Umwelt an ihn stellt, und zwar nicht in seiner Eigenschaft als Privatperson, sondern in seiner Eigenschaft als *Inhaber der Position* «Vater».

In dieser Rollentheorie nimmt man dann danach gewöhnlich an, daß das Individuum diese Erwartungen erlernt. Er übernimmt sie, indem er sie *internalisiert* (=verinnerlicht). Das bedeutet, sie werden nicht länger als von außen kommende Erwartungen aufgefaßt, die andere an einen stellen. Statt dessen werden sie in *eigene Erwartungen* verändert, die man an sich selbst stellt, in der Eigenschaft als «Vater», «Mann», «Deutscher», «Metallarbeiter» usw. Von diesen erlernten und «internalisierten» Erwartungen könnte man dann sagen, sie bilden die Persönlichkeit des Individuums, sie lösen das Verhalten aus, das sich jedesmal wiederholt, wenn das Individuum in seiner Eigenschaft als Rolleninhaber handelt.[11, 12]

Diese Theorie enthält einige Schwierigkeiten, die ich ausführlicher behandeln werde. Gewöhnlich erörtert man zuerst das Problem des Unterschiedes zwischen vererbten und erworbenen Eigenschaften. Werden Eigenschaften wie «Ehrlichkeit» oder «Jähzorn» oder «Intelligenz» vererbt, oder wie erwirbt man sie? Wir sind davon ausgegangen, daß der Mensch mit einer Anzahl Chromosomen geboren wird und daß sie die Erbträger enthalten, nämlich die Gene. Außerdem sind wir davon ausgegangen, daß der Mensch als biologisches Wesen eine anatomische Struktur, bestimmte physiologische Funktionen usw. besitzt. Aber er hat auch bestimmte äußerliche Eigenschaften, zum Beispiel Augenfarbe, Hautfarbe, Körpergröße usw. Er hat eine bestimmte Blutgruppe. Und er kann auch bestimmte Krankheiten haben. Alle diese Eigenschaften sind vererbt, und zwar weil die Chromosomenzusammensetzung der Eltern bestimmt, welche Eigenschaften das Kind erhält. Bei Krankheiten muß man jedoch besonders vorsichtig sein, da nur bestimmte vererbbar sind, während andere bestimmte Umweltbedingungen, zum Beispiel Ansteckungsherde und *vielleicht* bestimmte Anlagen, voraussetzen.

Aber wie verhält es sich mit anderen Eigenschaften, die das Aussehen des Menschen nicht kennzeichnen, sondern die er «hat», wie beispielsweise «Intelligenz», «Ehrlichkeit», «Jähzorn»?

Was Intelligenz betrifft, so scheint jedes Kind mit einer bestimmten Ausstattung, mit bestimmten Möglichkeiten geboren zu werden. Sie setzen dem eine Grenze, was das Kind erreichen kann. Aber es steht nicht von vornherein fest, ob das Kind sämtliche Möglichkeiten im Rahmen der vererbten Begrenzung ausnutzt. Es hängt von der Umwelt ab, ob das Kind seine Möglichkeit ausnutzen kann oder nicht.[13] Die Intelligenz ist außerdem an bestimmte Voraussetzungen gebunden, die erfüllt sein müssen, damit eine «normale» Entwicklung erfolgen kann. Neuere Untersuchungen zeigen zum Beispiel, daß Hunger in der frühen Kindheit und besonders der Mangel an eiweißreicher Nahrung nicht wiedergutzumachende Schäden für die Intelligenzentwicklung haben. Weiterhin hat unter anderem der Schweizer Psychologe Piaget nachgewiesen, daß sich die Intelligenz in verschiedenen Stadien entwickelt und daß die motorische Aktivität des Kindes im ersten Stadium eine wichtige Rolle spielt.[14] Das Kind muß die Welt aktiv entdecken, um sie kennenzulernen – sie gleichsam neu gestalten. Als Erwachsene haben wir beispielsweise eine Vorstellung darüber, was ein Ball ist. Wir haben einen *Begriff* «Ball», mit dessen Hilfe wir beschreiben können, wie ein Ball aussieht, wie er sich anfaßt und was man mit ihm machen kann. Diesen Begriff hat ein kleines Kind nicht. Um ihn zu entwickeln, muß es mit dem Ball spielen. Es muß ihn anfassen, in ihn hineinbeißen, ihn werfen usw.[15] Diese aktive Art, mit den Dingen umzugehen, wird von Sinneseindrücken über die Sinnesorgane, zum Beispiel die Augen und beim Kleinkind in erster Linie durch den Mund vervollständigt. Die Schleimhäute des Mundes vermitteln dem Kind in den ersten Lebensmonaten die meisten Sinneseindrücke.

Ein Kind, das nicht genug Nahrung bekommt, wird nicht nur apathisch und hat Schwierigkeiten, mit Sachen aktiv umzugehen, auch seine Wahrnehmungsfähigkeit scheint davon beeinflußt zu werden. Das gleiche gilt für Kinder, die sozial unzureichend angeregt werden. Kinder, die sich zum Beispiel im Säuglingsalter im Kinderheim befinden, wo sie nicht genügend Fürsorge und Kontakt erhalten, entwickeln später als «normale Kinder» ihre motorischen Fähigkeiten und somit auch ihre Kenntnisse von der Umwelt.[16]

Die Intelligenzentwicklung im frühen Kindesalter ist also sehr stark von der sozialen Umwelt abhängig, in der das Kind aufwächst. Das gleiche gilt für die spätere Kindheit. Kinder, die in einer anregenden Umwelt aufwachsen, wo man beispielsweise Bücher liest, die Eltern diskutieren, und den Kindern Fragen beantworten können, wird ihr Wissen eher und besser entwickelt und sie können besser sprechen.

Vielleicht wird jemand einwenden, daß ich Intelligenz und Wissen verwechsle. Aber das Problem besteht darin, daß Intelligenz kaum «exakt» gemessen werden kann, das heißt ohne auf Wissen Rücksicht zu nehmen. Tatsächlich gibt es keinen einzigen Intelligenztest, der lediglich Intelligenz mißt und von Wissen ganz absieht.

Das Beispiel Intelligenz zeigt also, wie kompliziert das Zusammenwirken von Erbe und Umwelt ist. Wie ist es in bezug auf «Ehrlichkeit» oder «Jähzorn»? Ist Ehrlichkeit eine vererbte Eigenschaft oder eine erworbene Verhaltensweise? Wir können beschreiben, welche *Handlungen* wir als «ehrlich» und welche wir als «unehrlich» ansehen. Es geht also um Handlungen, die wir in einer bestimmten sozialen Situation ausführen. Außerdem definieren oder bestimmen wir selbst, welche Handlungen als «ehrlich» bzw. «unehrlich» gelten sollen. Die Regeln dafür ändern sich gewöhnlich, wenn die Gesellschaft sich verändert. Damit wird auch die Klassifizierung der Handlungen geändert, die als ehrlich bzw. unehrlich gelten. Indem wir von «Handlungen» oder «Verhalten» sprechen, setzen wir einen sozialen Zusammenhang voraus. Wir handeln immer in einem gesellschaftlichen Rahmen. Dieser Rahmen scheint für unser Verhalten entscheidend zu sein. Deswegen können wir kaum sagen, wir erben «Ehrlichkeit». Das gleiche gilt für «Jähzorn».

Wir können eine Reihe sogenannter Eigenschaften auswählen und werden finden, daß es sich in Wirklichkeit um *Verhaltensweisen* handelt. Wir beschreiben ein bestimmtes Verhalten, indem wir auf Eigenschaften verweisen. Aber die Tatsache, daß wir Handlungen durch Eigenschaften *beschreiben*, bedeutet nicht, daß es Eigenschaften gibt. In Wirklichkeit dreht man sich im Kreis, wenn man auf Eigenschaften verweist. Man sagt: Er ist ehrlich. Und warum wohl? Weil er die Eigenschaft «Ehrlichkeit» hat – oder einen «ehrlichen Charakter», was dasselbe ist. Woher wissen wir das? Weil wir beobachten können, daß er ehrlich ist. Damit ist der Kreis geschlossen.

Nun wissen wir aber, daß Kinder, deren Eltern «unehrlich» sind, im größeren Maß «unehrlich» zu sein scheinen als Kinder, deren Eltern «ehrlich» sind. Auch dieses Argument beweist nicht unbedingt, daß «Ehrlichkeit» vererbt wird. Denn es kann ja in Wirklichkeit so sein, daß Kinder, die in einer bestimmten Umgebung aufwachsen, auch gerade in dieser Umwelt ihr Verhalten *lernen.*[17]

Aber diese Überlegung weist auch auf eine andere Schwäche der Theorien hin, die von angeborenen oder erworbenen *Eigenschaften* sprechen, die in der «Persönlichkeit» oder in dem «Charakter» des Individuums organisiert sind. Diese Vorstellungen gehen davon aus, daß die sichtbaren Handlungen des Menschen «von innen», von nicht sichtbaren Faktoren bestimmt werden. Es gibt also außer dem Menschen, dessen Handlungen wir sehen können, eine «innere Person», oder wie sehr treffend gesagt wurde, «das Gespenst in der Maschine»[18]. Im Organismus des Menschen – seiner Maschine – ist außerdem «ein kleines Wesen» eingeschlossen, und das ist Ursache unserer Handlungen oder für sie verantwortlich. Ein Problem dieser Annahme ist: beschreibt man unsere Handlungen durch einen «inneren Menschen», müssen wir auch die Handlungen oder Funktionsweise des «inneren Menschen» erklären. Ich werde deswegen die zweite der beiden Arten benutzen, wie man den Menschen und sein gesellschaftliches Wesen betrachten kann.

1.5. Der Mensch ist das, was seine gesellschaftlichen Beziehungen sind

In unserem täglichen Leben müssen wir uns ständig, wie einfach und trivial es auch sein mag, mit anderen Menschen und mit den Dingen unserer Umwelt in Verbindung setzen. Wir setzen uns zu der Welt, in der wir leben, in Beziehung. Das bedeutet, wir *handeln* auf eine bestimmte Weise in Verbindung mit ihr, und wir reagieren auf die Handlungen der Umwelt.[19] Wir können deswegen von einer ganz anderen Definition des Menschen ausgehen, einer Definition, die ich mangels eines besseren Ausdrucks die «relationistische» Definition nennen werde. Kurz zusammengefaßt besagt sie, daß *der Mensch das ist, was seine sozialen Beziehungen sind.*[20]

Was besagt diese Definition und welche Konsequenzen hat sie für unsere Auffassung von der Gesellschaft? Ich will versuchen, einige Punkte zu erörtern. Die Definition besagt, daß der Mensch das ist, was seine gesellschaftlichen Beziehungen sind. Sie besagt nicht, daß er ein *Produkt* seiner sozialen Relationen ist. Dies wäre eine ganz andere These. Sie geht davon aus, daß der Mensch ein soziales Produkt ist, das heißt, sie gründet sich auf die dritte Behauptung des Schemas, das ich auf Seite 19 vorgestellt habe. Dies ist eine gängige These der meisten soziologischen Theorien, die in erster Linie das Individuum als ein Produkt seiner Umwelt, der gesellschaftlichen oder wirtschaftlichen Verhältnisse betrachten. Diese These ist gleichermaßen uninteressant wie falsch. Uninteressant, weil sie eine Selbstverständlichkeit behauptet, nämlich daß der Mensch ein soziales Produkt ist, beeinflußt von den Gesellschaftsverhältnissen, in denen er lebt oder leben muß. Falsch, weil sie den Menschen ausschließlich als passives, Beeinflussungen ausgesetztes Objekt betrachtet. Aber der Mensch ist auch ein aktiv *handelndes* Subjekt, das gibt wie auch empfängt. Der Mensch setzt sich in

Beziehung zu sich selbst, zu seiner sozialen Umwelt und der physischen Welt. Aber er tut es nicht willkürlich oder unbeeinflußt, sondern im Rahmen eines Systems komplizierter gesellschaftlicher Verhältnisse.

Deswegen besagt die Definition auch nicht, der Mensch sei die *Summe* seiner gesellschaftlichen Verhältnisse. Man kann nicht einfach diese Beziehungen addieren, sondern muß sie als kompliziertes System mit einer eigenen Struktur oder Organisation sehen. Mit anderen Worten: gesellschaftliche Beziehungen sind ein bestimmt strukturiertes System. Im nächsten Abschnitt werde ich auf dieses Problem zurückkommen und näher erklären, was ich unter «System», «Struktur» und «Organisation» verstehe.

Hier müssen wir einen dritten Punkt dazunehmen. «Soziale Relationen» können zweierlei Art sein. Den ersten Typ möchte ich «zwischenmenschliche Beziehungen» nennen. Das sind Beziehungen, die wir im persönlichen Kontakt mit Menschen entwickeln. Wir setzen uns zu anderen Menschen auf bestimmte Weise in Beziehung. Wir lieben sie beispielsweise, was bedeutet, wir *handeln* ihnen gegenüber auf bestimmte Weise. Das wiederum ruft bei ihnen Reaktionen hervor, auf die wir wieder mit neuen Handlungen reagieren. Wir verhalten uns unterwürfig oder überlegen, servil oder arrogant zu ihnen, um weitere Beispiele zu nennen. Das bedeutet, wir handeln auf bestimmte Weise und erwarten gewisse Reaktionen auf unsere Handlungen.

«Soziale Relationen» können auch auf etwas anderes hinweisen, nämlich das, was ich «gesellschaftliche Beziehungen» nennen möchte. Was sind gesellschaftliche Beziehungen? Im Unterschied zu zwischenmenschlichen Beziehungen gelten sie nicht für direkte Beziehungen zwischen Individuen, sondern bilden den Rahmen für diese individuellen und zwischenmenschlichen Beziehungen. In Gesellschaften, wo die Verwandtschaftsinstitution dominiert, das heißt in Gesellschaften, die wir im Sprachgebrauch irrtümlich «primitiv» nennen, weil ihnen ein technisch entwickelter und komplizierter Produktionsprozeß fehlt und weil ihnen eine Geldwirtschaft fehlt, sind zum Beispiel diese Verwandtschaftsbeziehungen dominierende gesellschaftliche Beziehungen. Sie beeinflussen sämtliche anderen Verhältnisse. Unser Gesellschaftstyp wird in erster Linie von wirtschaftlichen Verhältnissen dominiert: von Arbeit, Produktion, Verteilung von Produkten und Verbrauch. Diese Prozesse sind wiederum ohne Geldwirtschaft unvorstellbar. Deswegen sprechen wir immerzu von «Geld». Unsere Gesellschaft ist auch dadurch gekennzeichnet, daß die Wirtschaft von Markt und Warenaustausch organisiert wird. Sie wird ebenfalls durch den Umstand beherrscht, daß alles dazu neigt, in Waren verwandelt zu werden, die man kaufen und verkaufen kann. In unserer Gesellschaft kann man praktisch alles kaufen: Brot, Autos, Arbeitskraft, Liebe – oder das, was man so nennt –, Einfluß usw. Im Grunde kann alles in einem ständig voranschreitenden Tauschprozeß verwendet werden, in dem der Mensch riskiert, in eine Ware oder eine Sache verwandelt und als solche behandelt zu werden.

Wir brauchen uns nur unsere Sprachgewohnheiten anzuschauen, die besser als irgend etwas anderes diese Relationen widerspiegeln. Wir sprechen von «Arbeitskraft», von «fehlender Arbeitskraft», von «ausländischer Arbeitskraft». Wenn wir das tun, vergessen wir manchmal, daß das Wort «Arbeitskraft» lebendige Menschen bedeutet, die Kinder und Frauen/Männer haben, in Urlaub fahren, hungern, krank werden und sterben. Sie sind schlechthin «Arbeitskraft», das heißt etwas, was man gegen «Lohn» als Tausch kaufen kann. Gewiß haben wir entdeckt, daß «Arbeitskraft» auch ausgebildet werden muß. Deswegen bauen wir Schulen. Die «Arbeitskraft» kann krank werden und braucht Pflege. Wir nehmen uns «der menschlichen Rohstoffe» an. In Wohlstandsgesellschaften ist man einen Schritt weitergekommen. Manchmal behandelt man Menschen als Menschen: Wir haben soziale Sicherheit für Fälle geschaffen, wo sie bedroht ist: durch Arbeitslosigkeit, Alter, Krankheit usw. Weiterhin werden die Menschen nicht nur als «Arbeitskraft» betrachtet und behandelt, unter anderem weil sie auch Verbraucher sind und als Verbraucher gebraucht werden, damit das Wirtschaftssystem funktionieren kann. Alle diese Probleme werden ausführlich erörtert, wenn ich die wirtschaftlichen Institutionen untersuche. Hier soll es genügen zu verdeutlichen, was ich unter «gesellschaftlichen Beziehungen» verstehe.

Eine grundlegende Annahme besteht darin, daß «gesellschaftliche Beziehungen» «zwischenmenschliche Beziehungen» beeinflussen und in großem Maß für sie verantwortlich sind. Was die «gesellschaftlichen Beziehungen» beeinflußt, werde ich in einem späteren Zusammenhang erörtern. Hier sollen nur die bestehenden Gesellschaftsinstitutionen genannt werden.

Unsere These, daß der Mensch das *ist,* was seine sozialen Beziehungen sind, bedeutet also, daß gesellschaftliche Beziehungen zwischenmenschliche Beziehungen beeinflussen und daß die Organisation gesellschaftlicher Beziehungen das bildet, was wir «soziale Natur des Menschen» nennen – im Unterschied zu seiner biologischen Natur. Mit anderen Worten: Betrachten wir den Menschen und die Gesellschaft, dann betrachten wir ein und dasselbe Phänomen, nur unter verschiedenen Gesichtspunkten. Die Gesellschaft ist dann die Organisation aller Beziehungen, während der Mensch in diesem Netzwerk ein kleines Atom ist.[21] Die These, der Mensch sei das, was seine gesellschaftlichen Beziehungen sind, paßt mit der These von der Selbstschaffung des Menschen ausgezeichnet zusammen. Was der Mensch schafft, sind die gesellschaftlichen Institutionen, und sie sind die Ursache für gesellschaftliche Beziehungen, die dann wiederum die zwischenmenschlichen Beziehungen beeinflussen. Aber eine zentrale Voraussetzung ist, daß *der Mensch das sei, was er macht.* Er ist ein aktiv handelndes Wesen, das agiert und reagiert.

In dieser Diskussion haben wir nicht nur «die Natur des Menschen» behandelt, sondern sind in eine Diskussion über «die Natur der Gesellschaft» geraten.

Bevor ich fortfahre, werde ich kurz zwei Fragen erörtern, die mit dem soeben Diskutierten eng zusammenhängen. Die eine betrifft das Problem des Wissens. Die andere hat mit dem Ursprung unseres «Ich» zu tun und unseren Vorstellungen von uns selbst.

Wenn wir von «Wissen» sprechen, setzen wir in der Regel zwei Annahmen voraus. Die eine besagt, es gibt *jemanden*, der *etwas* über *etwas* weiß. Die andere, daß «etwas wissen» dasselbe ist wie «Wissen haben». Die erste Annahme bedeutet, daß man zwischen einem *Subjekt* unterscheidet, das Wissen hat, etwas weiß, Bewußtsein hat und etwas außerhalb des Subjekts, einem Objekt, wovon es Wissen hat. Ich unterscheide hier also zwischen «Subjekt», das Wissen hat, und «Objekt», wovon man Wissen hat. Das bedeutet mit anderen Worten, daß man die Existenz einer Welt außerhalb des Selbst akzeptiert. In diesem Zusammenhang will ich nicht weiter auf eine Reihe komplizierter erkenntnistheoretischer Probleme eingehen, sondern mich mit dieser kurzen Andeutung begnügen.

Wie stimmt nun meine zweite Annahme, nämlich daß man «Wissen hat», mit meiner früheren Aussage überein, in der ich es ablehnte, den Begriff Eigenschaften zu verwenden und statt dessen einen Relations-Standpunkt vertrat? Weiche ich hier von diesem Standpunkt ab und führe die Eigenschaft, Wissen zu haben, ein? Ich habe in diesem Kapitel bereits Jean Piaget und seine grundlegenden Studien über die Entwicklung des Erkenntnisprozesses beim Kind erwähnt. Piaget geht davon aus, daß man «Wissen» nicht besitzt. Wissen sei, sich aktiv zu der Umwelt in Beziehung zu stellen. Ich handle, wenn ich mich zu meiner Umwelt in Beziehung setze. Ich produziere meine Umwelt teilweise durch meine Aktivität, und was ich produziert habe, begreife ich durch meine Beobachtung.[22]

Diese Theorie lehnt also die Vorstellung ab, daß die Welt oder die Wirklichkeit sich in unserem Bewußtsein widerspiegle oder ohne unser Zutun wiedergegeben werde. Damit dies geschehen könnte, müßte man annehmen, daß, was außerhalb unseres Selbst ist, eine unveränderliche Welt ist, eine Welt, die von unserer Weise, sich aktiv mit ihr in Beziehung zu setzen, unabhängig ist. Aber ein einfaches Beispiel widerlegt dies. Nehmen wir das Objekt «blauer Himmel». Was ist das? Das hängt davon ab, wie man sich zu diesem «Objekt» in Beziehung setzt. Jemand, der physikalisches Wissen hat, wird «blauen Himmel» vielleicht als Lichtwellen auffassen, die in bestimmter Weise gebrochen werden, so daß das Blaue von uns sinnlich wahrgenommen wird. Jemand anderes, der in der Physik nicht sehr bewandert ist, faßt den blauen Himmel vielleicht als etwas auf, das über uns ist, wenn die Sonne scheint. Wieder jemand, der religiös ist, setzt vielleicht «Himmel» in Verbindung mit Gott und spricht vom «Reich Gottes» usw. Was ich unter «blauem Himmel» verstehe, ist somit von der Aktivität abhängig, mit der ich mich zum Objekt meines Wissens in Beziehung setze.

Jetzt kann man eine weitere Behauptung aufstellen. Aktivität, die in diesem Leben von größter Bedeutung ist, beeinflußt auch in hohem Grad die Art, mit der wir uns mit der Welt in Beziehung setzen. Dadurch begreifen wir sie, das heißt, wir wissen etwas über sie. Aber es bedeutet auch, daß wir uns Wissen über sie *verschaffen*, anstatt Wissen über sie *haben*. Wenn es zutrifft, daß unsere tägliche Arbeit unsere zentrale Lebensaktivität ist, dann müßte dies für das Wissen, das wir uns über die Welt verschaffen, von zentraler Bedeutung sein. Ein Arbeiter beispielsweise, der jeden Tag in die Karosseriefabrik geht, der seine Kollegen trifft und mit ihnen spricht, der vom Meister Befehle erhält, der jede Woche seinen Lohn erhält, er verschafft sich ein bestimmtes Wissen über die Welt und insbesondere über die soziale Welt. Was er über sie und die materielle Welt weiß – zum Beispiel über Autos – ist mit seiner täglichen Aktivität eng verbunden. Wenn wir die tägliche praktische Arbeit «Praxis» nennen, dann können wir behaupten, daß die Praxis allergrößte Bedeutung dafür hat, wie wir uns mit der Welt in Beziehung setzen und etwas über sie wissen.[23]

1.6. Zwischenmenschliche Beziehungen oder soziale Interaktion

Ich werde jetzt zum Problem des «Ichs» und unserer Auffassung von uns selbst übergehen. Hier werde ich insbesondere an den amerikanischen Sozialpsychologen G. H. Mead anknüpfen, der interessante Theorien über das «Ich» entwickelt hat.[24]

Das «Ich» kann nur entstehen, wenn es einen sozialen Prozeß gibt, in dem das «Ich» seinen Ursprung hat. Mit diesem Prozeß fängt es an. Was ist dies für ein sozialer Prozeß? Es ist die *soziale Interaktion* zwischen Menschen, die ich früher «zwischenmenschliche Beziehungen» genannt habe. Die soziale Interaktion ist eine notwendige Voraussetzung für die Entstehung des «Ichs». Das neugeborene Kind kann zwischen sich und seiner Umwelt nicht unterscheiden. Wenn es beispielsweise gestillt wird, gehört die Brustwarze der Mutter nicht etwa einer anderen Person. Eine solche Vorstellung setzt voraus, daß der Säugling ein «Ich» haben müßte. Das Ich entwickelt sich langsam durch die frühen zwischenmenschlichen Beziehungen. Ein erster minimaler Anfang zur Entwicklung eines eigenen Ichs findet statt, wenn das Kind anfängt zu lachen, wenn man als Antwort lacht und zu ihm spricht. Wenn es eine Vorstellung von sich selbst, über das «Ich» entwickelt, beginnt es zwischen «Subjekt» und «Objekt» zu unterscheiden.

Was macht sich nun in dem sozialen Prozeß, den wir als «zwischenmenschliche Beziehungen» bezeichnen können oder einfach «soziale Interaktion», bemerkbar? Meads Antwort: «Gesten.» «Gesten» sind sinnvolle

Zeichen, die wir machen, um uns anderen verständlich zu machen. «Gesten» können gesprochen oder «wortlos» sein, zum Beispiel Handbewegungen oder Minen, wenn ich wütend die Faust balle oder mißbilligend die Stirn runzle. Wann ist eine «Geste» sinnvoll? Wenn derjenige, der sie verwendet, das heißt der Sender, sich in den Empfänger versetzt und zu verstehen versucht, wie dieser die Geste auffassen wird. Stellen wir uns ein kleines Kind vor, das auf eine Schüssel mit Süßigkeiten zugeht und die Hand nach einem Stück Schokolade ausstreckt. Gleichzeitig sieht es die Mutter an, die ihre Stirn runzelt, den Zeigefinger mahnend erhebt und «nein» sagt. Sie benutzt also eine Kombination von «Gesten»: die gerunzelte Stirn, den erhobenen Zeigefinger und das Wort «nein». Warum tut sie das? Sie setzt voraus, daß das Kind entweder jede Geste für sich *versteht*, oder was wahrscheinlicher ist, die Kombination dieser Gesten. Nehmen wir nun an, das Kind nimmt trotzdem ein Stück Schokolade. Die Mutter wird das Kind entweder bestrafen oder erklären, es sei «böse und ungehorsam» oder was ihr sonst noch einfällt. Nimmt das Kind nichts, wird sie vielleicht sagen, es sei «brav». Beide Fälle verdeutlichen das Belegen des Kindes mit einer bestimmten Eigenschaft, «böse» oder «brav», eine Weise der Mutter, zu dem Kind eine bestimmte Beziehung zu entwickeln. Das Kind antwortet, indem es sich zu den Erwartungen der Mutter in Beziehung setzt. In Wirklichkeit ist das Kind weder «böse» noch besitzt es die Eigenschaft «Bosheit». Bösesein ist eine Verhaltensweise. Aber man handelt nicht im luftleeren Raum. Man handelt in Beziehung zu anderen Personen. Es wäre deswegen besser – das heißt wenn man konsequent für einen Relations-Standpunkt eintritt – zu sagen: die Mutter handelt gegenüber dem Kind und das Kind reagiert gegenüber der Mutter so, daß die Mutter sein Verhalten als «böse» auffaßt und dann darauf reagiert.

Wenn die Mutter dem Kind oft genug erklärt, daß es böse sei, wird die Auffassung des Kindes von sich selbst, das heißt von seinem «Ich», davon geprägt. Das «Ich» kann in zwei Aspekte unterteilt werden. Der eine betrifft das «handelnde Ich», das heißt das «Ich», das Sachen und Dinge *macht*. Der zweite Aspekt betrifft die *Auffassung*, die ich selbst von *mir* habe, wenn ich bestimmte Dinge mache.[25] Die Auffassung, die ich von mir selbst habe, ist auf die Beurteilung, die andere Menschen von mir haben, zurückzuführen. Mit anderen Worten: ich beurteile mich so, wie andere Menschen mich beurteilen.

Dies gilt natürlich nicht für die Beurteilung aller Menschen, sondern nur der für mich «bedeutungsvollen» Menschen. Wer ist das? Das sind Personen, zu denen ich eine starke gefühlsmäßige Bindung habe. Außerdem sind es Personen, von denen ich abhängig bin – zum Beispiel beim Kind die Mutter. Personen, die mir gegenüber Macht ausüben und meine zentralen Interessen und die Befriedigung meiner Bedürfnisse beeinflussen können. Die Art «bedeutungsvoller Personen» sich zu mir in Beziehung zu setzen, bildet die Grundlage meiner eigenen «Ichentwicklung».

Die Personen, die «bedeutungsvoll» sind oder werden, sind es oft wegen der sozialen Situation, in der die Individuen sie treffen. Eine der wichtigsten Situationen des Individuums ist die Arbeitssituation. Die Personen, die das Individuum hier trifft, und die Situation an sich, werden für das «Icherlebnis» bedeutungsvoll. Ein Arbeiter, der am Fließband gearbeitet hat, drückt die Problematik folgendermaßen aus: «Am Fließband sind die sozialen Beziehungen auf etwas nur Negatives reduziert worden oder haben keinen Einfluß mehr auf die Auffassung des Individuums von sich selbst. Die Auffassung der kapitalintensiven Industrie vom Menschen, er sei ein Ding, muß für die Ichauffassung des Menschen sehr weitgehende Konsequenzen haben. Und dann werden die zwischenmenschlichen Beziehungen auch danach. Denke doch nur daran, wie sich die Solidarität usw. entwickelt hat.»

Wir werden auf die Bedeutung der Arbeitssituation für das Icherlebnis zurückkommen und insbesondere darauf, wie die tendenzielle Verwandlung des Menschen in eine Ware – das heißt Arbeitskraft – seine Ichauffassung beeinflußt.[26]

Ich möchte noch einmal auf das Beispiel Mutter/Kind zurückkommen. Wenn die Mutter durch Handlungen, in Worten wie auch anders, dem Kind zu verstehen gegeben hat, daß es «böse» ist, wird davon, nach der eben entwickelten Theorie, die Auffassung des Kindes von sich selbst beeinflußt. Allmählich glaubt das Kind, es sei «böse». Aber «böse» ist keine Eigenschaft, sondern eine Verhaltensweise, eine Weise, der Umwelt gegenüber zu handeln. Das Kind wird dann so handeln, daß es die Vorstellungen der Mutter erfüllt. Der Mutter wird ihrerseits das, was sie für wahr hält, bestätigt. Was sie aber oft nicht weiß, ist, daß sie selbst der Urheber dessen ist.

Das Beispiel zeigt, wie wichtig unsere eigenen Erwartungen an andere Menschen sind, wenn sie zu einer bestimmten Handlungsweise bewegt werden sollen. Deswegen kann man behaupten, der Mensch sei das, was seine sozialen Beziehungen sind. Verändern sich diese Beziehungen, verändert sich auch der Mensch. Problematisch ist es, wenn die Ichauffassung so verfestigt ist, daß ein Mensch immer wieder dazu neigt, sich auf die gleiche Weise wie schon früher zu anderen in Beziehung zu setzen.

Ich habe von der Rolle gesprochen, die «bedeutungsvolle Personen» für sie eigene Ichentwicklung spielen. Aber es gibt im Leben auch unterschiedlich bedeutungsvolle *Situationen.* Die tägliche Arbeit ist eine der wichtigsten Situationen, in denen sich ein Erwachsener befindet. Bin ich in meiner täglichen Arbeit beispielsweise einer autoritären Organisation unterworfen, einem Unternehmen, das von oben geleitet wird, wo ich Befehle entgegennehmen und ausführen muß, was mir gesagt wird, wo ich geringen oder gar keinen Einfluß auf meine eigene Arbeit habe, wird es mein «Ich» beeinflussen, meine Auffassung von mir selbst, meine Beziehung zu anderen Menschen und zu meiner Arbeit.

Bedeutungsvolle Situationen sind also die gesellschaftlichen Beziehungen, die mein Leben formen und das wiederum meine zwischenmenschlichen Beziehungen beeinflußt.

Ich habe jetzt versucht, einen systematischen «Relations-Standpunkt» zum Menschen und seiner «Natur» darzulegen. Er besagt, daß der Mensch als soziales Wesen erstens das ist, was seine gesellschaftlichen Beziehungen sind. Zweitens, daß diese Beziehungen die Weise, in der er sich zur Umwelt in Beziehung setzt und ebenso das Wissen, das er sich über die Umwelt aktiv aneignet, beeinflussen. Und drittens beeinflußt die Umwelt die soziale Interaktion zwischen Individuen. Ein solcher Relations-Standpunkt setzt voraus, daß das Individuum nicht einmal gedanklich als isoliertes Wesen begriffen werden kann. Gesellschaftliche Prozesse sind eine notwendige Voraussetzung für die Existenz und die Entwicklung des Individuums. Das heißt jedoch nicht, daß sie die einzig notwendigen Prozesse sind. Biologische Prozesse sind natürlich ebenso notwendig. Aber für einen Soziologen sind sie lediglich in dem Maße wichtig, wie sie soziale Prozesse beeinflussen oder von ihnen beeinflußt werden.

Das hier Gesagte kann man auch so ausdrücken, daß «die Gesellschaft» vor dem Individuum da ist. Das Individuum wird in die «Gesellschaft» hineingeboren. Ich habe jedoch früher behauptet, daß man die «Gesellschaft» als Gesamtheit aller bestehenden sozialen und auf bestimmte Weise organisierten Beziehungen sehen kann. Deshalb ist es vielleicht nicht korrekt zu sagen, die «Gesellschaft» existiere vor dem Individuum. Statt dessen kann man, wie ich früher gesagt habe, behaupten, daß «Gesellschaft» und «Individuum» nur verschiedene Aspekte desselben Phänomens sind. Ein isoliertes, separates Individuum gibt es nicht. Das Individuum ist immer ein soziales Wesen, das heißt eingebettet in Beziehungen mit anderen. Auch eine isolierte «abstrakte» Gesellschaft gibt es nicht[27], das heißt eine Gesellschaft, in der man von den Menschen, die gesellschaftliche Beziehungen zueinander eingehen, absehen kann. «Gesellschaft» bedeutet in diesem Zusammenhang, wir sehen von Individuen ab und konzentrieren uns auf kollektive Aspekte. Wenn wir vom «Individuum» sprechen, sehen wir dagegen von diesen Aspekten ab.

Vielleicht entdeckt man bei mir hier einen Widerspruch, wenn ich über «Gesellschaft» spreche. Einerseits behaupte ich, sie existiere vor und unabhängig von dem Individuum. Andererseits definiere ich sie als die Gesamtheit aller sozialen Beziehungen. Der scheinbare Widerspruch wird jedoch aufgehoben, wenn wir an unser Schema denken.[28] Dort habe ich gesagt, die Gesellschaft sei ein menschliches Produkt und eine gegebene Realität. Das sind zwei Arten, über dasselbe Phänomen zu sprechen. Wenn ich von «der Gesellschaft als menschliches Produkt» spreche, spreche ich über die Organisation gesellschaftlicher Beziehungen. Wenn ich von «der Gesellschaft als gegebene Realität» spreche, kann ich über unabhängig vom Individuum existierende Institutionen und Organisationen sprechen. Diese zwei Weisen, über die Gesellschaft zu sprechen, sind also nicht widersprüchlich. Im Gegenteil, sie sind beide notwendig und ergänzen einander, wenn man mit einer «dialektischen Betrachtungsweise» arbeiten will.

2. Über die Natur der Gesellschaft

2.1. Prämissen zur Natur der Gesellschaft – im alltäglichen Denken

Von dem amerikanischen Soziologen W. I. Thomas stammt die bekannte Äußerung, daß die Wirklichkeit in ihren Konsequenzen so wird, wie die Menschen sie definieren.[29] Das bedeutet, die Weise, wie ich meine Welt konstruiere, mein Bild von ihr mache, beeinflußt meine Handlungsweise. Wenn ich davon überzeugt bin, Neger seien faul und den Weißen unterlegen, werde ich nicht nur das Verhalten der Neger als Ergebnis von Faulheit begreifen, sondern werde auch im politischen Handeln von diesen Vorurteilen beeinflußt.

Einige Menschen haben eine Verschwörertheorie. Sie glauben, Streiks, Studentenrevolten, Inflation, der Ausbau der traditionellen Sexualmoral usw. seien auf das bewußte und vor allem zielbewußte Verhalten einzelner Menschen oder Gruppen, Parteien usw. zurückzuführen, die unsere «Gesellschaft» zerstören wollen. Bedeutende soziale Ereignisse werden so zur Konsequenz dieser verschwörerischen Aktivität mit der Absicht, «das Bestehende» zu treffen. Diese Menschen meinen auch, es gäbe etwas, was man «das Bestehende» nennen könnte, das heißt etwas, das von sämtlichen Veränderungen, die wir in unserer sozialen Welt, der Gesellschaft täglich beobachten können, unberührt bleibe. Zwar ändern sich bestimmte Verhältnisse – die Technik beispielsweise – schneller als andere, zum Beispiel tiefverwurzelte Sitten und Bräuche, aber der Gedanke, es gäbe etwas Unbeeinflußbares und Unveränderliches, klingt nicht besonders überzeugend, besonders dann nicht, wenn man längere Epochen betrachtet.

Einige Menschen begreifen die «Gesellschaft» als unbekannte Macht, die über die Menschen bestimmt, sich aber nicht beeinflussen läßt. Hiernach kann man die bestehenden Verhältnisse mißbilligen und beklagen, aber nicht ändern. Diese allgemeine Auffassung von der Hilflosigkeit des Individuums, das Gefühl, unsichtbaren Kräften ausgeliefert zu sein, ist nicht so unrealistisch, wie es scheint. Wir werden später im einzelnen darüber sprechen.

In unserem Typ von Gesellschaft gibt es die starke Tendenz, Menschen in Dinge, in Objekte, in Waren zu verwandeln.[30] Zum Beispiel folgendermaßen: Ein Unternehmen hat Schwierigkeiten. Es wird Arbeitskraft «freigestellt», wie es heißt. Aber in Wirklichkeit entläßt man Menschen und beraubt sie ihrer Unterhaltsmöglichkeiten. Diese Menschen haben Kinder, die sie versorgen müssen, sie haben Raten abzuzahlen, die fällig werden, sie sind vielleicht fünfzig Jahre alt und dann will sie kaum jemand wieder einstellen. Aber indem man über «Freistellung von Arbeitskraft» spricht, verschleiert man, daß es sich in Wirklichkeit um lebende Menschen handelt, für die Arbeitslosigkeit zur Tragödie werden kann. Interessant ist in diesem Zusammenhang, wie wenige Menschen auf die Tatsache reagieren, daß lebende Menschen in «Arbeitskraft» verwandelt werden, die eingestellt oder hinausgeworfen wird, je nach *Rentabilität des Unternehmens,* während man ihre *Bedürfnisse* als *Menschen* ignoriert.

Wenn man mehrere zufällig ausgewählte Personen fragen würde, was «Gesellschaft» ist, würde man, glaube ich, die verschiedensten Antworten erhalten. Ein Teil würde sagen, das sei die Polizei, die einschreitet, wenn man in der Öffentlichkeit betrunken ist. Andere würden antworten, «Gesellschaft» sei unsere Rechtsordnung mit Polizei und Gerichtshöfen. Wieder andere würden vielleicht sagen, es seien «Regierung» oder «Parlament». Nur wenige würden sagen, daß sind wir alle, wenn jeder von uns seine Arbeit macht, wie die Zahnräder einer großen Maschinerie.

Einige behaupten, die «Gesellschaft» solle sich so wenig wie möglich in die Angelegenheiten des einzelnen einmischen, was bedeutet, es solle möglichst wenig Regeln geben, die das Handeln des einzelnen einschränken. Das gilt besonders für das Handeln einzelner Personen mit großen wirtschaftlichen Möglichkeiten und damit großer Macht. Andere Menschen behaupten, die «Gesellschaft» müsse uns allen eine fundamentale Sicherheit geben können: Es müßte Krankenhäuser und ein Gesundheitswesen geben, die nicht so viel kosten, daß lediglich eine Minderheit sie in Anspruch nehmen kann. Es müßte Schutz gegen Arbeitslosigkeit, gegen wirtschaftliche Verluste, gegen das Alter usw. geben. Die meisten von uns sind sich darüber einig, daß es Aufgabe der «Gesellschaft» ist, eine fundamentale Sicherheit zu schaffen. Aber dies gilt nicht uneingeschränkt. Wenn die Profitgier der Unternehmen und die Sicherheit zufällig in Gegensatz zueinander geraten, steht nicht immer die «fundamentale Sicherheit» an erster Stelle. In den Industrieländern sterben jährlich eine bedeutende Anzahl Menschen durch Arbeitsunfälle. Die entsprechenden Zahlen für Mord und Totschlag sind oft bedeutend geringer. Die Maßnahmen zum Schutz der Arbeiter stehen aber in keinem angemessenen Verhältnis zu den Maßnahmen, die es der Polizei ermöglichen sollen, Mord und Totschlag zu verhindern oder aufzuklären. Man könnte natürlich fordern, Unfälle am Arbeitsplatz mit tödlichem Ausgang strafrechtlich zu verfolgen. Vielleicht würde das einen sofortigen Ausbau des Unfallschutzes bewirken.

Hinter der Funktionsweise der «Gesellschaft» stehen also bestimmte Wertvorstellungen. Eine der stärksten Wertvorstellungen betrifft den Schutz des privaten Eigentums.

Noch ein Umstand sollte hervorgehoben werden. Sämtliche gesellschaftlichen Maßnahmen für eine fundamentale Sicherheit, die wir anscheinend akzeptieren, kosten Geld und werden unter anderem durch Steuern finanziert. Aber Steuerhinterziehung ist sehr weit verbreitet. Manchmal behaupten Leute, nicht ohne Stolz, es sei ihnen geglückt, das «Finanzamt übers Ohr zu hauen». Man spricht nicht davon, daß man im Grunde die «Gesellschaft» übers Ohr haut, das heißt alle diejenigen, die gewissenhaft ihre Steuern zahlen. In unserer Gesetzgebung spiegelt sich diese merkwürdige Haltung der «Gesellschaft» wieder, indem der Diebstahl von Privateigentum härter bestraft und gewöhnlich auch strenger verurteilt wird als Steuerflucht.

In der Diskussion der letzten Jahre tauchte manchmal der Slogan auf, wir bräuchten eine «starke Gesellschaft». Damit meint man, Regierung und staatliche Behörden sollten wirtschaftliche und gesetzliche Möglichkeiten haben, um einzugreifen und insbesondere das privatkapitalistische Unternehmertum und seine Spielarten kontrollieren zu können. Aber die Redewendung ist auch interessant, weil sie etwas über unsere Vorstellung von der «Gesellschaft» aussagt. Unter einer «starken Gesellschaft» könnte man auch eine Gesellschaft verstehen, in der sämtliche Bürger große Möglichkeiten haben, die Entscheidungsprozesse des täglichen Lebens zu beeinflussen, zum Beispiel durch Mitspracherecht und Mitbestimmung am Arbeitsplatz. Wäre das gemacht, würde man gerade «Gesellschaft» als die Gesamtheit der Beziehungen zwischen allen Menschen verstehen, die in einem begrenzten Gebiet leben. Aber wenn man von einer «starken Gesellschaft» spricht, versteht man oft unter «Gesellschaft» die Regierung und die Exekutivmacht, die bei den staatlichen Behörden ist. Und sie sind oft bürokratische Apparate, die tendenziell vergessen, daß sie für die Mitbürger da sind und nicht umgekehrt. «Eine starke Gesellschaft» liefe in diesem Fall Gefahr, eine «stark bürokratisierte Gesellschaft» zu werden.

Die genannten Beispiele sollten die Vorstellungen illustrieren, die sich zeigen können, wenn wir an «Gesellschaft» denken oder von ihr sprechen. Sie haben meiner Meinung nach auch angedeutet, wie Vorstellungen wiederum das Handeln des einzelnen beeinflussen können.

Alle Menschen konstruieren ihren Alltag, die Welt, in der sie leben und die sie erleben. Diese Alltagswelt erscheint so selbstverständlich, daß man sie nicht nur als gegeben betrachtet und als unproblematisch erlebt. Man glaubt, auch andere würden sie auf dieselbe Weise erleben. Das trifft im gewissen Maß für die uns umgebende physische Welt zu und nicht minder auch für die soziale Welt. Die Alltagswelt erscheint deshalb als etwas, was man mit anderen gemeinsam hat. Da man gewöhnlich mit Menschen verkehrt, die dieselben Erfahrungen machen, wird das Erlebnis der Übereinstimmung verstärkt. Die Alltagswelt konzentriert sich um mein eigenes Leben so, wie es jetzt und hier funktioniert.[31]

Eine besondere Rolle bei der Bildung eines Bewußtseins vom Alltagleben spielen die Massenmedien und die von Schule und anderen Lehranstalten vermittelte Ausbildung. Ein spezielles Problem, auf das wir zurückkommen werden, ist folgendes: Die Menschen haben in der Gesellschaft verschiedene Positionen. Sie gehören verschiedenen Klassen an. Die Klasseneinteilung kann auf Grund nachprüfbarer Kriterien vorgenommen werden. Mit dieser Klassenzugehörigkeit verbunden sind bestimmte kurz- und langfristige Interessen. Inwieweit stimmen das Wissen des Individuums, sein Bewußtsein von der sozialen Welt, mit objektiv feststellbaren Positionen und den damit verbundenen Interessen überein?

2.2. Prämissen der Soziologen

Die Soziologen analysieren die Menschen in der Gesellschaft. Das bedeutet, sie versuchen teils herauszufinden, wie sich die Menschen selbst verstehen, teils wie andere sie verstehen. Aber sie sollten auch – und vielleicht noch ehe sie mit ihren Untersuchungen anfangen – analysieren, *was sie selbst sind*, welche Vorstellungen sie haben, wenn sie andere untersuchen.[32] Da sie sich nicht neben oder über die Gesellschaft stellen können, wenn sie diese untersuchen – das hieße ja, sich selbst an den Haaren hochziehen –, sollten sie sich selbst und anderen klarzumachen versuchen, von welchen Prämissen sie ausgehen. Ihr Ausgangspunkt beeinflußt ihre Theorien. Wenn sie einmal einen Ausgangspunkt bezogen haben, können sie nur eine bestimmte soziale Welt, eine bestimmte Gesellschaft und nichts anderes «entdecken». Das Wissen, das die Soziologen über die Gesellschaft erhalten können, ist also von vornherein festgelegt, ob sie sich dessen nun bewußt sind oder nicht. Sind sie es nicht, dann um so schlimmer für sie selbst, wenn sie das Prädikat «objektiver Wissenschaftler» beanspruchen.

Ich werde deshalb zuerst einige Prämissen der Soziologen diskutieren.[33] Denn es kann sich herausstellen, daß etwas wie «objektive Wissenschaft» aussieht und dabei bewußte Ideologie ist oder unbewußt so funktioniert. Um Mißverständnissen vorzubeugen, werde ich hier vorläufig definieren, was ich unter *Ideologie* verstehe: Eine Ideologie ist jede Gesellschaftstheorie, die bewußt oder unbewußt versucht, bestehende soziale Verhältnisse zu verteidigen und durch Erklärungen, die in gewissem Sinn wissenschaftlich zu sein scheinen, als berechtigt darzustellen.[34, 35]

Der Franzose Auguste Comte, der vor etwa hundertfünfzig Jahren lebte und schrieb, wird oft als der Vater der Soziologie betrachtet.[36] Er ging von den Naturwissenschaften aus, insbesondere der Physik, und behauptete, man könne die «Gesellschaft» auf die gleiche Weise untersuchen wie die

«Natur»: Man geht von bestehenden Verhältnissen aus, von sogenannten *positiven Tatsachen*, das heißt Tatsachen, die man beobachten kann. Diese Verhältnisse betrachtet man als Ausdruck allgemeiner Gesetze. Sie sind deswegen Sonderfälle fundamentaler und unveränderlicher Verhältnisse, die die «Natur» des Menschen und der Gesellschaft kennzeichnen.

Eine solche «positivistische» Einstellung zieht eine Reihe von Konsequenzen nach sich. Erstens konzentriert man sich auf das, was es jetzt und hier gibt. Man reduziert die Bedeutung historischer Verhältnisse als Quelle zum Verständnis der bestehenden Gesellschaft.

Zweitens betrachtet sie tendenziell die Gesellschaft und das, was in ihr geschieht, von einem statischen Gesichtspunkt aus. Der Wandel, die Dynamik wird leicht übersehen. Mit anderen Worten: Man konzentriert sich auf die Untersuchung des Gegebenen und mißt dem sozialen Wandel geringere Bedeutung bei. Drittens geht man davon aus, Menschen könnten auf die gleiche Weise untersucht werden wie Dinge. Man beobachtet sie, sozusagen von außen, mit sogenannten «objektiven Methoden». Die Gefahr ist dabei, daß die Soziologie damit die Menschen in Dinge *verwandelt* und dazu beiträgt, die in der Gesellschaft bestehende Tendenz zu verstärken, den Menschen als Objekt zu behandeln.

In diesem Zusammenhang sollte vielleicht die These eines amerikanischen Soziologen zitiert werden, daß traditionelle sozialwissenschaftliche Methoden, mit denen man Menschen zu untersuchen, zu messen und auszufragen versucht, ein großes Risiko darstellen in Form autoritärer Einstellungen der Wissenschaft und einer Tendenz, den untersuchten «Objekten» nicht die Wahrheit zu sagen und sie zu manipulieren.[37]

Prämissen fließen also nicht nur in die *Theorien* und Vorstellungen ein, die man über Mensch und Gesellschaft hat, sondern auch in die gewählte Methode, das heißt *die Regeln für wissenschaftliche Forschung*. Jede Forschungsmethode beinhaltet einige Annahmen darüber, wie man Informationen von Menschen beschaffen kann und was man mit ihnen anstellt, um sich diese Informationen zu sichern.[38]

Aber sollte die Wissenschaft nicht neutral sein, sollte sie sich nicht von ihrem «Objekt» distanzieren? Es ist die Frage, ob die Gesellschaftswissenschaften den Menschen nur als *Objekt* oder auch, und vielleicht in erster Linie, als lebendes, aktives *Subjekt* betrachten sollten, das nach bestimmten Zielen strebt? Ich werde ein Beispiel geben: Wir leben in einer Welt, in der Menschen wegen ihrer Hautfarbe oder ihres Geschlechts oder aus anderen Gründen diskriminiert werden. Sollten die Gesellschaftswissenschaften nicht in ihre Theorien wie auch in ihre Methoden die Annahme miteinbeziehen, daß Menschen nicht gern diskriminiert werden? Wenn Menschen einander weiterhin diskriminieren, müßte es Aufgabe der Gesellschaftswissenschaften sein, sie von den negativen Folgen der Diskriminierung zu überzeugen.

In der Sowjetunion werden Menschen mit oppositionellen Ansichten in Nervenheilanstalten gesperrt und für geisteskrank erklärt. Sollen Psychiater es als ihre Aufgabe betrachten, wissenschaftliche Theorien für die Behandlung von Oppositionellen zu liefern, ohne dagegen zu protestieren?

Sollen Soziologen untersuchen, wie man in Unternehmen Menschen manipulieren kann, ohne Befehle zu geben, da sie sich leichter unterordnen und vielleicht gleichzeitig das Gefühl haben, sie hätten ein Mitspracherecht, obwohl es in Wirklichkeit nicht der Fall ist?

Ich werde diese Fragen nicht beantworten. Das muß der Leser selbst tun. Dagegen scheint eins ganz klar zu sein: Für die Gesellschaftswissenschaften gibt es keine Möglichkeit, völlig neutral zu sein oder bei moralischen oder politischen Fragen nicht Stellung zu beziehen. Die Behauptung, man verhalte sich ganz neutral, bedeutet ja auch, Stellung zu beziehen, eine Stellungnahme, die gewöhnlich eine Unterstützung des Bestehenden bewirkt. Mit anderen Worten: Neutralität bewirkt Unterstützung der konservativen Kräfte. Die Forderung nach einer sogenannten objektiven Betrachtungsweise[39], die Menschen als Dinge zu untersuchen, kann dazu führen, daß die Gesellschaftswissenschaften Bedingungen schaffen, unter denen «Verhalten in einem Grad definiert, kontrolliert, bewertet und in Berichte niedergelegt wird, vergleichbar mit dem Verhalten von Arbeitern unter den Verhältnissen an den ausgetüfteltsten Fließbändern»[40].

Der Soziologe und jeder andere beliebige Sozialforscher kommt nicht darum herum, Stellung zu beziehen, weil er zu der von ihm untersuchten Welt gehört, und weil er einerseits eine bestimmte Rolle zugeteilt bekommt – von Behörden, Kollegen und denjenigen, die Forschungsmittel kontrollieren – und andererseits die Möglichkeit hat, seine eigene Rolle und seine Aufgaben selbst zu definieren.

Gesellschaftliche Aktivität ist auf bestimmte Werte gestützt und auf bestimmte Ziele gerichtet, die wiederum die Geschicke der Menschen bestimmen. Ein Soziologe kann und sollte diese Verhältnisse untersuchen. Aber er muß auch die Voraussetzungen, Wertvorstellungen und Prämissen beachten, die in seine eigenen Theorien und Methoden eingehen. Er muß über seine Aktivität und ihre eventuellen Konsequenzen nachdenken.

2.3. Voluntarismus oder sozialer Determinismus

Der amerikanische Soziologe Talcott Parsons[41] hat einen Begriffsrahmen oder eine Theorie zur Analyse und Erklärung *jeglichen sozialen Verhaltens* aufgestellt. Eine solche Theorie, behauptet er, müsse eine handlungsorientierte Theorie sein. Sie müsse sich auf die *handelnde Person* (*the actor*) konzentrieren, die sich in einer gegebenen *Situation* befindet, in der es verschiedene *Ziele*, *Werte* und *Normen* gibt. Um zu verstehen, warum die handelnde Person in einer gegebenen Situation so und nicht anderes handelt, müsse man, laut Parsons, davon ausgehen, daß sie die *Freiheit besitzt, wählen zu können.* Mit anderen Worten: der eigene Wille des Individuums bestimmt, wie es handelt. Auf Grund dieser Annahme hat Parsons selbst den Ausgangspunkt *voluntaristisch* (*voluntas*= Wille) genannt. Faktoren, die bei Parsons die Wahl entscheiden, sind unter anderem Ideen, Wünsche, soziale Normen, Erwartungen usw.[42]

Sehen wir uns nun die Prämissen dieser Theorie an. *Erstens* behauptet sie, soziale Phänomene müßten mit dem Verhalten des Individuums als Ausgangspunkt untersucht werden. Alternativ könnte man behaupten, man müßte von bestehenden, dominierenden Gesellschaftsverhältnissen, zum Beispiel von wirtschaftlichen Prozessen, ausgehen.

Zweitens nimmt Parsons an, Wünsche, Zielsetzungen, soziale Normen usw. seien ursächliche Faktoren, die das Handeln bestimmen. Alternativ könnte man behaupten, diese Faktoren seien nicht Ursache für etwas, sondern Wirkung von etwas. Das bedeutet, daß sie ihrerseits von anderen Faktoren verursacht werden. Man könnte beispielsweise behaupten, individuelle Wünsche seien wiederum in gesellschaftlichen Beziehungen verankert, weil das Individuum ein soziales Wesen ist.

Drittens behauptet die Theorie, menschliches Handeln sei in dem Sinne frei, als es in Übereinstimmung mit dem Willen geschehe. Man beachte, daß diese Behauptung sehr leicht zum Teufelskreis werden kann: das Handeln ist frei, das nach dem eigenen Willen geschieht. Warum geschieht es nach dem eigenen Willen? Nun, weil es frei ist. Alternativ könnte man behaupten, gesellschaftliche Prozesse und Veränderungen würden von Gesetzen gelenkt, die vom Willen des Menschen, von seinem Bewußtsein und von seinen Absichten unabhängig sind. Denn diese Gesetze bestimmen den menschlichen Willen, das Bewußtsein und die Absichten.[43]

Der «voluntaristischen» Einstellung Parsons' habe ich versucht, etwas entgegenzustellen, was man «sozialen Determinismus» nennen könnte. Voluntaristische Theorien haben folgenden Haken: Wenn der menschliche Wille entscheidet, was der Mensch tut, wie kommt es dann, daß zwischen den Absichten, die eine Person hat, wenn sie handelt und dem Resultat ihrer Handlungen meist ein Unterschied besteht? Die Untesuchung unvorhergesehener Konsequenzen beim zielgerichteten menschlichen Handeln ist nämlich ein zentrales Problem innerhalb der Gesellschaftswissenschaften.[44]

In jeder voluntaristischen Theorie spielen die moralischen Überlegungen der Menschen eine entscheidende Rolle. Auch bei Parsons findet man diese Tendenz. Moral wird für menschliches Handeln ein wichtiger, ursächlicher Faktor, und gleichzeitig versucht Parsons, die Bedeutung der sozialen Prozesse für die Entwicklung der Moral abzuschwächen.

Bisher habe ich gegen eine voluntaristische Einstellung argumentiert. Heißt das aber, man müsse notwendigerweise einen sozialen Determinismus akzeptieren? Es trifft zwar zu, daß das Handeln des Individuums innerhalb eines gegebenen sozialen Rahmens – zum Beispiel einer kapitalistischen Gesellschaft –, von den in einer solchen Gesellschaft dominierenden Mechanismen, vor allem Marktmechanismen, bestimmt wird. Beispielsweise arbeiten die Menschen oft gezwungenermaßen am Fließband oder weil es keine anderen Möglichkeiten gibt. Aber ein sozialer Determinismus, der den Menschen nur als Objekt unkontrollierbarer Kräfte sieht, verwandelt ihn gleichzeitig in eine Sache. Deswegen muß man den sozialen Determinismus mit dem Voluntarismus kombinieren. Die Menschen machen ihre eigene Geschichte. Als Beispiel kann man die Geschichte der Arbeiterbewegung erwähnen. Sie schaffen diese nicht unbeeinflußt und nicht auf Grund selbstgewählter Voraussetzungen, sondern auf Grund jener Voraussetzungen, die unmittelbar auf der Hand liegen und Resultat einer langen historischen Entwicklung sind. Das behauptet Marx zu Beginn seiner interessantesten Darstellungen des historischen Materialismus.[45]

Ein weiteres Argument gegen einen einseitigen sozialen Determinismus ist die bekannte Behauptung Che Guevaras, es sei die Aufgabe eines jeden Revolutionärs, Revolution zu machen. Das bedeutet, daß Revolution nicht nur gemacht wird, wenn die gesellschaftlichen Verhältnisse die Voraussetzungen für eine solche Revolution schaffen. Es muß Menschen geben, die Revolution machen *wollen*. Statt Che Guevara hätte ich Lenin zitieren können, der die Notwendigkeit einer revolutionären Organisation betont hat, deren Mitglieder die revolutionäre Tätigkeit zu ihrem Beruf machen und bei der Arbeiterklasse ein revolutionäres Bewußtsein, das heißt den Willen zur Revolution schaffen können.[46]

Eine dialektische Theorie muß darum sowohl voluntaristische Elemente enthalten als auch von einem sozialen Determinismus ausgehen. Die Menschen machen Geschichte, aber ihr Wille und Handeln werden von sozialen Verhältnissen beeinflußt, die sie selbst geschaffen haben und die sie auch verändern können. Mit anderen Worten: Die Gesellschaft ist sowohl ein menschliches Produkt als auch eine gegebene Realität.

2.4. Konsensus- gegen Konflikttheorien

Das folgende berührt direkt die Frage, was ist eigentlich die Gesellschaft? Die Antwort hängt davon ab, von welchen Analogien (Analogie = Gleichsetzung), Kriterien, Ausgangspunkten, Vereinbarungen man ausgeht. Sehr gebräuchliche Modelle stammen aus der Physik und insbesondere der Mechanik. In diesen Modellen wird Gesellschaft als System verstanden, das im Gleichgewicht ist oder immer danach strebt. Den Gedanken findet man beispielsweise bei Ökonomen klar ausgedrückt, die von «gesamtwirtschaftlichem Gleichgewicht» sprechen, obwohl sie anscheinend ständig Schwierigkeiten haben, es herzustellen.

Wie stellt man Balance und Gleichgewicht her? Eine Antwort ist: durch Ausschalten all dessen, was dieses Gleichgewicht stören könnte. Was kann das Gleichgewicht stören? Soziale Konflikte und abweichendes Verhalten. Deshalb muß die Gesellschaft ein bestimmtes Wertsystem schaffen und bewahren und sich gegen Versuche wehren, das System zu verändern. Wie erreicht man dieses gut integrierte und bestimmte Wertsystem? Durch Sozialisationsprozesse und soziale Kontrolle, die zu übereinstimmenden Absichten und Wertvorstellungen (Konsensus = Übereinstimmung in Absichten und Wertvorstellungen) führen. Der Sozialisationsprozeß ist der Prozeß, in dem Kinder durch Erziehung und Ausbildung dazu erzogen werden, das herrschende oder dominierende Wertsystem oder, wenn man will, das Wertsystem der herrschenden Klasse, zu lernen und zu akzeptieren. Soziale Kontrolle sind alle Maßnahmen, die das Entstehen abweichenden Verhaltens verhindern oder abweichendes Verhalten auf ein Verhalten zurückbringen, das mit dem dominierenden Wertsystem übereinstimmt. Soziale Kontrolle wird von Polizei und Gerichtshöfen sowie Jugendämtern, von Schulen und Lehranstalten, von Kirchen und Rotary-Clubs usw. ausgeübt – zumindest versuchen es die letzteren.

In diesem Modell einer Gesellschaft als System im Gleichgewicht wird das Positive in allgemeinen Übereinstimmungen, Wertvorstellungen und Absichten betont und das Negative in unterschiedlichen Auffassungen, in Verhaltensweisen, die mit den bestehenden Wertvorstellungen nicht übereinstimmen, vor allem in Konflikten. Konflikte werden als störende Momente begriffen, als Ursache dafür, daß Balance und Gleichgewicht nicht aufrechterhalten werden können.

Kurzum: Von denen, die behaupten, die Gesellschaft sei ein im Gleichgewicht befindliches System, wird die Bedeutung sozialer und moralischer Normen, eines allgemein akzeptierten Wertsystems und gleichen Verhaltens betont. Als wichtigste gesellschaftliche Prozesse betrachtet man die Sozialisation und soziale Kontrolle. Abweichendes Verhalten betrachtet man als Störung des Gleichgewichts und der Integration der Gesellschaft. Konflikte betrachtet man als störende Momente, die Balance, Gleichgewicht und den sozialen Zusammenhalt bedrohen.

Diejenigen dagegen, die ein Konfliktmodell von der Gesellschaft haben, betonen andere Faktoren und Prozesse. Sie nehmen an, der Gleichgewichtszustand sei, falls überhaupt, nur zufällig zu erreichen. Und zwar aus zwei Gründen. Erstens betrachten sie die Gesellschaft nicht als Mechanismus und legen deshalb keine statischen Gesichtspunkte an. Sie gehen von gesellschaftlichen Prozessen aus und meinen, man solle Veränderungen untersuchen, oder mit anderen Worten, von einer dynamischen Theorie ausgehen. Während der Gleichgewichtszustand als zufällig angesehen wird, meinen sie, der Konfliktzustand sei normal. Dies beruht in unserem Gesellschaftstyp auf der Tatsache, daß ein Mangelzustand herrscht. Nicht Mangel an Begabungen, wie manche Soziologen glauben, sondern ein Mangel an lebensnotwendigen Gütern. Dieser Mangel hat zur Folge, daß Konflikte zwischen denen entstehen, die etwas haben und denen, die nichts haben. Besonders wichtig sind Besitz oder Kontrolle von Rohstoffen und Produktionsmitteln, die für den täglichen materiellen Produktionsprozeß erforderlich sind. Wer über die Produktionsmittel bestimmt und außerdem die Verteilung des gesamten Sozialprodukts kontrolliert, hat wirtschaftliche Macht. Diese wirtschaftliche Macht ist in Gesellschaften wie der unsrigen entscheidend, da sie leicht auf politische Macht ausgeweitet werden kann. Zwar können die politischen Machthaber die wirtschaftlichen Machthaber kontrollieren – vorausgesetzt, es handelt sich nicht um dieselben Gruppen –, aber der Kontrolle sind Grenzen gesetzt: Sie endet da, wo jeder weitere Versuch, die wirtschaftliche Macht zu beeinflussen, zum Wandel der grundlegenden wirtschaftlichen Struktur führt.

Die Kontrolle bestimmter Gruppen über die im materiellen Produktionsprozeß erforderlichen Produktionsmittel, über die Verteilung des Sozialprodukts und über die Mittel, durch die man das Bewußtsein der Individuen beeinflussen kann – Massenmedien zum Beispiel –, führt zu Interessengegensätzen mit anderen Gruppen. Interessengegensätze verursachen Konflikte und von Konflikten kann man allgemein sagen, daß sie antagonistischer Art sind, wenn Mangel an dem herrscht, was die Konflikte auslöst. Mangel bedeutet nämlich, daß eine Gruppe weniger bekommt, wenn die andere mehr haben soll. Mangel kann auch in bezug auf Macht und Ressourcen bestehen, denn je größer die Macht einiger Individuen in diesem Fall ist, um so geringer ist die anderer.

Gegensätze und Konflikte führen zur Aufteilung der Gesellschaft in Klassen und andere Gruppen. Für diese ist typisch, daß sie verschiedene Wert- und Normsysteme haben. Das bedeutet, alles, was eine Gruppe als abweichendes Verhalten ansieht, kann von einer anderen Gruppe als Verhalten angesehen werden, das mit dem eigenen Normsystem übereinstimmt. Abweichendes Verhalten ist deshalb nichts Absolutes, sondern etwas Relatives, das heißt relativ in Verhältnis zu dem in einer bestimmten Gruppe vorherrschenden Normsystem.

Im Gegensatz zu denen, die die Gesellschaft als ein im Gleichgewicht befindliches System betrachten, und deswegen Übereinstimmung (=Konsensus) betonen, konzentrieren sich alle, für die die Gesellschaft aus entgegengesetzten Gruppen besteht, auf die Konflikte zwischen den Klassen und Gruppen. Sie interessieren sich auch für die Mängel, Interessengegensätze und Klassenkämpfe verursachenden Faktoren. Sie neigen deswegen auch dazu, eher wirtschaftliche Prozesse als Normprozesse zu untersuchen. Die Konsensus-Theoretiker entwickeln gewöhnlich eine Gesetz- und Ordnungssoziologie, die sich sehr leicht als Ideologie für die bestehenden Machtverhältnisse einsetzen läßt. Dies wurzelt besonders in der Tatsache, daß man die Notwendigkeit betont, bestehende Wertsysteme zu bewahren und zu verteidigen. Dabei sieht man oft von dem Umstand ab, daß bestehende Wertsysteme in der bestehenden sozialen und wirtschaftlichen Struktur verankert sind.

Konflikte werden von den Konflikttheoretikern nicht notwendigerweise als negativer oder störender Zustand betrachtet. Im Gegenteil, sie werden oft als Triebkraft für sozialen Wandel angesehen.

Eine ganze Reihe Autoren betont die Notwendigkeit einer Synthese, da es in allen Gesellschaften sowohl Konflikte als auch Konsensus gebe.[47] Dies ist an und für sich richtig. Aber sie gehen am Wesentlichen unseres Gedankengangs vorbei. Das Problem ist nicht, ob Konsensus und Konflikte gleichzeitig vorkommen, sondern welche Bedeutung man ihnen beimißt: Entweder ist das Gleichgewicht das Zentrale und Normale und sind Konflikte das Gleichgewicht Störende oder der Konflikt ist das Zentrale und Normale, während Gleichgewicht etwas Zufälliges ist.[48]

In *Konsensustheorien* über die Gesellschaft findet sich folgendes Muster: *Konsensus führt zu Gleichförmigkeit und diese zum Gleichgewicht. Das Gleichgewicht wird durch abweichendes Verhalten und Konflikte gestört. Diese werden kontrolliert durch Sozialisation,* das heißt Erlernen traditioneller Wertvorstellungen und Verhaltensmuster, *und soziale Kontrolle, die zum Konsensus führen.*

In *Konflikttheorien* über die Gesellschaft findet sich folgendes Muster: *Knappheit führt zu Zwang und dieser zu Konflikten. Konflikte führen zu verschiedenen Wertsystemen, die zusammen mit den Konflikten Triebkräfte des sozialen Wandels bilden. Diese führen zu anderen oder neuen Formen des Mangels.*

Aus dem Inhalt des Kapitels müßte hervorgegangen sein, daß unter den Soziologen große Uneinigkeit und starke Meinungsverschiedenheiten darüber herrschen, was unter Gesellschaft zu verstehen ist. Was man unter Gesellschaft versteht, beeinflußt wiederum die Theorien, die man konstruiert. Diese ihrerseits bestimmen dann, zu welchen Resultaten man kommt. Mit anderen Worten: indem man Prämissen wählt, von denen man ausgehen will, setzt man auch indirekt fest, welche Art von Wissen man über die Gesellschaft erhält. In dieser Hinsicht unterscheiden sich wahrscheinlich die Sozialwissenschaften von den Naturwissenschaften. Ich bin jedoch nicht sicher, ob es wirklich so ist.

3. Zur Methodenproblematik

3.1. Zwei Betrachtungsweisen der Gesellschaft

Ich werde jetzt erläutern, was ich meine, wenn ich Begriffe wie «Gesellschaft», «soziales System», «soziale Struktur» gebrauche. Bisher habe ich lediglich vorausgesetzt, daß diese Begriffe eindeutig sind, was aber nicht zutrifft. Deshalb werde ich zu verdeutlichen suchen, wie ich diese Begriffe gebrauche. Aber bevor ich mich daran mache, muß ich ein anderes Problem behandeln.

Ich habe anfangs behauptet, «die Gesellschaft sei die Totalität oder Gesamtheit aller sozialer Beziehungen». In diesem Zusammenhang sind Ausdrücke wie «Mensch» und «Gesellschaft» nur zwei verschiedene Arten über dieselbe Erscheinung zu sprechen. Aber als ich meine drei Behauptungen aufgestellt habe[49], die ich für notwendig und auch für ausreichend hielt, um die Wechselbeziehung zwischen dem Menschen als aktives, schaffendes Wesen und dem Menschen als Produkt des von ihm selbst Geschaffenen zu untersuchen, nannte ich die Gesellschaft «gegebene Realität». Sind diese beiden Arten von Gesellschaft «als Gesamtheit aller sozialer Beziehungen» und «als gegebene Realität» zu sprechen, widersprüchlich?

Als ich die Gesellschaft «gegebene Realität» nannte, bezog ich mich dabei darauf, daß die «Gesellschaft» etwas ist, in das wir hineingeboren werden, etwas, das *vor* und *unabhängig* von dem Individuum existiert, jedoch nicht *ohne* das Individuum. Das, worin wir hineingeboren werden, werde ich im folgenden das *soziale System* nennen. Im nächsten Abschnitt werde ich näher erörtern, was ich darunter verstehe und das Wort «System» untersuchen. Ich kann aber schon jetzt sagen, daß jedes System aus *Elementen* besteht und daß diese Elemente miteinander verbunden sind. Die Art, wie diese Elemente miteinander verbunden sind, bildet ein bestimmtes Muster, das man die *Struktur* des Systems nennen kann.

Aus welchen Elementen besteht nun unser «soziales System»? Die Antwort lautet, aus *sozialen Institutionen*. Es gibt beispielsweise die *Familieninstitution, wirtschaftliche Institutionen, politische Institutionen* usw.

1. Soziale Institutionen können mit Hilfe der in ihnen vorgehenden *Prozesse* untersucht werden. Wirtschaftliche Institutionen umfassen den Produktionsprozeß, den Verteilungsprozeß, den Konsumtionsprozeß usw.

2. Es gibt *Organisationen*, wo sich die verschiedenen Prozesse vollziehen. Der Produktionsprozeß zum Beispiel findet in Unternehmen statt, die man als Miniaturgesellschaften oder «mikrosoziale Systeme» betrachten kann, verglichen mit der ganzen Gesellschaft, die man als «Makro-System» betrachten kann. Die monogame Kleinfamilie ist ein anderer Typ der Organisation und ebenfalls ein Mikro-System.

3. Soziale Systeme haben bestimmte Zielsetzungen, von denen die Funktionsweise der Prozesse beeinflußt werden. In kapitalistischen Gesellschaften, ist es Zielsetzung der wirtschaftlichen Prozesse, mit Gewinn zu produzieren, was sich auf Gesellschaftsebene durch Schaffung kontinuierlichen Wachstums ausdrücken läßt. Andere Zielsetzungen sind Vollbeschäftigung, Stabilität des Geldwertes, größere Gleichheit usw. Eine andere Frage ist, in welchem Maß die Handlungen mit den angegebenen Zielsetzungen übereinstimmen. Ein weiteres Problem ist, ob diese Zielsetzungen gleichzeitig zu erreichen sind oder ob sie im Gegensatz zueinander stehen. Ein drittes Problem ist, ob diese Zielsetzungen innerhalb des Rahmens der Systemstruktur zu erreichen sind usw. Das alles werden wir später erörtern.

4. Aufbau und Zielsetzungen der Organisationen und die Durchführung der Prozesse werden von *Normen, Gesetzen, Sitten und Bräuchen* gelenkt. Dies ist der *vierte* Faktor in der Untersuchung.

5. Der letzte Faktor besteht schließlich darin, daß alle Institutionen und die in ihnen stattfindenden Prozesse, materielle und geistige Ressourcen brauchen. Im Produktionsprozeß sind Rohstoffe, Maschinen, Gebäude, das heißt Kapital erforderlich. Aber auch Menschen werden in diesem Prozeß als ein Produktionsfaktor oder Kapital angesehen. Vielleicht sollten wir diese letzte Behauptung präzisieren, indem wir darauf hinweisen, daß nicht der «Mensch» den Produktionsfaktor bildet, sondern die «Arbeitskraft». Das bedeutet, man sieht vom Individuum ab und interessiert sich dafür nur in dem Maß, wie es das restliche Kapital – das es sozusagen konstant gibt – vermehren kann, so daß neue Investitionen möglich sind.

Wenn wir die Gesellschaft als «gegebene Realität» betrachten, können wir also von einem Ganzen ausgehen, das ich «soziales System» nenne. Wir können die Institutionen und die sich vollziehenden Prozesse untersuchen, die Zielsetzungen dieser Prozesse, die vorhandenen Ressourcen, um diese Zielsetzungen zu erreichen, und die Regeln und Normen, von denen diese Prozesse gesteuert werden. In dieser einen Art, die Gesellschaft zu betrachten, sieht man sie als eine aus Untersystemen aufgebaute Ganzheit. In diesem Fall spielen die Menschen und ihre Handlungen eine untergeordnete Rolle.

Man kann auch eine andere Betrachtungsweise wählen oder die «Gesellschaft» von einer anderen Perspektive aus betrachten. Beispielsweise kann man sagen, das Zentrale in der Gesellschaft seien die Menschen, oder man kann die einleuchtende Tatsache ausdrücken, daß die Voraussetzung aller Geschichte natürlich die Existenz menschlicher Individuen ist.[50] Weiter kann man behaupten, wie ich es früher getan habe, das Zentrale im Leben der Individuen sei es, die Bedingungen zu schaffen, die das menschliche Leben aufrechterhalten und wiederschaffen. Was die Menschen *sind,* hängt mit ihrer Produktion zusammen, sowohl mit dem, *was* sie produzieren als *wie* sie es produzieren. Das heißt die Tatsache, daß wir Autos, Kugellager,

Eisenerz usw. produzieren und wie wir es machen, charakterisiert uns als Menschen und auch unsere Lebensweise. Mit anderen Worten: Was die Menschen sind, ist von den materiellen Bedingungen ihrer Produktion abhängig.

Aber in einer Gesellschaft auf unserer Entwicklungsstufe wird Produktion nicht von einer Person allein oder isoliert gemacht. Im Gegenteil, sie setzt Zusammenarbeit und Kommunikation zwischen Menschen voraus. Der Produktionsprozeß der Gesellschaft kann auch als Ganzes betrachtet werden und der Einsatz jedes Individuums als Teil in diesem gesamten Produktionsprozeß. Die Kommunikation zwischen den Menschen hängt wiederum davon ab, was sie produzieren und wie sie es produzieren. Man kann es auch folgendermaßen ausdrücken: Bestimmte Individuen, die auf eine bestimmte Weise produzieren, schaffen *bestimmte soziale Beziehungen zueinander*. Diese sind sozialer, wirtschaftlicher und politischer Art. Konkret: Ein Fließbandarbeiter ist bei der Arbeit, was die Kommunikation betrifft, sehr stark isoliert. Er hat keine Gelegenheit, Gemeinschaft zu erleben. Dies wirkt sich in gewissem Grad auf seine Freizeit aus, die vielleicht nicht besonders «schöpferisch», initiativreich, vital und kommunikativ wird. Die Art und Weise der Menschen, soziale Beziehungen zu schaffen, ist nicht zufällig oder willkürlich. Sie wird wiederum von den Gesetzen bestimmt, die auch die sozialen Institutionen und deren Struktur beeinflussen.

Gesellschaftliche Beziehungen heißen die Beziehungen, die wir auf der Makro-Ebene untersuchen. Untersuchen wir dagegen Mikro-Systeme, so sprechen wir von zwischenmenschlichen Beziehungen oder *sozialer Interaktion*.

Soziale Beziehungen – gesellschaftliche wie zwischenmenschliche – werden von Normen, Regeln und Bräuchen gelenkt. Außerdem setzt die Kommunikation zwischen den Individuen ein *Symbolsystem* oder eine Sprache voraus. Teils beeinflussen wir uns gegenseitig mit Hilfe der Sprache, teils drücken wir unsere Erlebnisse in der physischen oder gesellschaftlichen Welt aus oder unser Bewußtsein von ihr. Unser Bewußtsein von der sozialen Welt wird von unseren gesellschaftlichen Beziehungen bestimmt. Die Gedanken, Ideen und Theorien, die wir produzieren – das Denken kann auch als Produktionsprozeß gesehen werden –, sind eng mit den gesellschaftlichen Verhältnissen, historischen wie auch aktuellen, verbunden oder entwickeln sich vor diesem Hintergrund. Genauso ist die Wissensproduktion ein Prozeß, der sich nicht isoliert in den einzelnen Individuen vollzieht. Unsere Denkweise wird durch die Sprache und Kommunikation mit anderen Menschen vermittelt.

Gesellschaftliche Beziehungen stimmen mit gewissen Machtbeziehungen überein, die wiederum von der Struktur des sozialen Systems abhängig sind. Wenn wir im folgenden die Gesellschaft untersuchen, können wir also drei Ausgangspunkte wählen: Wenn wir die *Produktion unserer materiellen*

Lebensbedingungen untersuchen, können wir auf der formalen Seite die wirtschaftlichen und politischen Institutionen untersuchen, die mit diesen Prozessen verbunden sind. Auf der Ebene der Beziehung können wir die gesellschaftlichen Beziehungen untersuchen, die sich im materiellen Produktionsprozeß und durch ihn entwickeln. Wenn wir dagegen die *Produktion von Wissen* untersuchen, können wir auf der formalen Seite Ausbildung und Wissenschaft als gesellschaftliche Institutionen untersuchen. Auf der Ebene der Beziehungen können wir die Sprache untersuchen, sinnvolle Kommunikation, Wissen als Konsequenz der Kommunikation und die Verbindung des Wissens zu den materiellen Verhältnissen.

Schließlich können wir jene Entscheidungsprozesse untersuchen, durch die *gesellschaftliche Macht* ausgeübt wird. Wir werden auf der formalen Seite den Staat als Institution untersuchen und die politischen Beziehungen auf der Ebene der Beziehungen. Auch hier müssen wir versuchen, die Zusammenhänge zwischen Macht und materiellen und geistigen Prozessen herauszufinden. Aber wir werden die «Gesellschaft» ständig aus zwei Perspektiven betrachten: teils als gegebene Realität und teils als Gesamtheit der menschlichen Beziehungen, das heißt der von Menschen ausgeführten Handlungen. Deswegen werden wir die Gesellschaft als etwas Dauerhaftes, Gegebenes betrachten – aber nicht als *unveränderlich* Gegebenes –, etwas, das vor dem Individuum und von ihm unabhängig existiert, und gleichzeitig als ständig andauernden Prozeß, durch den die Menschen ihre Lebensbedingungen produzieren und menschliches Leben reproduzieren.

3.2. Die Gesellschaft als offenes System

Was ist ein System? Betrachten wir einen gasgefüllten Behälter. Der Behälter ist so dicht, daß nichts entweichen und auch nichts dazukommen kann. Wenn das Gas in den Behälter gefüllt wird, hat es eine bestimmte Struktur, das heißt, seine Moleküle haben bestimmte Verbindungen miteinander, die aber nicht stabil sind. Deswegen entstehen Bewegungen in dem Behälter, die aufhören, wenn zwischen den Molekülen sozusagen ein totales Chaos herrscht. Dieses Chaos wird auch *Entropie* genannt. Im Zustand des totalen Chaos hören sämtliche Bewegungen auf, und innerhalb eines Systems tritt Gleichgewicht ein. Ein *geschlossenes* System, in das nichts eingeführt und aus dem nichts ausgeführt werden kann, kommt durch maximale Entropie zum Gleichgewicht.[51]

Weder der Mensch, als System gesehen, noch die Gesellschaft sind *geschlossene* Systeme. Der menschliche Organismus muß ständig bestimmte Stoffe aufnehmen, Sauerstoff, Nahrung, Wasser, Mineralien usw., um überleben zu können. Außerdem muß er sich der Abfallprodukte entledigen, die übrigbleiben, wenn die zugeführten Stoffe – im Stoffwechselprozeß –

verwandelt werden. Der menschliche Organismus ist wie die Gesellschaft ein *offenes* System. Das bedeutet, das System erlebt eine ständige Einfuhr (Import) und eine ständige Ausfuhr (Export).[52]

Offene Systeme haben andere Eigenschaften als geschlossene. Sie scheinen beispielsweise bei totalem Chaos oder Entropie kein Gleichgewicht zu erreichen. Tatsächlich scheint es sich genau umgekehrt zu verhalten: Gleichgewicht wird durch einen zufälligen Zustand der hochgradigen Ordnung erreicht, oder wenn das System gut organisiert ist. Da man Chaos «Entropie» nennt, wird der Gegensatz von Chaos, nämlich Ordnung oder Organisation, «negative Entropie» genannt.[53] Es besteht also kaum Grund anzunehmen, stark zusammengesetzte Systeme würden sich im Gleichgewicht befinden oder danach streben. Erstens sind sie offen und somit ständig Einfluß und Beeinflussung von außen ausgesetzt. Zweitens ist die Annahme sehr unwahrscheinlich, ein soziales System habe eine natürliche Neigung, Stabilität und Gleichgewicht zu erreichen. Gerade die Existenz verschiedener Gruppen und Klassen und ihre Gegensätze führt zur Existenz vielfältiger unterschiedlicher Zielsetzungen. Es scheint nur für die Gruppe oder Klasse oder ihre Vertreter, die augenblicklich an der Macht sind, eine zentrale Zielsetzung zu sein, ein bestimmtes Gleichgewicht oder eine Balance mit Hilfe von Odnung aufrechtzuerhalten. So können sie ihre Macht besser bewahren.[54]

Nun möchte ich definieren, was ich unter einem «offenen System» verstehe. Ein System besteht aus einer Reihe von Elementen, die voneinander gegenseitig abhängig und durch bestimmte Regeln bzw. Gesetze miteinander verbunden sind. Die Art und Weise, wie die Elemente miteinander verbunden sind, kann man Struktur nennen. Daß ein System offen ist, bedeutet, wie bereits erwähnt, daß Ein- und Ausfuhr stattfinden. Damit ein System die von außen kommende Ausfuhr, zum Beispiel von Information oder Energie und die im System schon vorhandene, übernehmen und bearbeiten kann, muß es besondere Mechanismen oder Organe haben.

Abhängigkeit der Elemente eines Systems voneinander bedeutet unter anderem, daß die Veränderung eines Elements, die Veränderung der anderen Elemente nach sich zieht.

Nehmen wir ein Beispiel. Die skandinavischen Länder gehören fest integriert einem größerem wirtschaftlichen System an, in dem unter anderem die USA eine dominierende Rolle spielen. Anfang der siebziger Jahre herrschten in den USA zu einem Zeitpunkt Inflation und Arbeitslosigkeit. Um die ständigen Preissteigerungen und die Inflation einzudämmen, beschloß man, in den USA den Diskontsatz anzuheben, um die Darlehensgewährung zu verringern und damit auch Investitionen und andere wirtschaftliche Aktivitäten zu bremsen. Man meinte nämlich, die Inflation käme daher, daß «die Menschen zu viel Geld hätten» und deshalb die Preise hochgeschraubt werden konnten. Gleichzeitig gab es in Europa eine Menge

Dollars. Amerikanische Geschäftsleute, die in den USA keinen Kredit aufnehmen konnten, waren bereit, diese Dollars zu einem Zinssatz zu leihen, der über dem lag, den europäische Banken für Einlagen zahlten. Viele Unternehmen und Privatpersonen kauften Dollars, um sie zu einem hohen Zinssatz auszuleihen und daran zu verdienen. Dies bewirkte unter anderem, daß beispielsweise die schwedischen Währungsreserven allmählich schmolzen. Bei geringer Währungsreserve ist es schwer, sich wirtschaftlich und politisch selbständig zu verhalten. Man muß zum Beispiel Rohstoffe importieren, um die eigene Produktion aufrechterhalten zu können. Hat man aber kein Geld, um den Import zu bezahlen, muß man vom Ausland leihen und kann so von den wirtschaftlichen Bedingungen der Kreditgeber abhängig werden. Um zu verhindern, daß die Währungsreserve ins Ausland sickerte, mußte man den Diskontsatz erhöhen. Dadurch nahmen die Anleihen ab. Dies wiederum führte zur Drosselung der wirtschaftlichen Aktivität. Die Folge war im Herbst 1971 in Schweden die größte Arbeitslosigkeit seit Jahrzehnten. Deshalb mußte der Verbrauch gesteigert werden, insbesondere von Konsumgütern wie Autos, Kühlschränken, Fernsehgeräten usw., weil dies wiederum Produktion und Investitionen beeinflußt. Wenn im Bausektor investiert wird, kommt die Bautätigkeit wieder in Gang. Sie kann unter anderem durch den Bau von Wohnungen erhöht werden. So wird Arbeit geschaffen und «die Leute bekommen Geld». Aber die Inflation in den USA und anderen westeuropäischen Ländern wirkte sich auf die Preise in Skandinavien aus. Als die Preise stiegen, wollten Arbeiter und Angestellte einen Lohnausgleich in Form von Lohnerhöhungen. Die Exportindustrie kann diese Kosten durch Preiserhöhungen zurückgewinnen. Dann muß das Ausland zahlen. Aber die Industrie, die für den Binnenmarkt produziert, und Dienstleistungen wie Verkehr, Krankenversorgung usw., die nur das eigene System versorgen, können die erhöhten Kosten nur durch Preissteigerungen wettmachen. Wenn beispielsweise die Verkäufer in Geschäften höhere Löhne bekommen, erhöhen die Geschäftsinhaber die Preise. Dies bewirkt eine neue Inflationswelle und die durch Lohnerhöhung erzielte Verbesserung geht verloren.

Dieses ziemlich unvollständige Beispiel darf nicht als Wirtschaftsanalyse gesehen werden, sondern lediglich als Illustration der Behauptung, daß die Elemente in einem System zusammenhängen und voneinander gegenseitig abhängig sind und daß ein System, zum Beispiel ein skandinavisches Land, nur ein Untersystem (=Subsystem) eines viel größeren Systems ist. Subsysteme werden deswegen auch von der Funktionsweise des umfassenderen Systems beeinflußt.

Aber das Beispiel weist auch auf einen anderen schon früher genannten Umstand hin. Offene Systeme haben nicht nur *eine* Zielsetzung – zum Beispiel das Gleichgewicht zu erhalten –, sondern viele Zielsetzungen. Einige von ihnen existieren, weil sie von der Systemstruktur abhängig sind.

Ein kapitalistisches System funktioniert nur so lange, wie die privaten Unternehmen mit Gewinn produzieren und die Wirtschaft der ganzen Gesellschaft ein kontinuierliches Wachstum aufweisen kann. Aber andere Zielsetzungen sind derart, daß man zwischen ihnen wählen kann. Sie erscheinen als Alternativen und manchmal als einander ausschließende Alternativen. In der ganzen Nachkriegszeit konnte man zum Beispiel in einem sozialen System wie Deutschland zwischen einem hohen Beschäftigungsgrad *und* Inflation wählen. In Schweden zum Beispiel konnte man auch zwischen einer großen Währungsreserve und einem hohen Beschäftigungsgrad wählen. Weil es viele Zielsetzungen gibt und weil sie oft unvereinbar miteinander sind, werden Konflikte innerhalb eines Systems normal. Man kann deswegen mit Recht behaupten, daß Konflikte in komplexe, offene Systeme eingebaut sind.

Ein anderes Problem der offenen Systeme soll kurz angesprochen werden. Weil sie nach außen hin offen sind und von dort eine Zufuhr erfolgt, die die Elemente und andere Beziehungen innerhalb des Systems beeinflussen, kann sich in offenen Systemen dadurch der Charakter der Elemente verändern und letzten Endes einen Wandel ihrer ganzen Struktur bewirken, das heißt der Art und Weise, wie die Elemente miteinander verbunden sind.

Schließlich noch ein Problem. Systeme können eingebaute Mechanismen haben, die bestimmte Variablen (=Faktoren, die unterschiedliche Werte annehmen können) des Systems in gegebenen Grenzen zu halten suchen. Dazu ein konkretes Beispiel. In einem Haus gibt es eine Öl-Zentralheizung. Außerdem gibt es einen Thermostat. Nehmen wir an, er sei auf 22 Grad eingestellt. Die Heizung beginnt zu arbeiten. Hat die Lufttemperatur 22 Grad erreicht, wird der Thermostat beeinflußt. Er gibt dem Heizkessel ein Zeichen, damit er nicht weiter arbeitet. Von außen dringt durch undichte Fenster und Wände kalte Luft hinein. Ist nun die Zimmertemperatur wieder auf unter 20 Grad gesunken, wird der Thermostat beeinflußt, der der Heizung wieder ein Signal gibt, die darauf heizt, bis die Lufttemperatur wieder 22 Grad erreicht hat. Der Thermostat funktioniert also als Informationszentrale, die von der Information, daß heißt von der Lufttemperatur im Haus, beeinflußt wird. Er signalisiert. Die Signale funktionieren als Rückkoppelung, oder *negatives Feedback*. Eine negative Rückkoppelung hält also eine Variable innerhalb enggezogener Grenzen. Angenommen, der Thermostat würde so funktionieren, daß er die Heizung das erste Mal beeinflußt, wenn die Lufttemperatur 22 Grad erreicht hat. Wenn er zum zweitenmal in Funktion tritt, sendet er erst das Stoppsignal, wenn die Temperatur 24 Grad erreicht hat, das dritte Mal bei 26 Grad usw. Jedesmal wenn die Systemwerte eine untere Grenze erreicht haben, wird die obere Grenze nach oben verschoben. Eine solche Rückkoppelung nennt man positiv oder *positives Feedback*.

Indessen scheint es in komplexen offenen Systemen immer eine ganze

Reihe von Rückkoppelungsmechanismen, positive wie negative, zu geben. Die Inflation, die auf die Beschäftigung einwirkt, ist ein solcher Mechanismus. Die Existenz solcher Mechanismen hat eine wichtige Konsequenz für die Untersuchung offener, komplexer Systeme. Wenn man etwas untersucht, zum Beispiel gesellschaftliche Verhältnisse, möchte man Gesetze aufstellen. Das kann bedeuten, man möchte Ursache und Wirkung angeben, wenn man irgendwie vermutet, daß Ursachen Wirkungen hervorrufen. Gibt es aber nun Rückkoppelungsmechanismen, kann man schwer angeben, was Ursache ist und was Wirkung. Ist die Inflation Ursache der Vollbeschäftigung oder ist sie Ursache der Inflation? Ist der Thermostat Ursache dafür, daß die Heizung zu arbeiten anfängt oder ist die Heizung Ursache dafür, daß sie den Thermostat stoppt? Untersucht man ein offenes, komplexes System, scheint man in der Tat die Gesetze von Ursache und Wirkung durch andere ersetzen zu müssen, die zeigen, wie die Elemente im System zusammenhängen. Die Rückkoppelungsmechanismen führen also dazu, daß man lernen muß, in anderen Kategorien als Ursache und Wirkung zu denken. Im nächsten Abschnitt werden wir versuchen, näher zu erörtern, was Begriffe wie «Gesetz», «Regel» usw. bedeuten können.

3.3. Normen und Gesetze

Wir haben anfangs in unterschiedlichen Zusammenhängen die Begriffe «Gesetz», «Norm» und «Regel» benutzt, unter anderem als wir die Struktur eines Systems erörterten.[55]

Das Wort «Gesetz» wird in verschiedenen Zusammenhängen gebraucht.[56] Wir sprechen beispielsweise von «Naturgesetzen», aber auch davon, daß das Parlament «neue Gesetze erlassen» hat. Es scheint auf den ersten Blick einzuleuchten, daß man in diesen beiden Fällen den Begriff in verschiedener Bedeutung benutzt. «Naturgesetze» sind Gesetze, die wiederkehrende Ereignisse beschreiben, das heißt Regelmäßigkeiten, die wir beobachten können. Es ist zum Beispiel ein Naturgsetz, daß Tag und Nacht in regelmäßigem Rhythmus wiederkehren und daß dies mit der Bewegung der Erde um ihre eigene Achse und um die Sonne zusammenhängt. Es ist auch ein Naturgesetz, daß wir bei einem Sprung aus dem Fenster nicht nach oben fliegen, sondern nach unten fallen. Dies hängt mit der Schwerkraft zusammen.

Ich habe behauptet, Naturgesetze «beschreiben» wiederkehrende Ereignisse. Naturgesetze sind also *deskriptiv*, das heißt sie beschreiben Zusammenhänge, und zwar auf eine Weise, die unserer erreichten Wissensstufe entspricht. Die «Natur» selbst *folgt nicht* diesen Gesetzen, auch wenn wir uns manchmal so ausdrücken. Trotzdem kann es nützlich sein, daß wir uns in Übereinstimmung mit den von uns selbst aufgestellten Naturgesetzen verhalten. Es ist nicht gerade ratsam, aus dem dritten Stock eines Wohnhauses zu springen.

Jene Gesetze dagegen, die Parlament und andere Behörden erlassen, die Strafgesetze, die zum Beispiel im «Strafgesetzbuch» enthalten sind, beschreiben nicht, sondern *schreiben vor*. Sie sind nicht *deskriptiv*, sondern *präskriptiv*. Sie schreiben vor, was wir machen sollen und was nicht, was erlaubt und was verboten ist.[57] Wir sind gezwungen, sie zu befolgen, wenn wir nicht die Konsequenzen für diese Gesetzesübertretung tragen wollen. Deswegen enthalten gewöhnlich Strafgesetze, die hauptsächlich angeben, was verboten ist, auch Bestimmungen über Strafen, das heißt negative Sanktionen.

Die Frage ist nun, gibt es in den Sozialwissenschaften Naturgesetze, das heißt Gesetze in der ersten Bedeutung des Wortes? Am Anfang haben wir die Natur des Menschen diskutiert und dabei behauptet, der Mensch sei ein «Naturwesen» *und* ein Produkt gesellschaftlicher Beziehungen. Als Naturwesen «folgt» er Naturgesetzen: bestimmte seiner regelmäßig wiederkehrenden Verhaltensweisen können als Naturgesetze beschrieben werden. Ein solches «Naturgesetz» ist die Unmöglichkeit, ohne sozialen Kontakt mit anderen Sprachen zu erlernen. Wie verhält es sich aber nun mit den Gesetzen der Psychologie und Soziologie?

Nehmen wir ein Beispiel. Der amerikanische Psychologe Sherif hat folgendes, inzwischen klassisches Experiment gemacht.[58] Er ließ eine Anzahl Personen in einem völlig verdunkelten Raum Platz nehmen. Dann projizierte er einen Lichtpunkt an eine Wand und hielt diesen ganz still. Da wir ständig geringfügig die Augen bewegen und da wir nur durch Vergleiche mit einem festen Punkt als eine Art Fixierungs- oder Bezugspunkt feststellen können, ob sich etwas bewegt, fassen die Versuchspersonen den unbeweglichen Punkt als Bewegung auf. Ihnen fehlt nämlich ein Fixierungspunkt.[59] Die Versuchspersonen nennen verschiedene Resultate, wenn sie in der Gruppe beschreiben sollen, ob der Punkt sich nach links oder rechts oder wie weit er sich bewegt. Nach einer Weile scheinen sich die Versuchspersonen jedoch zu einigen und nennen ein gemeinsames Resultat. Es hat eine soziale Beeinflussung in der Gruppe stattgefunden, die eine Einigung bewirkt. Das Bewegungserlebnis nennt man auch das «autokinetische Phänomen» (auto=selbst; kinetisch=beweglich; autokinetisch=selbstbeweglich). Es scheint somit auf physische Verhältnisse zu fußen und könnte deswegen als «Naturgesetz» beschrieben werden. Erklärt man aber den Versuchspersonen das tatsächliche Geschehen, erleben sie weder die Bewegung, noch lassen sie sich von dem Urteilsvermögen anderer beeinflussen. Das Wissen von einem bestimmten Phänomen *sozialer Art* scheint also zu bewirken, daß die darüber aufgestellten Gesetze nicht länger haltbar sind; dagegen scheint das Wissen vom Gesetz der Schwerkraft nicht zur Folge zu haben, daß man bei einem Sprung aus dem Fenster nach oben fliegt. Gesetze von der sozialen

Natur des Menschen und von der Gesellschaft können also verändert werden, wenn wir sie kennen. Nehmen wir ein Beispiel aus der Wirtschaft. In der Zeit nach dem Ersten Weltkrieg wurde die kapitalistische Welt von regelmäßig wiederkehrender Massenarbeitslosigkeit erschüttert, die 1929 einen Höhepunkt erreichte. Während solcher Krisen kürzte man, um zu sparen, gewöhnlich die Ausgaben der Gesellschaft, bis der englische Ökonom Keynes den Vorschlag machte, der Staat solle seine Ausgaben in Zeiten der Depression vergrößern und bei Hochkonjunktur kürzen. Diese Theorie, in Wirtschaftspolitik umgesetzt, scheint unter anderem dazu beigetragen zu haben, daß die kapitalistische Welt, zumindest bis Anfang der siebziger Jahre, keine längeren Arbeitslosigkeitsperioden erlebt hat, obwohl eine Vollbeschäftigung in der eigentlichen Bedeutung des Wortes kaum durchführbar war.

Gesetze, die soziale Phänomene beschreiben, scheinen zuweilen auch als sich selbsterfüllende Prophezeihungen zu funktionieren. Angenommen, einige rassistische Südstaatenpolitiker in den USA würden behaupten, die Neger seien dümmer als Weiße und dies sei ein «Gesetz». Eine Folge kann dann sein, daß bei Aufrechterhaltung des separierten Schulsystems – das heißt Schulen für Schwarze und Schulen für Weiße –, die Schulen für Neger geringere wirtschaftliche und pädagogische Möglichkeiten haben. Dadurch bekommen die Negerkinder geringere Kenntnisse, und man kann die Richtigkeit dieses «Gesetzes» beweisen.

Mit dieser Darstellung haben wir aber das Problem nicht gelöst, ich werde es jedoch im nächsten Abschnitt im anderen Zusammenhang wiederaufnehmen. An dieser Stelle werden wir die «Gesetze» behandeln, die *präskriptiver* Art sind. Präskriptive Gesetze, also vorschreibende, erlaubende oder verbietende Gesetze, können alle unter dem Begriff «Norm» zusammengefaßt werden. Aber auch dieses Wort läßt sich näher analysieren.

Die erste Art Norm werde ich *Vorschriften* nennen. Sie setzt voraus, daß man unterscheidet zwischen jemandem, der Vorschriften macht und jemandem, gegen den diese gerichtet sind. Den ersten werden wir *Normsender* oder Normautorität und den anderen *Normempfänger* nennen.

«Normsender» können Personen oder Organe, wie zum Beispiel das Parlament, sein. Die Vorschriften können niedergeschrieben oder gesprochen sein, so daß sie deutlich als Vorschriften erkennbar sind. Sie können auch subtiler sein und sind dann eine Art Erwartungen, die man an andere stellt, zum Beispiel die Mutter an das Kind und umgekehrt.[60] Ziel der Vorschriften ist es, das Verhalten und Benehmen des Normenempfängers zu beeinflussen. Deswegen sind sie gewöhnlich mit Sanktionen verbunden, das heißt Versprechung zu belohnen oder Androhung zu bestrafen.

Eine andere Art Norm ist solche, die in der Regel *Gewohnheiten* oder *Sitten* oder *Bräuche* genannt werden. Von Bräuchen kann man sagen, sie sind soziale Gewohnheiten. Es ist bei uns Brauch, mit Messer und Gabel zu essen, während die Chinesen Stäbchen benutzen. Bräuche sind gewöhnlich überliefert. Sie existieren in der Gesellschaft und werden den Kindern beigebracht. Was sie von Vorschriften unterscheidet, ist, daß sie nicht ganz so stark mit Sanktionen verbunden sind. Gewiß kann ein Übertreten Mißbilligung und sogar Strafe mit sich führen. Aber ein Fremder aus einer anderen Kultur, mit anderen Bräuchen, wird in der Regel damit entschuldigt, daß er den Brauch nicht kennt oder nicht hat. Dasselbe gilt aber nicht für Vorschriften. Man kann bei einer Gesetzesübertretung nicht als Entschuldigung anführen, man kenne das Gesetz nicht. Unkenntnis schützt vor Strafe nicht.

Für die Sozialwissenschaften sind Gewohnheiten und Bräuche von großer Bedeutung. Da sie beim Individuum existieren und unabhängig von ihm, beeinflussen sie sehr stark sein Verhalten. Sogar grundlegende wirtschaftliche und soziale Veränderungen scheinen nicht unmittelbar einen grundlegenden Wandel gesellschaftlicher Gewohnheiten zu bewirken. Kuba muß sich, während diese Zeilen geschrieben werden, immer noch mit den Folgen der vom spanischen Katholizismus stammenden gesellschaftlichen Gewohnheiten herumschlagen: Das gilt beispielsweise für die Stellung der Frau oder die Haltung zur Sexualität usw. In den sozialistischen Ländern Osteuropas pflegt man immer noch althergebrachte Bräuche, wenn es um die Familie geht.

Die chinesische Kulturrevolution ist ein Beispiel für einen Versuch, traditionelle Bräuche zu verändern, zum Beispiel was die negative Einschätzung der körperlichen Arbeit angeht, die Gewohnheit, Arbeit gegen materielle Belohnung auszuführen und eine Reihe anderer traditionell stark verankerter sozialer Gewohnheiten und Bräuche. Diese *definieren* eine Art, zu leben und sich zu verhalten. Sie sind gleichzeitig präskriptiv und deskriptiv. Hierin ähneln sie einer dritten Gruppe Normen, nämlich den sogenannten «Regeln» oder «Spielregeln».

Als Beispiel können wir das Schachspiel nehmen. Es wird nach bestimmten Regeln gespielt: Wie man die verschiedenen Figuren bewegen *darf* und welche Züge man in einer gegebenen Situation ausführen *muß*. So darf man den Bauern aus der Ausgangsstellung heraus zwei Felder bewegen. Man kann ihn aber auch nur um ein Feld versetzen. Wenn dagegen der König so steht, daß ihm vom Gegenspieler «Schach» angesagt wurde, muß man ihn bewegen oder einen Zug zur Aufhebung der «Schachsituation» machen. Für den Schachspieler sind die Spielregeln vorschreibend. Sie geben an, wie er spielen soll. Wenn er die Regeln nicht befolgt, zum Beispiel den Turm diagonal bewegt, dann spielt er kein Schach mehr. Die Regeln *erklären* oder *definieren* ihm, wie man spielt und warum man die Figuren auf bestimmte Weise bewegt. Aber die Regeln erklären nicht, wie man eine gute Partie spielt. Es scheint also zwei Arten Spielregeln zu geben: die grundlegenden und die anderen, durch die man die grundlegenden Regeln für «gute Kombinationen» benutzen kann. Zu den Benutzungsregeln gehören diejenigen, die eine bestimmte Taktik und Strategie angeben, zum Beispiel, daß es darauf ankommt, die Mittelfelder schnell mit «starken» Figuren zu beherrschen, zum Beispiel der Dame.

Wenn man die Aktivität aus der Perspektive des *Spiels* sieht, besagen die Spielregeln, welche Züge korrekt und welche falsch, klug oder unklug sind. Sieht man sie dagegen aus der Perspektive des *Spielenden*, geben sie erlaubte und verbotene Züge an.

Die grammatikalischen Regeln und die Syntax können auch als Spielregeln gesehen werden, was wir in Kapitel 13 tun werden, wenn wir die Sprache behandeln.

Auf jeden Fall kann man die Sprache als ein Spiel sehen und von «Sprachenspiel» sprechen, wie Wittgenstein es genannt hat.[61] Dasselbe kann man mit anderen sozialen Beziehungen machen. Nicht ganz zufällig haben wir früher von «zwischenmenschlichen Beziehungen» oder «sozialer Interaktion» gesprochen. Aber nicht nur die zwischenmenschlichen Beziehungen folgen bestimmten Spielregeln. Das gleiche gilt auch für gesellschaftliche Beziehungen. Sie entstehen nicht willkürlich, sondern folgen bestimmten allgemeinen Spielregeln, die vom Aufbau des sozialen Systems, das heißt seiner Struktur, abhängen. Bei einer gegebenen Struktur und bei bestimmten Zielsetzungen, ist das Individuum gezwungen, den Spielregeln des sozialen Systems zu folgen, ob es nun will oder nicht. Will das Individuum nicht, muß es sich mit anderen zusammenschließen, um die soziale Struktur der Gesellschaft zu verändern. Es ist beispielsweise die ausdrückliche Zielsetzung sozialistischer Parteien und Gruppen, die soziale und wirtschaftliche Struktur der Gesellschaft grundlegend verändern zu wollen. Das bedeutet unter anderem, daß man neue Spielregeln für die gesellschaftlichen Beziehungen einführen will.

Außer den drei bisher erwähnten Gruppen von Normen, nämlich *Vorschriften, Gewohnheiten* und *Spielregeln*, gibt es noch eine vierte wichtige Gruppe. Man kann sie *technische Normen* oder Direktiven nennen.[62] Angenommen, ich sage zu jemandem: «Wenn du keine unglücklichen oder neurotischen Kinder willst, dann darfst du sie weder schlagen noch Schuldgefühle bei ihnen hervorrufen.» Der Satz ist als eine Verbindung von zwei Sätzen formuliert. Der eine Satz beginnt mit «wenn», der andere mit «dann». Der «Wenn-Satz» oder der Vordersatz gibt bestimmte Ziele an, die man erreichen möchte. In diesem Fall nichtneurotische oder glückliche Kinder. Der «Dann-Satz» oder Nachsatz gibt die Mittel an, die man anwenden muß, um die im Vordersatz genannten Ziele zu erreichen. Technische Normen geben also an, welche Mittel man anwenden muß, um bestimmte Ziele zu erreichen. Ein Satz mit der eben erwähnten sprachlichen Form heißt auch «Konditionalsatz» oder «Bedingungssatz». Technische Normen werden also gewöhnlich als Konditionalsätze formuliert.[63] Interessant ist an technischen Normen, daß sie voraussetzen, daß, wer sie ausspricht, eine bestimmte Autorität besitzen muß. Er muß zum Beispiel durch erworbene Kenntnisse kompetent sein, in diesem Fall für Kindererziehung. Er kann seine Autorität auch auf die Macht seiner gesellschaftlichen Stellung gründen, beispielsweise wenn er jemandem befiehlt, technische Normen zu befolgen. In diesem Fall muß er Vorschriften anwenden, die besagen, daß er befugt ist, dem anderen Direktiven zu geben oder technische Normen zu formulieren. Hat er aber diese Stellung nicht, ist er gezwungen, für die angegebenen Mittel zu argumentieren. Er muß klarmachen, daß sie tatsächlich richtig, zweckmäßig, wünschenswert oder ausreichend sind, um bestimmte Ziele zu erreichen. Mit anderen Worten: Falls technische Normen nicht in Vorschriften und Androhungen von Sanktionen verankert werden können, muß man Argumente für sie anführen. Sie sind deswegen schwächer als die anderen Normen. Teils kann jemand einwenden, er teile nicht das im Vordersatz vormulierte Ziel. Teils kann er behaupten, er habe zwar dasselbe Ziel, akzeptiere aber die Mittel nicht. «Eine Tracht Prügel kann wohl nicht schaden» oder «Ich habe als Kind auch Prügel bekommen, und das hat mir nichts geschadet» usw. In diesem Fall ist, wer die Norm ausspricht gezwungen zu beweisen, daß der andere entweder unlogisch denkt oder seine Behauptungen falsch sind, weil die Erfahrung etwas anderes sagt. Kann er nicht durch Argumente überzeugen, ist er als Normsender machtlos, das heißt, wenn er sich nicht anderer Kniffe bedient. Er kann zum Beispiel auf prestigebetonte Umstände hinweisen: «Es ist wissenschaftlich erwiesen» oder «es steht in der Bibel, wen der Herr lieb hat, züchtigt er». Schließlich kann er auch das Prestige, das er auf Grund seines Wissens auf einem Gebiet hat, auf ein anderes übertragen. Ärzte äußern sich beispielsweise nicht selten zur Kindererziehung und anderen sozialen Phänomenen, ohne dafür kompetent zu sein. Aber sie können das Prestige ausnutzen, das ihnen «der weiße Kittel» verleiht.

Es gibt eine Reihe anderer Normen, zum Beispiel moralische, aber ich meine, daß sie entweder zu den Spielregeln oder zu den Bräuchen gezählt werden können und daß eine *soziologische* Analyse nicht zwischen ihnen unterscheiden muß, was eine moralphilosophische Analyse dagegen tun kann. Statt dessen werden wir uns mit den vier Kategorien begnügen, zwischen denen wir unterschieden haben. Unser nächstes Problem ist es, zu der Frage zurückzukommen, inwiefern die Gesellschaft von Gesetzen, die entweder Naturgesetze sind oder ihnen ähneln, «gelenkt» wird, das heißt, ob Gesetzesmäßigkeiten in der Gesellschaft genauso wie Gesetzesmäßigkeiten in der Natur beschrieben werden können.

3.4. Strukturelle und strukturierte Verhältnisse

Im vorigen Abschnitt haben wir soziale Gewohnheiten und Bräuche als bestimmte Kategorie von Normen behandelt, die wiederkehrende, gleichförmige Verhaltensweisen verursachen. Stellen wir, indem wir diese Verhaltensweise beschreiben, gesellschaftliche Gesetze auf? Daß Gewohnheiten Verhaltensweisen verursachen, die als selbstverständlich erscheinen und über deren Richtigkeit wir nicht nachdenken, spricht dafür. Wir grüßen ganz automatisch mit der rechten Hand. Wir nehmen das Messer in die Rechte und die Gabel in die Linke und nicht umgekehrt usw.

Aber wenn ein Verhalten automatisch ist oder unbewußt, kann man dann sagen, es drücke ein Gesetz aus? Oder mit anderen Worten: ist automatisches, unreflektiertes Handeln notwendige oder ausreichende Bedingung für die Aussage, es sei gesetzmäßig? Offensichtlich muß es nicht so sein. Das häufigste automatische Verhalten ist das Reflexverhalten: wenn sich ein Gegenstand meinem Auge nähert, blinzle ich. Sitten und Gebräuche können so gut erlernt sein, daß man Handlungen ohne Nachdenken in Übereinstimmung mit ihnen ausführt. Wenn wir aber an das Selbstverständliche denken und darüber nachdenken, ist es nicht länger selbstverständlich. Damit ist *eine* Voraussetzung geschaffen, mit Gewohnheiten zu brechen. Mit anderen Worten: Wir können zwar mit unseren Gewohnheiten brechen, aber nicht mit «Naturgesetzen», auf die ich früher hingewiesen habe.

Noch eins muß man sich vor Augen halten. Das Gravitationsgesetz (=Gesetz der Schwerkraft) beispielsweise gilt unabhängig davon, ob man in Westeuropa oder in China lebt. Das gleiche trifft aber nicht für Gewohnheiten zu. Sie sind in den verschiedenen Gesellschaften und Kulturen unterschiedlich und stützen sich auf eine lange historische Entwicklung, gewöhnlich Tradition genannt.

Aber dennoch bleibt die Frage offen, ob es den Naturgesetzen ähnliche gesellschaftliche Gesetze gibt?

Bevor diese Frage beantwortet werden kann, will ich auf einen Unterschied hinweisen, der zuerst von Linguisten, das heißt Sprachforschern, gemacht und später von Sozialforschern übernommen wurde, eine Trennung, die ich bereits zur Diskussion gestellt habe. Wir können zwischen Sprache als Reihe grammatikalischer, syntaktischer und semantischer Regeln einerseits und der eigentlichen gesprochenen Sprache andererseits unterscheiden. Das Regelsystem gibt an, wie wir die Sätze in unserer Umgangssprache formen und umformen. Die Umgangssprache ist sozusagen die Anwendung dieser Regeln.

Einige Gesellschaftswissenschaftler, insbesondere die *Strukturalisten*[64], verwenden heute den Begriff «Struktur» für das System von Regeln, wie es zum Beispiel die Grammatik darstellt, das erklärt, was wir registrieren können, nämlich das gesprochene und geschriebene Wort. Ich habe oben das

Wort «Struktur» in einer anderen Bedeutung benutzt, nämlich um das Muster der Beziehungen zu bezeichnen, das die Elemente eines Systems bilden. Wenn man in dieser Bedeutung von «Struktur» spricht, weist man auf die Teile und die Art ihrer Beziehungen zueinander hin.[65] Deswegen kann ich sagen, ein soziales System sei *strukturiert.* Den Begriff «strukturiert» werde ich immer dann gebrauchen, wenn ich das Muster der Beziehungen bezeichnen will, das ein System charakterisiert und wiederum nicht zufällig entstand, sondern Resultat systematischer Tendenzen ist. Diese können wiederum als *System von Regeln zur Formung und Umformung* gegebener Strukturen formuliert oder beschrieben werden. Ein System von Regeln zu Ausformung und Wandel der Systemstruktur werde ich die *strukturellen* Aspekte des Systems nennen.

Jetzt können wir folgende These aufstellen: Die *strukturellen* Aspekte eines Systems erklären oder beschreiben seine *strukturierten* Aspekte. Grammatikalische und syntaktische Regeln bilden beispielsweise die *strukturellen* Aspekte der Sprache. Die Sätze, die ich im Augenblick schreibe, sind dagegen auf bestimmte Weise strukturiert: Man kann sagen, sie seien Resultat oder Konsequenz des strukturellen Regelsystems. Das läßt sich auch folgendermaßen ausdrücken: Das System der Formations- und Transformations- oder Umwandlungsregeln, die strukturelle Ebene, beschreibt, wie das Strukturierte entsteht und sich verändert. Einige würden vielleicht sagen, das Strukturelle *verursache* das Strukturierte. Ich werde jedoch diese Behauptung nicht gebrauchen, um mich nicht von vornherein darauf festzulegen, was Ursache und was Wirkung ist. Ich sage deswegen nur, das Strukturelle *beschreibt,* wie das Strukturierte entsteht und sich verändert.

Bisher habe ich die Unterscheidung zwischen *strukturell* und *strukturiert* ausschließlich in Hinblick auf die Sprache gebraucht. Aber nun behaupten einige Strukturalisten, was für die Sprache gelte, die ja ein gesellschaftliches Phänomen sei und zur gleichen Zeit die menschliche Natur charakterisiere, gelte ebenfalls für die übrige Gesellschaft. Das bedeutet, wir könnten für jede Gesellschaftsformation, zum Beispiel die heutige kapitalistische Gesellschaft, ein System von Regeln aufstellen, das beschreibt, wie sie geformt wird, sich wandelt und verändert.[66] Wenn Marx behauptet, wir müssen zwischen gesellschaftlichen Phänomenen unterscheiden, das heißt wie die Dinge vor unseren Augen erscheinen und wie sie wirklich sind, dann gebraucht er eine ähnliche Unterscheidung. Das, was vor unseren Augen erscheint, das, was wir erfassen, ist das *Strukturierte,* während das Wesen oder der Kern dieser Phänomene die Regeln bildet, die Entstehung und Wandel der Phänomene beschreiben.

Die Unterscheidung zwischen strukturell und strukturiert hat uns ein Stück weitergebracht. Aber sie hat unsere Frage, ob es gesellschaftliche Gesetze gibt, die den Naturgesetzen entsprechen, nicht ganz beantwortet. Bisher habe ich bewußt und systematisch über das Strukturelle als System von *Regeln* gesprochen, habe aber die Bezeichnung «System von Gesetzen» vermieden. Und zwar deswegen, weil gesellschaftliche Gesetze eher das sind, was ich oben «Spielregeln» genannt habe. Das steht im Gegensatz zu dem, was wir «Naturgesetze» nennen. Die Gesellschaft ist ein menschliches Produkt und kann von Menschen verändert werden. Die Natur ist kein menschliches Produkt, obwohl sie von Menschen verändert werden kann. Man kann deshalb das Strukturelle, das heißt das System der Regeln zur Formung oder Umformung einer Gesellschaft, als bestimmte Art Spielregeln sehen. Einerseits beschreiben sie, wie die Gesellschaft funktioniert und warum sie so funktioniert. Andererseits können sie insofern als zwingend aufgefaßt werden, als das Individuum sie befolgen muß. Nehmen wir ein bereits erwähntes Beispiel. Ein kapitalistischer Unternehmer, der plötzlich beschließt, nicht länger mit Profit produzieren zu wollen, ist im Rahmen der gegebenen Gesellschaftsstruktur gezwungen, sein Kapitalistendasein zu beenden. Mit anderen Worten: Er kann nicht aufhören, mit Gewinn zu produzieren, *so lange er Kapitalist sein will.* Die Regeln der kapitalistischen Gesellschaft zwingen ihn dazu, mit Gewinn zu produzieren. Aber – und hier liegt meiner Meinung nach der Unterschied zu den Naturgesetzen – sie zwingen ihn nicht, Kapitalist zu sein. Er kann beispielsweise Hippie werden. Er kann also seine Position und Rolle aufgeben. Er kann machen, was er will, wenn er bereit ist, die Konsequenzen auf sich zu nehmen. Die gleiche Freiheit hat er nicht, wenn er das Gravitationsgesetz total mißachtet, das heißt falls er nicht Selbstmord begehen will.

Nicht alle teilen meine Darstellung der gesellschaftlichen Gesetze, insbesondere nicht Strukturalisten und einige Marxisten. Manche sind der Ansicht, was ich das «Strukturelle» nenne, bilde eine unsichtbare Wirklichkeitsebene, die aber in genau derselben Weise existiere wie das Sichtbare. Aufgabe der Wissenschaft sei es, diese unsichtbare Wirklichkeitsebene durch Forschung in den Griff zu bekommen und ihre Wirkungen zu erklären.[67]

Auf eins können wir uns zumindest einigen. Die Gesellschaft ist so kompliziert, daß wir sie nur verstehen und erklären können, wenn wir über ein System von Formungs- und Umformungsregeln verfügen. Solche Regeln sollten dann meines Erachtens von der Tatsache ausgehen, daß die Gesellschaft ein menschliches Produkt und der Mensch ein Produkt der Gesellschaft ist. Dieses dialektische Prinzip kann man auch anders ausdrükken: «Der Mensch hat sein Zentrum außerhalb seines Selbst, während das Soziale nur sein Zentrum im Menschen findet.»[68]

3.5. Synchronische und diachronische Analyse

Wenn wir in Übereinstimmung mit dem eben Dargestellten das Strukturelle als Regelsystem zur Formung und Umformung von etwas, hier der Gesellschaft, bezeichnen, haben wir auch etwas über die Art vorausgesetzt, wie eine Gesellschaftsanalyse durchzuführen ist. Da das Regelsystem angibt, wie die Gesellschaft geformt und verändert wird, scheint es notwendig, die Gesellschaftsanalyse in einen historischen Zusammenhang einzufügen. Die Formung von etwas und seine Umformung sind ein Prozeß. Ein Prozeß erstreckt sich über einen gegebenen Zeitraum. Man kann von einem «Entwicklungs»-Prozeß sprechen, wenn das, was geformt und umgeformt wird, durch diesen Prozeß komplizierter wird. Die Technik wird entwickelt, indem sie von primitiven Werkzeugen zum Gebrauch immer komplizierterer und ausgeklügelterer Maschinen übergeht, die zum Teil nicht einmal mehr menschliche Bedienung erfordern. Man denke zum Beispiel an Roboter.

In der Sprachwissenschaft unterscheidet man zwischen einer «synchronischen» (=gleichzeitig) und einer «diachronischen» (=geschichtlich) Analyse. Die synchronische Analyse bedeutet, man untersucht ein System und seine Elemente in einem gegebenen Augenblick, so wie es *hier* und *jetzt* erscheint. Man sieht dabei von früheren Phasen ab, das heißt wie sich das System bis zum jetzigen Stadium entwickelt hat.

Untersucht man dagegen, wie ein System geformt wurde, wie es umgeformt wird, betrachtet man seine Entwicklung. Eventuell macht man Angaben darüber, wie es sich in Zukunft entwickeln wird. Dann handelt es sich um eine diachronische Analyse. Sie ist also im günstigsten Fall eine Theorie über die Entstehung und Entwicklung des Systems.[69] In der Soziologie und den Sozialwissenschaften hat man nicht immer diachronische Analyse machen wollen. Die Sozialwissenschaften machten sehr viele unhistorische Analysen. Warum? Das hängt unter anderem mit dem Wissenschaftsideal zusammen, das heißt der Vorstellung, wie Sozialwissenschaft betrieben werden *sollte*. Dieses Ideal besagt in aller Kürze, das Sichtbare zu untersuchen, das mit unseren Sinnen zu erfassen und außerdem möglichst genau zu messen ist. Die Naturwissenschaften haben deshalb diesem Wissenschaftsideal der Sozialwissenschaften Modell gestanden, weil sie eine hohe Genauigkeit erreichen. Eine Folge dieser Auffassung war es, daß man die diachronische Analyse abgewiesen hat. Wolle man beobachten, was hier und jetzt existiert, dann könne man sich nicht mit dem Vergangenen befassen. Wolle man außerdem genaue Beobachtungen und Messungen vornehmen, um Kausalgesetze, das heißt Gesetze, die einen Zusammenhang zwischen Ursache und Wirkung angeben, aufzustellen, könne man sich, dieser Betrachtungsweise zufolge, erst recht nicht mit historischen Problemen befassen. Sie seien unter anderem nicht genau zu messen und für die Geschichte lassen sich nicht, wie in den Naturwissenschaften, Gesetze aufstellen.[70]

Diese unhistorische Methode hatte für die Sozialwissenschaften eine Reihe Konsequenzen. Beschäftigt man sich ausschließlich damit, was hier und jetzt ist, läuft man leicht Gefahr, das, was man beobachtet als Allgemeingültiges zu betrachten, als Ausdruck der «unveränderlichen Natur» von Mensch oder Gesellschaft.

Eine andere Folge dieser Methode ist es, das Existierende zu betrachten, als sei es immer so gewesen und außerdem zu glauben, es werde so bleiben. Vieles von dem, was heutzutage Zukunftsforschung genannt wird, läuft darauf hinaus, sich im Rahmen des gegebenen sozialen Systems und seiner Struktur gewisse Veränderungen technischer Art vorzustellen. Dagegen hat man offensichtlich Schwierigkeiten, sich eine Gesellschaft mit einer ganz anderen Struktur vorzustellen. Man zögert auch, ausgehend von dem, was wir heute als negativ ansehen, die Gefahren anzugreifen, die die Menschen bedrohen. Schließlich sieht diese Sozialwissenschaft es nicht als ihre Aufgaben an, einen Beitrag zur Schaffung solch einer Gesellschaft zu liefern, die von gegebenen Wertvorstellungen aus als «menschlicher» angesehen werden kann.

Ich bin der Meinung, die Gesellschaft, in der wir leben, bildet eine bestimmte historische Epoche in der Geschichte der Menschheit; diese Epoche ist anderen gefolgt, und die Gesellschaft ist schneller Veränderung und schnellem Wandel unterworfen. Die Veränderung geschieht in der Tat so schnell, daß sie vermutlich zum erstenmal in der Geschichte der Menschheit zu Lebzeiten *eines* Menschen direkt beobachtet werden kann. 1957 gelang es den Sowjets zum erstenmal in der Geschichte der Menschheit, einen Satelliten – den Sputnik – in den Weltraum zu schicken. Heute ist es schon zur Routine geworden. Die Satelliten funktionieren als gewöhnliche Kommunikationsmittel, indem sie Fernsehbilder von einem Kontinent zum anderen übertragen. Satelliten sind heute ebenso gewöhnliche Kommunikationsmittel wie das Telefon, obwohl die Geschichte des Telefons ebenfalls sehr kurz ist.

Ich meine, wir könnten nicht verstehen, wie die Gesellschaft heute funktioniert, wenn wir sie nicht im Rahmen eines historischen Entwicklungsprozesses sehen. Ich glaube auch nicht, daß die Gesellschaftswissenschaften jemals zu einer konsequenten und bewußten Planung unserer Zukunft beitragen werden, wenn sie nicht damit aufhören, ihre Aufmerksamkeit auf das zu richten, was hier und jetzt ist und die Methoden der Naturwissenschaften nachzuahmen versuchen. Eine große Gefahr ist indessen, daß man mit technisch sehr komplizierten und verfeinerten Methoden untersucht, was für alle selbstverständlich, oder für die Probleme, die die Menschen am meisten beschäftigen, bedeutungslos ist. Die Gesellschaftswissenschaften sollten darum die synchronische mit der diachronischen Betrachtungsweise kombinieren und ihre Methoden dementsprechend anpassen.

3.6. Holismus gegen Atomismus

Man kann die Gesellschaft zumindest auf zweierlei Weise untersuchen. Eine läuft darauf hinaus, daß man mit den kleinsten Elementen anfängt – den sozialen Atomen sozusagen – und versucht, aufwärts zu gehen, indem man sie miteinander kombiniert. Man kann also mit dem einzelnen Individuum beginnen, seiner sozialen Interaktion, seiner Zugehörigkeit zu kleinen Gruppen, in welcher Beziehung diese wiederum zu einem größeren System stehen. Die Tendenz geht dahin, die Funktionsweise der Ganzheit damit zu erklären, wie die Elemente funktionieren und kombiniert werden. Dies kann man *Atomismus* nennen, da diese Methode von dem Gedanken ausgeht, die Grundlage der gesellschaftlichen Analyse seien die sozialen Atome, die unabhängig voneinander existieren und deren Aktionen zusammen die Gesellschaft bilden. In der Ökonomie geht man zum Beispiel oft vom selbständigen, sozial unbeeinflußten, souveränen Verbraucher aus, um zu erklären, wie das Wirtschaftssystem funktioniert. Die Gefahr einer solchen Vorgehensweise besteht darin, daß man nie zur «Gesellschaft» und einem Verständnis ihrer Komplexität vordringt, oder daß man bei einer Art einseitigen Voluntarismus landet.[71]

Die entgegengesetzte Vorgehensweise geht von der Ganzheit aus und versucht, die Handlungen der Elemente als Folge der Ganzheitsstruktur zu erklären.[72] Diese Tendenz kann man *Holismus* nennen (Holismus = Lehre, die die Welt als Ganzheit auffaßt). Während der Atomismus sozusagen von unten anfängt und nach oben geht, geht der Holismus den entgegengesetzten Weg. Er beginnt ganz oben bei dem Komplexesten und geht nach unten, das heißt versucht das weniger Komplexe mit Hilfe des Komplexeren zu erklären. Die Ganzheitsbetrachtung in den Sozialwissenschaften bedeutet auch, die Handlungen der Menschen als ein Produkt des sozialen Systems zu sehen, in dem sie leben. Die Ganzheitsbetrachtung ermöglicht es, die Gesellschaft als objektive Realität wie auch als System gesellschaftlicher Beziehungen zu analysieren.

Hinter diesen beiden Betrachtungsweisen verbergen sich oft unterschiedliche Auffassungen von der Natur der Gesellschaft, Auffassungen, die nicht nur in den Sozialwissenschaften zu Gegensätzen geführt haben, sondern auch in der Philosophie.

Die hier befürwortete Ganzheitsbetrachtung, der oben erwähnte Holismus, ist jedoch mehr als nur ein Atomismus mit umgekehrtem Vorzeichen: vom Komplexen zum Einfachen zu gehen, anstatt vom Elementarsten zum Komplexesten.

Es ist nämlich dann ein Problem, ob man die Ganzheit als das Primäre und die Elemente als das Sekundäre anstatt umgekehrt betrachten soll. Aber mit dem von mir dargestellten Ausgangspunkt – die drei Behauptungen: die Gesellschaft sei ein menschliches Produkt, eine gegebene Realität und der

Mensch ein Produkt der Gesellschaft – kann man nicht behaupten, die Ganzheit sei im Verhältnis zu ihren Elementen primär. Das Individuum, das heißt das Element und die Gesellschaft, das heißt die Ganzheit, habe ich vorhin verschiedene Aspekte derselben Erscheinung genannt.

Deshalb ist die ganze Fragestellung, was ist primär und was sekundär, uninteressant. Wichtig sind die Prozesse, durch welche die Ganzheit entsteht, geformt und umgeformt wird, und wie diese Veränderung der Ganzheit gleichzeitig die Funktionsweise seiner Elemente beeinflußt. Um diese Prozesse zu verstehen, müssen wir uns mit den strukturellen Aspekten der Gesellschaft befassen, das heißt dem System von Regeln zur *Formung* und *Umformung*, das beschreibt, was in der Gesellschaft geschieht. Der Schwerpunkt muß in Prozessen liegen, die es überall im System gibt.[73] Das bedeutet auch, wir müssen uns für den historischen Hintergrund dieser Prozesse interessieren. Die von mir vertretene soziologische Methode kann man deswegen als *strukturelle* und *genetische* (genetisch=entwicklungsgeschichtlich) Methode bezeichnen.[74]

Um diese Methode zusammenzufassen, werde ich folgende Behauptung aufstellen: Die Gesellschaft wird als komplexes System gesehen, das eine Ganzheit bildet. Was in einem Teil der Ganzheit geschieht, beeinflußt alle anderen Teile. Will man die Ganzheit untersuchen, muß man vor der aus den meisten Teilen zusammengesetzten, das heißt komplexesten Ebene ausgehen. Man muß untersuchen, wie das System und die Subsysteme geformt sind und sich entwickelt haben, das heißt man bezieht einen genetischen Standpunkt. Danach untersucht man das System so, daß man Regeln aufstellen kann, wie es entstanden ist, sich entwickelt und zu einem gegebenen Zeitpunkt funktioniert. Dies bedeutet, man untersucht die jetzige Struktur. Man muß sich auch darauf konzentrieren, wie das System als Ganzheit seine Teile beeinflußt und die Funktion der einzelnen Teile als abhängig von der Struktur der Ganzheit untersuchen. In der Praxis bedeutet es, daß jegliche sozialwissenschaftliche Forschung interdisziplinär sein muß. Es führt zu Mißerfolgen, wenn beispielsweise Soziologen nicht wirtschaftliche Prozesse und wirtschaftliche Institutionen berücksichtigen oder Wirtschaftswissenschaftler die institutionellen Verhältnisse ignorieren, in denen die für sie interessanten Prozesse stattfinden.

Diese methodologische Vorgehensweise vergegenwärtigt eine Frage, die ich kurz umreißen will. Es gibt Ansätze, die versuchen, soziale Phänomene zu erklären, indem sie diese auf psychologische Phänomene reduzieren. Diese für die Sozialwissenschaften nicht außergewöhnliche Tendenz wird auch *Reduktionismus* genannt. «Reduktionismus» ist in diesem Zusammenhang der Versuch, soziologische Erscheinungen auf psychologische zu reduzieren. Genauer gesagt ist es ein Versuch, soziologische *Theorien* in psychologische zu verändern, das heißt die «Reduktion» geschieht zwischen Theorien.[75]

Die ökonomischen Theorien, die von der rationalen Wahl des einzelnen Konsumenten ausgehen und mit ihrer Hilfe die Funktionsweise des wirtschaftlichen Systems zu erklären versuchen, sind ein Beispiel. Andere alltäglichere Theorien sind solche, die behaupten, man könne zum Beispiel den Krieg der USA in Vietnam erklären, indem man auf die Handlungen von Johnson und Nixon verweist. Der Fehler einer solchen «Erklärung» ist, daß Männer wie Johnson und Nixon in ein soziales System eingebettet sind. Zwar können sie durch ihre Entschlüsse bestimmte Ereignisse beeinflussen – zum Beispiel ob Nordvietnam bombardiert werden sollte oder nicht –, aber der Krieg als solcher muß – damit man von einer «Erklärung» reden kann – in einem größeren ursächlichen Zusammenhang gesehen werden, wo das politische und wirtschaftliche System der USA wie auch ihre Beziehungen zu anderen sozialen Systemen der Welt beachtet werden müssen.

Man kann noch weitere Beispiele nennen. Mitunter wurde versucht, den Kapitalismus durch die angeborene Gier des Individuums zu erklären.[76] Es ist wohl richtiger, die Gier als Folge des Lebens in der kapitalistischen Gesellschaft zu erklären.

Die sogenannte Studentenbewegung ist von vielen Autoren als Folge dessen beschrieben worden, daß Mittelklasseeltern ihre Kinder nicht streng genug erziehen und diese darum leicht unzufrieden und frustriert sind. Gleichzeitig vergißt man aber, daß die Funktionsweise der ganzen Gesellschaft und der Universität als Subsystem viel stichhaltigere Erklärungen liefert. Andere reduktionistische Erklärungen sind zum Beispiel solche, die behaupten, der Kampf der Frauen für Gleichberechtigung sei ihrer fehlenden sexuellen Befriedigung[77] oder ihrem Penisneid[78] zuzuschreiben. Besonders sind die Psychoanalytiker wahre Meister im Erfinden reduktionistischer «Erklärungen». Können sie keine bewußten Motive erkennen, dann bleibt ihnen immer noch die Möglichkeit, etwas mit Hilfe von Verhältnissen zu «erklären», die den Individuen nicht bewußt seien.

Es ist Aufgabe der Sozialwissenschaften, soziale Erscheinungen mit Hilfe *soziologischer* und nicht mit Hilfe psychologischer Theorien zu erklären. Das bedeutet, die Gesellschaft muß als gegebene Realität und als Grund der menschlichen Aktivität betrachtet werden. Das ist mit Hilfe einer genetischen und strukturellen Betrachtungsweise möglich. Aber steht dies nicht im Widerspruch zu unserer Behauptung, die Gesellschaft sei ein menschliches Produkt? Ich finde nicht. Es ist gewiß, daß die Geschichte von Menschen gemacht wird. Die Menschen sind es, die innerhalb unseres sozialen Systems als soziale Wesen handeln. Akzeptiert man aber diese Einstellung, so folgt daraus weder logisch noch soziologisch, daß man die Geschichte oder die Gesellschaft und ihre Funktionsweise mit Hilfe psychologischer Theorien erklären muß, zum Beispiel solche, die etwas über Bedürfnisse, menschliche Eigenschaften usw. aussagen.[79]

3.7. Die Gesellschaft verstehen oder erklären?

In der vorherigen Diskussion habe ich wechselweise darauf hingewiesen, daß es gilt, die Gesellschaft zu «verstehen» und ihre Funktionsweise zu «erklären». Was soll nun die Sozialwissenschaft tun? Soll sie erklären oder verstehen? Ich finde, sie soll beides. Aber dies erfordert sicher eine genauere Erörterung.[80]

Wenn ich mit meinen Kindern spreche, *verstehe* ich normalerweise, was sie sagen. Während ich dies schreibe, hoffe ich tatsächlich, meine Leser werden verstehen, was ich meine – sonst wäre ein solches Buch total mißglückt. Was bedeutet in diesem Zusammenhang «verstehen»? In beiden Beispielen sollen *Symbole* in einem geschriebenen oder gesprochenen Zusammenhang verstanden werden. Was ich verstehen soll, ist der *Sinn* der Symbole. Dies bedeutet, ich verstehe, oder der Leser versteht, was gemeint ist. Das trifft zu, wenn die Symbole alltäglich und somit geläufig sind und vor allem, wenn sie in einem bestimmten Zusammenhang gebraucht werden. Oft bewirkt der Zusammenhang allein, daß man den «Sinn» versteht. Wenn ich sage: «Das ist ja Frau Nilsson», dann kann mein Ausruf bedeuten, daß ich jemanden wiedererkannt habe. Wenn ich dagegen sage: «Das ist ja Frau Nilsson, die drei Kinder von drei verschiedenen Männern hat», dann bekommen dieselben Worte einen völlig anderen «Sinn», weil ich sie in einem ganz anderen Zusammenhang als im ersten Fall gebrauche. Man versteht, was ich meine, wenn klar wird, warum ich es sage.

Nehmen wir ein anderes Beispiel. Angenommen, ein Mann geht über die Straße. Dort gibt es einen Zeitungskiosk. Wir können dann die Frage beantworten, warum er die Straße überquert hat: Um Zigaretten oder eine Zeitung zu kaufen. Ein Mann auf der Post kauft Briefmarken. Warum macht er das? Vielleicht will er einen Brief schreiben, oder er sammelt Briefmarken. Diese beiden Situationen unterscheiden sich etwas von den beiden zuerst beschriebenen, wenn auch nicht total. Was versuchen wir jetzt zu verstehen? Die Antwort lautet: Die Personen machen etwas. Sie handeln. Wir wollen verstehen, *warum* sie so handeln. Wir wollen ihre Absichten oder Zielsetzungen verstehen.

Nehmen wir ein drittes Beispiel. Ein Anthropologe besucht eine fremde Gesellschaft, um dort die gesellschaftlichen Intitutionen und Gewohnheiten zu untersuchen. Ein afrikanischer Stamm, die Azande, glaubt an Hexen. Diese könnten das Leben der Stammesmitglieder negativ beeinflussen. Sie haben darum ein ganzes System von Riten und Ritualen entwickelt, um den Zaubereien der Hexen entgegenzuwirken.[81] Wir könnten unmöglich diese Riten verstehen, wüßten wir nicht, daß die Azande an Hexen glauben. Mit anderen Worten: Wenn wir den Zusammenhang kennen, unter anderem auch den Glauben und die Vorstellungen der Menschen, verstehen wir ihre Riten und gesellschaftlichen Institutionen. Angenommen, ein Bewohner eines anderen Planeten käme auf die Erde und sähe, wie eine Menschenmenge vor einem großen Haus mit einem Turm eine weißgekleidete Frau und einen schwarzgekleideten Mann mit Reiskörnern bewirft. Wenn er das Wort «Hochzeit» nicht kennt, weil es diesen Begriff auf seinem Planeten nicht gibt, müssen wir ihm erklären, was eine Hochzeit ist und schließlich, warum man mit Reiskörnern wirft. Aber ehe er dieses einfache Ritual verstehen kann, müssen wir ihm einen Vortrag über unsere religiösen Sitten und Bräuche halten – sonst könnte er gar nicht begreifen, was eine Kirche ist –, müssen wir auch unsere Familieninstitution erklären – sonst könnte er gar nicht begreifen, was Heiraten ist – und schließlich müssen wir über unsere Traditionen sprechen und den noch vorhandenen Einfluß des Aberglaubens – sonst könnte er gar nicht begreifen, warum die Leute das Brautpaar mit Reiskörnern bewerfen.

Was wir verstehen oder zu verstehen suchen, ist 1. die Anwendung von Zeichen und Symbolen, 2. Absichten und Zielsetzungen menschlichen Handelns, 3. wie soziale Institutionen und Vorstellungen funktionieren, die zur Tradition wurden.

Um das Ganze zu vereinfachen, kann man vielleicht sagen, *wenn* man fragt: «Was ist das hier» oder «was soll das» oder «was bedeutet das», ist man meist daran interessiert, eine Erscheinung zu *verstehen.*

Man kann aber auch fragen: «Warum ist das so?» In diesem Fall ist man weniger daran interessiert, eine Erscheinung zu *verstehen*, als zu erfahren, wodurch sie verursacht wurde. Die Antwort ist dann eine *Erklärung*. Eine Tradition innerhalb der Sozialwissenschaften, die behauptet, diese sollten wie Naturwissenschaften betrieben werden, behauptet auch, es sei die wichtigste Aufgabe der Wissenschaft, Ursache und Wirkung zu *erklären*, und zwar mit Hilfe allgemeingültiger Gesetze. Diese können zweierlei Art sein. Sie können entweder als *deduktiv* oder als *induktiv* formuliert werden. Ich werde ein Beispiel geben. Wir sehen, daß es in regelmäßigen Abständen Tag und Nacht wird. Nun sollen wir erklären, warum es so ist. Wir können dann auf einige allgemeingültige Gesetze über die Bewegungen der Erde um die eigene Achse und um die Sonne verweisen. Hieraus kann man dann logisch ableiten, daß die Erscheinung oder das Ereignis, das wir erklären wollen, lediglich ein Sonderfall der generellen Formulierung, das heißt des Gesetzes, ist.

Die zweite Vorgehensweise funktioniert ungefähr folgendermaßen: Angenommen, wir wollen etwas über Scheidungsgründe erfahren. Wir können dann feststellen, wie alt die Partner zur Zeit der Eheschließung waren. Wir können fragen, ob sie Kinder haben, wieviel sie verdienen usw., und wir können außerdem feststellen, wie lange sie verheiratet waren. Vielleicht stellt sich heraus, daß Paare, die in einem bestimmten Alter geheiratet haben, kinderlos sind und soundsoviel verdienen, sich nach siebenjähriger Ehe scheiden lassen. Wir können also aus den gesammelten Daten bestimmte Schlußfolgerungen ziehen, die «induktiv» genannt werden, weil sie rein formal aus keinen bestimmten Gesetzen abgeleitet werden können. Die Schlußfolgerungen, die wir ziehen können, lauten: Vorausgesetzt, die Bedingungen 1, 2, 3 sind erfüllt, dann ist die Wahrscheinlichkeit einer Scheidung nach sieben Ehejahren gleich p. «p» gibt eine bestimmte Zahl an, zum Beispiel, daß sich nach siebenjähriger Ehe acht von zehn Paaren scheiden lassen.

Der Unterschied zwischen den beiden Vorgehensweisen besteht darin, daß die Erklärung im einen Fall aus allgemeinen Gesetzen abgeleitet wird. Im zweiten Fall folgt die Erklärung aus Schlüssen, die aus bestimmten Beobachtungen oder Messungen gezogen wurden.

Nun bin ich der Meinung, daß man mit Hilfe der Sozialwissenschaften *Verständnis* für gesellschaftliche Erscheinungen schaffen und auch ihre Ursachen *erklären* soll. Das aber bedeutet nicht notwendigerweise, diese Erklärungen müßten zum Typ der naturwissenschaftlichen *Gesetze* gehören. Sie können das sein, was ich oben «Regeln» genannt habe.

Ich möchte diese unvollständige Übersicht der skizzierten Problematik beenden, indem ich eine weitere Frage behandle. Bei der Diskussion der «offenen Systeme» habe ich darauf hingewiesen, daß bei der Analyse offener Systeme von den traditionellen «Ursache-Wirkung»-Schlüssen abgegangen wird und man sie statt dessen durch Erklärungen ersetzt, bei denen Rückkoppelungsmechanismen eine wichtige Rolle spielen. Bei einem Rückkoppelungsmechanismus beeinflußt häufig ein Subsystem ein zweites Subsystem in derselben Ganzheit. Die Beeinflussung des zweiten Subsystems durch das erste bewirkt, daß das zweite Subsystem wiederum das erste beeinflussen kann. Nehmen wir als Beispiel den menschlichen Körper. Als erstes Subsystem nehmen wir die Muskeln. Als zweites Subsystem die Atmung. Wenn wir schwere körperliche Arbeit ausführen, beschleunigt sich unsere Atmung. Wie kommt das? Körperliche Arbeit, beispielsweise Leistungssport, bewirkt, daß sich der Sauerstoffgehalt des Blutes verringert. Wenn die Atmung verstärkt wird, erhält das Blut mehr Sauerstoff zugeführt, was dann wiederum auf die Muskeln einwirkt – deswegen ist es so wichtig, daß Spitzensportler große Mengen Sauerstoff aufnehmen können.

Die Beziehungen zweier Subsysteme zueinander kann folgendermaßen beschrieben werden. Das erste System hat einen gewissen *Output* (= Ausgabe, Reaktion). Ein Teil dieses Output wird als Input, das heißt Eingabe in das andere Subsystem eingespeist. Dieser Input kann in Form von «Information» oder «Energie» geschehen. Das bewirkt, daß das andere System «Information» oder «Energie» oder etwas Drittes produziert. Dies ist sein Output und funktioniert gleichzeitig als Input für das erste Subsystem.

Stellen wir uns eine Gesellschaft als eine aus Subsystemen zusammengesetzte Ganzheit vor, und jedes Subsystem wiederum aus noch kleineren Systemen zusammengesetzt, bis wir auf Elemente stoßen, die nicht mehr geteilt werden können, dann fällt es leicht zu verstehen, daß eine Beeinflussung nicht nur zwischen zwei Subsystemen erfolgt, sondern zwischen vielen. Oft werden sämtliche Subsysteme beeinflußt und wirken gegenseitig aufeinander zurück. Eine Analyse, die *erklären* will, wie die Gesellschaft funktioniert, verwendet zweckmäßig Rückkoppelungsmechanismen. Das Problem ist dann, mit welchem Punkt oder mit welchem Subsystem fängt man an. Bei der Analyse wirkt dieser Punkt auf andere Beziehungen oder Subsysteme als ursächlichen Faktor. Nach einer Weile sind wir wieder am Ausgangspunkt angelangt. Aber diesmal untersuchen wir ihn als Wirkung. Wir können beispielsweise mit der Beschäftigungslage anfangen, von dort zu Preisen und Inflation übergehen, von dort zu Immobilien – Villen und Häuser –, dann zu Investitionen, und kommen über den Verbrauch zu Löhnen und von dort wieder zur Beschäftigung zurück.

All das läßt darauf schließen, daß das gewählte Gesellschaftsmodell und die gewählten ursprünglichen Prämissen oder Annahmen nicht gleichgültig sind. Sie haben nicht nur Einfluß auf das gewonnene Resultat. Sie üben auch einen großen Einfluß auf die verwendeten Methoden aus, mit denen man eine Gesellschaft und das gewonnene Wissen untersucht. Ein wichtiger Punkt ist in dieser Verbindung, daß man von konkreten sichtbaren Beziehungen ausgeht und sich danach zu abstrakten Begriffen und Klassifizierungssystemen hin bewegt. Von dort müssen wir uns wieder zum Konkreten hin bewegen. Aber jetzt müssen wir die Verbindungen, Ursachenzusammenhänge und Rückkoppelungsmechanismen betrachten, die das System verbinden. Erst dann können wir sagen, wir können die Gesellschaft *erklären*, und erst wenn uns diese Zusammenhänge bewußt geworden sind, können wir sagen, wir *verstehen* allmählich, das heißt kommen zur Einsicht, «wie alles zusammenhängt». Das sollte unser Ziel sein.

Teil II

Wirtschaftliche Institutionen und Prozesse

1. Ökonomie und Soziologie

1.1. Eine erste Abgrenzung des Gebietes

Es dürfte unumstritten sein, daß in unserer heutigen Gesellschaft wirtschaftliche Probleme im Mittelpunkt stehen. Arbeitslosigkeit, Vollbeschäftigung, Inflation, Lebensmittelpreise, steigender Verbrauch und Lebensstandard, Währungsprobleme, wirtschaftliches Wachstum in den Industriegesellschaften, Unterentwicklung, Mangel und Hungersnot in allen Entwicklungsländern, Kapitalismus, Sozialismus, Kulturrevolution, Zerstörung der Umwelt, Mitbestimmung am Arbeitsplatz, Vergesellschaftung der Produktionsmittel, «freier» Wettbewerb, Monopol, der militärisch-industrielle Komplex in den USA, die Planungsbürokratie in der Sowjetunion – gleichgültig, welches Stichwort man auch erwähnt, jedes einzelne betrifft wirtschaftliche Fragen und die Art und Weise, wie wir unser materielles Leben zu ordnen suchen.

Unsere erste Aufgabe besteht darin, eine vorläufige Definition «wirtschaftlicher Prozesse» und «wirtschaftlicher Systeme» zu geben. Vielleicht sollten wir noch einen weiteren Schritt zurückgehen und fragen, was ist unter «wirtschaftlich», «wirtschaftlicher Aktivität» und «Wirtschaft» zu verstehen. Dann werden wir nicht nur feststellen, daß die Begriffe vieldeutig sind – das sind die meisten sozialwissenschaftlichen Fachausdrücke. Sondern wir werden auch auf große Einigkeit stoßen, wie «das wirtschaftliche Feld» oder «die Wirtschaft» schlechthin abzugrenzen ist. Eine andere Frage ist: Sollen Ökonomie und Soziologie voneinander völlig getrennt sein, oder sind sie untrennbar miteinander verbunden?

Mit dem von mir bezogenen und in Kapitel 3 beschriebenen methodologischen Ausgangspunkt, dem «Holismus», ist die Antwort gegeben. Ökonomie und Soziologie können und sollen nicht als scharf voneinander getrennte Gebiete betrachtet werden. Das schließt jedoch nicht aus, daß Ökonomen wie auch Soziologen behaupten können, gewisse Probleme seien eher wirtschaftlich und andere eher soziologisch.

Betrachtet man das Problem ideengeschichtlich, findet man beide Richtungen vertreten: eine, die beide Wissenschaften getrennt halten will, und eine andere, die sie zu integrieren versucht. Die klassischen Wirtschaftswissenschaftler, wie beispielsweise Ricardo, gingen von der Gesellschaft und ihrer Aufteilung in Klassen aus. Ihr schärfster Kritiker, nämlich Marx, hat auch die am stärksten soziologisch orientierte Wirtschaftstheorie entwickelt. Für ihn war der Ausgangspunkt, die holistische Betrachtungsweise, selbstverständlich. Eine andere Frage, die mit der Ganzheitsproblematik eng verknüpft ist, lautet, soll man vom Handeln der Individuen ausgehen oder von den gesellschaftlichen Prozessen. Dazu habe ich schon Stellung bezogen.

Auch hier gibt es Gegensätze zwischen Ökonomen und wie sie «Wirtschaft» definieren. Ich werde mit einer Definition beginnen und sehen, wohin sie führt. Der englische Ökonom Robbins vertritt die Ansicht[1], die Ökonomen sollten die menschlichen Aktivitäten untersuchen, die, ausgehend von der existierenden Knappheit verfügbarer Mittel, versuchen, unsere selbstgesteckten Zielsetzungen zu erreichen. Wir haben also erst einmal eine Reihe von Zielsetzungen. Zweitens können wir feststellen, daß nicht alle Ziele gleich wichtig sind. Für viele Menschen ist das Wichtigste, das tägliche Brot heranzuschaffen, damit sie und ihre Kinder nicht zu hungern brauchen. Bei uns, wo zumindest den meisten Menschen das tägliche Brot gesichert ist, kann es zu der Frage kommen, kauft man lieber ein neues Fernsehgerät oder verwendet man das Geld für den Urlaub.

Drittens haben wir Mittel, um diese Ziele zu erreichen. Aber sie sind beschränkt; nur eine kleine Minderheit unserer Gesellschaft verfügt über so große Geldmittel, daß sie sich praktisch alle Wünsche erfüllen kann.

Viertens können unsere geringen Mittel verschieden benutzt werden. Wir können beispielsweise einen Abend groß ausgehen und uns amüsieren, aber gleichzeitig ist die Rate für die neue Tiefkühltruhe hin. Wir müssen also wählen.

Eine solche Definition von Wirtschaft, als Beziehung zwischen Mitteln und bestimmten Zielsetzungen, ist in vielerlei Hinsicht *formalistisch*.

1. Robbins meint, die Wirtschaftswissenschaftler sollten sich nicht mit einer Erörterung der Zielsetzungen befassen, sondern sich ausschließlich für die Beziehung zwischen Mittel und Ziel interessieren. Das bedeutet zum Beispiel, daß es dieser Richtung egal ist, ob die begrenzten Mittel für den Bau von Atombomben oder Raumschiffen oder für die Sanierung von Slumvierteln und für den Ausbau des Gesundheitswesens und des Ausbildungssystems verwendet werden. Nach Robbins soll man sich dafür interessieren, wie die knappen Mittel bei feststehenden Zielen verwendet werden. Mit anderen Worten: Man soll sich für rationales Handeln interessieren, wo die Wahl des Ziels – Atombomben oder Sanierung von Slums – mit dem, was man unter «rational» versteht, nichts zu tun hat. «Rational» hieße dann, die effektivste Art, knappe Mittel anzuwenden. Wahrlich eine sonderbare Definition von «Rationalität» und «rationalem Verhalten». Aber dieses Problem werden wir später behandeln.[2, 3]

2. Diese Definition berücksichtigt auch nicht die gesellschaftlichen Verhältnisse, unter denen diese Ziele entstehen oder wie die Mittel von der sozialen und wirtschaftlichen Struktur der Gesellschaft abhängen, woran Knappheit herrscht usw. Der institutionelle Rahmen spielt bei dieser Definition kaum eine Rolle. Ausgangspunkt ist das Individuum – ein sozial unbeeinflußtes Individuum –, das wählen muß.

3. Der wichtigste Einwand gegen Robbins' Definitionsversuch ist jedoch folgender: Sämtliche menschlichen Handlungen können als zielgerichtet

definiert werden – man kann zwischen einer nicht zielgerichteten *Aktivität* und einer zielgerichteten *Handlung* unterscheiden. Man kann behaupten, sie versuchen immer die Mittel, die das beste Resultat ergeben, das heißt am effektivsten sind, anzuwenden. «Effektivität» kann dann zum Beispiel bedeuten, man erreicht das Ziel mit den geringstmöglichen Kosten auf schnellstmögliche Weise. In diesem Fall trifft die Definition Robbins' also nicht nur auf wirtschaftliches Handeln zu, sondern auf jegliches menschliches Verhalten. Fürsprecher dieser Richtung haben auch die Konsequenzen gezogen. Sie behaupten, zum Beispiel die Beziehung zwischen Mutter und Kind sei ebenso wirtschaftlich wie die Beziehung zwischen einem Arbeitskäufer und einem Arbeiter.[4]

In diesem Fall wird die Ökonomie also zur Theorie allgemeinen menschlichen Handelns. Andererseits beschäftigen sich jedoch die Ökonomen nicht mit jeder Form menschlichen Handelns. Sie haben sich gewisse Einschränkungen auferlegt. Warum das? Weil sie schon im voraus, ohne es zu sagen, festgesetzt haben, was das «Wirtschaftliche» ist. Das bedeutet, die Definition setzt schon unausgesprochene Vorstellungen über das «Wirtschaftliche» voraus.

Das letzte Argument gegen diese Definition, die ich oben die *formalistische* genannt habe, ist folgendes: Sie wurde entwickelt, um wirtschaftliches Verhalten in einer Gesellschaft mit einer Marktwirtschaft zu erklären. Aber die Formalisten behaupten, sie sei auf sämtliche Gesellschaften anwendbar, sogar auf die sogenannten primitiven Gesellschaften. Hier widersprechen jedoch die Anthropologen, die Naturgesellschaften untersucht haben. Es gibt anhropologisch orientierte Wirtschaftswissenschaftler, beispielsweise Polanyi[5], die behaupten – und mit einer Reihe von Beispielen den Beweis angetreten haben –, daß die Marktwirtschaft historisch gesehen sehr jung ist.[6] Sie entstand Anfang des 19. Jahrhunderts mit dem Aufkommen des Kapitalismus in England. In anderen Gesellschaften und in früheren wirtschaftlichen Systemen hatten wirtschaftliches Handeln und wirtschaftliche Institutionen nebensächliche Bedeutung. Sie waren Teil anderer Prozesse und Institutionen, und erst im modernen Zeitalter, das heißt mit dem Aufkommen des Kapitalismus, ist der Mensch in einem *Homo economicus*, das heißt einen wirtschaftlichen Menschen verwandelt worden.

Diese These Polanyis hat noch eine andere Bedeutung. In allen Gesellschaften sind wirtschaftliche Prozesse Teil der sozialen Struktur von Gesellschaft und ihrer Institutionen, die von dieser Struktur verursacht sind. Alle Gesellschaften haben wirtschaftliche Institutionen und überall sind wirtschaftliche Prozesse im Gange, weil die Menschen für ihren Lebensunterhalt sorgen müssen. Da sie immer mit anderen zusammen leben, das heißt in einer Gesellschaft, geschieht dieser Prozeß, die Schaffung von Mitteln für die Erhaltung und Reproduktion (= Wiederherstellung) des Lebens, *innerhalb* der Gesellschaft, die den Rahmen für die Organisation dieses Prozesses bildet.

In allen Gesellschaften versucht man, natürliche Ressourcen anzuwenden und zu verändern. In allen Gesellschaften gibt es eine Technologie, auch wenn sie nur aus sehr primitiven Geräten besteht.[7] In jeder Gesellschaft gibt es eine Arbeitsteilung, auch wenn sie ausschließlich auf Grund der Geschlechtszugehörigkeit geschieht, das heißt, daß ein Teil der Aufgaben von Frauen verrichtet wird und ein anderer von Männern. In jedem Gesellschaftstypus gibt es Tauschprozesse, obwohl es nicht notwendigerweise Märkte gibt oder Geld als Warenform, das gegen alles getauscht werden kann. Aber die Art und Weise, wie diese Verhältnisse geordnet sind, die Institutionen, die geschaffen wurden, um die verschiedenen Prozesse durchzuführen, sind in den verschiedenen Gesellschaften und auch in gleichen Gesellschaften während verschiedener historischer Epochen verschieden. Der Feudalismus in Europa funktionierte unter bestimmten wirtschaftlichen Verhältnissen. Mit dem Durchbruch des Kapitalismus wurden diese Institutionen verändert und völlig neue geschaffen. Der Wandel des Kapitalismus von einer Struktur des *laissez faire* (=Gewährenlassen), das heißt einer gesellschaftlichen Struktur, in der die Gesellschaft selten oder nie weder in den Produktions- noch in den Verteilungsprozeß eingegriffen hat, zum Monopolkapitalismus, hat auch neue Institutionen geschaffen. Ein Beispiel ist der militärisch-industrielle Komplex, auf den wir später zurückkommen werden.[8] Der Übergang von einer kapitalistischen Gesellschaft zu der, die in der Sowjetunion sozialistisch genannt wird, hat neue Institutionen geschaffen, während die Durchführung des Sozialismus in China wiederum auf eine andere Weise vonstatten geht.

Die von Polanyi gegebene Definition wird im Gegensatz zu der *formalistischen, substantivistische* Definition genannt, weil die Idee vom Inhalt ausgeht. Sie geht von einer Ganzheit aus, das heißt von der Gesellschaft oder der Gesamtheit aller gesellschaftlichen Beziehungen, und untersucht, welche davon die *Produktion* und die *Verteilung* der materiellen Ressourcen beeinflussen. Sie geht nicht vom Individuum aus und betrachtet seine Handlungen nicht als unabhängige, vernünftige Wahl, sondern betrachtet jegliches individuelle Verhalten als soziales Verhalten, was nicht ausschließt, daß es «vernünftig» oder «rational» sein kann.

Ich werde jetzt die substantivistische Richtung zusammenfassen. Sie heißt so, weil sie von der Substanz – von der Substanz der Wirtschaft – ausgeht und nicht nur von einigen formalen Annahmen, wie die formalistische Richtung.

1. Sie behauptet, die wirtschaftliche Aktivität des Menschen werde in unterschiedlichen sozialen Systemen und deswegen auf ganz verschiedene Weise ausgeübt.

2. Sie behauptet, die Marktwirtschaft sei lediglich *ein* Typus wirtschaftlicher Ordnung, wie Beispiele aus anderen Kulturen und die geschichtliche

Entwicklung unserer eigenen Kultur beweisen.

3. Sie behauptet, die Bedeutung wirtschaftlicher Verhältnisse in unserer Gesellschaft sei für diese Gesellschaft typisch. In weniger entwickelten Gesellschaften seien wirtschaftliche Prozesse Teil anderer Prozesse, zum Beispiel derjenigen, die mit Verwandtschaft zu tun haben. Das Verwandtschaftssystem in diesen Kulturen zeigt oft einen unglaublichen Grad der Komplexität.[9]

4. Sie behauptet, man solle bei der Analyse wirtschaftlicher Verhältnisse und Prozesse nicht vom Individuum und seinem Wahlverhalten ausgehen, ohne seine Handlungen als eine Konsequenz der gesellschaftlichen Institutionen und Relationen mit einzubeziehen.

5. Sie behauptet, man solle eine Ganzheitsuntersuchung der Gesellschaft vornehmen. Deswegen ist man vielleicht eher an Makromechanismen als an Mikromechanismen interessiert. Wirtschaftliche Makroprozesse behandeln das wirtschaftliche System als ein Ganzes. Sie beschäftigen sich deshalb mehr mit der gesamten gesellschaftlichen Produktion von Waren und Dienstleistungen, zum Beispiel mit ihrem Bruttosozialprodukt; auf diese Problematik werden wir zurückkommen. Die Mikroökonomie dagegen beschäftigt sich mit der Preistheorie und der wirtschaftlichen Aktivität der Individuen. Den Unterschied zwischen Makro und Mikro haben wir bereits in der Diskussion über die Einstellung der Soziologie behandelt.[10] Hier tritt er also wieder auf.

1.2. Ein Versuch, den Begriff «wirtschaftliche Prozesse» zu präzisieren

Wenn man Kriterien angeben will, die für Menschen als Art typisch sind, kann man verschiedene Dinge wie Sprache, Religion, Bewußtsein benutzen. Aber die Menschen unterscheiden sich auch von allen anderen Tierarten dadurch, daß sie die materiellen und geistigen Voraussetzungen für ihr Leben systematisch produzieren.[11]

Die *Produktion* aller notwendigen Gebrauchsgegenstände und ein Teil der nicht notwendigen Dinge – welche das sind, zeigt sich, wenn wir uns überlegen, was «notwendig» heißt –, geht also als zentraler Punkt in die von mir verwendete Definition für Wirtschaftsprozesse ein.

Die *Produktion* von Gebrauchsgegenständen geschieht in jeder Gesellschaft auf bestimmte Weise. Es handelt sich um die Produktion auf einer bestimmten gesellschaftlichen Entwicklungsstufe, einer Produktion durch Individuen innerhalb eines gegebenen Rahmens oder einer Produktion gesellschaftlicher Individuen. Die in einem gegebenen historischen Zeitraum vorherrschende Weise zu produzieren, kann man die *Produktionsweise* nennen. Diese wiederum besteht aus zwei Faktoren: 1. den *Produktivkräften* und 2. den *Produktionsverhältnissen.*[12] Die Produktivkräfte umfassen Naturressourcen, zum Beispiel Erde, Mineralien und andere Bodenschätze, Maschinen, Werkzeuge, kombiniert mit einer bestimmten Technik und den Menschen als Produzenten, die auf eine bestimmte Weise je nach Stand der Technik organisiert sind. Ein Fließband erfordert beispielsweise eine andere Form der Zusammenarbeit zwischen den Produzenten als eine automatisierte Produktion.

Die Produktionsverhältnisse sind die Beziehungen, die die Menschen – meist ohne eigenen Wunsch – auf Grund ihrer Funktion innerhalb des Produktionsprozesses zueinander aufbauen. Die Produktionsverhältnisse haben mit der Frage zu tun, wem die Produktionsmittel gehören und wer den Produktionsprozeß kontrolliert und die Macht hat, ihn im großen und kleinen zu bestimmen, zum Beispiel wann investiert werden soll, wieviel und für welchen Zweck. Die Produktionsverhältnisse haben auch etwas mit der Beziehung der Produzenten zu den Produkten ihrer Arbeit zu tun.

Im Produktionsprozeß gibt es also *Produzenten* und – in der kapitalistischen Produktion – *Nicht-Produzenten,* die aber oft Besitzer der Produktionsmittel sind. Es gibt *Rohstoffe, Produktionsmittel* – Gebäude und Maschinen – und es gibt *Produkte.* Alle diese Faktoren können in zwei *Strukturen* eingeordnet werden: *Produktivkräfte* und *Produktionsverhältnisse,* die zusammen die *Produktionsweise* bilden.

Die produzierten Produkte müssen irgendwie unter den Mitgliedern der Gesellschaft *verteilt* werden. Man kann zwischen verschiedenen Organisationsformen des Verteilungsprozesses unterscheiden.[13]

1. Man beschenkt sich gegenseitig nach einem Tauschverfahren, für das es bestimmte Normen gibt. Wenn zum Beispiel A von B Geschenke erhält, muß A sich mit Geschenken im gleichen Wert revanchieren. Das Problem besteht darin, den «Wert» festzusetzen. Aber das gilt für alle Tauschprozesse.

2. Ein System, in dem die produzierten Gebrauchsgegenstände von einer Autorität übernommen werden, beispielsweise von einem Häuptling, und von dieser Autorität dann unter den Mitgliedern der Gesellschaft – zum Beispiel im Stamm – verteilt werden.

3. Eine Verteilung auf Grund der vorhandenen Bedürfnisse und der stattgefundenen Arbeitsteilung. So wurde in der vorindustriellen Gesellschaft produziert. Ein Schuster machte zum Beispiel einem Bauern ein Paar Stiefel. Für diesen hatten die Stiefel einen bestimmten *Gebrauchswert,* das heißt, er brauchte sie. Sie befriedigten eins seiner Bedürfnisse. Der Tausch wurde dann nach dem Gebrauchswert der Stiefel und der Arbeitszeit bestimmt, die für die Herstellung der Stiefel benötigt wurde.

4. Marktprozesse, wo die Distribution durch unpersönliche Kontakte geschieht. Das bedeutet, daß man nicht länger Gebrauchsgegenstände für bestimmte Personen produziert, sondern daß Gebrauchsgegenstände über

den Markt in *Waren* verwandelt werden. Der Wert der Waren wird nicht – oder zumindest nicht in erster Linie – von ihrem *Gebrauchswert*, sondern von ihrem *Tauschwert* bestimmt, das heißt von dem Preis, den sie auf dem Markt erzielen und wonach festgestellt wird, wie sie zu tauschen sind, entweder gegen andere Waren oder gegen das, was allgemein als Tauschware funktioniert, nämlich gegen Geld.

5. Ein System, das entweder von einem Monopol oder von seinem Oligopol beherrscht wird. Während ein Marktsystem den freien Wettbewerb voraussetzt, bedeutet das Monopolsystem, daß es einem Unternehmer gelungen ist, ein bestimmtes Gebiet zu beherrschen. Somit kann er den Markt außer Kraft setzen und selbst Preise und Tauschbedingungen bestimmen. Ein Beispiel ist die Stellung von IBM auf bestimmten Gebieten der Datenverarbeitung. Ein Oligopol ist die Aufteilung des Marktes unter eine bestimmte und begrenzte Anzahl Unternehmen. Die Aufteilung des Benzinmarktes unter einige Öl-Gesellschaften ist ein Beispiel für ein Oligopol.

Das vorherrschende Verteilungssystem in einer Gesellschaft und vor allem die Bedeutung dessen, was getauscht oder distribuiert wird, beeinflußt sehr stark, wie Gleichheit und Ungleichheit entstehen und als soziale Prozesse funktionieren.

Die verteilten Waren und Dienstleistungen werden schließlich konsumiert, das heißt verbraucht. Dadurch kann man zwischen *privatem* Verbrauch – das heißt, was die Individuen oder die privaten Haushalte verbrauchen – und *öffentlichem* Verbrauch – das heißt, was die gesellschaftlichen Organisationen, zum Beispiel das Militär, verbrauchen – unterscheiden.

Schließlich kann man behaupten, Produktion und Verbrauch seien nicht völlig voneinander zu trennen. Wenn das Individuum arbeitet, geschieht ein Verbrauch seiner Kräfte. Gleichzeitig werden während des Produktionsprozesses die eigentlichen Produktionsmittel verbraucht. Andererseits ist Verbrauch auch gleichzeitig Produktion. Durch die Zufuhr von Nahrung wird die Arbeitskraft des Individuums aufs neue hergestellt oder reproduziert.[14] In unserer Gesellschaft kommt außerdem hinzu, daß der Produktionsprozeß nicht nur dem Verbrauch dient, sondern daß man durch verschiedene Mittel – Werbung, Kredite und Ratenkäufe usw. – den Verbrauch zu steigern sucht, damit er wiederum Produktionsvoraussetzung wird.

Der Wirtschaftsprozeß kann nach dieser Darstellung als *Produktion, Verteilung* und *Verbrauch* von *Waren* und *Dienstleistungen* beschrieben werden. Außer diesem Prozeß gibt es eine Reihe menschlicher Aktivitäten, die zwar nicht zum Wirtschaftsprozeß gehören, aber so funktionieren, daß sie mit ihm verbunden werden. Nehmen wir als Beispiel einen Sänger, der öffentlich auftritt. Seine Aktivität nennt man gewöhnlich «künstlerisch» oder «kulturell». Nehmen wir nun an, eine andere Person besitze eine Konzertagentur und lege das durch diese Vermittlungstätigkeit verdiente Geld in Aktien eines Unternehmens an, das Rüstungsgüter herstellt. Dieses

Beispiel zeigt, wie leicht sämtliche Aktivitäten in unserer Gesellschaft in die Wirtschaftsphäre einbezogen werden können und Teil des Wirtschaftsprozesses werden.[15]

In der Literatur findet sich eine in diesem Zusammenhang vielleicht nützliche Unterteilung.[16]

1. Man kann *wirtschaftliche Erscheinungen* an sich erfassen, zum Beispiel die Prozesse, die wir eben besprochen haben und außerdem die sozialen Institutionen, in denen sich diese Prozesse vollziehen.

2. Man kann von *wirtschaftlich bedingten* Phänomenen oder Verhältnissen sprechen. Das sind solche gesellschaftlichen Erscheinungen oder Verhältnisse, die Produkt oder Folge von Wirtschaftsprozessen sind. Als Beispiel möchte ich die Entfremdung oder die Verdinglichung erwähnen, denen die Menschen in unserem sozialen System ausgesetzt sind.[17]

3. Man kann wirtschaftlich *relevante* oder wesentliche Verhältnisse erfassen. Das sind solche Faktoren, die *keine* wirtschaftlichen Verhältnisse sind, das heißt Prozesse oder Institutionen, die aber für die Wirtschaftsprozesse und -institutionen wichtig sind. So ist behauptet worden, der Protestantismus, insbesondere der Kalvinismus habe, wenn nicht für das Aufkommen des Kapitalismus, so doch für die Entwicklung eines kapitalistischen Wert- und Moralsystems, einen «kapitalistischen Geist»[18], eine bedeutende Rolle gespielt.

1.3. Wirtschaftliche Rationalität

Ein wirtschaftliches System kann man als rational bezeichnen, wenn es technisch effektiv und sozial gerecht ist. Um technische Effektivität und soziale Gerechtigkeit zu erreichen, muß sich das System ständig verändern. Seine Rationalität kann deshalb durch den Grad bestimmt werden, in dem es Veränderungen ermöglicht, die wiederum die Bildung technischer Effektivität und sozialer Gerechtigkeit fördern.[19]

Wir werden jetzt diese Definition, die nicht zu den alltäglichsten gehört, etwas genauer betrachten. Nichtsdestoweniger ist sie interessant. Erstens spricht sie nicht vom rationalen Handeln des einzelnen Individuums, sondern von einer Ganzheit, einem System und seiner Funktionsweise. «Wirtschaftliche Rationalität» kann also in bezug auf individuelles Wahlverhalten oder in bezug auf die Funktionsweise einer Ganzheit definiert werden. In der gängigen ökonomischen und soziologischen Theorie überwiegen «Rationalitäts»-Definitionen vom ersten Typ. Zweitens wird «rational» hier nicht in bezug auf bestimmte Mittel definiert, die beim Handeln angewandt werden, sondern in bezug auf gegebene Ziele: nämlich technisch effektive Produktion und soziale Gerechtigkeit, das heißt etwas, das mit der Verteilung des gesamten Sozialprodukts verknüpft ist.

Nun kann man mit Recht fragen, welche Art Produktion technisch effektiv ist. Die Frage läßt sich nicht generell beantworten. «Technische Effektivität» muß immer in Relation zu der Funktionsweise des bestehenden Systems gesehen werden. Zentrale Zielsetzung in einem kapitalistischen Wirtschaftssystem ist die Gewinn- oder Profitmaximierung der wirtschaftlichen Aktivität[20], ob es sich nun um Produktion, Dienstleistungen – beispielsweise ärztliche Behandlung von Patienten in einer Privatklinik – oder um Distribution (jegliche Verkaufsaktivität) handelt.

Vorkapitalistische soziale Systeme oder Gesellschaften, in denen es immer noch eine Naturalwirtschaft gibt, haben andere wirtschaftliche Zielsetzungen. In diesen Gesellschaften geht es vor allem darum, die Bedürfnisse der Gesellschaftsmitglieder zu befrieden. Die Art der Bedürfnisse wird teils von biologischen Verhältnissen festgesetzt, teils von der «Kultur» einer Gesellschaft. Auch die Art der Bedürfnisbefriedigung variiert.

Man kann also im großen und ganzen zwischen zwei Typen wirtschaftlicher Zielsetzung unterscheiden: Bedürfnisbefriedigung und wirtschaftlicher Gewinn, was das gleiche wie «Geld verdienen» sein kann. In einer Gesellschaft mit einem Marktsystem und einer Geldwirtschaft wird die Bedürfnisbefriedigung der Gewinnmaximierung untergeordnet.[21] In einer Markt- und Geldwirtschaft vollzieht sich also eine Trennung zwischen wirtschaftlicher Aktivität und Bedürfnisbefriedigung.

In Gesellschaften mit Naturalwirtschaft wird wirtschaftliche Aktivität mit traditionellen Methoden oder Techniken ausgeübt. Der Vater bringt dem Sohn bei, wie Landwirtschaft zu betreiben ist. In einer solchen Gesellschaft ist das Verhalten wirtschaftlich rational, das in bezug auf Technik den traditionellen Produktionsweisen folgt und in bezug auf Zielsetzungen mit den Gewohnheiten übereinstimmt.[22] Traditionales Handeln diente in diesen Gesellschaften gewöhnlich den Interessen der herrschenden Klasse und Gruppe. Es widersetzte sich in der Regel Veränderungen. Traditionales Handeln konnte auch durch magische Riten oder religiöse Handlungen verstärkt werden.[23]

Bisher haben wir wirtschaftliche Rationalität nur kurz in Verbindung mit dem Produktionsprozeß erörtert. Wir sind so weit gekommen, daß in vorkapitalistischen Gesellschaften die Anwendung *traditioneller Mittel* für Ziele, die von *Gewohnheiten* – und die in der Regel die Bedürfnisbefriedigung betreffen – bestimmt werden, als rational gelten. Die Verteilung haben wir bisher nicht berührt, obwohl die oben gegebene Definition auch «soziale Gerechtigkeit» umfaßt. Es ist ganz eindeutig, daß «soziale Gerechtigkeit» mit der Art und Weise zusammenhängt, in der das gesamte Sozialprodukt unter den Mitgliedern einer Gesellschaft verteilt wird.

Da sich die Zielsetzungen der Produktion wie auch die Zielsetzungen der Verteilung des Sozialprodukts verändern und in allen Gesellschaften verschieden sind, müßte es auch verschiedene Typen «wirtschaftlicher Rationalität» geben. Um dieses Problem zu erörtern, werde ich noch einmal an die Unterscheidung erinnern, die wir zwischen *individuellem rationalem Handeln* und der *rationalen Funktionsweise eines Wirtschaftssystems* gemacht haben.

Wir werden mit der ersten Art «Rationalität» anfangen.[24] In der klassischen Soziologie unterscheidet man vier Arten sozialen Handelns:

1. *Traditionales Handeln.* Es wird durch eingelebte Gewohnheiten bestimmt; einige Aspekte wurden auf den vorhergehenden Seiten angesprochen.

2. *Gefühlsmäßiges Handeln.* Das bedeutet, der Handelnde folgt seinen Gefühlen, ohne die möglichen Konsequenzen seines Handelns zu bedenken.

3. *Zweckrationales Handeln* oder *instrumental-rationales Handeln.* Es vertritt die Einstellung, in einer gegebenen Situation mit festen Zielsetzungen, die besten, die effektivsten oder zweckmäßigsten Instrumente oder Mittel zu wählen, um die Zielsetzungen zu erreichen. Ein Architekt soll ein Haus bauen, er handelt *zweckrational,* wenn er von den Zielsetzungen ausgehend – wer im Haus wohnen wird und wieviel das Haus kosten darf – beispielsweise das Baumaterial seinem Konstruktionsplan anpaßt.

Einige Probleme tauchen sofort auf. Angenommen, der Architekt weiß nicht, daß es anderes und besseres Material gibt, als er selbst anwenden will. Handelt er dann nicht rational? Man kann, wenn man will, zwischen Folgendem unterscheiden: a) *methodologische* oder *subjektive Rationalität.* Das heißt, die angewandten Mittel sind, berücksichtigt man das Wissen des handelnden Individuums, die rationalsten Mittel, b) *faktische Rationalität.* Hier wird Wissen über existierende Verhältnisse einschließlich aller wissenschaftlichen Resultate, die zu einem gegebenen Zeitpunkt erreicht sind, vorausgesetzt.[25]

Wenn man aber von faktisch-rationalem Handeln spricht, setzt man stillschweigend eine weitere Annahme voraus: daß uns Wissenschaft die wertvollsten Kenntnisse über Natur und Gesellschaft vermitteln kann.

In unserer Kultur ist es normalerweise eine selbstverständliche, indiskutable Behauptung, daß wissenschaftliches Wissen am zuverlässigsten ist. Deshalb sollten wir uns an der Wissenschaft orientieren oder unser Weltbild aus wissenschaftlichem Wissen formen. Es ist eindeutig vernünftiger anzunehmen, die Erde sei rund, als anzunehmen, sie sei eine Scheibe. Es ist wahrscheinlicher, daß der Mensch vom Affen abstammt und sich durch eine Periode von Millionen Jahren entwickelt hat, als daß wir Nachkommen Adam und Evas seien, die Gott vor etwa sechstausend Jahren schuf.

Andererseits leuchtet nicht immer ein, daß der von uns entwickelte Wissenschaftstyp der beste ist und deswegen zum rationalsten Handeln führt. Betrachten wir zum Beispiel unser medizinisches Wissen, das nicht alle Krankheiten heilen kann und oft Medikamente verwendet, die ernste Nebenwirkungen haben können. Dagegen steht das traditionelle medizinische Wissen der Chinesen, wo man zum Beispiel mit Akupunktur arbeitet. Das heißt, Nadeln werden in verschiedene Körperstellen, wahrscheinlich in die Nervenzentren, gestochen. Übereinstimmenden Berichten zufolge werden mit dieser Methode hervorragende Resultate erzielt.

Kann man behaupten, Menschen, die in einer bestimmten Kultur leben, zum Beispiel auf einer isolierten Insel in Polynesien, und von den Naturwissenschaften nichts wissen, handelten irrational, wenn sie an Magie glauben und Riten folgen? Gemessen an ihrem Wissen, kann man zumindest behaupten, sie handelten methodologisch oder subjektiv rational.

Wir haben vorausgesetzt, daß man bei dem dritten Typ sozialen Handelns, nämlich dem zweckmäßig rationalen, die effektivsten Mittel anwenden soll, um ein Ziel zu erreichen. Wie kann man feststellen, was «effektiv» ist? Um das tun zu können, muß man quantitative Urteile fällen. Wir müssen sagen können, soundso viel Material ist erforderlich oder soundso viel kostet es. «Effektivität» scheint somit vorauszusetzen, daß man durch *Berechnungen* Vergleiche anstellen kann. Auf dieses Problem werden wir zurückkommen.

4. Traditionales Handeln, gefühlsmäßiges Handeln und zweckrationales Handeln können durch *wertrationales Handeln* vervollständigt werden.[26]

Nehmen wir R. Arons[27] Beispiel vom Kapitän, der sich weigert, sein sinkendes Schiff zu verlassen. Er weiß, daß er sterben wird, wenn er das Schiff nicht verläßt. Er weiß auch, daß er für sein Schiff nichts tun kann, daß es sinken wird, ob er an Bord bleibt oder nicht. Es gibt also keine instrumentalen oder zweckmäßigen Gründe für sein Verbleiben auf der Kommandobrücke. Aber er bleibt, weil er meint, dies sei in Übereinstimmung mit seiner Pflicht, mit seiner Ehrauffassung. Kurzum: es stimmt mit den *Werten,* die er akzeptiert, überein. Diese Werte bewirken, daß er das Schiff nicht verläßt. Gemäß diesen seinen Werten ist es rational, an Bord zu bleiben und sein Leben zu opfern. Deswegen nennt man dieses Verhalten «wertrational».

Das Beispiel des Kapitäns veranschaulicht nicht nur, was man unter «wertrational» versteht, es ist auch ein extremes Beispiel. Denn sein Verhalten dient keinem anderen Zweck als der Verwirklichung seiner grundlegenden Werte. Aber insofern ist es auch instrumental: Es ist ein *Mittel,* die Forderungen, die bestimmte Werte mit sich führen, zu verwirklichen.

Nehmen wir ein anderes Beispiel. Eine Partisanengruppe überfällt die Flugbase des Angreifers. Sie weiß, daß sie nicht überleben wird, aber gleichzeitig kann sie einige feindliche Flugzeuge zerstören. Ihre Handlung wird von ihrer grundlegenden Überzeugung, ihren Idealen, ihren höchsten Werten diktiert. Aber ist sie dann nicht zweckmäßig? Wenn die Partisanen ihr Leben opfern, fügen sie gleichzeitig dem Feind Schaden zu und schwächen ihn. Dieses Beispiel deutet darauf hin, daß Handeln, das mit bestimmten Werten übereinstimmt, gleichzeitig zweckmäßig sein kann. Im Unterschied zur zweckrationalen oder instrumentalen Rationalität, nimmt es auch Rücksicht auf Werte und Zielsetzungen und setzt diese nicht nur voraus. Es ist interessant, daß zweckrationale oder instrumentale Rationalität in unserer Gesellschaft so stark betont wird, daß dieser Typ Rationalität in eine dominierende Ideologie einbezogen und selbst Teil dieser Ideologie geworden ist.

Wir haben jetzt vier Typen von Handeln kennengelernt: Traditionales, gefühlsmäßiges, zweckrationales und wertrationales. Diese Typen können wir als *individuelles* rationales Verhalten bezeichnen. Die Rationalität wird also von der Handlungsweise des Individuums bestimmt. Unser nächster Schritt muß nun sein, Rationalität von der Funktions*weise* eines *sozialen Systems* zu bestimmen. Und zwar, weil wir die Analyse des sozialen Systems und nicht die Analyse des individuellen Handelns in diesem System betonen.

Bei der Analyse der Funktionsweise eines sozialen Systems kann man eine Unterscheidung treffen, die zu einem bestimmten Grad dem Unterschied zwischen Zweckrationalität und Wertrationalität entspricht. Bei dieser Betrachtungsweise kann ein Wirtschaftssystem in Übereinstimmung mit *formal* rationalen Gesichtspunkten oder in Übereinstimmung mit *materiell* formalen Gesichtspunkten funktionieren.[28] Diese beiden rationalen Funktionsweisen lassen sich jedoch, wie oben erwähnt[29], nur ausgehend von der Struktur eines bestimmten Wirtschaftssystems und den Zielsetzungen, die Bestandteil dieser Struktur sind, untersuchen. In einer kapitalistischen Gesellschaft sind Profitmaximierung der einzelnen Unternehmen und maximales wirtschaftliches Wachstum der ganzen Gesellschaft dominierende Zielsetzungen.

Formale Rationalität herrscht dann in einem Wirtschaftssystem, wenn man im Produktionsprozeß – und in anderen Wirtschaftsprozessen – von quantativen Kostenrechnungen ausgeht, das heißt genauen Kalkulationen, um die gegebenen Zielsetzungen, Profitmaximierung und wirtschaftliches Wachstum, zu erreichen. Die Kostenrechnung berechnet die eigentlichen Kosten, beispielsweise für den Produktionsprozeß, unter Berücksichtigung der technischen Möglichkeiten, die mit den geringstmöglichen Kosten den größten Gewinn abzuwerfen scheinen. Eine moderne kapitalistische Gesellschaft kann nur *formal* rational funktionieren, wenn man von genauen Kostenrechnungen ausgeht, die jedoch sehr eng zu definieren sind. Im Produktionsprozeß braucht man zum Beispiel die Kosten für die Infrastruktur, das heißt für Straßen, Häfen usw., nicht zu berücksichtigen. Diese Kosten, meint man, müsse die «Gesellschaft» tragen. Die Kosten für die Ausbildung der «Arbeitskraft» werden auch nicht mitgerechnet. Außerdem muß die Gesellschaft die Zerstörung der Umwelt bezahlen. In Wirklichkeit bedeutet die effektive Berechnung des größten Gewinns zum kleinsten Preis, das heißt eine formale Rationalität, gewöhnlich, daß man den Menschen und seine Bedürfnisse und die Umwelt ignoriert.

Da die effektivste Kalkulations- und Berechnungsweise mit Hilfe von

Geld geschieht, setzt eine kapitalistische Marktwirtschaft ein Geld- und Kreditsystem voraus. Dies wiederum ermöglicht überschaubare Berechnungen der Produktions- und Profitresultate. Es ermöglicht, die Rentabilität der Produktion zu bestimmen. Rentabilität bildet ihrerseits den Kern jeglichen formalen rationalen Handelns. Die Rücksicht auf den Gewinn der Unternehmen, ihre Rentabilität bewirkt, daß andere Verhältnisse oft nicht berücksichtigt werden. Die Rentabilität setzt den Kampf zwischen den Menschen voraus. Ein kapitalistisches System funktioniert somit formal rational, wenn die Wirtschaftsprozesse zur Profitmaximierung führen, und zwar mit Hilfe eines Geldsystems und der quantativen Kostenrechnung für den Einsatz der Ressourcen. Jegliches Handeln in der kapitalistischen Gesellschaft, das kalkuliert und quantifiziert werden kann und zur Profitmaximierung führt, ist formal rational.[30]

Was versteht man nun unter *materieller Rationalität?* Dieser Typ Rationalität betrifft vor allen Dingen die Verteilung von und die Versorgung einer bestimmten Gruppe Menschen mit Gebrauchsgegenständen. Aber Verteilung und Versorgung können lediglich unter Berücksichtigung bestimmter Wertkriterien geschehen. Ein Beispiel: Man kann behaupten, alle Waren und Dienstleistungen sollten denen zugute kommen, die dafür bezahlen können. Man kann sich auch dafür entschließen, daß gewisse Waren und Dienstleistungen allen Menschen zuteil werden sollen, unabhängig von ihrem Einkommen. Das Gesundheitssystem in den skandinavischen Ländern sichert allen, unabhängig von ihrem Einkommen, zumindest ein Minimum an Krankenversorgung, obwohl sich Leute mit Geld auch hier Vorteile verschaffen können. In den USA hat man dagegen den Gedanken einer allgemeinen Krankenversicherung, die jedermann, unabhängig vom Einkommen, ein Minimum an Krankenversorgung durch Ärzte und Krankenhäuser garantiert, bisher zurückgewiesen.

Auch auf anderen Gebieten ist die formale Rationalität außer Kraft gesetzt worden. Der Staat unterstützt beispielsweise die Theaterarbeit, des «Königlichen Theaters» in Kopenhagen, mit öffentlichen Mitteln, weil dieser Typ «kultureller Tätigkeit» anscheinend nicht nach formal-rationalen Rentabilitätskriterien betrieben wird. Die staatliche Unterstützung ermöglicht es, nicht nur den Kartenpreis auf dem Niveau von etwa einem Fünftel der realen Kosten zu halten, sie ermöglicht auch der kleinen begrenzten Gruppe Menschen, die in diese Theater geht, daß ihr Vergnügen von der Gesellschaft unterstützt wird.[31] Ein anderes Beispiel materieller Rationalität sind die staatlichen Subventionen für die Landwirtschaft. Sie können bewirken, daß man, anstatt billige Lebensmittel zu importieren, einen Preis zahlt, der oft über dem Weltmarktpreis liegt.

Ich möchte noch ein letztes Beipiel für die Außerkraftsetzung der formalen Rationalität geben. Die große staatliche Schiffswerft in der schwedischen Stadt Uddevalla gibt Tausenden von Menschen Arbeit. Aber nicht nur das.

Diese Menschen kaufen wiederum Lebensmittel und andere Waren, was die Existenz der Kleinhändler ermöglicht. Obwohl die Werft vom formal rationalen Gesichtspunkt aus unrentabel ist – sie arbeitet mit Verlust –, hat die Gesellschaft eingegriffen und sie erhalten, weil die Kosten, die von den Einwohnern und der Stadt Uddevalla bei Schließung der Werft getragen werden müßten, wahrscheinlich so groß wären, daß es sich lohnt, das Unternehmen mit staatlicher Unterstützung zu erhalten.

Materielle Rationalität hat also mit den Prinzipien oder Wertvorstellungen zu tun, wie man das gesamte Sozialprodukt verteilen will. Materielle Rationalität wird also durch politische, moralische oder andere Wertvorstellungen festgesetzt. Heute gibt es kaum eine Gesellschaft, die ausschließlich formal-rational funktioniert. Traditionsgemäß haben der Kapitalismus und seine Fürsprecher auf dem Gebiet der Politik und Wissenschaft behauptet, die formale Rationalität müsse im Vordergrund stehen. Die sogenannten Wohlstandsgesellschaften des skandinavischen Typs sind vor allem daduch gekennzeichnet, daß sie versuchen, im Rahmen eines kapitalistischen Systems eine Politik zu machen, die die materielle Rationalität berücksichtigt. Das bedeutet, daß man mehr soziale Gerechtigkeit in bezug auf Ausbildung anstrebt, unverschuldete wirtschaftliche Schwierigkeiten, zum Beispiel durch Krankheit, Arbeitslosigkeit, Alter verhindern und so mehr Gleichheit erreichen will. Es kann bessere Voraussetzungen für gleiche Chancen bei der Teilnahme an Entscheidungsprozessen, zum Beispiel am Arbeitsplatz und einer gerechteren Verteilung der Einkommen, Vermögen und des materiellen Eigentums bedeuten. Es kann auch mehr Gleichheit zwischen den Geschlechtern in einer von Männern dominierten Gesellschaft bewirken. Alle diese Zielsetzungen sind materiell-rationaler Art.

In den kapitalistischen Gesellschaften mit hochentwickelter Technologie hat sich die Tendenz bemerkbar gemacht, formale Rationalität in ein Ziel an sich zu verwandeln. Man setzt nicht nur den Gewinn als höchstes Ziel, sondern man stellt auch die Mittel, durch die man den Gewinn auf effektive Weise erreichen will, oft als Ziel an sich dar. Man will, mit anderen Worten, oft die Effektivität der Effektivität wegen.

Darum scheinen sich die Prinzipien der formalen Rationalität von dem eigentlichen Produktionsprozeß auf das ganze Gesellschaftsleben auszubreiten. Moderne Technologie wird dadurch nicht nur ein Mittel zur Produktion und letzten Endes zur Versorgung der Menschen, sondern zu einem Machtsystem. Heute gibt es starke Tendenzen, die behaupten, wir müßten uns den Forderungen der Technik unterordnen. Man behauptet, die technische Entwicklung folge ihren eigenen Gesetzen. Unerwünschte Konsequenzen seien unvermeidlich. Wenn man diese Ansicht akzeptiert, hat man auch akzeptiert, daß der Mensch nur ein Objekt, ein Ding ist. Die Technik dient nicht länger den Menschen und ihrer Bedürfnisbefriedigung, sondern die Menschen existieren für die Technik.

Hier befindet sich eine Trennungslinie zwischen denen, die den Sozialismus befürworten, und den Vertretern eines technologisch orientierten Kapitalismus und die der technokratischen Bürokratien in der Sowjetunion: Soll die materielle Rationalität über die formale bestimmen, oder soll alles der Profitmaximierung und den Mitteln, die dieser Zielsetzung am besten dienen, untergeordnet sein?

Auch vom formal-rationalen Standpunkt aus kann man sich fragen, wie effektiv die Forderung nach Gewinn eigentlich ist. Mit anderen Worten: Man kann nicht nur die rationale Funktionsweise eines Systems durch die Frage bestimmen, ob die Methoden für eine *gegebene Zielsetzung*, nämlich Profitmaximierung und Gewinn, effektiv sind. Man muß gerade diese als unbestritten vorausgesetzte Zielsetzung in Frage stellen. Ich will an einigen Beispielen zeigen warum.

«Gewinn» kann auf zweierlei Weise errechnet werden. Den einen möchte ich «betriebswirtschaftlichen Gewinn», den anderen «volkswirtschaftlichen Gewinn» nennen. Diese beiden brauchen nicht in die gleiche Richtung zu tendieren, wie einige Sozialwissenschaftler meinen, sondern können völlig entgegengesetzt sein. Nehmen wir zum Beispiel eine Textilfabrik in einem kleinen Ort in Nordskandinavien. Das Beispiel stützt sich auf Tatsachen. Die Besitzer beschließen, die Fabrik etwas weiter nach Süden zu verlegen, weil die Transportmöglichkeiten dort besser sind, sowohl für die Rohstoffe als auch für die Distribution der fertigen Produkte. Eine Verminderung der hohen Transportkosten bedeutet einen erheblichen Gewinnzuwachs und wäre deshalb vom formal-rationalen Standpunkt aus effektiv. Die Methode ist folgende: Der Gewinn, den das alte Unternehmen abwirft, wird für den Bau einer neuen und modernen Fabrik im Süden Skandinaviens verwendet. In die alte Fabrik wird nichts mehr investiert. Wenn die alten Maschinen abgewirtschaftet sind, schließ man die Fabrik und nimmt die Produktion in der neuen und modernen, mit den neuesten Errungenschaften der Technik ausgestatteten Fabrik auf. Wenn die alte Fabrik geschlossen wird, werden die Arbeiter arbeitslos. Die meisten können nicht in den Süden ziehen. Sie haben sich ein Eigenheim gebaut, das sie nicht verkaufen können, weil sich niemand in einem Ort ein Haus kaufen will, wo es keine Arbeit gibt. Aber die Arbeiter haben auch eine Reihe Läden am Leben gehalten. Die Gemeinde war von den Steuerzahlungen der Fabrik abhängig. Sie hat Darlehen aufgenommen und große Summen in Schulen, Krankenhäuser und andere soziale Dienstleistungen gesteckt. Jetzt kann sie die Zinsen für die Darlehen nicht zahlen. Die Schließung der Fabrik, vom formal-rationalen Standpunkt aus völlig richtig, hat katastrophale Folgen für den Ort, weil sich die Konsequenzen der Schließung anhäufen. Jetzt muß der «Staat» eingreifen. Er muß eine Fabrik aufmachen, die durch staatliche Mittel finanziert wird, das heißt durch Steuern, die alle Bürger zahlen müssen – oder zumindest alle, die sich weder legal noch illegal der Besteuerung entziehen können. So gelingt es, den Ort vor dem Untergang zu bewahren. Es gelingt, den Arbeitslosen Beschäftigung zu verschaffen. Man kann sie vor größeren wirtschaftlichen Verlusten schützen, beispielsweise der Wertverminderung ihrer Häuser. Die Fabrikbesitzer dagegen können in der neuen Fabrik formal-rational ihren Gewinn maximieren.

Betriebswirtschaftlicher Gewinn scheint somit am einfachsten bestimmt werden zu können, wenn man den großen volkswirtschaftlichen Zusammenhang ignoriert. Will man dagegen eine Ganzheitsanalyse machen, muß die Funktion der Organisationen oder Teilsysteme im größeren Zusammenhang, das heißt von der Funktionsweise des ganzen Systems aus, gesehen werden.

Ein anderes Beispiel der Begrenztheit einer formal-rationalen Sicht ist die Zerstörung der Umwelt. Sie hängt mit einer bei der traditionellen Ökonomie weitverbreiteten Vorstellung zusammen, Wasser und Luft seien keine Mangelware und könnten deshalb unbegrenzt verwendet werden, das heißt ohne sie als Kosten in der Wirtschaftlichkeitsberechnung zu berücksichtigen. Erst wenn die Verschmutzung der Flüsse und die Luftverunreinigung Ausmaße annimmt, daß sie nicht nur gesundheitsgefährdend werden, sondern unsere natürliche Umgebung zu zerstören drohen, stellt man fest, daß die Kosten für die Säuberung von Wasser und Luft bei der Rentabilität einer Produktion erscheinen müßten. Täte man dies konsequent, wären viele Produktionsprozesse unrentabel. Dieses Beispiel verdeutlicht auch einen weiteren Nachteil bei der Anwendung der formalen Rationalität als Effektivitätskriterium. Sie kann leicht kurzfristige Bewertungen beantworten, hat aber Schwierigkeiten, langfristige Konsequenzen zu berücksichtigen.

Weitere Beispiele für die Grenzen der formalen Rationalität sind beispielsweise, daß es effektiv sein kann, lediglich 70 Prozent oder 80 Prozent der Produktionskapazität zu nutzen und eine große Zahl Arbeitsloser zu haben. Es kann auch wirtschaftlich rational sein, Weizen und Kaffee zu verbrennen, um das Preisniveau zu halten, während gleichzeitig Millionen Menschen verhungern.

Meine Kritik am Prinzip der formalen Rationalität – die weder neu noch originell ist – ist in Wirklichkeit eine Kritik an der Funktionsweise kapitalistischer Gesellschaften. Buchführung und Kostenrechnungen, um entweder mit einem Kostenminimum bestimmte Zielsetzungen oder um innerhalb eines gegebenen Kostenrahmens den größtmöglichen Profit zu erreichen, sind systematisch erst in der kapitalistischen Produktionsweise entwickelt worden.[32] Die Anwendung der formalen Rationalität garantiert, daß eine Produktion, die keinen Gewinn erzielen kann, in einer auf Konkurrenz und Markt begründeten Gesellschaft ausgeschaltet wird. Es vollzieht sich also eine Art «natürlicher Auswahl» und ein «Überleben der Geeignetsten oder Effektivsten». Diese Ausdrucksweise deutet auch an, wie die Entwicklungslehre Darwins und der Neodarwinisten das wirtschaftliche Denken in der kapitalistischen Konkurenzgesellschaft beeinflußt haben. Diesen Gedanken hat unter anderem von Bertalanffy 1970 geäußert. Das eherne Gesetz der Profitmaximierung dominiert.

Formale Rationalität als Kriterium des Fungierens eines sozialen Systems ist das Produkt einer historischen Entwicklung und kein allgemeingültiges Prinzip.[33] Den Nachteilen kann unter anderem dadurch entgegengewirkt werden, daß man die Funktion des ganzen Systems untersucht und die volkswirtschaftlichen Kosten berechnet, anstatt sich damit zu begnügen, den betriebswirtschaftlichen Gewinn zu bestimmen. Das Prinzip der formalen Rationalität kann auch durch das Prinzip der materiellen Rationalität ersetzt werden. Sie funktioniert im großen und ganzen so, daß man von der Versorgung einer gegebenen Bevölkerung mit Produkten ausgeht, gewisse Prinzipien für die Verteilung aufstellt, zum Beispiel indem man definiert, was unter «sozialer Gerechtigkeit» zu verstehen ist, und später, ausgehend von diesen Zielsetzungen systematisch zu planen sucht, wie man die verfügbaren Ressourcen einsetzen oder sich diese durch einen bestimmten Kostenaufwand verschaffen kann.

2. Der Produktionsprozeß

2.1. Gebrauchs- und Tauschwert

Jegliche volkswirtschaftliche Wertschöpfung beruht auf Arbeit.[34] Jegliche materielle Entwicklung beruht darauf, daß die Arbeit mehr produziert, als für den Lebensunterhalt gebraucht wird, daß etwas übrigbleibt, was dann getauscht, verkauft und aufs neue investiert werden kann.

Ist die erste Behauptung, jeglicher Wert werde durch Arbeit geschaffen, wissenschaftlich bewiesen? Ist es eine wissenschaftliche Hypothese? Ist es nur Metaphysik und Nonsens, wie J. Robinson behauptet?[35] Oder gehört sie zu den anfangs erwähnten Prämissen, wie sie meiner Meinung nach sämtliche Sozialwissenschaften voraussetzen?[36]

Ich glaube, es ist am besten, zuerst zu diskutieren, wie wir das Wort gebrauchen. Hier müssen wir zwischen drei Wörtern unterscheiden: «Wert», «Preis» und «Kosten».

Ein Paar Schuhe *kostet* beispielsweise 75 DM. Das sind die Kosten, die ich beim Kauf für das Paar zahle. Ich kann auch sagen, daß der *Preis* 75 DM beträgt. Andererseits kostet die Herstellung vielleicht 30 DM. Die Herstellungs*kosten* sind also nicht identisch mit dem Verkaufs*preis*, denn Zwischenhandel und Endverkäufer rechnen einen Gewinn dazu. Alle Dinge, die wir kaufen, haben also bestimmte *Kosten*, wenn sie hergestellt werden und einen bestimmten *Preis*, wenn sie verkauft werden.

In dieser ganzen Überlegung haben wir bisher das Wort «Wert» nicht gebraucht. Wasser hat, wenn ich Durst habe, einen bestimmten *Wert* für mich, aber wenn ich keinen Durst habe, hat es ihn nicht – vorausgesetzt, ich will mich nicht gerade waschen. Der *Wert*, den das Wasser für mich hat, scheint also davon abzuhängen, ob ich es brauche oder nicht. Diamanten haben praktisch keinen *Wert* für mich, wenn ich nicht eine Frau damit betören möchte, für die sie *Wert* haben können. Der *Preis*, den ich gewöhnlich für Wasser zahle, ist lächerlich gering im Verhältnis zu dem Preis, den ich zahlen muß, sollte mir einfallen, einen Diamantring zu kaufen.

Es scheint also möglich zu sein, zwischen «Preis» und «Wert» zu unterscheiden. Aber es stimmt mit unserem Sprachgebrauch nicht überein. Denn wir sagen oft «Diamanten sind wertvoll» und «Wasser besitzt kaum einen Wert». In diesem Fall scheinen wir also «Wert» in einer anderen Bedeutung anzuwenden, als wenn wir davon sprechen, welchen «Wert» Wasser für den Durstigen hat.

Es ist darum natürlich, eine Unterscheidung zwischen *Gebrauchswert* und *Tauschwert* einzuführen.

Eine vorläufige Definition könnte dann folgendermaßen formuliert werden: Der *Gebrauchswert* ist eine *Beziehung* zwischen der Struktur eines *Objekts* oder den ihm eigenen Eigenschaften und den Bedürfnissen – bzw. der Bedürfnisstruktur – eines *Subjekts*. Der *Tauschwert* ist eine *Beziehung* zwischen zwei *Objekten*; sie können untereinander ausgetauscht werden.

«Gebrauchswert als Beziehung definiert, beinhaltet zumindest immer einen Menschen, das heißt ein *Subjekt* und ein *Objekt*. Der Tauschwert ist immer eine Beziehung zwischen *Objekten* allein. Das Problem wird vielleicht etwas komplizierter, ändert sich aber im Prinzip nicht, wenn das «Objekt», das ich brauche, ein Mensch ist. Wenn ich Chinesisch lernen will, kann ein Chinesischlehrer meine Bedürfnisse befriedigen. Meine Beziehung zu ihm kann also mit dem Wort «Gebrauchswert» bezeichnet werden. Wenn zwei Menschen ineinander verliebt sind und gegenseitig ihre Kontaktbedürfnisse befriedigen, dann ist diese Beziehung auch ein Gebrauchswert, obwohl beide gleichzeitig Subjekt und Objekt sind, indem sie beide geben und nehmen. Das ist es vielleicht, was man unter gegenseitiger Liebe versteht. Wenn A B liebt und B auch A, ist die Beziehung symmetrisch. Die Beziehung zwischem dem Wasser und mir ist dagegen asymmetrisch, weil das Wasser bei mir ein Bedürfnis befriedigt, aber nicht umgekehrt. Die Beziehung «Gebrauchswert» besteht also immer zwischen einem Subjekt und einem Objekt und kann symmetrisch oder asymmetrisch sein.

Anders dagegen sieht es bei der Beziehung «Tauschwert» aus. Sie ist immer symmetrisch. Sie kann ein Paar Schuhe, das 75 DM kostet, gegen drei Schallplatten für 25 DM das Stück tauschen. Auch Menschen können Objekte sein, wenn sie Teil einer Tauschwertbeziehung werden: Ein Sklave, der verkauft wird, ist ein Objekt. Die Arbeitskraft, die ein Arbeiter verkauft, ist ein Objekt. Der Arbeitskäufer ist nicht an dem Arbeiter als Menschen interessiert, sondern an der Arbeitskraft und den damit verbundenen Fähigkeiten. Eine Prostituierte ist für einen Mann, der sie ausnutzt, ein Objekt und seine Beziehung zu ihr ist eine Tauschwertbeziehung.

Welcher Zusammenhang besteht nun zwischen «Gebrauchswert» und «Tauschwert»? Stellen wir uns zwei Menschen vor, die gleich durstig sind. Einer sitzt in einer modernen Küche mit fließend Wasser. Der andere befindet sich in einer Wüstenoase mit der einzigen Quelle im Umkreis von mehreren hundert Kilometern. Man kann nun sagen, das Wasser habe für beide den gleichen Gebrauchswert, wenn sie gleich durstig sind. Der Gebrauchswert ist ja eine Beziehung zwischen der Struktur eines Objekts und der Bedürfnisstruktur eines Menschen. Der Tauschwert des Wassers ist praktisch gleich Null. Der eine muß nur den Hahn aufdrehen, der andere nur eine Schöpfkelle nehmen. Beide trinken und sind zufrieden. Das Wasser war das *Mittel* ihrer Bedürfnisbefriedigung. Man kann den Gebrauchswert deshalb auch als *instrumentale* Wertbeziehung bezeichnen.

Stellen wir uns darum eine andere Situation vor. In die besagte Oase kommt eine ganze Reisegruppe, deren Mitglieder alle gleich durstig sind. Die Wassermenge des Brunnens ist jedoch begrenzt. Sie einigen sich deshalb darauf, das Wasser zu rationieren und jedem die gleiche Menge Wasser zu sichern. Es herrscht also ein Knappheitszustand. Aber durch Übereinkunft werden solche sozialen Beziehungen zwischen den Anwesenden geschaffen, daß Knappheit nicht zu Not oder sozialer Ungerechtigkeit in dem Sinne führt, daß einige mehr Wasser als andere bekommen. Das Wasser hat immer noch einen instrumentalen Wert. Die Menschen sind Teil einer Gebrauchswertbeziehung. Knappheit als solche verändert also nicht notwendigerweise den Gebrauchswert einer Sache in einen Tauschwert. Entscheidend scheint zu sein, wie der Knappheit begegnet wird, das heißt welche sozialen Beziehungen geschaffen werden, um die knappen Gebrauchsgegenstände zu verteilen. Bei unserem Beispiel können wir behaupten, es sei am «gerechtesten», das Wasser gleich zu verteilen. Angenommen, es befindet sich eine schwangere Frau in der Reisegruppe, dann könnte man sich vielleicht darauf einigen, daß sie eine Extraration erhält.

Jetzt stellt sich heraus, einer der Männer hat eine Pistole versteckt. Er entschließt sich jetzt, mit Hilfe der Pistole, den Brunnen und den Zugang zum Wasser zu kontrollieren. Wasser erhält nur, wer ihm Geld oder andere Dinge gibt, die von ihm oder ihnen als «*Wert*sachen» betrachtet werden. Er hat also eine Situation geschaffen, wo das Wasser in eine *Ware* verwandelt wurde. Er organisiert einen Markt, das Wasser wird gegen Geld oder andere Gegenstände *getauscht*. Das Wasser hat immer noch denselben Gebrauchswert für die Durstigen, aber sie haben jetzt auch eine Tauschwertbeziehung zu Wasser. Eine Gebrauchswertbeziehung scheint also unter bestimmten sozialen Verhältnissen in eine Tauschwertbeziehung verwandelt oder von einer Tauschwertbeziehung ergänzt werden zu können:

1. Wenn Knappheit an etwas Nützlichem herrscht. Obwohl Knappheit allein, wie wir gesehen haben, weder eine notwendige noch eine ausreichende Bedingung für eine solche Verwandlung ist.

2. Wenn Bedürfnisse bestehen.

3. Wenn eine Nachfrage nach dem Nützlichen besteht. Bedürfnisse und Nachfrage müssen nicht unbedingt übereinstimmen. Angenommen, jemand aus der Reisegruppe besitzt weder Geld noch andere Tauschwerte. Solange er durstig ist, hat er das Bedürfnis nach Wasser, kann aber zur gleichen Zeit nicht danach fragen, weil er es ja nicht bezahlen kann. Dieser Zustand charakterisiert die Lage vieler Menschen in großen Teilen der Welt. Andererseits kann man durch Werbung Nachfrage schaffen, wenn kein Bedürfnis vorhanden ist. Diese Situation ist für die sogenannten Konsumgesellschaften charakteristisch.

4. Wenn die sozialen Verhältnisse so sind, daß einige Menschen das Nützliche besitzen oder die Mittel, um es zu produzieren.

5. Da Nützliches auch in anderen Wirtschaftssystemen als im Marktsystem getauscht werden kann, entsteht im letzteren Fall eine Reihe Bedingungen, die gerade für den Markt und seine Funktionsweise charakteristisch sind.

Ein Problem muß berücksichtigt werden. Daß etwas einen Tauschwert hat, besagt in keiner Weise etwas darüber, *was* es kostet. Der Tauschwert kann an Hand dessen, was man für etwas Nützliches bezahlt, gemessen werden. Aber wie der Preis entsteht, ist ein anderes Problem. In unserem Beispiel hat der Mann ein Monopol auf das Nützliche. Er kann darum den Preis nach eigenem Belieben festsetzen. Vielleicht ist er mit jemandem aus der Gruppe befreundet und verlangt von ihm weniger als von den anderen. In einer kapitalistischen Marktwirtschaft spielen Konkurrenz und konkurrenzhemmende Faktoren für die Preisfestsetzung eine wichtige Rolle.

Ob und wann etwas oder jemand in eine Tauschwertbeziehung eintritt, wird also von bestimmten sozialen Beziehungen und Verhältnissen entschieden.

Etwas Nützliches – in unserem Beispiel das Wasser – hat also erst dann eine Gebrauchs- und Tauschwertbeziehung, wenn es in eine Ware verwandelt wird. Als Ware wird das Nützliche in bestimmte Beziehung zu anderen Waren gesetzt: Es funktioniert als Tauschwert. Aber eine Ware kann von sich aus diese Bedingung nicht schaffen. Die Tauschbeziehung wird von den bestehenden sozialen Verhältnissen, beispielsweise von Beziehungen zwischen Menschen, geschaffen und bestimmt. In unserem Beispiel herrschten, bis der Mann seine Pistole zog, soziale Beziehungen, die trotz der Knappheit auf Gleichheit und gegenseitiger Zusammenarbeit gegründet waren. Diese Beziehungen änderten sich durch die Drohung mit der Pistole: Dadurch wurden Macht- und Eigentumsbeziehungen eingeführt. Die physische Macht gibt dem Mann wirtschaftliche Macht, das heißt das Recht, über das Wasser und seine Verwendung zu bestimmen und den Tauschwert festzusetzen.

In einer Hinsicht hinkt das Beispiel. In sozialen Systemen beeinflußt und definiert die Systemstruktur das Macht- und Eigentumsverhältnis, und Individuen gehören zum System. Aber es ist klar, daß auch dort Waffen eingesetzt werden, um bestehende Verhältnisse zu verändern, zu dominieren, die eigene Macht und Kontrolle über Rohstoffe, Märkte, Menschen, strategisch wichtige Gebiete usw. auszuweiten. Diese Maßnahmen werden gewöhnlich unter der Bezeichnung «Imperialismus» zusammengefaßt.

Kommen wir noch einmal zu unserem Beispiel zurück. Der Tauschwert und damit die Existenz von Waren und eines Marktes sind also von bestimmten sozialen Verhältnissen abhängig. In unserer Gesellschaft entsteht oft die Tendenz, den Markt als etwas Selbständiges zu sehen, das den Tausch auf effektivste Weise regelt, wenn man nur eine perfekte Konkurrenz schafft und nicht durch Planung und Kontrolle eingreift. Diese Vorstellung ist natürlich falsch. Erstens gibt es nirgends eine perfekte Konkurrenz. Zweitens ist es eine seltsame Art, über den Markt zu sprechen, als wäre er von den Handlungen der Menschen unabhängig. Soziale Beziehungen zwischen Menschen werden – in dieser Darstellung – in Warenbeziehungen verwandelt, als ob Sachen soziale Beziehungen miteinander eingehen könnten. Das ist genauso, als ob wir in unserem Beispiel behaupten würden, «das Wasser setze sich in Beziehung zum Geld und anderen Wertgegenständen und danach vollziehe sich ein gut funktionieter Tauschprozeß». Es wäre eine Mystifikation, das heißt, man würde die tatsächlichen Verhältnisse verschleiern, würde man sie als Warenbeziehungen sehen. Dies wird «Warenfetischismus» genannt, und die berühmte Einleitung zum ersten Band des ‹*Kapitals*› enthält eine Untersuchung dieses Begriffs.[37, 38]

Die Mystifikation hängt unter anderem mit folgenden Verhältnissen zusammen. Die Produktion in der vorindustriellen Gesellschaft geschah durch Individuen für Individuen: Ein Schuhmacher machte ein Paar Stiefel für einen bestimmten Bauern. In der industriellen Produktion produzieren die Individuen auf Grund der Arbeitsteilung innerhalb eines gegebenen Rahmens, aber sie produzieren nicht für jemand bestimmtes. Ein Arbeiter, der an der Herstellung eines Autos beteiligt ist, weiß nicht, wer das Auto fahren wird. Es ist ihm auch völlig gleichgültig. Wichtig ist für ihn, daß er seinen Lohn erhält und daß die Arbeitsbedingungen möglichst gut sind. Für den Direktor des Unternehmens oder für die Aktionäre spielt es auch keine Rolle, wer das Auto kauft. Wichtig ist für sie die Tatsache, daß es verkauft wird.

Für den Schuhmacher bedeutet die Herstellung der Stiefel ein persönliches Engagement. Er wußte, wer die Stiefel tragen sollte und wollte den Empfänger zufrieden sehen. Die industrielle Produktion dagegen verwandelt die Individuen in Zahnräder einer großen Maschinerie. Jeder macht im totalen Produktionsprozeß eine bestimmte Arbeit. Der Busfahrer bringt die Leute zum Arbeitsplatz, der Arbeiter steht am Fließband, der Grubenarbeiter fördert Erz, andere transportieren es, wieder andere verwandeln es zu Eisen usw. Keiner von ihnen hat direkte Verbindung miteinander. Jeder hat andere Aufgaben. In einer Gesellschaft, die durch sich in Privatbesitz befindliche Produktionsmittel und Arbeitsteilung charakterisiert ist, schafft der «Markt», wo die Waren getauscht werden, den gesellschaftlichen Zusammenhang.

Die Ware wird so das Mittel, wodurch die sozialen Beziehungen unter einander unabhängiger Produzenten organisiert werden.[39]

Die große Streitfrage zwischen Sozialisten und den Vertretern eines kapitalistischen Systems war immer, ob die Ware und der Markt die «beste» oder effektivste Weise zur Organisierung der Produktion und Verteilung des Nützlichen seien. Besonders, ob der Markt ein System mit Privateigentum voraussetzt, wo das Ziel die Profitmaximierung ist, die außerdem einer bestimmten Klasse Menschen zufließt. Mit anderen Worten, sind Profitmaximierung und Marktwirtschaft das «beste», «effektivste» oder «wünschenswerteste» Mittel zur Organisierung gesellschaftlicher Beziehungen? Die Antwort ist natürlich davon abhängig, welche Forderungen und wünschenswerte Ziele wir aufstellen, wenn wir diskutieren, wie eine Gesellschaft organisiert werden *sollte.*

Zusammenfassend möchte ich sagen, daß Nützliches zweierlei Beziehungen hat: Gebrauchswert- und Tauschwertbeziehungen. In der Ware kommen beide Beziehungen zum Ausdruck. Als Mittel zur Bedürfnisbefriedigung hat die Ware eine Gebrauchswertbeziehung für den, der das Bedürfnis hat. Als Objekt, das gegen andere Objekte getauscht werden kann, hat sie eine Tauschwertbeziehung unter Objekten. Die Tatsache, daß etwas zur Ware wird, ist eine Folge der herrschenden Produktions- und Distributionsverhältnisse.

Deshalb kann man sagen, eine Ware ist immer ein *gesellschaftliches* Produkt, und der Tauschwert ist ein *Ausdruck* besonderer gesellschaftlicher Verhältnisse, das heißt einer bestimmten sozialen und wirtschaftlichen Struktur. Dann sind die Waren, das Nützliche, das, was wir kaufen können, was wir besitzen können, auftragen und wegwerfen oder verbrauchen, in unserem Leben das Zentrale geworden: Wir leben in einer Gesellschaft, deren Struktur von Warenproduktion und sozialen Beziehungen geprägt ist, die die Wichtigkeit des Konsums betonen. Verbrauch wird in dieser Gesellschaftsstruktur zur Voraussetzung der Produktion, ebenso wie das umgekehrte Verhältnis. Dies geschieht in einer Welt, wo gleichzeitig zwei Drittel der Menschheit nicht das Lebensnotwendige haben.

Ich möchte noch eine letzte Bemerkung zu Gebrauchs- und Tauschwert machen. In einer Marktwirtschaft setzt die Tauschwertbeziehung immer einen Käufer und einen Verkäufer voraus. Die Beziehung des Verkäufers zum Objekt ist in erster Linie eine Tauschwertbeziehung. Für den Käufer ist es bestenfalls eine Gebrauchswertbeziehung – vorausgesetzt, er kauft nicht etwas, was er überhaupt nicht braucht. Wir können darum sagen, daß «normalerweise» der Verkäufer eine Tauschwertbeziehung zum selben Objekt hat, das für den Käufer eine Gebrauchswertbeziehung hat. Ich habe das Wort «normalerweise» in Anführungsstriche gesetzt, weil ich später auf das Problem zurückkommen werde.

Wir sind nun so weit gekommen, daß wir eine erste Definition von «Gebrauchswert» und «Tauschwert» geben konnten, und wir haben auch sagen können, welche sozialen Bedingungen in einem bestimmten sozialen und wirtschftlichen System notwendig sind, damit es zu einer Tauschwertbeziehung kommen kann. Wir haben auch eine vorläufige Beschreibung des Verhältnisses von «Gebrauchswert» und «Tauschwert» gegeben.

2.2. Arbeit und Wertschöpfung

Jetzt können wir auf unsere ursprüngliche Behauptung, jegliche Wertschöpfung sei auf menschliche Arbeit begründet, zurückkommen. Das gilt in erster Linie für den «Gebrauchswert». Wenn ich einen Apfel essen will, weil ich Hunger habe, muß ich ihn vom Baum pflücken, was «Arbeit» im Sinne von Energieverbrauch bedeutet. Will ich Kartoffeln essen, muß ich sie anbauen, wenn es nicht andere für mich tun. Damit etwas für mich eine Gebrauchswertbeziehung hat, muß ich etwas damit machen, das heißt, ich muß Energie einsetzen. Ich muß im weitesten Sinne des Wortes arbeiten. Das gleiche gilt für die Schaffung von «Tauschwerten». Eisenerz muß gefördert, geschmolzen, zu Stahl gemacht und in Maschinen verwandelt werden. Jedesmal wenn ich etwas damit mache, jedesmal wenn ich die Rohstoffe und die Halbfabrikate bearbeite, ändert sich ihr «Wert». Eisenerz ist «billiger» als Stahl, und eine Küchenspüle aus rostfreiem Stahl ist teurer als der Stahl. Ist sie auch mehr wert? Ein Objekt steigt gewöhnlich nach jeder Bearbeitung im Wert; man kann ein Material natürlich auch zerstören.

Mit diesem Beispiel habe ich zu zeigen versucht, daß Arbeit «Wert» *schafft*. Eine andere Frage ist, ob die Arbeit dazu benutzt werden kann, um den Wert irgendeiner Sache zu *messen*. Mit anderen Worten: ist die Arbeit, die bewirkt, daß etwas in eine Gebrauchs- oder Tauschwertbeziehung eingehen kann, auch für den Preis einer Ware *bestimmend*? Zweifelsohne wird der Preis einer Ware von einer ganzen Reihe Faktoren bestimmt, die wiederum in die Struktur des Wirtschaftssystems eingeht.

Nun kann man sich fragen, wie es mit der automatisierten Produktion steht. Ist die Arbeit auch hier wertschöpfend? Nehmen wir als Beispiel die Ölförderung. Sie ist im großen und ganzen automatisiert, und für den eigentlichen Arbeitsprozeß werden nur wenige Menschen gebraucht. Aber erstens muß das Bohrloch von Menschen gemacht werden. Die verwendeten Bohrmaschinen sind Produkte menschlicher Arbeit, wie auch der Stahl der Bohrgeräte. Weiter werden Leute für die Aufsicht und den Öltransport usw. gebraucht. Wir können lediglich feststellen, daß die Beziehung zwischen «lebendiger Arbeit», die von Menschen ausgeführt wird, und «toter Arbeit», die von Maschinen ausgeführt wird, immer mehr zur «toten Arbeit» hin verschoben wird, wenn die Ölquelle erst angebohrt und die Raffinerie gebaut ist. Aber ohne menschliche Arbeit geht es nicht. Erst an dem Tag, wo Roboter imstande sind, Roboter zu produzieren, die wiederum Sachen produzieren, ist die menschliche Arbeit überflüssig. Aber wir brauchen uns keine Gedanken darüber zu machen, wie diese Gesellschaft aussehen wird. Eins ist jedoch wahrscheinlich, sollte es überhaupt verwirklicht werden, dann kaum in einer Gesellschaft mit der kapitalistischen Marktwirtschaft.

Halten wir uns dagegen die Entwicklungsländer vor Augen, wird deutlicher, welche Rolle die lebendige Arbeit spielt. Eines der ein Entwicklungsland kennzeichnenden Verhältnisse ist, daß ihm Kapitalressourcen fehlen und daß die Arbeit deshalb von Menschen ohne oder nur mit geringer maschineller Hilfe ausgeführt werden muß. Die «Entwicklungspolitik» der meisten Entwicklungsländer will ja gerade eine Industrialisierung durchführen, die «lebendige Arbeit» durch mechanisierte Arbeit ersetzt, um schneller produzieren und somit den Lebensstandard schneller heben zu können. Aber Industrialisierung kostet Geld, das heißt Kapital. Dieses Kapital kann auf zweierlei Weise herbeigeschafft werden: Teils durch Anleihen von außen, teils durch die Anstrengungen, die die Menschen in ihrer täglichen Arbeit machen. Dies zeigt sich vielleicht am dramatischsten im heutigen China. Bis Ende der fünfziger Jahre erhielt China Wirtschaftshilfe von der Sowjetunion, das heißt, von außen wurde Kapital in Form von Maschinen importiert. Als die Sowjetunion plötzlich jegliche Hilfe abbrach, war man gezwungen zu versuchen, die Entwicklung des Landes durch eigene Arbeit zu fördern. Da die Menschen in erster Linie Nahrung brauchen, konzentrierte sich die Arbeit auf eine Intensivierung der Landwirtschaft. Eine Maßnahme war die Verbesserung der Bewässerung. Von Oktober 1957 bis September 1958 wurden Kanäle und Dämme in einer Länge gegraben, die dreihundert Panama-Kanälen entspricht.[40]

Dies geschah praktisch ohne Maschinen und nur mit den primitivsten Geräten. Die Steigerung des Bodenertrags durch dieses Bewässerungssystem konnte teils dafür verwendet werden, allen Einwohnern Nahrung zu sichern, teils konnte der Überschuß exportiert, das heißt gegen Kapitalwaren wie Maschinen getauscht werden.

Hinzu kommt etwas anderes. Ein Teil der Menschen, der in der Landwirtschaft arbeitet, hatte nicht genug Arbeit. Durch den Bau von Dämmen konnten die Menschen voll beschäftigt werden. Menschen, die keine Arbeit haben, die Konstruktionsarbeiten mit primitivem Gerät ausführen zu lassen, bedeutet gleichzeitig eine Ersparnis. Ihre körperliche Arbeit schafft die Werte, die man sonst mit Hilfe von Maschinen produzieren müßte, die Kapital erfordern.[41]

Um produzieren zu können, braucht man somit menschliche Arbeitskraft, Rohstoffe, Maschinen, Gebäude, Transportmittel usw. Das Produzierte kann verschieden verwendet werden. Es kann direkt verbraucht werden, indem man es für den Lebensunterhalt verwendet. Es kann gemeinsam durch Gesundheitswesen, Schulsysteme, das militärische System verbraucht werden, und es kann schließlich zurückgelegt und aufs neue investiert werden, um den Produktionsapparat auszubauen. Um zurücklegen zu können, muß man also einen wirtschaftlichen Überschuß erzeugen. Der wirtschaftliche Überschuß in einem bestimmten Unternehmen wird gewöhnlich so berechnet, daß man Löhne, Rohstoffe, Abnutzung der Maschinen und andere Abschreibungen abzieht und schließlich auch die Steuern. Der Gewinn ist dann die Differenz zwischen Kosten und Verkaufswert der produzierten Waren. Der Gewinn ist somit das, was übrigbleibt, wenn sämtliche Kosten bezahlt sind. In einem System, wo die Produktionsmittel in Privatbesitz sind, fällt der Gewinn den Besitzern von Produktionsmitteln zu, die ja das Kapital bilden. Der Gewinn fällt den «Kapitalisten» zu. Wenn man nun, wie ich es hier gemacht habe, von der Prämisse ausgeht, jeglicher Wert werde durch menschliche Arbeit geschaffen, dann muß auch der Teil des Tauschwerts einer Ware, der den *Gewinn* ausmacht, ebenfalls durch menschliche Arbeit geschaffen sein. Diesen Überschuß kann man Mehrwert nennen, weil er den Tauschwert angibt, der nach Abzug aller Kosten, einschließlich des Arbeitslohnes übrigbleibt.

Die Prämisse, jeglicher Wert werde durch menschliche Arbeit erzeugt – obwohl der *Preis* einer Ware auch von anderen Faktoren bestimmt wird –, ist für die Sozialisten wichtig.[42] Hiervon ausgehend, kann man sich nämlich fragen, warum sollen die Kapitalbesitzer den Gewinn einstecken und nicht diejenigen, die am eigentlichen Produktionsprozeß teilgenommen haben? Man könnte beispielsweise behaupten, es sei nur recht und billig, daß nicht die Aktionäre, sondern die Beschäftigten einer Firma sich den Gewinn teilten.

2.3. Arbeit und Arbeitskraft

Um zu verstehen, wie Marx und die marxistischen Sozialwissenschaftler das Problem des Mehrwertes behandeln – das ja bekanntlich in den Marxschen Theorien eine zentrale Rolle spielt – ist es sinnvoll, die Begriffe «Arbeit» und «Arbeitskraft» zu untersuchen.

Kapitalistische, industrielle Warenproduktion setzt Menschen – Arbeiter – voraus, die frei sind, das heißt keine Sklaven sind und ihre Arbeitskraft verkaufen können. «Arbeitskraft» ist Muskelenergie oder intellektuelle Energie. In dieser Hinsicht bringt der Durchbruch des Kapitalismus eine wesentliche soziale Veränderung. Vor dem Aufkommen des Kapitalismus gab es andere Beziehungen zwischen dem, der seine Arbeitskraft hatte, und dem, der diese Arbeitskraft brauchte. Die Sklaverei ist ein Beispiel einer solchen Beziehung. Erst wenn «freie» Arbeiter auf dem Arbeits*markt* ihre Arbeitskraft verkaufen, kann man von kapitalistischer Produktion sprechen.

Hinzu kommt noch etwas anderes. Um Waren zu verkaufen und zu kaufen, muß es nicht nur einen Waren- und Arbeitsmarkt, sondern auch eine die Naturalwirtschaft ersetzende Geldwirtschaft geben.

Diese beiden eng miteinander verknüpften Verhältnisse, Markt- und Geldwirtschaft, haben die menschlichen Beziehungen in der Sphäre der Produktion und Distribution grundlegend verändert. Die Beziehungen sind neutraler, unpersönlicher und ungebundener geworden. Aus intimen menschlichen Beziehungen sind Warenbeziehungen geworden.[43]

In sozialen Beziehungen zwischen Menschen gibt es immer Forderungen und Verpflichtungen.[44] Das Kind kann Fürsorge verlangen, und die Eltern sind verpflichtet, ihm diese Fürsorge zu geben. In den Produktionsbeziehungen gibt es verschiedene Formen der Verpflichtung. Eine ist die Sklaverei. In einer solchen Beziehung *gehört die ganze Person* – der Sklave – dem, der ein «Recht» hat, Forderungen an ihn zu stellen, das heißt dem Sklavenhalter. Der Sklave ist nicht nur verpflichtet, seinem Herrn seine Arbeitskraft zu geben, sondern diese Verpflichtung umfaßt seine ganze Person einschließlich seines Lebens. Mit Hilfe der Sklaverei wurde die «Kultur» oder die «Zivilisation» entwickelt, und die Sklaverei hörte erst auf, als die Entwicklung der Produktivkräfte sie überflüssig machte. In den Südstaaten der USA brauchte man die Sklaven, um Baumwolle zu pflücken und somit die Sklavenhalter in die Lage zu versetzen, mit billigeren Wollproduzenten zu konkurrieren.[45]

Eine weniger extreme Beziehung entsteht, wenn der Verpflichtete dem, der von ihm Leistungen fordern kann, nur begrenzte Zeit zur Verfügung stehen muß, und wenn seine Verpflichtung lediglich genau abgegrenzte Leistungen umfaßt. Im Feudalsystem zum Beispiel waren die Bauern gezwungen, für den Feudalherrn zu arbeiten, aber nach der Arbeitszeit konnten sie – im Prinzip – machen, was sie wollten.

Ein Fronbauer mußte beispielsweise drei Tage in der Woche unentgeltlich für den Gutsherrn arbeiten. Die restlichen Wochentage gehörten ihm, und er konnte darüber selbst entscheiden. Die Freiheit des Verpflichteten wird größer, wenn die Verpflichtung nicht mehr durch geleistete Arbeit, sondern durch Pacht abgeholten wird. Der Verpflichtete liefert eine bestimmte Menge Erzeugnisse ab, ohne daß sich der Fordernde darum kümmert, wie diese Erzeugnisse zustande gekommen sind.[46] Aber prinzipiell ist hier entscheidend, daß, wer das Recht hat, Forderungen zu stellen, sich nicht darum kümmert, *wie* der Schuldige sie erfüllt, sondern *daß* er es tut.

In einem Marktsystem mit Geldwirtschaft hört die *persönliche* Verpflichtung im Prinzip auf. Sie wird durch einen Vertrag ersetzt, der die Arbeit in eine Warenbeziehung verwandelt. Die Arbeitskraft ist nun eine Ware und wird auch so behandelt. Das Entgelt für die gelieferte Arbeitskraft ist Geld.[47] Was der Arbeiter mit seinem Lohn anfängt, interessiert den, der seine Arbeitskraft kauft, im Prinzip nicht.[48]

Der Arbeitskäufer kümmert sich auch nicht darum, wie der, der seine Arbeitskraft verkauft, seine Freizeit verbringt, solange sie der Reproduktion der Arbeitskraft dient. Wie erwähnt, steht, wer seine Arbeitskraft verkauft, in einem *Vertragsverhältnis* zu dem, der seine Arbeitskraft kauft. Der Vertrag wird kollektiv geschlossen, wenn er Mitglied einer Gewerkschaft ist.[49] In den heutigen Industriegesellschaften wird über diese Verträge und Übereinkünfte verhandelt. Der Arbeiter ist also *in einer Bedeutung* frei. Er verkauft nicht seine Person, sondern seine Muskelkraft oder die Energie, die für die Kopfarbeit erforderlich ist. Zwar ist er an seine Arbeit gefesselt, an seine Maschine. Im Prinzip aber steht es ihm frei, aufzuhören, den Arbeitsplatz zu wechseln, sein Fach zu wechseln oder überhaupt nicht zu arbeiten. In der Praxis hat er diese Wahlmöglichkeiten meist nicht. Den Arbeitsplatz zu wechseln, setzt voraus, daß es keine Arbeitslosigkeit gibt; das Fach zu wechseln, setzt Möglichkeiten und Ressourcen voraus, sich die notwendigen Kenntnisse usw. zu verschaffen.

Arbeit bedeutet die Anwendung von Muskel- und Gehirnenergie. Für den Arbeiter hat die Arbeitskraft einen *Tauschwert*, da er sie für einen bestimmten Lohn verkauft. Für den, der seine Arbeitskraft kauft, das heißt den Kapitalisten, hat sie auch einen Gebrauchswert, da sie für die Produktion und für die ständige Kapitalvermehrung gebraucht wird, die eine innere oder strukturelle Notwendigkeit der kapitalistischen Gesellschaft ist. Die Arbeitskraft als Ware hat einen Preis und dieser Preis wird im Prinzip wie alle anderen Warenpreise festgesetzt.

In den spätkapitalistischen Gesellschaften der USA und Europas ist der Preis für die Ware Arbeitskraft nach dem Zweiten Weltkrieg sehr stark angestiegen. Dies drückt der hohe Reallohn aus.[50] Erhöhte Kosten für die Arbeitskraft verringern den Gewinn, wenn man nicht gleichzeitig die Produktion steigern kann, das heißt den Arbeiter dazu bringt, schneller zu produzieren. Dies kann durch technische Hilfsmittel erreicht werden – zum Beispiel durch Einsatz von Maschinen – und durch Arbeitsteilung innerhalb der Produktion, wo man einen Menschen kleine, routinemäßige Bewegungen machen läßt, die schnell gelernt sind und nur geringe Fertigkeiten fordern. Wenn man diese Arbeitsteilung mit einem Akkord-Lohnsystem, das heißt einem System kombiniert, wo die Bezahlung von der erzeugten Quantität abhängt, kann man das Arbeitstempo hochschrauben. Andererseits, je mechanisierter die Arbeit ist, um so stärker bestimmt die Maschine – beispielsweise ein Fließband – das Arbeitstempo. In diesem Fall verliert der Akkord als Triebkraft seinen Wert. Er bekommt eine andere Funktion: Der Akkordarbeiter sieht zu, daß die Materialzufuhr funktioniert, daß die Maschinen repariert und gut in Stand gehalten werden. Mit anderen Worten: Der Arbeiter führt jetzt Aufgaben aus, die gewöhnlich der Arbeitsleitung zukommen, ohne daß er dafür bezahlt wird.

Kommen wir aber noch einmal auf den Unterschied zwischen «Arbeit» und «Arbeitskraft» zurück. Der Arbeiter verkauft nicht seine Arbeit, sondern seine Arbeitskraft. Der Arbeitskäufer kauft diese Arbeitskraft, wie er Maschinen und Rohstoffe kauft. Angenommen, der Rohstoff für ein bestimmtes Produkt kostet 15 DM, Verschleiß der Maschinen und andere Kosten betragen 10 DM und der Arbeitslohn für einen Arbeitstag von acht Stunden beträgt 80 DM. Die gesamten Kosten für das angefertigte Produkt sind dann 105 DM. Aber angenommen, der Preis, den der Arbeitskäufer für sein Produkt erhält, beträgt 85 DM. Wenn der Arbeiter den ganzen Gewinn erhielte, wäre sein Lohn somit 60 DM. Der Lohn würde also nicht 10 DM die Stunde betragen, sondern 20 DM für einen achtstündigen Arbeitstag. Wenn er 20 DM erhielte, bräuchte er eigentlich nur *vier* Stunden, anstatt *acht* zu arbeiten, um denselben Lohn zu erhalten. Marx spricht von «Mehrarbeit». Diese ist in unserem Beispiel vier Stunden pro Tag. Den Wert, der während der Mehrarbeit produziert wird, nennt Marx «Mehrwert». Diesen Mehrwert erhält der Kapitalbesitzer als Gewinn.[51]

Kehren wir zu unserem Beispiel zurück. Der *Mehrwert* entspricht also der Arbeit von *vier Stunden,* wenn der Arbeiter den Verdienst erhält und nicht der Arbeitskäufer. Wenn man nun von unserer Prämisse ausgeht, menschliche Arbeit schaffe neue wirtschaftliche Werte, dann kann man fordern, der Mehrwert solle all denen zufallen, die sich an der Herstellung des Produkts beteiligt haben und nicht demjenigen, der nicht gearbeitet hat, sondern nur sein Kapital dazugegeben hat.

Nun kann man entgegenhalten, der Mehrwert werde ja auch in neue Maschinen und Bauten usw. investiert. Deshalb könne man nicht den ganzen Mehrwert an seine Erzeuger verteilen. Das ist richtig. Statt dessen könnte man sagen, alle, die an der Herstellung einer Ware beteiligt waren, sollten auch mitentscheiden, wie der aus der Produktion erzeugte Gewinn verteilt werden soll. Wieviel für höhere Löhne genommen werden soll, wieviel verschiedene Personen mit unterschiedlichen Aufgaben bekommen sollen – beispielsweise der Arbeiter, der Ingenieur, der Betriebsleiter –, wieviel wieder in das Unternehmen investiert werden soll, wieviel in den Bau eines Ferienheimes für die Beschäftigten investiert werden soll usw.

Entscheidend ist in unserer Überlegung die *Prämisse*, das Resultat menschlicher Arbeit solle denen zufallen, die die Arbeit geleistet haben und nicht den Menschen, die Kapital besitzen. Sie haben es vielleicht geerbt, das heißt bekommen, ohne auch nur einen Finger gerührt zu haben, oder es verstanden, sich Kapital anders, ohne Arbeit, zu verschaffen.[52]

Man kann sich fragen, warum man die Prämisse akzeptieren soll, daß das Resultat menschlicher Arbeit denjenigen zufallen müsse, die es erzeugt haben. Ein Grund ist die *zweite Prämisse*, daß sämtliche wirtschaftlichen Werte *letzten Endes* durch menschliche Arbeit erzeugt werden. Eine *dritte Prämisse* ist es dann, daß es *gerecht* ist, wenn das Resultat den Arbeitenden zufällt. Alle sozialistischen Gesellschaftstheorien stützen sich in irgendeiner Weise auf diese drei Prämissen.

In einer kapitalistischen Marktgesellschaft geht man dagegen von anderen Prämissen aus, solchen, die die Unantastbarkeit des Privateigentums behaupten. Darum ist es nur konsequent, wenn der Gewinn denen zufällt, die das Kapital beigesteuert haben, obwohl sie kaum einen Finger gekrümmt haben. Und die Verwendung des Überschusses wird von den Kapitalbesitzern oder ihren Vertretern in der Betriebsleitung bestimmt. Hier stehen sich also zwei normative Vorstellungen gegenüber, die dafür von der größten Bedeutung sind, wie die Wirtschaftsinstitutionen einer Gesellschaft aufgebaut werden und funktionieren: Die eine behauptet, der Kapitalbesitzer solle das Entscheidungsrecht haben. Die andere behauptet, alle diejenigen, die am Arbeitsprozeß teilgenommen haben, entweder selbst oder durch gewählte Vertreter, sollten bestimmen und Entscheidungen treffen.

Das erste Prinzip gilt immer noch in Wirtschaftssystemen kapitalistischer Art, obwohl es heutzutage mit Einschränkungen angewendet wird. Erstens gibt es kleine Aktionäre, die zwar für das beigesteuerte Kapital einen Gewinn erhalten, aber sonst überhaupt keinen Einfluß auf die Entscheidungsprozesse haben. Zweitens besitzen in den riesigen multinationalen Unternehmen nicht länger Einzelpersonen das Kapital. Die Eigentumsverhältnisse sind sehr kompliziert. Statt dessen ist eine neue Gruppe oder Klasse Menschen entstanden, die über die Produktionsmittel *verfügt* und darum Entscheidungen treffen kann. Mit anderen Worten: Es scheint entscheidend zu sein, wer die wirtschaftliche Macht innehat. In traditionellen kapitalistischen Unternehmen fielen Besitz und Macht zusammen. Die Tendenz scheint dahin zu gehen, Macht und Besitz immer mehr voneinander zu trennen.[53]

Es gibt noch einen dritten Grund, warum dieses Prinzip nicht voll gültig ist. In den Ländern mit einer starken Gewerkschaftsbewegung wird die Macht der Besitzer durch die Gewerkschaft und ihre Maßnahmen eingeschränkt.[54]

Es ist notwendig, den Blick auch auf die sozialen Systeme des Typs zu richten, wie sie in der Sowjetunion zu finden sind. Dort sind die Produktionsmittel im Besitz des Staates oder der Gesellschaft. Aber anstatt eine sozialistische Gesellschaft zu schaffen, ist die Entwicklung in Richtung auf eine staatskapitalistische Ordnung verlaufen. Man kann staatliche sowjetische Betriebe mit skandinavischen Betrieben vergleichen, die im Besitz der «Gesellschaft» sind. Nehmen wir als Beispiel die Eisenerzminen in Nordschweden. Früher gehörten sie einem privaten Unternehmen. Später wurden sie vom schwedischen Staat übernommen. Dies blieb jedoch für die Beschäftigten ohne positive Folgen. Ein führender Gewerkschafter stellte fest, daß die Übernahme der Minen durch den Staat so «reibungslos» abgelaufen sei, daß die Beschäftigten nicht einmal eine Veränderung merkten.[55] Staatlicher Besitz bedeutet nicht unbedingt, daß die Beschäftigten automatisch Einfluß bekommen. In der Sowjetunion zum Beispiel wird die Verwendung des Gewinns – oder des Mehrwerts – von einer starken Bürokratengruppe bestimmt. Sie *sprechen* zwar im Namen der Arbeiterklasse. Aber weil die ganze wirtschaftliche, politische, militärische und ideologische Macht bei ihnen konzentriert ist, bilden sie eine eigene Klasse, von denen abgegrenzt, die am täglichen Produktionsprozeß teilnehmen.

Dieses Beispiel zeigt, daß zwar die Nationalisierung der Produktionsmittel eine notwendige Voraussetzung ist, um ein kapitalistisches Marktsystem zu verändern, daß sie aber *nicht* ausreicht, um eine sozialistische Gesellschaft zu schaffen. Damit man von einer sozialistischen Gesellschaft sprechen kann, müssen meiner Meinung nach zumindest zwei weitere Faktoren erfüllt sein. 1. Die Arbeitenden müssen einen beträchtlichen Einfluß haben, sowohl auf den Produktionsprozeß wie auch auf die Art und Weise, wie das gesamte Sozialprodukt verteilt werden soll. Das bedeutet, man muß Voraussetzungen für Mitbestimmung und Mitspracherecht schaffen[56], zum Beispiel durch «Arbeiterräte», wo die Beschäftigten, wie in Jugoslawien, Vertreter wählen, die dann über die Art und Weise des Produktionsprozesses entscheiden. Dies hat zwar der Bürokratisierung entgegengearbeitet, sie aber nicht abgeschafft und hat von einem sozialistischen Standpunkt aus gesehen andere negative Folgen gehabt. 2. Hinzu kommt, daß die Verteilung des Sozialprodukts nach Gleichheitsprinzipien geschehen muß. Auch sozialistische Betriebe oder Betriebe in Volkseigentum produzieren mit Gewinn. Dieser Gewinn oder Überschuß kann auf dreierlei Weise angewandt werden: a) für gesellschaftliche Neuinvestitionen, b) für den gesellschaftlichen Verbrauch (zum Beispiel im Gesundheitswesen), c) für den privaten Verbrauch.

Wenn eine Bürokratengruppe oder -klasse – wie in der Sowjetunion – sich selbst einen im Verhältnis zu ihrer Anzahl unverhältnismäßig großen Anteil des für den privaten Verbrauch bestimmten Überschusses verschaffen kann, dann hat sie die «Ausbeutung» der Arbeiterklasse wieder eingeführt. Sie eignet sich einen unrechtmäßigen Teil des Mehrwerts an. Gewiß kann diese Gruppe ihre wirtschaftliche Stellung nicht dazu nutzen, Geld zu investieren. Aber sie kann sich Villen verschaffen, Wochenendhäuser, Autos, eine bessere Ausbildung für ihre Kinder und eine Reihe anderer Vorteile für sich selbst, gerade weil die Macht bei ihr liegt. Eine sozialistische Gesellschaftsordnung setzt darum außer dem gemeinschaftlichen Besitz und einer Aufteilung der Entscheidungsprozesse irgendeine Form der Gleichstellung voraus. Wenn sie nicht vorhanden ist, wird die «Ausbeutung» aufs neue eingeführt, wie ich gerade beschrieben habe.[57]

2.4. Die Arbeitsteilung

Ein anderes Problem, das wir jetzt untersuchen wollen, ist der Arbeitsteilungsprozeß. Er kann auf der Makroebene untersucht werden und handelt dann von der *gesellschaftlichen* Arbeitsverteilung. Er kann auch auf der Mikroebene untersucht werden und handelt dann davon, wie ein *bestimmter Produktionsprozeß* in einem gegebenen Betrieb aufgeteilt wird und welche Aufgaben verschiedene Personen in diesem begrenzten Prozeß haben.

In jeder Gesellschaft gibt es irgendeine Form der Arbeitsteilung, wie einfach sie auch sein mag. In den technisch am geringsten entwickelten Gesellschaften fußt sie auf unterschiedliche Arbeitsaufgaben für die *Geschlechter*: Die Männer gehen zum Beispiel auf die Jagd, während die Frauen das Land bestellen. Ein Beispiel der Arbeitsteilung in «primitiven» Gesellschaften findet man bei den Baruya in Neuguinea.[58, 59] Außer Ackerbau und Schweinezucht betreibt man in dieser aus rund tausendfünfhundert Menschen bestehenden Gesellschaft eine umfassende Salzgewinnung. Man sät eine Art Gras, das geerntet und verbrannt wird. Danach wird das Salz aus der Asche gewonnen. In der ersten Phase der Arbeit – Ernte und Verbrennung von Salzgras – beteiligen sich Männer wie Frauen. Die Arbeit wird kollektiv wie auch individuell ausgeführt. Aber es gibt eine bestimmte Arbeitsteilung: Die *Frauen* schneiden das Gras *kollektiv*. Die *Männer* fällen Bäume, um Holz für das Feuer zu sammeln, auf dem das Gras verbrannt werden soll. Dieser Arbeitsvorgang geschieht *individuell*. Danach wird das getrocknete Gras gesammelt und auf das Feuer gelegt. Diese Arbeit führen *Männer sowie Frauen* aus. Die Asche wird unter ein Strohdach gebracht. Dies wird *individuell* von *Männern* gemacht. Danach kommt die Asche in Behälter mit einem Sieb im Boden. Wasser wird in die Behälter gegossen und danach in eine «Salzwerkstatt» gebracht. All diese Arbeiten werden *individuell* von *Männern* ausgeführt. In der Werkstatt wird das Wasser erwärmt, und man läßt es verdunsten. Dies machen *Spezialisten* – ausschließlich *Männer*. In jedem Dorf gibt es zwei bis fünf Spezialisten. Ihnen schreibt man zu, magische Kenntnisse zu besitzen, und sie versehen die Salzproduktion mit einer Reihe Rituale. Außerdem dürfen sie während der Salzgewinnung keinen sexuellen Kontakt haben. Dadurch werden die Frauen effektiv daran gehindert, sich über diesen im Grunde einfachen Prozeß Wissen zu verschaffen. Dieses Beispiel zeigt also zwei Formen der Arbeitsteilung. Eine auf Geschlechter gegründete, wo Männer und Frauen unterschiedliche Arbeiten ausführen. Die andere auf Spezialisierung gegründet, das heißt auf Wissen und Fertigkeiten. Sie umfaßt ausschließlich Männer.

Interessant an der Salzproduktion der Baruya ist, daß sie einen Tauschhandel ermöglicht. Eine Salzstange wird gegen fünf bis sechs Kleidungsstükke aus Borke eingetauscht, was bedeutet, daß Salz einen bestimmten Tauschwert besitzt. Der Tausch geschieht mit den Mitgliedern anderer Stämme. Dies bedeutet eine dritte Form der Arbeitsteilung, nämlich den Tauschhandel zwischen Stämmen.

Die Baruya haben somit einen bestimmten Produktionsprozeß auf einer gegebenen technischen Entwicklungsstufe. Die Art und der technische Entwicklungsgrad des Produktionsprozesses sind für die stattfindende Zusammenarbeit bedeutende Faktoren. Aber Zusammenarbeit bedeutet gewöhnlich Arbeitsteilung. Sie bedeutet eine Differenzierung der Arbeitsaufgaben und bewirkt aus der Sicht des Produktionsprozesses, daß die Menschen gegenseitig voneinander abhängig werden. Je entwickelter die Technik ist, um so differenzierter und spezialisierter werden die Arbeitsaufgaben und um so größer wird die Abhängigkeit der Menschen voneinander. Dies hat zur Entwicklung der Theorie geführt, der Arbeitsteilungsprozeß schaffe eine *organische* Solidarität unter den Individuen, während fehlende Arbeitsteilung angeblich eine *mechanische* Solidarität schaffe, die sich auf strikte Normen gründe und auf die Forderung, sie zu erfüllen. Mit anderen Worten: Je differenzierter die Arbeitsverteilung ist, um so weniger strikte Normen sind erforderlich, um eine Gesellschaft zusammenzuhalten und gemeinsame Zielsetzungen zu schaffen.[60]

Eine alternative Annahme ist, daß der Arbeitsteilungsprozeß die Entstehung von Klassen, Klassenunterschieden und Klassengegensätzen bewirkt.[61] Eine tatsächliche Arbeitsteilung entsteht – nach dieser Auffassung – erst, wenn körperliche und geistige Arbeit voneinander getrennt sind. Bis dahin sind geistige oder intellektuelle Aktivität mit der praktischen Aktivität eng verknüpft, wie sie im materiellen Produktionsprozeß zum Ausdruck kommt. Durch die Arbeitsteilung in Handarbeit und Kopfarbeit entsteht eine Kluft: Den Kopfarbeitern fehlt es oft an grundlegenden Kenntnissen über die elementären Verhältnisse des materiellen Produktionsprozesses, während die Handarbeiter zwar eine Menge praktisches Wissen haben, aber oft nicht die Gelegenheit bekamen, sich theoretische Kenntnisse anzueignen. Hinzu kommt, daß körperliche Arbeit und intellektuelle Arbeit in Gesellschaften wie der unsrigen unterschiedlich beurteilt und bewertet werden. Körperliche Arbeit wird allgemein schlechter bezahlt als intellektuelle Arbeit, obwohl letztere gewöhnlich sogar eine angenehmere Arbeitssituation, befriedigendere Arbeiten, mehr Ansehen und eine Reihe anderer Privilegien mit sich bringt.

Die Aufteilung der Arbeit in Hand- und Kopfarbeit bewirkt darum große Klassenunterschiede. Wir werden von jetzt an zwischen «Klassenunterschieden» und «Klassengegensätzen» unterscheiden. Klassenunterschiede gründen sich auf unterschiedliche Einkommen und Privilegien, auf unterschiedliche Konsummöglichkeiten – da ja der Konsum vom Einkommen abhängig ist –, auf einem unterschiedlichen Grad an Einfluß und Macht. Klassengegensätze dagegen gründen sich auf unterschiedliche oder gegensätzliche Interessen, die manchmal derart sind, daß eine Gruppe oder Klasse ihre Interessen nicht verwirklichen kann, wenn die andere es tut. Diese Art Klassengegensätze, wo die Verwirklichung unterschiedlicher Interessen gegenseitig die Verwirklichung alternativer Interessen ausschließt, werden wir auch «antagonistische Gegensätze» nennen.[62]

Die Arbeitsteilung bewirkt also eine quantativ und qualitativ ungleiche Verteilung des Sozialprodukts und kann als Ursache von Einkommens- und Vermögensunterschieden angesehen werden. Diese haben natürlich auch mit den Besitzverhältnissen zu tun. Aber Besitzverhältnisse und Arbeitsteilung können dann als zwei Aspekte derselben Erscheinung gesehen werden, der Struktur des materiellen Produktionsprozesses nämlich.

Die Arbeitsteilung bewirkt auch – dieser Theorie zufolge –, daß die früher existierenden gemeinsamen Interessen während des historischen Prozesses erlöschen und durch individuelle Interessen oder Klassen ersetzt werden.

Wenn man den Arbeitsprozeß historisch betrachtet, kann man zwischen verschiedenen Phasen unterscheiden. Im Beispiel Neuguinea, das ich oben benutzt habe, gibt es eine Arbeitsteilung zwischen Geschlechtern und Stämmen. In einer vorindustriellen Gesellschaft entsteht die Arbeitsteilung erst zwischen Ackerbauern und Handwerkern. Es ist interessant festzustellen, daß das *Kastensystem* in einer Gesellschaft wie Indien eng mit dem Arbeitsteilungsprozeß verknüpft ist. Mit Einführung einer neuen Technik, die neue Berufe erforderte, bildeten sich neue Kasten. Eine Mitgliedschaft in ihnen war mit bestimmten Berufen verbunden. Unter anderem ist in der heutigen Zeit eine Kaste von Chauffeuren hinzugekommen.[63]

In der feudalen Gesellschaft, insbesondere dort, wo es die Sklaverei gab, bewirkte der Arbeitsteilungsprozeß, daß einige alle körperliche, mühsame und anstrengende Arbeit ausführen mußten, während die herrschende Klasse die Arbeit überhaupt für unwürdig hielt und sich der Kunst, der Literatur, dem Sport und dem Krieg widmete.

Die Entstehung der ersten großen Handelsunternehmen fällt mit einer neuen Arbeitsteilung zusammen, die bis heute ihre Bedeutung bewahrt hat: Die Arbeitsteilung zwischen Stadt und Land. Der Industrialisierungsprozeß verstärkte den Unterschied. Praktisch alle Produktion wurde in die Städte verlegt. Dort geschah auch der Handel und dort lokalisierten sich die Verwaltungsbehörden der Gesellschaft. Wenn man den unterschiedlichen Lebensstandard betrachtet, gehört der Unterschied zwischen Stadt und Land, zwischen Landbevölkerung und Stadtbevölkerung, zu den bedeutendsten. Kleinbauern und Landarbeiter gehörten schon immer zu den ärmsten Gesellschaftsgruppen. In der Sowjetunion sind die Unterschiede im Einkommen und Lebensstandard zwischen Land- und Stadtbevölkerung bedeutend.

Eine interessante Ausnahme bildet jedoch China. Dort hat man nicht nur versucht, eine Urbanisierung im Gefolge der Industrialisierung zu vermeiden, das heißt eine Entvölkerung der Dörfer und Konzentration der Bevölkerung auf die Großstädte, sondern man hat auch versucht, das Entstehen allzu krasser Unterschiede in Einkommen und Lebensstandard zu verhindern.

Traditionell bewirkte der Industrialisierungsprozeß – sowohl im kapitalistischen System, wie in Europa als auch in der Sowjetunion – eine große Wanderung vom Land in die Städte. In Schweden zum Beispiel waren Anfang des 19. Jahrhunderts rund 75 Prozent der Bevölkerung auf dem Lande beschäftigt. Heute sind es etwa 7 Prozent. Die Kinder der Landarbeiter und Bauern zog es in die Städte, wo die Industrie mit höheren Löhnen und einem höheren Lebensstandard lockte, wo sie aber gleichzeitig alle Nachteile eines Großstadtlebens akzeptieren mußten: Verkehrsprobleme, große Entfernungen, Umweltverschmutzung, erhöhte Kriminalität, fehlende direkte persönliche Kontakte usw.

Diesen Prozeß sehen wir heute in Indien, in Lateinamerika – überall, wo die Industrialisierung vollzogen wird. Die einzige große Ausnahme bildet China.[64] Dort wird statt dessen versucht, in den ländlichen Volkskommunen kleine und mittelgroße Betriebe zu errichten. Das bedeutet, man versucht, auf dem Lande eine Mischung aus Landwirtschaft und Industrie zu schaffen, anstatt riesiger Industriegebiete. Vom Standpunkt der Effektivität aus kann man sich fragen, ob es sinnvoll ist, in kleinen Einheiten zu produzieren, weil sich die Massenproduktion ja als billiger erwiesen hat.

Die Antwort lautet teils, China hat eine große Bevölkerung und verfügt somit über große Reserven menschlicher Arbeitskraft. Kleine und mittelgroße Betriebe sind in der Regel nicht so stark mechanisiert wie große Unternehmen und können also eine größere Zahl Menschen beschäftigen. Dies bedeutet eine Einsparung, *wenn* es genügend Menschen gibt. Zweitens, die Massenproduktion ist vielleicht billiger, wenn erst das Kapital investiert ist, das für den Aufbau einer mit hochentwickelten Produktionsmitteln arbeitenden Industrie gebraucht wird. Aber die eigentlichen Investitionskosten sind so hoch, daß es unter Umständen lange dauert, ehe sich eine Massenproduktion rentiert. Außerdem setzt eine Großindustrie nicht nur Investitionen in Fabrikgebäude und Maschinen voraus, sondern es müssen auch Wohnungen für die Arbeiter geschaffen werden, Straßen, Kanalisation, Schulen, Krankenhäuser, Geschäfte und Erholungsstätten. Gleichzeitig gibt man alle vorhandenen Infrastruktureinrichtungen dort auf, wo die Bevölkerung vor dem Umzug in die Städte wohnte. Schließlich bewirkt die Industriekonzentration eine große Umweltzerstörung, Verunreinigung von Luft und Wasser. Und sie bringt auch der Stadtbevölkerung große Nachteile, die nicht immer in Geld berechnet werden können. Große Entfernungen bedeuten, daß Verkürzungen des Arbeitstages nicht der Erholung zugute kommen. Wenn jemand acht Stunden arbeitet und außerdem noch zwei Stunden in überfüllten Bussen und Zügen verbringt, hat er in Wirklichkeit einen Arbeitstag von zehn Stunden.[65]

Es stimmt auch nicht, daß die Großstadt bessere kulturelle Aktivitäten bieten kann. Im *Prinzip* ja. Aber wieviel Menschen können nach einem Arbeitstag von acht Stunden und zwei Stunden Fahrzeit und vielleicht einer weiteren Fahrstunde, um in Theater, Konzertsaal, Kino, Bücherei zu kommen, diese Möglichkeiten ausnutzen. Schwedische Untersuchungen zeigen auch, daß nur ein relativ geringer Teil der Arbeiterklasse diese Freizeitmöglichkeiten ausnutzt.[66]

Weil man in Westeuropa und in der Sowjetunion diese Probleme ignoriert hat, ging man davon aus:

1. Industrialisierung durch Urbanisierung und die Konzentration der Industrie auf Großstädte und angrenzende Gebiete seien eine «natürliche» Erscheinung und

2. die Massenproduktion sei auf Grund ihrer «größeren Effektivität» wünschenswert und «rational» und

3. es sei richtig, das Sozialprodukt – das heißt die Summe aller produzierten Waren und Dienstleistungen – zu maximieren, ohne unbedingt zu unterscheiden, *was* produziert wird.[67]

In China dagegen versucht man, die Konsequenzen der Arbeitsteilung zu berücksichtigen. Es gibt drei Arten von Unterschieden: Zwischen *Stadt* und *Land*, zwischen *Landwirtschaft* und *Industrie*, zwischen *manueller* und *intellektueller* Arbeit. Diese Unterschiede können verringert werden, wenn Industrie und Landwirtschaft auf die ländlichen Volkskommunen konzentriert werden, wenn man es vermeidet, riesige Städte zu bauen, und wenn man versucht, alle Menschen zu körperlicher Arbeit zu bringen und den Handarbeitern eine sinnvolle Ausbildung zu geben, auch wenn sie bereits im Produktionsprozeß sind. Vielleicht verzögert die Durchsetzung dieser Politik die Industrialisierung, aber teils umgeht sie eventuell die negativen Folgen der Industrialisierung – mit ihren später enormen Kosten –, teils kann sie sich auf mehr wirtschaftliche Gleichheit konzentrieren.

Ein weiterer Punkt muß hervorgehoben werden. Die technische Entwicklung hat in den USA sowie in der Sowjetunion die Entstehung einer neuen bürokratischen Expertenklasse – der sogenannten Technokratie bewirkt. Auf Grund ihres technischen Wissens sind die Technokraten für den Typ der Technik, die in diesen Ländern angewandt wird, unentbehrlich, sowie in allen Ländern, wo man dieser Linie gefolgt ist. Das bedeutet, daß bei ihnen viel Macht konzentriert ist und daß ihr Verhalten durch demokratische Kontrolle schwerlich überwacht werden kann. Diese Technokratie kann immer darauf hinweisen, ihre Maßnahmen seien auf Grund bestehender «technischer» Verhältnisse notwendig. Lediglich andere Experten – mit demselben technischen Wissen – können kontrollieren, ob es stimmt. Da aber auch diese Experten Techniker sind und in der Regel dieselben Interessen haben, besteht für sie nur wenig Grund, ihren Kollegen, mit denen sie sich identifizieren, entgegenzutreten. Dies hat im militärischen-industriellen-administrativen Komplex, amerikanischen wie sowjetischen Typs, zu immer größerer Machtkonzentration auf die Spitzenschichten geführt.

Eine Folge davon, daß man Massenproduktion und technologische Entwicklung zu Hauptzielsetzungen werden läßt, ist es, politische Entscheidungen den «Sachzwängen» unterzuordnen. – Weiterhin wird die Macht auf eine über den Produktionsapparat verfügende technologische Schicht konzentriert. Soweit man es jetzt beurteilen kann, ist es unter anderem Aufgabe der chinesischen Kulturrevolution gewesen, sowohl der Tendenz entgegenzuwirken, politische Zielsetzungen, wie beispielsweise die Durchsetzung der Gleichheit, den angeblichen «Sachzwängen» der modernen Technik unterzuordnen, als auch der Bürokratisierung und Machtkonzentration bei einer von einer bestimmten Technik in unserer Gesellschaft geschaffenen bürokratisch-technischen Schicht entgegenzuwirken. In diesem Sinne ist die Kulturrevolution von außerordentlich großer Bedeutung.

Am Ende dieser kurzen makro-soziologischen Analyse werde ich die Frage nach dem Ursprung der Arbeitsteilung erörtern und deren Folgen zusammenfassen. Man kann wohl mit ziemlich großer Sicherheit behaupten, daß alle Gesellschaften und sozialen Organisationen den Menschen eine Differenzierung, das heißt Aufteilung der bestehenden Arbeitsaufgaben gebracht haben. In den technisch am wenigsten entwickelten Gesellschaftene gründet sich die Aufteilung oft auf «natürliche» Unterschiede, das heißt überwiegend auf den Geschlechtsunterschied. Männer und Frauen verrichten andere Arbeiten und führen andere Aufgaben aus. Aber es reicht nicht, die Aufteilung nach Geschlechtern mit dem Hinweis auf Geschlechtsunterschiede erklären zu wollen. Zwar können Frauen in gewissen Zeiträumen, zum Beispiel während einer Schwangerschaft, an gewissen Aktivitäten, beispielsweise der Jagd, nicht teilnehmen. Aber andererseits *dürfen* sie an gewissen Aktivitäten nicht teilnehmen, selbst wenn sie es könnten, seien sie nun schwanger oder nicht.

Nehmen wir wieder das Beispiel der Baruya. Von der biologischen Ausstattung der Frau her könnte sie nichts daran hindern, die letzte Phase der Salzgewinnung auszuführen. Trotzdem steht diese Arbeit allein den Männern zu, und sie umgeben sie mit geheimnisvollen magischen Riten. Die Arbeitsteilung scheint also unter anderem auch von den bestehenden

Machtverhältnissen, das heißt dem Grad der Gleichstellung abhängig zu sein.[68]

Aber die Machtverhältnisse sind ein Aspekt der Gesellschaft und abhängig von ihrer Art, den materiellen Produktionsprozeß zu regeln. *Was* produziert wird, *wie* es produziert wird und von *wem* es produziert wird, hängt alles eng zusammen. Wie produziert wird, ist nicht nur eine Frage der angewendeten Technik. Es ist auch davon abhängig, wie die Besitzverhältnisse geregelt sind. Die Besitzer der Salzstangen bei den Baruya haben mehr Möglichkeiten als diejenigen, die kein Salz besitzen. Sie können Borkenschürzen und -kleider für sich selbst oder ihre Familien eintauschen, während diejenigen, die kein Salz haben, entweder nackt gehen oder die Kleidung selbst herstellen müssen.

Die Besitzverhältnisse sind darum für die soziale Differenzierung, das heißt den Arbeitsteilungsprozeß, von großer Bedeutung. Er verursacht wiederum die Klasseneinteilung, die ihrerseits die Arbeitsteilung verfestigt und vielleicht sogar verschärft. Wir sehen also, daß zwischen der Entwicklungsstufe der Produktivkräfte – zum Beispiel der angewendeten Technik –, den Besitzverhältnissen, der Arbeitsteilung und den Klassenverhältnissen ein enger Zusammenhang besteht. An sich ist es eine fruchtlose Diskussion zu ermitteln, was Ursache und was Wirkung sei. Wenn wir von der Gesellschaft als sozialem System ausgehen, dann sind die oben erwähnten Faktoren Teil dieses Systems und beeinflussen sich gegenseitig als Rückkoppelungsmechanismen. Sie bilden zusammen mit den Produktionsverhältnissen das, was wir als «Produktionsweise» einer Gesellschaft bezeichnen können. Diese kurze Zusammenfassung zeigt auch, daß wir auf drei Probleme näher eingehen müssen, nämlich auf

1. das Problem der Produktivkräfte und ihrer Entwicklung,
2. das Problem der Produktionsverhältnisse,
3. die ganze Klassenproblematik.

Ehe ich dazu übergehe, werde ich jedoch einige Probleme in Verbindung mit der Arbeitsteilung auf Mikroniveau erörtern und nicht nur, wie bisher, auf Makroniveau. Die technische Entwicklung hat in den hochindustrialisierten Gesellschaften einen bestimmten Typ der Arbeitsteilung hervorgebracht: die Spezialisierung. Dies hängt damit zusammen, daß hochindustrialisierte Gesellschaften für ihre Produktion einen großen, ja einen unüberschaubaren Wissensumfang erfordern. Das einzelne Individuum kann sich während seines ganzen Lebens nur in begrenztem Umfang Wissen, Kenntnisse und Fähigkeiten aneignen. Jedes wissenschaftliche Gebiet umfaßt so viele Spezialgebiete, daß ein Wissenschaftler lediglich einen winzigen Teil seines Gebietes beherrschen kann. Dieser Spezialisierung im Bereich des Wissens ist im Produktionsprozeß eine Teilung der Arbeit in kleine Teiloperationen gefolgt, die *keine Kenntnisse* voraussetzen. Die Teilung ist geschehen, um die Produktivität zu fördern, das heißt, um pro gegebene Zeiteinheit ein größeres Output zu erreichen. Dies hat den Arbeiter in vielen Produktionszweigen zu einem Automaten gemacht, der monoton die gleichen Routinebewegungen ausführt. Das Fließband ist ein typisches Beispiel eines solchen Arbeitsteilungsprozesses.

Wir haben also zwei entgegengesetzte Tendenzen. Die gesamte Wissensmenge, über die wir verfügen, erfordert eine Spezialisierung der Fachleute. Die Anwendung dieses Wissens durch die Technik bewirkt, daß spezialisierte Handwerker in nichtspezialisierte Arbeits-Roboter verwandelt werden, in Arbeitskräfte, die «abstrakte» Arbeit ausführen. Diese Verwandlung des Menschen in ein Objekt, das seine Muskelkraft anwendet, ohne das Gehirn noch sonst eine der vielen menschlichen Fähigkeiten benutzen zu müssen, ist ein sehr ernstes Problem in unserer Gesellschaft.

Dazu kommt aber noch eine weitere Sache. Die Spezialisierung der Fachleute führt oft zu Kommunikationsproblemen, weil man oft versäumt hat, zugleich die Entwicklung der Wissensmenge und die Entwicklung der *Zusammenarbeitsformen* zu fördern. In den Universitäten wurde bisher der allein arbeitende Forscher mehr gewürdigt als der gemeinschaftlich arbeitende.

Ein ähnliches Problem findet man aber auch in der industriellen Produktion. Dort hat man den Arbeitsprozeß oft nach strikt technischen Gesichtspunkten eingeteilt und Menschen voneinander abhängig gemacht, ohne sich darum zu kümmern, zugleich mit der technischen Differenzierung auch Beziehungen zwischen den Menschen zu schaffen, damit sie sich wirklich gegenseitig helfen und zusammenarbeiten können. Nur ein Beispiel: Am Fließband sind alle voneinander abhängig. Wenn einer nicht mitkommt, bildet er einen «Engpaß». Aber der Arbeitsprozeß ist so organisiert, daß er oft jede Kommunikation und jedes Gespräch zwischen den Arbeitern unmöglich macht.[69] Das kommt daher, daß man den Arbeitsprozeß und seine Einteilung ausschließlich oder in erster Linie als *technischen* Prozeß sieht und nicht als Prozeß menschlicher Zusammenarbeit. Dies ist eng damit verbunden, den Menschen oder Arbeiter im Produktionsprozeß nicht als Menschen zu sehen, sondern als «Ware Arbeitskraft». Dieses wiederum hat auch bewirkt, daß die Produktion in vielen Fabriken in einer höchst autoritären Struktur organisiert ist. Ein Betrieb ist oft hierarchisch aufgebaut: ganz oben ein Direktor und unten die Arbeiter. Nur selten gibt es eine Kommunikation von unten nach oben. Die Kommunikation geschieht oft in Form von Befehlen. Man diskutiert nicht, man berät nicht. Man gibt Befehle und zwingt die Beschäftigten, zu schweigen und zu tun, was ihnen gesagt wird. Es ist grotesk, daß man in einer sich auf demokratische Wertvorstellungen gründende Gesellschaft das Arbeitsleben ausspart und hier von der Funktionsweise militärischer Organisationen übernommene Normen und Verhaltensmuster verwendet. Der Sprachgebrauch bezeugt dies. In solchen Unternehmen spricht man beispielsweise von Linien- und Stabsfunktion.

Die fehlende Kommunikation von unten nach oben betrifft besonders die Menschen, die den eigentlichen Arbeitsprozeß ausführen. Sie haben häufig eine große Menge praktisches Wissen gesammelt, das nur der bekommen kann, wer diese Arbeit ausführt. Die fehlende Kommunikation gibt ihnen wenig Möglichkeit, ihre Kenntnisse und Informationen denen mitzuteilen, die bestimmen, das heißt Ingenieuren, Direktoren und Werkmeistern. Auf diese Weise kann man also den Arbeitsprozeß ohne Rücksicht auf die Zusammenarbeit organisieren. Aber die fehlende Rücksichtnahme verstärkt ihrerseits die autoritäre Leitungsform: Man versucht, Hindernisse durch verstärkte autoritäre Steuerung zu überwinden.

Erst in den letzten Jahren, als die autoritäre Steuerung zu einem Rückgang der Produktion und ihrer Resultate geführt hat – die der Produktion ausgelieferten Menschen spielten eine untergeordnete Rolle –, versucht man, zu anderen Leitungsformen überzugehen, zum Beispiel zu autonomen Gruppen. Aber auch dort ist die Effektivität wichtiger als menschliche Rücksichtnahme. Die autonome Gruppe kann beispielsweise Ausschlußmechanismen entwickeln, was heißt, daß, wer das Gruppentempo nicht halten kann, ausgeschlossen wird.

2.5. Produktionsverhältnisse und Produktivkräfte

Ein berühmtes und oft zitiertes Wort behauptet, in der gesellschaftlichen Produktion ihres Lebens gehen die Menschen bestimmte, notwendige, von ihrem Willen unabhängige Verhältnisse ein, Produktionsverhältnisse, die einer bestimmten Entwicklungsstufe ihrer materiellen Produktivkräfte entsprechen.[70]

Erstens wird also behauptet, die Beziehungen, die Menschen im gesellschaftlichen materiellen Produktionsprozeß eingehen, seien von ihrem Willen unabhängig. Dies stimmt mit unserer These überein, das einzelne Individuum werde in diese Realität hineingeboren und seine Handlungen werden von der Struktur der Gesellschaft bestimmt. Zweitens wird behauptet, dieser Typ Beziehungen sei mit den Produktivkräften und ihrem Entwicklungsstand eng verknüpft.

Wir werden jetzt den Begriff «Produktionsverhältnisse» behandeln, aber nicht auf abstrakter Ebene, sondern in Beziehung zu der Gesellschaft, in der wir leben. Diese ist in erster Linie dadurch gekennzeichnet, daß bestimmte Menschen, oder vielleicht genauer gesagt, eine Klasse von Menschen, die Produktionsmittel *besitzt* oder über sie *verfügt*. Eine zweite Klasse von Menschen ist an diesem Besitzverhältnis nicht beteiligt, sondern gezwungen zu arbeiten und ihre Arbeitskraft zu verkaufen, um überhaupt existieren zu können.

Etwas zu *besitzen* oder über etwas zu *verfügen*, drückt zwei Arten von

Beziehungen aus. Einerseits handelt es sich um *juristisch* festgelegte Beziehungen. Daß ich etwas besitze, setzt die Existenz von Rechtsnormen voraus, die festlegen, was Privateigentum ist. Ich habe ein Auto gekauft und bezahlt. Damit bin ich Eigentümer dieses Autos, das heißt, ich kann damit machen, was ich will, vorausgesetzt, ich halte mich an andere Bestimmungen – die Verkehrsregeln –, die meinem Eigentumsrecht Grenzen setzen. Beispielsweise darf ich das Auto, obwohl es *meins* ist, nicht betrunken fahren. Wir haben ein ganzes System von Gesetzen und sozialen Institutionen – Polizei, Gerichtshöfe – aufgebaut, deren Aufgabe es ist, *mir* mein Eigentum zu sichern. Dies hat merkwürdige Folgen. Jemand, der etwas stiehlt – auch wenn es nur wenig wert ist –, kann unter Umständen härter bestraft werden, besonders, wenn er nicht zum erstenmal stiehlt, als jemand, der zum Beispiel mit seinem *eigenen* Auto jemanden anfährt, verletzt oder tötet. Das Gesetz und seine Regeln, nach denen unterschiedliche Verbrechen bestraft werden, enthüllen, daß grundlegende gesellschaftliche Beziehungen mit den Besitzverhältnissen zu tun haben. Diejenigen, die auf die Unverletzbarkeit des Privateigentums aufbauen, sind von zentraler Bedeutung, weil sich unsere ganze Produktionsweise auf Privateigentum und insbesondere auf das private Eigentumsrecht an Produktionsmittel gründet.

Nun wäre es jedoch zu einfach, über «Produktionsverhältnisse» zu sprechen, als ginge es ausschließlich oder hauptsächlich um juristische Beziehungen in bezug auf das Eigentumsrecht.

Ich habe schon zuvor auf die Tatsache hingewiesen, daß es darauf ankommt, wer über die Produktionsmittel *verfügt*. Das Verfügungsrecht ist eine zweite Beziehung und hat mit dem Bestimmungs- oder Entscheidungsrecht zu tun. Dieses ist wiederum von den bestehenden *Machtverhältnissen* abhängig. Produktionsverhältnisse haben also damit zu tun, wer die Macht hat zu bestimmen, wie die Produktionsmittel verwendet und die hergestellten Waren verteilt werden und wem sie gehören sollen. Aber hier müssen wir beachten, daß «Macht» auf zweierlei Weise verstanden werden kann. Teils als eine persönliche, subjektive Eigenschaft. Ein Vater hat die Macht über seine Kinder in dem Sinne, daß er ihnen körperlich überlegen ist und daß die Kinder wirtschaftlich, gefühlsmäßig und in anderer Hinsicht von ihm abhängig sind. «Macht» kann darum als etwas gesehen werden, was das Individuum besitzt und womit es andere – durch Drohungen, Zwang oder Überredung – dazu bringen kann, zu tun, was er wünscht.[71]

Aber «Macht» ist auch ein unpersönlicher, objektiver Faktor. Der Direktor eines Unternehmens kann zwar darüber bestimmen, was im Betrieb hergestellt werden soll. Er hat also, dank der Tatsache, daß er eine bestimmte Position innehat, persönliche Macht. Aber es gibt eine objektiv existierende Macht, die darüber bestimmt, wie er seine persönliche Macht ausübt. Die unpersönliche, objektive Macht ist eine Eigenschaft des gesellschaftlichen Systems und seiner Struktur. Das Unternehmen muß Gewinne erzielen.

Warum? Tut es das nicht, geht es ein. Es muß ein Mehrwert geschaffen werden, der wiederum in eine erhöhte und verbesserte Produktion investiert werden kann. Ein Autohersteller, wie VW oder Mercedes Benz beispielsweise, muß so produzieren, daß «er im Wettbewerb mithalten kann». Überall in Europa, in den USA und in Japan gibt es Autohersteller, die ihre Autos verkaufen wollen. Das müssen sie, weil große Kapitalmengen in diese Fabriken investiert wurden, und dieses Kapital wäre verloren, würden die Hersteller mit Verlust arbeiten. Um konkurrieren zu können, muß man teils qualitativ und vor allem quantitativ «effektiv» produzieren. Man muß die Arbeiter dazu bringen, pro Zeiteinheit mehr zu produzieren. Dies nennt man «Rationalisierung». Man muß effektive Produktionsmethoden einführen – mechanische, durch das Fließband, oder automatische, durch Roboter usw. In den sechziger Jahren versuchte man, dem enormen Druck der Konkurrenz durch die Einführung effektiverer Produktionsweisen zu begegnen. Aber neue Maschinen kosten Geld, das heißt man muß investieren, um effektiver produzieren zu können. Das investierte Geld muß verzinst werden, das heißt man muß mehr produzieren und den Gewinn erhöhen.

J. K. Galbraith[72] gibt ein Beispiel, was die Entwicklung eines neuen Automodells kostet. Zuerst muß eine große Zahl Techniker mehrere Jahre lang arbeiten, um die Zeichnungen herzustellen. Danach müssen Versuchsmodelle gebaut werden. Dann müssen neue Maschinen entwickelt und gekauft werden. Dies bedeutet Hunderte von Millionen an Kosten, bis das erste serienmäßige Auto auf den Markt kommt. Man kann sich dann fragen, warum neue, kostspielige Autos gebaut werden müssen. Die Antwort lautet: «um im Wettbewerb mitzuhalten»; dazu ist man gezwungen, um das investierte Kapital zu verzinsen.

Wenn man es von diesem Gesichtspunkt aus sieht, wirkt der ganze kapitalistische Produktionsprozeß grotesk. Die Produktion dient nicht mehr in erster Linie dem Bedarf und der Bedürfnisbefriedigung; um das neue Auto verkaufen zu können, muß man enorme Summen für Werbung usw. aufbringen. Es wird produziert, um das investierte Kapital zu verzinsen, und das investierte Kapital kann nur durch neue Investitionen verzinst werden, und diese fordern wiederum neue Maßnahmen zur Erhöhung des Kapitalertrags. Nun kann man ja behaupten, diese ständigen Bemühungen, den Produktionsprozeß zu verbessern und zu beschleunigen, würden eine Verbesserung des Lebensstandards bedeuten. Aber dies trifft nur teilweise zu. Immer mehr Menschen haben zwar ein Auto, aber es kommen auch immer mehr Menschen durch Verkehrsunfälle ums Leben.[73] Die Luft in immer mehr Großstädten wird von den Abgasen vergiftet. In den Hauptverkehrszeiten sind die Straßen unpassierbar, so daß man in Autoschlangen steckenbleibt und viel kostbare Zeit verliert; Parkplätze sind schwer zu finden usw. Aber am groteskesten ist doch, daß während «die Konkurrenz» die Autohersteller zwingt, in neue Modelle zu investieren, Millionen Menschen schwere, anstrengende Arbeiten verrichten, ohne über Lastwagen oder Traktoren zu verfügen. Mit anderen Worten: die weltumfassende kapitalistische Produktionsweise bedeutet, daß lediglich für einen begrenzten Teil der Menschheit unter den Bedingungen einer mörderischen Konkurrenz produziert wird, die zu ständig neuen Investitionen zwingt, während der größte Teil der Menschheit vom Verbrauch ausgeschlossen ist. Nicht nur was Autos betrifft, sondern auch die notwendigsten Mittel zum Lebensunterhalt.

Die Funktionsweise des kapitalistischen Marktsystems bedeutet also, daß investiertes Kapital Verzinsung fordert, um große materielle Verluste zu vermeiden; daß diese Verzinsung nur durch neue Kapitaleinlagen geschehen kann und daß man damit in einem Teufelskreis steckt: Die Forderung des Kapitals nach Verzinsung führt zu neuen kapitalintensiven Maßnahmen, die wiederum verzinst werden müssen. In diesem Teufelskreis bleiben die Menschen und ihre vitalen Interessen zurück, wenn sie überhaupt berücksichtigt werden. Die Arbeiter werden gezwungen, unter den anstrengendsten Verhältnissen in einem Tempo zu produzieren, das die Grenze des physiologisch Möglichen erreicht. Sie müssen eintönige Bewegungen ausführen, was bewirkt, daß ihre anderen Fähigkeiten nicht gebraucht werden, sondern unterentwickelt bleiben. In Gesellschaften, wo die Arbeiter nicht zugleich auch eine bedeutende Konsumkraft darstellen und deswegen für die Warenproduktion wichtig sind, gelten sie als Menschen nichts. Die Verhältnisse in Lateinamerika sind Beispiele hierfür. Die Arbeiter in den bolivianischen Zinnminen verrichten ihre Arbeit unter den menschenunwürdigsten Verhältnissen, meist hungernd[74], während die Kapitalbesitzer immer reicher werden.

Wenn wir von Produktionsbeziehungen sprechen, meinen wir in erster Linie also nicht die juristischen Verhältnisse und auch nicht die in der Gesellschaft oder in gesellschaftlichen Organisationen gegebenen Machtverhältnisse, wie zum Beispiel in Fabriken, sondern die zwischenmenschlichen Beziehungen und die Beziehungen zwischen den Menschen und den Objekten ihrer Produktion, wie sie die bestehende Produktionsweise erzwingt: Alles wird darauf ausgerichtet, Kapital zu akkumulieren (= anhäufen), weil Akkumulation eine Voraussetzung der Produktion ist und diese ihrerseits immer wieder neue Akkumulation verlangt. Juristische Verhältnisse und Machtverhältnisse können somit als Folge dieser grundlegenden Tendenz begriffen werden, auch wenn sie auf diese zurückwirken und sie verfestigen.

Es kann nützlich sein, das hier Gesagte durch ein weiteres Beispiel zu konkretisieren. In Ecuador wurde Erdöl gefunden. Das Land hat rund sechs Millionen Einwohner, davon sind 80 Prozent Indianer, 10 Prozent Mulatten und 10 Prozent Weiße. Die meisten Indianer und Mulatten sind Analphabeten, weil es kein vernünftiges Schulsystem gibt, und sie sterben früh, weil es kein vernünftiges Gesundheitswesen gibt.

Die Ölgewinnung begann schon vor dem Ersten Weltkrieg, aber es wurde so viel exportiert, daß die Ressourcen bald erschöpft waren und das Land importieren mußte. Die Zahlungsbilanz des Landes hatte im Jahre 1971 ein Defizit von 100 Millionen Dollar. Im Jahre 1943 erwarb eine englische Aktiengesellschaft die Rechte, nach Öl zu suchen, gab es aber 1948 wieder auf. Zu dieser Zeit war der Suez-Kanal noch offen und man konnte schnell und relativ billig das Öl vom Mittleren Osten in die übrige Welt transportieren. Später wurde der Kanal als Folge des Krieges zwischen Israel und den arabischen Ländern geschlossen. Außerdem schlossen sich die Öl produzierenden Länder in diesem Teil der Welt zusammen und fingen an, den großen Mineralölkonzernen Forderungen zu stellen.

Im Jahre 1964 schloß ein Konsortium von Texaco-Gulf einen Vertrag mit der regierenden Militärjunta in Ecuador. Das Land sollte laut Vertrag *sechs* Prozent Tantiemen statt normalerweise *sechzehn* Prozent erhalten. Texaco-Gulf hatten das Recht, nach der Zahlung von 13 Prozent Steuern auf den Gewinn, seinen Profit in Dollar aus dem Land herauszuziehen – was die ohnehin geringen Dollar-Ressourcen des Landes bedeutend verringert.

«Texaco-Gulf wird anfangen, jährlich 95 Millionen Tonnen Mineralöl aus dem kleinen Land zu pumpen. Das deckt genau den Verbrauch Schwedens. Nehmen wir an, gerade dieses Öl werde an Schweden verkauft. Dann wird der schwedische Staat an diesem Öl etwa 1,31 Milliarden DM in Form von Steuern und Zoll verdienen. Gleichzeitig zieht Texaco-Gulf einen Reingewinn von mindestens 490 Millionen DM aus Ecuador heraus. Dem armen Land bleiben 213 Millionen DM als Tantiemen, Steuern und Löhne. Ecuador verdient somit lediglich 16,5 Prozent des Geldes, das der schwedische Staat an demselben Öl verdient, 43,5 Prozent dessen, was Texaco-Gulf an Profit erhält.»[75]

Aber das ist nicht alles. Die angegebenen Zahlen beziehen sich auf das Erdöl. Aber das Erdöl wird verarbeitet, unter anderem zu Benzin und Plastik und anderen petrochemischen Stoffen. Der Wert des Erdöls unterscheidet sich somit vom «Veredelungswert». Wie groß ist der Unterschied? Eine Faustregel besagt, daß der Veredelungswert des Erdöls von der Qualität des ecuadorianischen – sein Schwefelgehalt beträgt weniger als 1 Prozent, und das Öl kann direkt in Ölzentralheizungen verbrannt werden – etwa 105mal so groß ist wie der angemessene Preis für eine Tonne. Wenn dieser «angemessene Preis» pro Tonne etwa bei 8,90 DM liegen sollte, dann ist das Öl, das Ecuador, wie angenommen, durch Texaco-Gulf an Schweden verkauft, in Wirklichkeit 105mal 8,90 mal 95 Millionen, das heißt 88699 Millionen DM wert.[76]

Da Ecuador jährlich 213 Millionen DM bekommt, erhält es somit *0,24* Prozent des «Veredelungswerts», das heißt des Wertes, den das verarbeitete Erdöl hat. Ecuador erhält nicht einmal ein Viertel Prozent des Geldes, das es erhielte, wenn es das Kapital hätte, selbst nach Öl zu bohren, es zu veredeln und auf eigenen Schiffen ins Ausland zu bringen. Weil das nicht der Fall ist, bleibt das Land arm. Seine Einwohner bleiben Analphabeten und sterben jung. Aber die Aktionäre von Texaco-Gulf können sich Villen mit Ölzentralheizung kaufen, sie können Luxusjachten kaufen, die mit Dieselöl fahren, große amerikanische Luxusautos und eine Menge Kunststoffprodukte, die ihnen das Leben erleichtern. Schweden kann mit den vom Staat kassierten Steuern – die eigentlich Ecuador zugute kommen sollten – einen Teil des Schulwesens finanzieren, Krankenhäuser für die Leute bauen, die Verkehrsunfälle verursachen, wenn sie mit ihren Autos auf Straßen fahren, die von der Gesellschaft bezahlt werden. Zum Vergleich: Die Investitionen des schwedischen Staates beliefen sich 1970, exklusive Investitionen im Wohnungsbau, auf etwa 5 Milliarden Kronen (etwa 2,73 Milliarden DM). Der staatliche Verbrauch – nicht der kommunale – belief sich auf über 14 Milliarden Kronen (etwa 7,63 Milliarden DM). Mit anderen Worten: 1970 konnte – bei unverändertem Geldwert – die Hälfte der staatlichen Investitionen durch einen Betrag finanziert werden, der an Ecuador hätte gehen müssen[77], gäbe nicht das bestehende Wirtschaftssystem einem reichen Land wie Schweden oder der Bundesrepublik Deutschland die Möglichkeit, über Benzinsteuern seinen Reichtum auf Kosten der armen Länder zu vermehren.

Zum Schluß: Am 1. Januar 1977 hat Ecuador seine Erdölquellen verstaatlicht und Texaco-Gulf eine hohe Entschädigung bezahlt.

Mir fällt es schwer, jene Wirtschaftswissenschaftler zu verstehen, die empört die Behauptung zurückweisen, große multinationale Unternehmen sowie die Länder der reichen Welt würden die arme Welt ausbeuten, und unser Wohlstand sei zum großen Teil auf der weiterhin bestehenden Armut anderer Länder begründet. Angenommen, wir würden den Betrag, den Schweden an Öl- und Benzinsteuern einnimmt, den armen Ländern zur Verfügung stellen. Das würde eine bedeutende Herabsetzung unseres Lebensstandards bewirken.

Kommen wir zu den Produktionsverhältnissen zurück. Sie können folgendermaßen definiert werden:[78]

1. durch die Beziehungen zwischen denen, die ihre Arbeit besitzen und denen, die Produktionsmittel besitzen oder hierüber verfügen: Arbeiter als Besitzer von Arbeitskraft sind frei, das heißt sie gehen Vertragsverhältnisse ein, besitzen aber keine anderen Tauschwerte oder verfügen auch nicht darüber wie die Kapitalbesitzer. Die Tauschwerte, das heißt das Kapital, werden verwendet – und müssen verwendet werden –, um das Kapital zu vergrößern, und dies geschieht durch Aneignung des Mehrwerts;

2. durch Art und Charakter der Produktion; darin ist enthalten, daß Waren mit Gewinn und wegen des Gewinns produziert werden;

3. durch den Rahmen des Arbeitsprozesses, was unter anderem bestimmte Machtverhältnisse einschließt und eine bestimmte Art, über das Arbeitsprodukt zu verfügen.

Diese Verhältnisse durchziehen unsere ganze Gesellschaft und beherrschen ebenfalls die zwischenmenschlichen Beziehungen. Die Tendenz geht dahin, den Menschen in eine Ware zu verwandeln, und daß er sich selbst als Ware betrachtet; er bewertet sich selbst nach den Dingen, die er besitzt und nicht danach, was er tut. Hierauf werde ich später zurückkommen.[79]

Bisher haben wir die Bezeichnung «Produktionsverhältnisse» erörtert. Nun werde ich zum Terminus «Produktivkräfte» übergehen. Damit meint man allgemein die im Produktionsprozeß verwendeten Produktionsmittel und die Weise, zum Beispiel die Technik, mit der die Produktionsmittel in einer bestimmten Produktionsweise organisiert werden. Da der Produktionsprozeß ein gesellschaftlicher Prozeß ist, sind auch die Produktivkräfte gesellschaftlich.[80]

Man kann zwischen menschlichen und physischen Produktionskräften unterscheiden. Die menschlichen Produktivkräfte sind die Arbeitskraft des Menschen – sowohl die körperliche Arbeit als auch die geistige Arbeit. Letztere ist für die technische Entwicklung von größerer Bedeutung. Es ist die Wissenschaft – und insbesondere die Naturwissenschaften und ihre Verwendung in der Technik –, die in den letzten Jahrzehnten in zunehmendem Tempo den Produktionsprozeß verändert hat. Technische Neuerungen wie die Atomkraft, die Datentechnik mit all ihren unterschiedlichen Verwendungsmöglichkeiten und die Atuomatisierung des Herstellungsprozesses haben die Produktionsweise grundlegend verändert.

Die Entwicklungsstufe der Produktivkräfte beeinflußt die Weise, wie sich die Produktionsverhältnisse entwickeln: Durch ihre Produktion wirken die Menschen nicht nur auf die Natur ein, sondern auch aufeinander. Darum besteht ein enger Zusammenhang zwischen der Entwicklung der Produktivkräfte und den Produktionsverhältnissen.[81]

Untersuchen wir nun die Rolle der Wissenschaft für den Produktionsprozeß. Es dauerte 102 Jahre, bis die Entdeckungen, die das Fotografieren ermöglichen, in der Praxis verwendet und industriell genutzt wurden.[82] Beim Telefon dauerte es 56 Jahre, beim Radio 36 Jahre, beim Fernsehen vierzehn Jahre, bei der Atomkraft – in Form der Atombombe – sechs Jahre, bei Transistor und Laserstrahl fünf Jahre.[83] Obwohl wir wahrscheinlich frühere Erfindungen finden würden, die in kürzerer Zeit industriell genutzt wurden, scheinen jedoch zwei Tendenzen deutlich zu sein. Die wissenschaftliche Entwicklung ist beschleunigt worden und die Verwendung der Resultate, das heißt ihre technische Verwendung, geschieht schneller als früher.

Welche Folgen hat diese Entwicklung nun?

1. Das Verhältnis zwischen der Zahl der Handarbeiter und der Zahl der Kopfarbeiter ändert sich. Diese Gruppe umfaßt Angestellte und Beamte der Verwaltung von Betrieben und gesellschaftlichen Organisationen, Techniker und Ingenieure, Wissenschaftler und Studenten. In den USA beispielsweise bilden die Techniker 10 Prozent aller Beschäftigten in der Industrie. In

der Flugzeugindustrie beläuft sich die Zahl auf 13 Prozent und in der Atomindustrie auf 34 Prozent.[84] Im Produktionsprozeß fällt also die Zahl der Handarbeiter und statt dessen steigt die Zahl der Personen mit irgendeiner Ausbildung.

2. Diese Entwicklung hat einen Wandel der obligatorischen Schulausbildung bewirkt. Ein längerer Schulbesuch ist nötig. Schon heute erhalten beispielsweise in Schweden rund 90 Prozent aller Jugendlichen eines Jahrgangs eine elfjährige Schulausbildung. Dies hat unter anderem die Kluft in der Ausbildung und im Wissen zwischen den Generationen vertieft. Um dieser Tendenz entgegenzuwirken, wird die Erwachsenenbildung stark ausgebaut.

3. In vielen Ländern – vor allem in den Industrieländern – strebt man eine Universitätsausbildung an. Die Studentenzahlen haben sich in vielen Fällen in den letzten fünfzehn Jahren verdreifacht. Als eine Folge dieser Entwicklung ist die Zahl der Menschen, die über ein grundlegendes gesellschaftliches Wissen verfügen, angestiegen und somit auch die Zahl derer, die die Gesellschaft mit kritischen Augen sehen. Die «Studentenbewegung» muß in diesem größeren Zusammenhang gesehen werden: Welche Rolle die Wissenschaft für die Entwicklung der Produktivkräfte spielt. Als zweite Auswirkung dieser Entwicklung gehören die Studenten nicht länger zu einer kleinen priviligierten Gruppe, die innerhalb eines engen Rahmens rekrutiert wird.[85] Sie haben auch keine gutbezahlten Stellungen in Aussicht, die viel Macht und Ansehen verleihen. Im Gegenteil, viele Arbeiten, die früher Menschen ohne akademische Ausbildung ausführten, werden künftig Akademiker ausführen. Generell scheint eine Entwicklung stattzufinden, die immer mehr Menschen mit Ausbildung und höherer Ausbildung fordert, während Personen ohne oder mit geringer Ausbildung die Arbeitslosigkeit droht. In den USA, wo die Entwicklung stark zur sozialen Diskriminierung hin tendiert, herrscht zum Beispiel unter den Schwarzen, die keine höhere Ausbildung bekommen können, ständig große Arbeitslosigkeit.

4. In den Industrieländern hat man enorme Summen in die Forschung investiert. In den USA beispielsweise betrugen die Ausgaben für Forschung und Entwicklung im Jahr rund 60 Milliarden DM.

Dies entsprach 3 Prozent vom Bruttosozialprodukt.[86] Diese enormen Kosten bewirken, daß nur Gesellschaften mit großen wirtschaftlichen Ressourcen gewinnbringend am technischen Entwicklungsprozeß teilnehmen können. Kleine Staaten können es sich einfach nicht leisten, so große Beträge zu investieren, obwohl die Forschungs- und Entwicklungskosten, prozentual auf das Bruttosozialprodukt umgerechnet, nicht geringer sein müssen, als bei den Großmächten. Deshalb muß man sich entscheiden, in welche Forschung man investieren will. Diese ist dann häufig eine «nützliche» Forschung. Aber «nützlich» wird ungefähr als das definiert, «was der Steigerung des wirtschaftlichen Wachstums dient», das heißt dem Profit. Die hohen Forschungs- und Entwicklungskosten fördern das Entstehen einer Kluft zwischen den Ländern, die technische und wissenschaftliche Kenntnisse – *Know-how* – haben und denen, die es nicht haben.

Wer Wissen besitzt, kann es im Produktionsprozeß einsetzen. Er kann seine Märkte und wirtschaftliche Macht ausdehnen. Die anderen Länder tendieren zur Stagnation, und je größer die Stagnation, um so kleinere Ressourcen haben sie, um sich aus eigener Kraft zu entwickeln. Die Folge ist, daß große multinationale Konzerne mit großen wirtschaftlichen Ressourcen Unternehmen in kleineren Ländern ankaufen können.

Für die Entwicklungsländer ist die Lage noch schwieriger, weil ihr Ausgangspunkt, bezogen auf den Grad der Industrialisierung, so gering ist. Aber auch die kleinen hochentwickelten Industrienationen könnten bald Schwierigkeiten haben, sich in dem *bestehenden Wirtschaftssystem* die notwendigen Ressourcen zu verschaffen.

5. Die Nutzung der Forschungsergebnisse kann mit einem so großen Kostenaufwand verbunden sein, daß es sich nur für Unternehmen lohnt, die – im Rahmen des gegebenen Wirtschaftssystems – serienmäßig, das heißt massenhaft produzieren können. Dies hat Kapitalkonzentration zur Folge, Bildung von Monopolen und Schaffung sogenannter multinationaler Konzerne, deren Tätigkeitsfeld die ganze Welt umfaßt. Ihre Einnahmen übersteigen die Einnahmen der meisten kleineren Staaten. Sie besitzen große wirtschaftliche Macht und können durch Manipulation – zum Beispiel durch Investieren oder Nichtinvestieren – die Wirtschaft kleiner Länder beeinflussen, solange diese nach kapitalistischen Prinzipien organisiert sind.[87]

6. Diese Entwicklung begünstigt die Entstehung einer technokratischen Schicht. Sie steht an der Spitze großer bürokratischer Apparate, mit deren Hilfe die riesigen nationalen sowie multinationalen Konzerne, die Staatsadministration sowie der immer größer werdende Militärkomplex der Supermächte gesteuert werden. Diese Technokratie – die sowohl in den USA als auch in der Sowjetunion vorhanden ist – besitzt nicht unbedingt die Produktionsmittel, aber sie verfügt darüber. Sie bestimmt, wie sie genutzt und für welchen Zweck sie eingesetzt werden sollen, welche Investitionen getätigt und wie das Sozialprodukt verteilt werden soll.

Wie kommt es, daß diese Technokratengruppe oder -klasse über die Produktionsmittel verfügen kann? Erstens besteht sie aus Individuen, die eine sie unentbehrlich machende Ausbildung und Kompetenz haben – obwohl sie durch andere Individuen mit gleicher Kompetenz und Ausbildung ersetzt werden können. Außerdem kontrollieren sie die Besetzung freier Stellen innerhalb der Spitze und können diejenigen auswählen, die außer den erforderlichen Kenntnissen auch die «richtige Einstellung» haben. Darüber hinaus haben sie, weil sie über die Produktionsmittel einschließlich des Kapitals verfügen, Ressourcen, die Information, zum Beispiel durch Massenmedien, zu kontrollieren und zu beeinflussen. In der Tat können sie eine große Gruppe Intellektueller einstellen und versorgen, deren Hauptaufgabe es ist, eine Ideologie zu entwickeln, die die neue herrschende Klasse und ihre Handlungen verteidigen und legitimieren soll. Die Intellektuellen wiederum lassen sich beeinflussen, weil sie immer häufiger vor der Wahl stehen, ob sie Einfluß haben und unselbständig sein wollen oder selbständig, aber machtlos sein wollen.[88]

Auch in anderen Organisationen, zum Beispiel Gewerkschaftsbewegung und Parteien, macht sich diese Tendenz zur Bürokratisierung bemerkbar. Dies ist auf die generelle Entwicklungstendenz der Gesellschaft zurückzuführen.

Aber die neue herrschende Klasse, die Technokratie, ist nicht in dem Sinn selbständig, daß ihre Handlungen und Entscheidungen etwa von der Funktionsweise des sozialen und wirtschaftlichen System unabhängig wären. Der Zwang, ständig Profit zu machen, die Wirtschaft unter geringer Berücksichtigung der gesellschaftlichen Kosten wachsen zu lassen, die unser Systems kennzeichnen, ist das höchste Ziel, dem auch diese Technokraten-Struktur unterworfen ist. Aber ihre Macht, und das ist ein weiterer Grund, beruht auf der Tatsache, daß diese Schicht so geschickt darin ist, für die Konzerne Profite zu machen und den wirtschaftlichen Wachstumsprozeß der Gesellschaft voranzutreiben. Damit schafft sie gleichzeitig die Voraussetzungen für ein hohes Konsumniveau, zumindest in den hochentwickelten Industrieländern. Dadurch werden Kritik und Opposition am eigentlichen System geschwächt. In der Sowjetunion, wo man unter anderem wegen der großen Zerstörungen des Landes während des Bürgerkrieges und später während des Zweiten Weltkrieges bis jetzt das Konsumniveau der kapitalistischen Länder noch nicht hat erreichen können, liegt ebenfalls die militärische und politische Macht in Händen dieser techno-bürokratischen Schicht.[89/90]

Wir werden Gelegenheit haben, zu dieser für unsere Gesellschaft so zentralen Problematik zurückzukehren. Hier werde ich statt dessen als Kapitelschluß nachstehende, von Marx aufgestellte These erörtern. Als Folge der Entwicklung der Produktivkräfte in unserer Gesellschaft – zum Beispiel in Wissenschaft und Technologie – kommt es zu einem Konflikt zwischen der Art einerseits, wie die Produktionsverhältnisse geordnet sind und den Forderungen andererseits, die aus der Nutzung dieser neuen Produktivkräfte im materiellen Produktionsprozeß entstehen. Daraus folgt, daß die bestehenden Produktionsverhältnisse die Nutzung der Produktivkräfte zum Vorteil aller Menschen hemmen.

Dies ist eine abstrakte Annahme, die generalisierend dargestellt wird. Sie muß deshalb konkretisiert werden. Ich habe in diesem Kapital schon zu erklären versucht, was unter Produktionsverhältnissen zu verstehen ist: Die Beziehungen der Menschen untereinander und zu den Objekten, die produziert und von der Forderung nach ständiger Kapitalakkumulation und -verzinsung bestimmt werden, damit die Produktion «rentabel» ist. Auf Betriebsebene können auch Konflikte zwischen den neuen technischen Methoden entstehen – das heißt der Nutzung der Produktivkräfte – und der Art, wie die menschlichen Beziehungen geregelt werden. Dahlström und andere[91] zeigen beispielsweise, wie eine technische Neuerung in der Eisenerzförderung durchgeführt wurde, ohne zu berücksichtigen, daß die Neuorganisation des Arbeitsprozesses eine bessere Zusammenarbeit zwischen den Arbeitern voraussetzte. Diese Unfähigkeit, die Bedeutung der menschlichen Beziehungen zu sehen, verursachte Unruhe, Konflikte und ein immer schlechteres Arbeitsklima für die Grubenarbeiter, die dann schließlich durch einen vielbeachteten Streik eine Veränderung erreichen wollten.[92]

Dies ist auf Mikroebene ein Beispiel für die Marxsche These über den Gegensatz zwischen Produktionsverhältnissen und Produktivkräften. Ein anderes könnte man aus der Autoindustrie geben, wo die Forderung, im Wettbewerb mithalten zu können, zum Fließband mit den eintönigsten und am stärksten von Gewohnheit geprägten Arbeitsprozessen geführt hat. Da viele Menschen heutzutage eine hohe Ausbildung erhalten – die eine Voraussetzung für die Entwicklung der Produktivkräfte ist –, fällt es ihnen schwer, eine Arbeit zu akzeptieren, wo sie nicht auch mit dem Kopf arbeiten oder ihr Wissen nicht anwenden können. Es gibt, während diese Zeilen geschrieben werden, unter den Jugendlichen die immer deutlichere Tendenz, die Arbeit in einer Industrie mit dieser Form der Mechanisierung zu verweigern. Wer dort arbeitet, reagiert anders: «Bis zu 15 Prozent der Arbeiter erscheinen freitags und montags nicht in den Fabriken und verursachen somit ernstliche Produktionsprobleme» heißt es in einem Artikel über die amerikanische Autoindustrie in der *New York Herald Tribune*, vom 3. April 1972. So hat der Chrysler-Konzern mitgeteilt, daß im Jahre 1970 etwa die Hälfte der Belegschaft innerhalb von neunzig Tagen kündigte. Bei Volvo in Göteborg hörten 1970 zwischen 70 Prozent und 80 Prozent der Arbeiter schon im ersten Jahr auf. 50 bis 55 Prozent bereits innerhalb des ersten halben Jahres. 82 bis 83 Prozent von denen, die aufhörten, waren zwischen 18 und 30 Jahre alt. 65 bis 66 Prozent waren 24 Jahre oder jünger.[93] Das wird verständlich, wenn man hört, daß ein Arbeiter berichtet, wie er siebzehn Jahre lang Autoreifen von einem Gestell herunternahm und auf Haken, die sich in Taillenhöhe bewegten, hob.

Das Problem ist nicht, wie man unter anderem anzudeuten versucht, daß die Technologie zu weit entwickelt wurde, sondern daß der Mensch der Maschine untergeordnet wird, weil die Produktionsverhältnisse vom Wettbewerb und von der Forderung bestimmt werden, den Profit zu halten und zu vergrößern.

Das letzte Beispiel ist vielleicht am bezeichnendsten, da es sich auf der Makroebene bewegt. Die Petrochemie und die Plastikindustrie gehören zu den wichtigsten Resultaten der Bedeutung der Wissenschaft – hier hauptsächlich der Chemie –, für die Entwicklung der Produktivkräfte und ihrer

Nutzung im materiellen Produktionsprozeß. Diese Entwicklung hat unter anderem bewirkt, daß Kunstfasern für die Textilindustrie immer wichtiger werden: Nylonstrümpfe, Hemden, Pullover, Anzüge und Mäntel werden aus diesem Kunstfasermaterial hergestellt.

Diese Fasern werden in riesigen, einen enormen Kapitaleinsatz erfordernden, Fabriken hergestellt. Jede neue Fabrik bedeutet somit eine Kapazitätserhöhung. Zugleich ist es aus Kostengründen unmöglich, Kunstfasern in kleinen Mengen herzustellen. Einer Übersicht zufolge ist in Europa die Nachfrage nach Polyesterfasern, wie zum Beispiel Trevira, um jährlich 10 Prozent gestiegen, während die Produktionskapazität verdoppelt wurde.[94] Man kann nach dem Grund fragen, weil es dazu führt, daß die Kapazität der Industrie nur zu etwa 70 Prozent genutzt werden kann. Eine Ursache ist das enorme Ansteigen der Nachfrage Mitte der siebziger Jahre, als man in Europa eine neue Erfindung machte, einen sogenannten Crimplene-Prozeß, der zu bewirken scheint, daß sich die Fasern kräuseln. Das größte englische Unternehmen, ICI, konnte seinen Export in die USA innerhalb von rund zwei Jahren von etwa 0,75 Millionen kg auf etwa 8,8 Millionen kg steigern, während in derselben Zeitspanne die Bundesrepublik ihren Export von 20 Millionen auf 94 Millionen Pound und Japan von 3 Millionen auf 68 Millionen Pound erhöhen konnten.

Inzwischen hatten amerikanische Produzenten neue Maschinen gekauft, und Ende 1971 änderte sich das Bild. Man trat in den Wettbewerb ein. Zölle wurden erhoben, so daß «die Formulierung der Zukunftsaussichten auf dem amerikanischen Markt auf der Rückseite einer Briefmarke Platz hat»[95].

Japan wurde von Importquoten, die 1971 den Export in die USA auf 96 Tonnen senkten, am härtesten betroffen. Statt dessen versuchten die Japaner, ihre Waren zu Dumpingpreisen in England und im übrigen Europa zu verkaufen. Die Preise in Europa fielen von Oktober 1971 bis Januar 1972 um 35 bis 40 Prozent. Um diese Preissenkung und das damit verbundene Risiko eines etwaigen Defizits zu verhindern, versuchten neun deutsche und holländische Hersteller ein Kartell zu errichten, um den Markt unter sich aufzuteilen und jeglichen Preiswettbewerb zu unterbinden. Nach bundesdeutschem Gesetz sind wettbewerbseinschränkende Maßnahmen jedoch verboten, und die neun Unternehmen wurden zu Geldstrafen verurteilt. Danach passierte folgendes: «Der holländische Chemie- und Textilkonzern AKZO hat beschlossen, 6200 Beschäftigte der Textil-Tochtergesellschaft ENKA-Glanzstoff zu entlassen, teilte der Vizepräsident der Leitung S. C. Bakkenist am Donnerstag auf einer Pressekonferenz in Arnhem mit. Die Massenentlassung wurde einen Tag nach der Mitteilung des westdeutschen Bundeskartellamtes veröffentlicht, daß ENKA-Glanzstoff mit 21 Millionen DM Geldstrafe belegt wurde.

Die Entlassungen verteilen sich auf 3200 Personen in der Bundesrepublik – wo eine ganz neue Fabrik stillgelegt wird –, auf 2200 in Holland und 1000 in Belgien und in der Schweiz, sagte Bakkenist laut dem Amsterdamer *De Telegraaf*. Die Entlassungen haben zur Folge, daß jeder achte Arbeiter in den Textilfabriken der AKZO-Gruppe seine Arbeit verliert.»[96]

Die Entlassungen sind jedoch der gleichen Quelle zufolge auf eine Überproduktion zurückzuführen, obwohl sie einen Tag nach Verhängen der Geldstrafen bekanntgegeben wurden.

Fassen wir das Ganze zusammen. Neue Erfindungen bewirken die Entwicklung neuer Produktivkräfte, für deren Nutzung jedoch große Kapitalinvestitionen erforderlich sind. Diese können sich nur durch große Gewinne amortisieren. Dies führt zum Zwang, einen möglichst großen Marktanteil zu erringen. Die Gewinne verlocken andere kapitalstarke Unternehmen dazu, sich ebenfalls an dem Markt zu beteiligen. Der Wettbewerb wird verschärft. Die Folge ist, daß versucht wird, den Markt außer Kraft zu setzen. In unserem Beispiel auf zweierlei Weise. Teils durch amerikanische Importrestriktionen, teils durch Kartellbildung. Hinzu kam die Dollarabwertung, die den deutschen, holländischen und britischen Export in die USA verteuerte und der amerikanischen Industrie bessere Möglichkeiten bot. Das Ergebnis ist die einer nagelneuen Fabrik, Massenentlassung der Arbeiter mit allen Konsequenzen für ihre Familien und die Gesellschaften, in denen sie leben. Während man in Europa eine Überproduktion von Kunstfasern hat und Arbeiter arbeitslos macht, während Japan die Marktpreise unterbietet, indem es seine Löhne niedrig hält, während die USA Importrestriktionen einführen, gibt es überall in der Welt einen zum Himmel schreienden Bedarf an jeder Art von Textilien und Kleidung. Aber da, wo der Bedarf existiert, kann man die Waren nicht bezahlen, und dort, wo die Waren produziert werden, kann man sie nicht absetzen. Hier haben wir also ein hervorragendes Beispiel dafür, wie ein wirtschaftliches System funktioniert, das auf Marktmechanismen und auf dem Streben nach Profitmaximierung gegründet ist. Unter anderem bestimmen diese Marktmechanismen die Produktionsverhältnisse – und auch Distributionsverhältnisse – und geraten in Konflikt mit den Möglichkeiten, die sich aus der Entwicklung neuer Produktivkräfte ergeben. Die Rolle des Marktes erfordert es, über die Probleme der Marktmechanismen zu sprechen. Da sie so eng mit dem Verbrauch verknüpft sind, werden wir uns im nächsten Kapitel mit diesen Problemen befassen.

3. Der Markt und seine soziologische Funktion

3.1. Marktwirtschaft als Methode, Ressourcen zu verteilen

Real gebe es nur zwei Möglichkeiten, die existierenden gesellschaftlichen Ressourcen zu verteilen, behaupten gewöhnlich die Verteidiger der Marktwirtschaft. Die eine mit Hilfe von Marktmechanismen, die andere mit Hilfe administrativer Entscheidungen. Dieser Auffassung zufolge muß man zwischen zwei Übeln wählen: zwischen Marktwirtschaft[97] und administrativen Entscheidungen, die zur Bürokratisierung führen oder eine mächtige Bürokratie voraussetzen, die darüber entscheidet, was zu welchen Preisen produziert wird. Im ersten Fall könne der Konsument frei darüber entscheiden, was er kauft, und der Produzent müsse sich danach richten. Im zweiten Fall werde der Konsument gezwungen, sich in den grauen Alltag hineinzubegeben, wo andere darüber bestimmen, was, zu welchem Preis und in welchem Umfang er verbrauchen dürfe.

Wir werden diskutieren, ob der Konsument tatsächlich so frei wählen kann, wie die Verteidiger der Marktwirtschaft behaupten. Um wählen zu können, muß man wirtschaftliche Ressourcen besitzen und wissen:

1. Welche Bedürfnisse man hat.

2. Wo diese Bedürfnisse in einer bestimmten Werthierarchie rangieren, das heißt welche wichtiger und welche weniger wichtig sind, da die eigenen Ressourcen begrenzt sind und man nicht alle seine Bedürfnisse befriedigen kann.

3. Welche die billigste Art der Bedürfnisbefriedigung ist. Das bedeutet nicht, man soll nur dort hingehen, wo man am billigsten kauft. Das Problem ist jedoch viel komplizierter. Da die eigenen Kaufressourcen begrenzt sind, muß man erst verschiedene Bedürfnisse gegeneinander abwägen, das heißt sie in der oben erwähnten Werthierarchie einordnen. Danach muß man sich für eine bestimmte Strategie entscheiden.

4. Da aber die eigene Wahl auch von der Wahl anderer abhängt, sollte man etwas über deren Wahl und Strategie wissen. Wenn dies alles zutrifft, handelt man rational, das heißt man maximiert seinen Nutzen zu den niedrigstmöglichen Kosten.

Indessen wissen wir aber aus der täglichen Erfahrung, daß die Menschen nicht immer so handeln. Erstens kann man unmöglich seine ganzen Bedürfnisse kennen. Zweitens kann man sie unmöglich in eine Art Rangordnung einstufen, weil sie sich ändern. Wenn ich ein Fernsehgerät kaufe, verschwindet meine intensive Sehnsucht nach einem Fernsehgerät. Drittens, wie kann man wissen, was einem ein Bedürfnis ist? Schauen Sie, sagen die Wirtschaftswissenschaftler, man muß nur darauf achten, wonach die Leute fragen. Aber man kann nicht einfach zwischen Bedarf und Nachfrage ein

Gleichheitszeichen setzen. Wie ich früher gezeigt habe[98], geht dies nur, wenn die Kaufressourcen praktisch unerschöpflich sind. Viel häufiger haben die Leute Bedürfnisse, nach denen sie nie fragen, weil sie zu deren Befriedigung keine wirtschaftlichen Ressourcen besitzen und weil das, was auf den Markt kommt, von der bestehenden Einkommensverteilung abhängt. Wie kommt das zustande? Wir müssen einen Exkurs machen, ehe wir die Überlegung Marktwirtschaft kontra Bürokratie fortsetzen können.

3.2. Vor- und Nachteile der Marktwirtschaft

Gesundheitswesen, Schulwesen und Sozialfürsorge sind ausgezeichnete Beispiele für die Meinung in gewissen Gesellschaften, daß es Gebiete gebe, wo sich Marktmechanismen nicht durchsetzen dürfen. Mit anderen Worten: Das Gesundheitswesen und das Schulwesen usw. sind als *soziale* Einrichtungen gesehen worden, die allen zugute kommen sollen. Sie sollen keine Waren – oder Dienstleistungen – sein, die man zum Marktpreis kaufen kann. Warum hat man das getan? Weil man vom Standpunkt der Gerechtigkeit ausgegangen ist, der besagt, daß man allen eine ungefähr gleichwertige Behandlung, unabhängig von ihren wirtschaftlichen Ressourcen, garantieren will.

Es ist schwer zu verstehen, warum man dieselbe Überlegung nicht auch zum Beispiel auf Wohnungen sollte übertragen können. Wohnungen könnten, wie das Gesundheitswesen und das Schulwesen, als soziale Einrichtungen gesehen werden und nicht als Waren, die man sich auf dem Wohnungsmarkt besorgt. Dies setzt jedoch voraus, daß sämtliche Wohnhäuser, zumindest die Mehrfamilienhäuser, ebenso wie Schulen, Krankenhäuser, Postämter, Bahnhöfe, Rundfunk und Fernsehen der Gesellschaft gehören. Es würde wahrscheinlich auch bedeuten, daß Grund und Boden in gesellschaftliches Eigentum umgewandelt werden müßten. Das würde unter anderem mit hoher Wahrscheinlichkeit dazu führen, daß Städte und Wohngebiete nach sozialen Kriterien, das heißt eine schöne Wohnung zu einem angemessenen Preis für jedermann geplant werden könnten. Heute wird statt dessen in Hinblick auf Profit und einen privaten Rentabilitätsmaßstab gebaut.

Ein Argument gegen diese Auffassung lautet, es würde zu einem umfassenden administrativen Apparat für die Wohnungsverteilung führen, das heißt zu Bürokratisierung und Vetternwirtschaft. Hat aber das für alle offene Gesundheitswesen und Schulwesen etwa zur Bildung eines bürokratischen Apparats und zu Vetternwirtschaft geführt?

Ein zweites Argument lautet, Wohnungen, die der Gesellschaft gehören, könnten unter Umständen schnell in Elendsviertel verwandelt werden, weil die Leute sie nicht instandhalten wollen. Aber warum könnte man dann zum Beispiel nicht in Wohnblöcken und Wohngebieten demokratisch gewählte

Komitees bilden, deren Aufgabe es wäre, die vergesellschafteten Häuser zu verwalten, mit den Mietern zu diskutieren und zusammenarbeiten und die Instandhaltung der vorhandenen Wohnungen zu planen? Mit Hilfe des Einflusses, den die heute verfügbaren Massenmedien haben, würde dies nicht auf unüberwindbare Schwierigkeiten stoßen.

Im Gegenteil, viele Menschen scheinen heutzutage das Bedürfnis zu haben, sich zu engagieren und an Entscheidungsprozessen teilzunehmen, die die Gestaltung ihrer täglichen Umwelt betreffen. Generell scheint es so zu sein, daß bei immer kürzer werdender Arbeitszeit und damit auch immer größer werdender Freizeit und immer längerer und besserer Ausbildung der Menschen, ihr Interesse daran, ihre eigenen Angelegenheiten wahrzunehmen, immer größer wird.

Hinzu kommt noch ein Argument. Daß Wohnungen im Privatbesitz sind und Marktmechanismen den Preis einer Ware bestimmen, hat nicht die Entstehung großer Elendsviertel verhindern können. In amerikanischen Städten haben Marktmechanismen gemeinsam mit der Rassendiskriminierung bewirkt, daß die schwarze Bevölkerung in großen Elendsghettos zusammengepfercht wird. Hier wird sie wirtschaftlich ausgebeutet, indem sie immense Mieten für ihre elenden Wohnungen bezahlen muß, unter anderem, weil sie nicht das Geld oder die Macht hat, sich in anderen Gebieten niederzulassen. Dadurch entsteht nicht nur großes Elend bei der Bevölkerung. Eine Untersuchung in den Kopenhagener Slumvierteln hat beispielsweise gezeigt, daß Kinder, die dort aufwachsen, häufiger ernsthaft erkranken als Kinder, die in besseren Wohngebieten aufwachsen dürfen.[99] Diese sozialen Mißstände verursachen noch andere Probleme als Kriminalität, Drogenmißbrauch und soziale Isolierung. Den meisten Menschen, die selbst urteilen können, müßten es als Selbstverständlichkeit erscheinen, daß solche Probleme nicht durch das Vertrauen in Marktmechanismen zu lösen sind. Statt dessen müßte von seiten der Gesellschaft sehr viel getan werden.

Ein wichtiges Argument ist, wie schon erwähnt, man könne zwischen Marktmechanismen und bürokratischer Kontrolle bzw. Tyrannei wählen. Interessant ist jedoch, daß die Funktionsweise der Marktmechanismen in unserer Gesellschaft nicht die Entwicklung einer Bürokratie in Verwaltung, privatem Wirtschaftsleben, Gemeinden, den politischen Parteien und den Gewerkschaften – die sich alle mehr oder weniger dem Einfluß und der Kontrolle des Volkes widersetzen – hat verhindern können. Es scheint mir eine falsche Problemstellung zu sein, wenn man es als Alternative sieht, entweder auf die Marktmechanismen zu vertrauen oder die Entscheidungen einer Bürokratie zu überlassen. Die bürokratische Entwicklung ist mit der Entwicklung der Produktivkräfte eng verknüpft. Es gibt sie in Marktgesellschaften wie in der USA, aber auch in der Sowjetunion, die zwar keine Markt*wirtschaft* eingeführt hat, wo sich aber charakteristische Züge einer Markt*gesellschaft* zeigen: Die Arbeitskraft ist immer noch eine Ware.[100]

Das zentrale und entscheidende Problem scheint es zu sein, wie bürokratische Organisationen einer demokratischen Kontrolle unterzuordnen sind, wie die bürokratischen Posten personell ständig gewechselt werden können, wie der Einfluß des Volkes, unter anderem durch die Veränderung der Konkurrenz- und Profitmotivation erzeugenden sozialen Bedingungen, zu mobilisieren ist. Statt dessen sollte man starke Triebkräfte und Interessen für die Teilnahme an Entscheidungsprozessen auf *allen* Sektoren, unter anderem durch Gesetzgebung und Erwachsenenbildung, schaffen.

3.3. Die wirtschaftliche Rationalität in der Marktwirtschaft

Die Marktwirtschaft wird gewöhnlich als das wirtschaftlichste, das heißt als das System mit dem größten Profit hervorgehoben. Das ist jedoch aus mehreren Gründen ein zweifelhaftes Argument. Erstens garantieren Konkurrenz und Marktmechanismen, wie am Beispiel der Kunstfaserindustrie beschrieben[101], nicht die rationelle Nutzung existierender Ressourcen. Im Gegenteil, diese Mechanismen können zu Überproduktion in Verbindung mit Arbeitslosigkeit, ungenutzter industrieller Kapazität usw. führen.[102] Würden die Marktmechanismen gut funktionieren, bräuchten die großen Konzerne keine Kartelle zu bilden, die den Markt unter sich aufteilen, oder sich eine Monopolstellung zu verschaffen suchen. Kartellbildung sowie Monopolbildung laufen darauf hinaus, den Markt mit seinen Mechanismen abzuschaffen und durch Entscheidungsprozesse privater Unternehmen zu ersetzen, deren Verwaltung und technokratische Schicht von der Öffentlichkeit schwerlich zur Verantwortung gezogen oder deren Entscheidungen kaum demokratisch kontrolliert werden können.

Außer Kartellen und Monopolen gibt es, wie schon erwähnt, auch Oligopole[103], die Marktmechanismen außer Funktion setzen sollen. Betrachten wir die Stellung der Oligopole auf dem Benzinmarkt etwas genauer. Hier konkurrieren in den einzelnen Ländern mehrere Benzinkonzerne miteinander. Das hat zur Folge, daß es an sämtlichen großen Durchfahrtsstraßen viele Tankstellen gibt, die alle genau die gleiche Ware praktisch zum selben Preis verkaufen. Erstens ist es eindeutig eine Verschwendung gesellschaftlicher Ressourcen, vier, fünf oder sechs Tankstellen nebeneinander zu bauen. Das Baumaterial könnte zweckmäßiger verwendet werden. Zweitens hat der Kunde zwar «die freie Auswahl», aber das, was er wählen kann, ist genau dieselbe Ware, lediglich mit einem anderen Namen. Drittens ist merkwürdig, daß diese verschiedenen Benzingesellschaften nicht die Preise in den Wettbewerb untereinander einbeziehen, um sich einen größeren Marktanteil zu verschaffen. Die Erklärung lautet: würden sie anfangen, preislich miteinander zu konkurrieren, gäbe es nicht nur einen Preissturz, sondern würde es auch Gewinne für ein Unternehmen und große Verluste für andere nach sich ziehen, unter anderem bei dem in die Tankstellen investierten Kapital. Aber da es sich um genau die gleiche Ware handelt, ist nicht vorauszusehen, wer gewinnen und wer verlieren würde. Das würde von mehr oder weniger zufälligen Umständen abhängen. Statt dessen hat man den bestehenden Marktanteil als Grundlage akzeptiert. Man versucht lediglich, den Verkauf durch Abwerbung von untentschlossenen Käufern zu steigern, die nur einen geringen Prozentsatz des gesamten Umsatzes ausmachen. Dies schafft man nicht durch Preiswettbewerb, sondern durch allerlei Werbegags, wie zum Beispiel kostenlose Verteilung diverser wertloser Dinge. Die Kosten bezahlt der Verbraucher.

Galbraith weist darauf hin[104], daß die Entwicklung der Produktivkräfte und insbesondere der neuen Technik dazu geführt hat, daß die großen marktbeherrschenden Unternehmen systematisch versuchen, diesen Markt außer Kraft zu setzen, um das Risiko herabzusetzen, wirtschaftliche Verluste einstecken zu müssen. Die Planung eines neuen Produkts ist nämlich gewöhnlich so kostspielig und erfordert so lange Zeit, daß man es sich nicht leisten kann, das investierte Geld zu verlieren. Die enorm hohen Forschungs- und Entwicklungskosten in der Auto-, Elektronik- und chemotechnischen Industrie beispielsweise führen zum Entstehen einer monopolisierten Industriestruktur. Außer den Monopolbestrebungen versucht man darum auf mindestens zwei andere Arten, die Funktion des Marktes und seiner Mechanismen zu verhindern. Die erste Art besteht darin, den Markt überflüssig zu machen. Das bedeutet, Waren, die für die Produktion und Erzeugung strategische Bedeutung haben, werden von den großen Gesellschaften aufgekauft oder kontrolliert. Das bedeutet in der Praxis zum Beispiel, Autohersteller versuchen, Stahl- und Eisenwerke, die Metallplatten herstellen, Unternehmen, die Autositze herstellen usw. aufzukaufen oder zu kontrollieren. Durch Besitz oder Kontrolle der Rohstoffe, Halbfabrikate und Teile, die in die eigene Produktion einfließen, sind alle zu treffenden Entscheidungen interner Art. Marktmechanismen, die störend eingreifen könnten, gibt es nicht. Außerdem kann der Markt auch kontrolliert werden, indem die Industriebetriebe sich Verkaufsunternehmen angliedern, die durch Werbung versuchen, die Öffentlichkeit zu beeinflussen. Eine zweite Art, das Marktrisiko beim Verkauf abzuschaffen, ist der Versuch, mit dem Staat einen bestimmten Absatz garantierende Verträge zu schließen. Durch solche Verträge hat man gewöhnlich den Wettbewerb zwischen den Unternehmen ausgeschaltet, indem man das Angebotsverfahren unterläuft und statt dessen einen Vertrag aushandelt.[105]

Daraus folgt wiederum, daß zwischen staatlicher Bürokratie und Industrie eine enge Zusammenarbeit bestehen muß. In den USA macht besonders das Militär, das heißt das Pentagon, große Bestellungen, und von ihm sind die zentralen Industrien abhängig: die Autoindustrie, die Flugzeugindustrie, die elektronische Industrie, die Eisen- und Stahlindustrie, die Aluminiumindustrie, die chemische Industrie, die Gummiindustrie usw. Es ist aber nicht nur die Industrie von der militärischen Bürokratie abhängig, sondern diese auch von der Technokratie der Industrie, die jene Lastautos, Panzer, Jagdflugzeuge, Bomben, das Napalm, die elektronische Ausrüstung usf., die die militärische Bürokratie für ihre Zwecke braucht, konstruieren und liefern kann. Oft überläßt man den Unternehmen wichtige Entscheidungsprozesse. Galbraith nennt als Beispiel das Militär[106], das einen neuen Flugzeugtyp brauchte und die Konstruktion einem Unternehmen überließ, das selbst entscheiden konnte, wie viele Flugzeuge hergestellt, welche Eigenschaften sie haben und wo sie eingesetzt werden sollten, da die Eigenschaften hauptsächlich davon abhängen, wo und zu welchem Zweck die Flugzeuge später eingesetzt werden.

Die Unternehmen haben deswegen oft viel Einfluß auf politischen Entscheidungsfeldern, und das Militär hat nichts dagegen einzuwenden, weil es, um diese Fragen entscheiden zu können, nicht immer die erforderlichen Sachkenntnisse besitzt. So ist ein großer militärischer und industrieller Komplex entstanden, wo die Partner gemeinsame Interessen haben und voneinander abhängig sind. Dieser Komplex trifft auf rein administrativem Weg seine Entscheidungen, ohne Kontrolle von außen und ohne sich von Marktmechanismen beeinflussen zu lassen.

Die Verteidiger der Marktmechanismen pflegen immer auf die Gefahr bürokratischer Entscheidungsprozesse hinzuweisen. Das halte ich für berechtigt, aber ihre Untersuchungen reichen selten so weit, daß sie ebenso entschieden die Gefahr einer Monopolisierung der Entscheidungsprozesse durch private Organisationen – unter Umständen in Zusammenarbeit mit Behörden, die sich der öffentichen Kontrolle zu entziehen suchen – verurteilen. Das Pentagon ist ein Musterbeispiel.[107] Daraus können wir folgern, die Entwicklung des Monopolkapitalismus hat bewirkt, daß der Markt auf für die Wirtschaft zentralen Gebieten ebenso effektiv außer Kraft gesetzt wurde, wie in einer Gesellschaft wie der Sowjetunion, wo die Produktionsmittel verstaatlicht sind.

Dagegen könnte man einwenden, das von mir skizzierte Bild habe weitgehend nichts mit der Industrie zu tun, die für den einzelnen Verbraucher produziert, sondern für den gesamtgesellschaftlichen Konsum. Die Autoindustrie ausgenommen, mag dies zutreffen. Vielleicht sind Marktmechanismen deswegen immer noch vorzuziehen, wenn es um den einzelnen Konsumenten geht.

Ehe ich diese Frage beantworte, möchte ich noch mit einigen Beispielen belegen, daß der Markt auch hier nicht effektiv zu funktionieren scheint. Erstens ist man gezwungen, Nachfrage durch Werbung zu schaffen, in Schweden im Jahre 1971 beispielsweise für 2 Milliarden Kronen, Ressourcen, die zweckmäßiger hätten angelegt werden können. Aber auch Werbung und Marktuntersuchungen scheinen nicht effektiv genug zu sein. A. Lindbeck hat darauf hingewiesen[108], daß man die meisten Produkte, die die Unternehmen als «technisch avanciert» bezeichnen, nie in großen Mengen herstellt, weil Marktanalysen zeigen, daß sie nicht verkauft werden können. Aber ihre Entwicklung hat Geld gekostet und Ressourcen vergeudet. Außerdem wird darauf hingewiesen, daß ein großer Teil der Produkte, die auf dem Markt sind, trotz Marktanalysen den Wettbewerb nicht überleben. Es wird behauptet, ein Drittel bis zur Hälfte aller Produkte, die auf den Markt eingeführt werden, bedeuteten vom betriebswirtschaftlichen Gesichtspunkt aus einen Mißerfolg.[109]

Außerdem wird wahrscheinlich die Hälfte aller neuen Unternehmen vor Jahresfrist wieder schließen müssen. Dies nehmen die Verteidiger der Marktwirtschaft als Beispiel dafür, daß die Werbung nicht effektiv sei. Aber zwei Schlußfolgerungen werden nicht berücksichtigt:

1. Wenn die Werbung nicht effektiv ist, warum setzt man sich dann so stark für sie ein mit den für den Verbraucher entstehenden Kosten?

2. All die erwähnten Mißerfolge müssen riesige gesellschaftliche Ressourcen verschlingen, die vergeudet werden. Würde man die Vergeudung gesellschaftlicher Ressourcen berechnen, würde sich schnell die Ineffektivität der Marktwirtschaft herausstellen. Es ist kaum anzuzweifeln, daß sie es aus volkswirtschaftlicher Sicht ist.

Was als notwendig erscheint, ist die langfristige Planung und Koordinierung, die jedoch ständig einer demokratischen Kontrolle unterstellt sein muß. Aber auch eine extreme Planung scheint die Vergeudung nicht zu verhindern. Vor einigen Jahren erzählte mir ein sowjetischer Wirtschaftswissenschaftler, daß es sich in Moskau wie ein Lauffeuer verbreitete, wenn es tschechische Schuhe zu kaufen gab und so sämtliche Schuhe innerhalb weniger Stunden ausverkauft waren. Gleichzeitig gab es große Bestände an unverkäuflichen Schuhen, die wegen ihres Aussehens und ihrer Qualität keiner haben will. Warum wurden sie dann hergestellt? In einer bestimmten Periode der sowjetischen Entwicklung machte man große Anstrengungen, die Fabrikdirektoren zur Planerfüllung anzuhalten. Um sie anzuspornen, erhielten sie im Erfolgsfall Prämien. Der Direktor einer Schuhfabrik, der sich nicht um den Absatz der produzierten Schuhe zu kümmern brauchte, sondern nur um die Erfüllung des Produktionsplans, widersetzte sich im allgemeinen jeder Änderung der Schuhmodelle, weil sämtliche Veränderungen zeitweilig die Produktion herabsetzten, und damit wurden die Erfüllung des Plansolls und die Chancen des Direktors gefährdet, seine Prämien zu bekommen.[110]

Das Beispiel könnte als ein gutes Argument gegen die zentrale Planung ausgelegt werden. Aber es kann auch anders ausgelegt werden. In der kapitalistischen Welt bestimmt der Profit, was und wieviel produziert werden soll. Es wird zwar behauptet, der Verbraucher bestimme durch seine freie Wahl, was Profit abwerfe oder nicht. Das Argument hat sich jedoch schon als unhaltbar erwiesen. Aber in unserem Beispiel produzierte der Direktor der Schuhfabrik auch nicht für den Verbraucher, sondern für die Planerfüllung und um seine eigene Gewinnmotivation zu befriedigen. Es ist natürlich ebenso absurd, auf gut Glück für den Markt zu produzieren, wie für die Planerfüllung. Die Planerfüllung kann ja an sich nicht Ziel, sondern lediglich Mittel sein. Aber sie wird zum Ziel, wenn man sich nur auf quantitative Ziele konzentriert, das heißt wieviel produziert wird und nicht auch in ebenso großem Maß auf qualitative Kriterien, das heißt in unserem Beispiel, Schuhe, die bequem, haltbar, schön usw. sind. Außerden scheint es widersprüchlich zu sein, daß in einer Gesellschaft, die auf dem Papier die Voraussetzungen für die *Marktgesellschaft* abgeschafft hat, wichtige Voraussetzungen für eine Markt*wirtschaft* beibehalten werden, nämlich der Profit als persönliches Arbeitsmotiv.

Bestimmten Informationen zufolge haben die Chinesen systematisch versucht, zwei Fehler zu vermeiden: Einerseits, den Profit als Kriterium der wirtschaftlichen Rentabilität zu benutzen, andererseits, Profit oder Eigennutz zum Motiv zu machen, um die Menschen zum Arbeiten anzuhalten.[111]

Dieses letzte Problem ist in den letzten Jahren in mehreren sozialistischen Gesellschaften unter der Überschrift: materieller oder moralischer Anreiz breit diskutiert worden. Das bedeutet: Soll man Menschen durch materielle Belohnungen zum Arbeiten motivieren, oder soll man an ihre Moral, ihre politische Überzeugung, ihr Klassenbewußtsein appellieren? Wie kann man diese beiden Möglichkeiten kombinieren, da ja das materielle Auskommen für die Lebenserhaltung notwendig ist. Sein oder Nichtsein der Marktwirtschaft wird hier in einem viel breiteren Zusammenhang gesehen, nämlich zusammen mit dem Typ Menschen, der von gesellschaftlichen Verhältnissen geformt wird.

Wir können jetzt unsere Überlegung zusammenfassen. Das Fungieren der Marktmechanismen setzt einen perfekten Wettbewerb voraus. Warum? Eine Antwort lautet, die Konkurrenz unter den Unternehmen fördert die Effektivität des Systems. Dadurch werden die Preise gedrückt, was den Verbrauchern zugute kommt. Außerdem führt die Konkurrenz zu einer Art darwinistischem Auswählmechanismus, wo nur die Tüchtigen überleben. Ein zweiter Grund ist, wenn die Marktmechanismen in *einem kapitalistischen System* nicht funktionierten, dann wäre der Verbraucher der Willkür der Produzenten völlig ausgeliefert. Ein Grund, warum man versucht, Kartelle zu kontrollieren und Monopolen entgegenzuarbeiten, ist gerade, daß man die kapitalistische Gesellschaft besser funktionieren sehen möchte, als sie es tut. Aber in der Praxis gibt es keine *perfekte* Konkurrenz. Es gibt sie lediglich in den Modellen der Wirtschaftswissenschaftler, die für die Marktwirtschaft eintreten. Wir haben schon diskutiert, daß Versuche, Oligopole und Monopole zu errichten, die Marktmechanismen außer Kraft setzen. Woher kommen diese Tendenzen? Die Antwort lautet unter anderem, innerhalb des kapitalistischen Marktsystems gibt es einen grundlegenden Widerspruch. Durch die Entwicklung von Wissenschaft und Technik und ihren Einsatz im Produktionsprozeß sind immer größere Investitionen erforderlich: Neue Maschinen, die sich ständig verändernde Technologie, die unter anderem von dem Bedürfnis zu überleben weiterentwickelt werden, führen dazu, daß man in großen, für die Massenproduktion geeigneten Unternehmen produzieren muß. Aber große Unternehmen bedeuten, daß kleine Unternehmen aufgeben müssen. Es ist dasselbe, als würde man sagen, die Konkurrenz verringere sich. Wenn mehrere Unternehmen die gleichen Produkte herstellen, werden die kleineren von denen übernommen, die die größten Ressourcen besitzen, am rentabelsten produzieren, die besten Bankverbindungen haben und sich darum leichter Geld für ihre Investitionen leihen können. Der Widerspruch besteht also darin, daß eine effektive Produktion – mißt man Effektivität mit Rentabilität – nur möglich ist, wenn der Wettbewerb durch die Zusammenlegung von Unternehmen abnimmt. Aber dies verringert wiederum die Effektivität, weil der Wettbewerb abnimmt. In der kapitalistischen Gesellschaft existiert darum ein grundlegender Widerspruch zwischen der Forderung nach dem *vollkommenen Wettbewerb* und der Forderung nach der *effektivsten* Produktion. Wenn man Konkurrenz gestattet, werden die gleichen Waren produziert, was zu Überproduktion führt und damit zu Arbeitslosigkeit und dazu, daß die teuren Maschinen nicht ausgenutzt werden können. Das Beispiel der Kunstfaserindustrie im vorigen Kapitel ist eine ausgezeichnete, aber keineswegs einmalige Illustration. Verhindert man die Konkurrenz, um effektiv zu produzieren, setzt man die Marktmechanismen außer Kraft und führt statt dessen die geplante Produktion ein. Es ist schwer verständlich, warum die Gesellschaft diese Planung nicht demokratisch und in Übereinstimmung mit den Wünschen der Mehrheit des Volkes sollte kontrollieren können. Daß die Planung hinter geschlossenen Türen in den vollklimatisierten Luxusbüros der Konzern-Giganten geschieht, bietet keinerlei Garantie dafür, daß zum Besten der Menschen geplant wird, im Gegenteil.

Der hier beschriebene und erörterte Widerspruch ist in Wirklichkeit nur eine andere Art, den früher erwähnten Widerspruch zwischen dem Entwicklungsstand der Produktivkräfte und den Produktionsverhältnissen zu untersuchen.[112]

Wie man es auch sieht, dieser Widerspruch führt einerseits zur Vergeudung begrenzter gesellschaftlicher Ressourcen – Fabriken werden zugemacht, ihre Kapazität wird nicht ausgenutzt –, andererseits verursacht er menschliche Leiden in Form von Arbeitslosigkeit und Stress, wenn Arbeiter dazu gepreßt werden, ihr Arbeitstempo auf das Höchstmaß zu steigern, um die Rentabilität, das heißt den Profit zu retten. Schließlich bedeutet diese Form der Marktwirtschaft, die wir jetzt kennen, nicht nur, daß die Aufteilung der Welt in reiche und arme Nationen beibehalten wird, sondern noch eine Verstärkung. Um noch einmal auf das bereits zitierte Beispiel zurückzukommen: Während in Europa Kunstfaserfabriken geschlossen und Menschen arbeitslos gemacht werden, gehen Millionen Menschen in Lumpen gekleidet und haben keine Chance, die Textilien zu bekommen, die man in den wegen Unrentabilität geschlossenen Fabriken noch hätte produzieren können.

Darum ist es unverständlich, wie man behaupten kann, Marktmechanismen seien in bezug auf die optimale Ressourcenverteilung am effektivsten.

3.4. Der Verdinglichungsprozeß

Bisher haben wir hauptsächlich die *Marktwirtschaft* und ihre Mechanismen diskutiert. Die Markt*wirtschaft* setzt einen Markt voraus. Der Markt setzt eine *Warenproduktion* voraus, das heißt Massenproduktion im Gegensatz zur handwerklichen Produktion, wo die Produkte gewöhnlich für einen bestimmten Verbraucher produziert werden. Eine Warenproduktion erfordert gesellschaftliche Verhältnisse, die dem Individuum die Möglichkeit – oder die Freiheit – geben, seine Arbeitskraft zu verkaufen. Die Möglichkeit, seine Arbeitskraft verkaufen zu können, setzt wiederum die Existenz eines Marktes voraus. Eine Markt*gesellschaft* ist im Unterschied zu einer *Marktwirtschaft*, wie früher schon betont wurde, dadurch charakterisiert, daß sämtliche menschlichen Beziehungen dazu neigen, sich in Warenbeziehungen zu verwandeln. Das heißt, sie bekommen den Charakter von Beziehungen zwischen Dingen, zwischen Objekten, anstatt Beziehungen zwischen Menschen zu sein. Wie entsteht diese Verdinglichung?[113] Die Warenproduktion führt, verglichen mit der handwerklichen Produktion, zu einer starken Differenzierung und Arbeitsteilung innerhalb des totalen gesellschaftlichen Produktionsprozesses. Ein jeder ist ein kleines Zahnrad, das seinen Anteil am Gesamtprozeß ausführt, und obwohl alle in einer Gesellschaft voneinander abhängig sind, werden sie in isolierte Atome verwandelt. Was sie verbindet, ist der Markt und die Waren, die produziert, getauscht, gekauft und verkauft werden. Aber der Mensch ist selbst eine Ware zum Tausch, nämlich Geld, solange die Arbeitskraft gebraucht wird. Wird die Arbeitskraft nicht mehr gebraucht, «rationalisiert» man den Menschen weg, er wird arbeitslos gemacht, und braucht man ihn nicht als Konsumenten, läßt man ihn verhungern oder auf andere Weise sterben.

Eine Ware ist etwas Nützliches, solange jemand sie haben möchte, sie gebrauchen kann oder einen Bedarf danach hat. Das gleiche gilt für den Menschen als Ware «Arbeitskraft».

Die Verwandlung menschlicher Beziehungen in Warenbeziehungen hat bestimmte Folgen. Diese Beziehungen erscheinen nicht länger als soziale Beziehungen, weil die Individuen erleben, daß sie diese nicht länger beeinflussen können. Statt dessen erleben die Menschen, daß sie Kräften ausgeliefert sind, die sie nicht selbst kontrollieren können und auf die sie keinen Einfluß haben.

Diesen Prozeß nannte Marx «Warenfetischismus»[114]. Er behauptet, man könne die Warenbeziehungen mit religiösen Vorstellungen vergleichen. Gott habe nicht die Menschen geschaffen, sondern die Menschen haben die Idee «Gott» entwickelt, behauptet er. In den religiösen Vorstellungen «scheinen sie Produkte des menschlichen Kopfes mit eignem Leben begabte, untereinander und mit den Menschen in Verhältnis stehende selbständige Gestalten. So in der Warenwelt die Produkte der menschlichen Hand. Dies nenne ich den Fetischismus.»[115] Ein Fetisch erscheint also als etwas, das außerhalb der menschlichen Welt ein eigenes Leben hat und außerdem Macht über die Menschen hat und sie beherrscht. Das Resultat ist, daß Beziehungen zwischen den Menschen als Dingbeziehungen erscheinen, während Beziehungen zwischen Dingen als die wirklichen gesellschaftlichen Beziehungen erscheinen.[116]

Diese ganze Entwicklung führt dazu, daß der Mensch mit seiner eigenen Tätigkeit, mit seiner eigenen Arbeit, als etwas von ihm selbst Unabhängiges und ihn auch Beherrschendes konfrontiert wird.[117] Dies führt zu der paradoxen Situation, daß der Mensch, der eine komplizierte Welt – technisch sowie sozial – zu schaffen vermag, zur gleichen Zeit dieses sein Werk als etwas Unpersönliches, als etwas von Menschen und menschlicher Tätigkeit unabhängig Existierendes auffassen kann.[118]

Dieser Prozeß wird durch Theorien verstärkt, die «verdinglicht» genannt werden können. Verdinglichte Theorien sind dadurch gekennzeichnet, daß sie den Menschen als Produkt von Kräften darstellen, die von ihm selbst unabhängig sind. Das typische Beispiel einer verdinglichten Theorie ist die Theorie über die unsichtbare Hand des Marktes, die alles auf effektivste Weise lenke. Die Variante des Marxismus, die wirtschaftlicher Determinismus genannt wird – das heißt die Theorie, wonach der Mensch das Produkt wirtschaftlicher Prozesse ist, und die in der Stalin-Ära florierte –, ist ebenfalls das Beispiel einer verdinglichten Theorie.[119] Ein Grund für die Verdinglichung der Theorien besteht darin, daß sie nicht von der Behauptung ausgehen, der Mensch habe seine eigene soziale und materielle Welt geschaffen und sei gleichzeitig ein Produkt seiner eigenen Tätigkeit.[120] Sie lassen die erste Prämisse aus.

Aber kommen wir zum eigentlichen Verdinglichungsprozeß zurück, das heißt zu jenem gesellschaftlichen Prozeß, durch den der Mensch in ein Objekt, ein Ding verwandelt und als solches behandelt wird. Dieser Prozeß tritt besonders auf drei Gebieten auf:

1. Im Produktionsprozeß, wo der Mensch nur als «Ware Arbeitskraft» etwas bedeutet und als Ware, Objekt oder als Ding behandelt wird,

2. im Verbrauchsprozeß der sogenannten Konsumgesellschaften, wo der

Mensch nicht als Verbraucher der Dinge, die er braucht, gesehen wird, sondern als «Kaufkraft». Diese «Kaufkraft» entsteht durch den Versuch, eine Nachfrage nach vielen Dingen zu schaffen und den Besitz, das Eigentum an Dingen, als Ziel an sich zu machen,

3. durch die Entstehung riesiger bürokratischer Organisationen, die ursprünglich den Menschen dienen sollten, in Wirklichkeit aber die Menschen in Objekte ihres eigenen Strebens, unter anderem das Streben nach Macht, verwandeln.

Von dem Hintergrund des letztgenannten Prozesses, der besonders in den Staaten, die sich sozialistisch nennen, verbreitet ist, hat man den Verdinglichungsprozeß als einen Prozeß charakterisiert, wo die Produkte der menschlichen Tätigkeit unter gewissen Bedingungen nicht nur selbständig funktionieren, das heißt unabhängig von Willen und Absichten ihrer Schöpfer, sondern auch gegen Willen und Absichten ihrer Schöpfer, so daß sie deren Plänen entgegenwirken und sogar ihre Existenz bedrohen.[121]

Ich werde jetzt die drei verschiedenen Verdinglichungsprozesse diskutieren, die voneinander nicht unabhängig sind. Wir werden auch die psychologischen Konsequenzen zu diesen Prozessen erörtern.

Ich möchte mit einer von Marx gemachten Untersuchung anfangen. Er geht von seiner Arbeitswerttheorie, das heißt der Annahme aus, es sei die menschliche Arbeit, die neue Werte schaffe. Im kapitalistischen Arbeitsprozeß verwendet der Mensch Produktionsmittel, die ihm nicht gehören. Diese Produktionsmittel, zum Beispiel Maschinen, sind wiederum durch menschliche Arbeit geschaffen worden. Sie verkörpern somit diese Arbeit. Marx nennt die Produktionsmittel *objektivierte* Arbeit, das heißt Arbeit, die in Objekte oder Dinge verwandelt wurde. Dieser objektivierten Arbeit stellt er die *lebendige Arbeit* gegenüber, das heißt jene Arbeit, die der Arbeiter mit seiner Arbeitskraft ausführt. Der Arbeitsprozeß kann jetzt von zwei Perspektiven aus gesehen werden. Einerseits kann man behaupten, der Arbeiter gebrauche die Produktionsmittel, um mit seiner Arbeitskraft neue Werte zu schaffen. Aber andererseits kann man es aus der Sicht des Wertschöpfungsprozesses sehen. Dann sind es die Produktionsmittel, die den Arbeiter benutzen und seine lebendige Arbeit in objektivierte Arbeit, das heißt in Produkte oder Dinge verwandeln. Von den Produktionsmitteln kann man dann sagen, sie beuten die lebendige Arbeit des Arbeiters aus. Die lebendige Arbeit wird dann ein Mittel zur Wertschöpfung, die letzten Endes Kapital ist.

«Der Arbeiter selbst produziert daher beständig den objektiven Reichtum als Kapital, ihm fremde, ihn beherrschende und ausbeutende Macht.»[122]

Er handelt so, weil er über das, was er schafft, weder verfügt noch bestimmt. Er ist ein Objekt, das heißt Arbeitskraft, und seine lebendige Arbeit ist ein Mittel für andere Menschen und ihre Ziele.

Für den Arbeiter hat seine Arbeitskraft Tauschwert und nur Tauschwert.

Er verkauft diese Arbeitskraft zum höchstmöglichen Preis, und dabei hilft es ihm, wenn er sich in Gewerkschaften organisiert, damit er nicht allein und isoliert dem gegenübertreten muß, der seine Arbeitskraft kauft und große Macht besitzt, weil er materielle Ressourcen, vor allem Kapital, entweder besitzt oder darüber verfügt. Für den Arbeitskäufer hat die Arbeitskraft dagegen einen Gebrauchswert, weil sie ihm Wachstum und Akkumulation des Kapitals ermöglicht.

Es muß jedoch darauf hingewiesen werden, daß die Übernahme der Produktionsmittel durch die Gesellschaft, wie in der Sowjetunion, als Voraussetzung nicht *ausreicht,* damit die Arbeitskraft nicht länger als Ware fungiert. Gesellschaftlicher Besitz an Produktionsmitteln ist eine notwendige, aber wie gesagt nicht ausreichende Voraussetzung. Damit die Arbeitskraft nicht länger Ware sein soll, damit sie für den Arbeiter nicht länger nur einen Tauschwert haben soll, muß er selbst mitentscheiden können, wie seine Arbeitskraft verwendet wird, was mit den Produkten seiner eigenen Arbeitskraft geschehen soll, die ihm und seinen Arbeitskollegen gehören müssen und nicht uneingeschränkt darüber verfügenden Kapitalbesitzern und deren Vertretern in der Technostruktur oder einer staatlichen Planbürokratie.

Die Verdinglichung ist nämlich dadurch gekennzeichnet, daß der Mensch Objekt ist und als *Objekt* behandelt wird. Das bedeutet, die Beziehung zwischen dem, der seine Arbeitskraft verkauft und dem, der sie kauft oder über sie verfügt, ist nicht gegenseitig und symmetrisch. Damit es die Beziehung werden kann, darf das Individuum nicht nur Objekt sein und so behandelt werden. Es muß gleichzeitig auch *Subjekt* sein. Das setzt voraus, daß das Individuum etwas leistet und selbst mitentscheiden darf, was, wieviel und unter welchen Bedingungen es etwas leisten muß, und was mit dem Ergebnis seiner Leistungen geschehen soll. Erst wenn die gegenseitige Objektbeziehung in eine gegenseitige Subjekt-Objekt-Beziehung verwandelt ist, kann die Verdinglichung auf dem Gebiet der Produktion aufgehoben werden und kann der Mensch endlich aufhören, ausschließlich oder hauptsächlich Arbeitskraft zu sein.[123] Von dieser Theorie ausgehend, erhalten Mitspracherecht, Mitbestimmung am Arbeitsplatz, das heißt was wir gewöhnlich als «Demokratie am Arbeitsplatz» bezeichnen, eine andere und tiefere Bedeutung. Darum kann Sozialismus auch nicht ausschließlich Verstaatlichung der Produktionsmittel bedeuten. Wenn nur dies allein erfolgt, wird eine der entscheidendsten Bedingungen für die *Marktgesellschaft* beibehalten – egal, ob die Marktwirtschaft abgeschafft wird oder nicht[124] –, daß nämlich die Arbeitskraft immer noch Ware ist.

Nach dieser Diskussion über Verdinglichung im Produktionsprozeß werde ich jetzt dazu übergehen, die Verdinglichung im Konsumprozeß zu diskutieren.

In dem Teil der Wirtschaftstheorie, wo man von den Individuen und ihrer rationalen Wahl ausgeht, wird der Verbraucher gewöhnlich als derjenige dargestellt, der die wirkliche Macht innehat. Er bestimme durch seine Wahl, was zu produzieren sei und wie die Ressourcen zu verteilen seien. Diese Einstellung fußt meines Erachtens auf zwei falschen Vorstellungen:

1. der Analyse gesellschaftlicher Phänomene an Hand individueller Handlungen, anstatt von der Struktur des gesellschaftlichen Systems auszugehen,
2. dem Modell vom Konsumenten als «zentralen Subjekt», das auf nichtvorhandenen Voraussetzungen aufbaut.

Wenn man davon spricht, daß im Verbrauch ein Verdinglichungsprozeß geschieht, muß man davon ausgehen, daß das Individuum dort wie auch im Produktionsprozeß in ein Objekt, in potentielle Kaufkraft verwandelt wird.[125] Warum? Ausgangspunkt ist, daß der Verbrauch der Prozeß ist, durch den man seine Bedürfnisse befriedigt. Aber wie weiß man, welches die menschlichen Bedürfnisse sind? Man kann beispielsweise von der biologischen Natur des Menschen ausgehen. Bedürfnisse sind dann Mangelzustände, die abgeschafft werden müssen, damit der Mensch überleben kann: Er braucht Sauerstoff, von dem es immer noch genug gibt, obwohl die Zentren der Großstädte in den Hauptverkehrszeiten voller giftiger Autoabgase sind. Es braucht Nahrung und muß eine gewisse Körpertemperatur aufrechterhalten. Dazu sind in unseren Breiten Kleider und gewöhnlich auch ein anständiges Dach über dem Kopf erforderlich. Der Mensch hat auch ein grundlegendes Bedürfnis nach Kontakt zu anderen Menschen. Säuglinge könnten ohne diesen Kontakt, der später weiterentwickelt wird, wenn die Sprache mit ihrer Funktion hinzukommt, nicht überleben. Ohne Kontakt mit anderen könnten die Menschen keine Sprache erlernen.

Aber alles andere, was wir als «Bedürfnisse» bezeichnen? Ins Kino gehen, ein Buch lesen, eine Waschmaschine besitzen, ein Auto und ein Wochenendhaus, Schmuck und einen Pelzmantel? Der Mensch nach diesen Dingen hängt nicht mit der biologischen Natur des Menschen zusammen. Jedenfalls nicht direkt. Diese Wünsche sind als Folge bestehender Gesellschaftsverhältnisse entstanden. Beispielsweise das Auto. Vor dem Zweiten Weltkrieg besaß in Skandinavien lediglich eine kleine Gruppe wohlhabender Leute ein Auto. Es herrschte nur eine geringe Nachfrage nach Autos, da es die Kaufkraft nicht gab. Ich werde hier nicht näher darauf eingehen, wie diese Kaufkraft sich entwickelt hat. Aber aus dem Beispiel geht hervor, daß die Nachfrage zwar eine Kaufkraft, aber nicht unbedingt Bedürfnisse in der von uns verwendeten Bedeutung voraussetzt. Die traditionelle Ökonomie hat sich jedoch das Problem leichtgemacht. Ihr zufolge ist ein Bedürfnis das, wonach die Leute fragen; denn wenn sie kein Bedürfnis danach hätten, würden sie nicht danach fragen. Aber das ist ja nichts anderes als ein Teufelskreis. Außerdem: Wenn es so wäre, wozu brauchte man dann Werbung und andere absatzfördernde Maßnahmen? In Wirklichkeit läuft ein großer Teil der Wirtschaftspolitik darauf hinaus, Nachfrage zu schaffen, um die Produktion aufrechtzuerhalten.[126] Der Verbrauch ist dann ein wichtiges Mittel, um die Produktion aufrechtzuerhalten und «rentabel» zu machen, anstatt daß man für den Verbrauch produziert. Diese nach den Theorien des englischen Wirtschaftswissenschaftlers Keynes Keynesianismus genannte Wirtschaftspolitik wird folgendermaßen charakterisiert: «Die Beschäftigungsprogramme waren nicht darauf ausgerichtet, dem Arbeitslosen eine sinnvolle Aufgabe zu geben. Es handelt sich in erster Linie um einen Versuch, den Arbeiter von der psychologischen Degradierung zu befreien, die als Folge der Arbeitslosigkeit auftrat; es ging darum, den Arbeitslosen als einen akzeptablen Verbraucher zu rehabilitieren – als eine gewisse Kaufkraft.»[127]

Hier kann man lediglich die Tatsache hinzufügen, daß die Gültigkeit dieser Politik auf die reichsten kapitalistischen Länder und zum gewissen Grad auf die Sowjetunion beschränkt war. *Die Konsequenz dessen ist, daß ein Drittel der Menschheit heute vier Fünftel der gesamten Ressourcen der Welt verbraucht, während zwei Drittel sich mit einem Fünftel begnügen müssen.* Diese zwei Drittel haben fast unersättliche Bedürfnisse, da sie aber weder eine Kaufkraft haben noch eine Kaufkraft *sind*, entsteht dort auch keine Nachfrage.

Der Verdinglichungsprozeß auf dem Gebiet des Verbrauchs hat in den «Überflußgesellschaften» dazu geführt, daß der Mensch in erster Linie von dem Gesichtspunkt aus betrachtet und behandelt wird, ob er eine Kaufkraft ist oder nicht. Wenn nicht, kann er verhungern, wie das Beispiel Bangla Desh oder anderer Länder zeigt.

Die Verwandlung des Menschen in Kaufkraft hängt damit zusammen, daß Bedarf und Nachfrage sehr wenig miteinander zu tun haben, weil die Bedürfnisse durch Geldressourcen ersetzt worden sind. Sie schaffen statt dessen die Nachfrage. Diesem Prozeß ist ein anderer gefolgt. Wir haben bereits zwischen Gebrauchswert und Tauschwert unterschieden. Der Gebrauchswert ist eine Beziehung zwischen der Struktur eines Dings und den Bedürfnissen eines Individuums. Wenn ein Ding so strukturiert ist, daß es ein Bedürfnis befriedigen kann, hat es einen Gebrauchswert. Der Tauschwert einer Sache dagegen wird von den Marktmechanismen festgesetzt. Jetzt haben die Dinge oft nicht primär einen Gebrauchswert, sondern dieser ist dem Tauschwert untergeordnet und wird durch ihn vermittelt.[128]

Ein Beispiel. Ein VW hat als Transportmittel fast den gleichen Gebrauchswert wie ein Mercedes. Aber ein Mercedes hat einen größeren Tauschwert. Deshalb ist es «feiner», einen Mercedes zu besitzen als einen VW. Er befriedigt eher unser Bedürfnis nach Ansehen. Aber es ist das gleiche, als würde man sagen, sein Gebrauchswert werde durch seinen Tauschwert vermittelt. Die Dinge erhalten ihren Wert, weil wir sie vorzeigen können und jeder sehen kann, daß wir uns Dinge leisten können, die soundso viel kosten. Dies hängt mit etwas anderem zusammen. Alle Menschen scheinen ein Bedürfnis nach Selbstbewertung zu haben. Da die Arbeit die zentrale Beschäftigung des Menschen ist, spielt es für seine Selbstauffassung und Selbstbewertung eine wichtige Rolle, auf welche Weise er seine Arbeit ausführt. Ein tüchtiger Handwerker, den andere seiner Tüchtigkeit wegen schätzen, wird in seiner Selbstbewertung von den Urteilen anderer beeinflußt.[129] Die Entwicklung der Produktivkräfte und die daraus folgende mechanisierte Routinearbeit macht es immer schwerer, die Selbstbewertung auf die eigene Arbeitsleistung zu stützen. Die immer größer werdende Bedeutung des Verbrauchs stellt zugleich eine Möglichkeit dar, aus den Dingen, die man besitzt und deren Tauschwert sein Selbstwertgefühl zu holen. Vergleiche mit anderen und die Eigenbeurteilung nach den Dingen, die man besitzt und vorzeigen kann, werden dann gleichzeitig zum wichtigen Antrieb für eine verstärkte Nachfrage, ein Antrieb, der vielleicht effektiver als die Werbung ist, von ihr aber systematisch beeinflußt werden kann. Aber je mehr wir uns selbst durch die Dinge beurteilen, die wir besitzen, um so mehr werden wir in Kaufkraft verwandelt.[130] Dies ist eine kurze Beschreibung des Verdinglichungsprozesses auf dem Gebiet des Verbrauchs.

Der dritte und letzte Prozeß, durch den der Mensch in ein Objekt, ein Ding, verwandelt wird, ist das Entstehen großer bürokratischer Apparate als Folge der Produktivkraftentwicklung. Diese bürokratischen Apparate sind in der Regel hierarchisch aufgebaut: Eine Gruppe an der Spitze trifft die Entscheidungen und kontrolliert die Produktionsmittel und andere wirtschaftliche Ressourcen. Der hierarchische Aufbau und die Größe der bürokratischen Apparate legen einen großen *Abstand* zwischen denen, die entscheiden und anderen, die davon betroffen werden. Je größer der Abstand zwischen beiden ist, um so *anonymer* sind die Entscheidungsträger. Abstand und Unsichtbarkeit haben bestimmte gesellschaftliche Folgen.

1. Weil die beschlußfassende bürokratische Gruppe oder die Technokratie zu einem gesellschaftlichen System mit Zielsetzungen – zum Beispiel Wirtschaftswachstum, Profitmaximierung, Rentabilität, Effektivität – gehören, treffen sie ihre Entscheidungen in Übereinstimmung damit, wie sie selbst diese Zielsetzungen und die dazu erforderlichen Mittel erleben und unabhängig von denen, die betroffen werden. Sie tun dies, egal ob sie glauben, sie würden einer wirtschaftlichen Notwendigkeit oder dem «Sachzwang» der Technik gehorchen, oder ob sie behaupten, sie träfen Entscheidungen «des Volkes», «der Massen», «des Proletariats» willen. In beiden Fällen haben «das Volk» oder «die Massen» keinerlei Einfluß auf die Entscheidungen und haben keine oder nur geringe Möglichkeiten, die Entscheidungsträger zu kontrollieren.

2. Die Anonymität der Entscheidungsträger bewirkt, daß jene, die von den Entscheidungen betroffen werden, ein Gefühl der Ohnmacht bekommen, von unbekannten Kräften, von blinden Mächten beherrscht zu sein, gegen die man nichts machen kann. Man begreift nicht Absicht, Zielsetzung,

Funktion und Handlung der unsichtbaren Kräfte. Es ist die fehlende Einsicht, die einem das Gefühl der Machtlosigkeit vermittelt. Die Anonymität der herrschenden bürokratischen Gruppe schützt diese andererseits vor einer Konfrontation mit denen, die von den Entscheidungen betroffen werden.

3. Je größer der Abstand zwischen den Machthabern und den «Machtlosen» und je anonymer die Machthaber, desto weniger Zugang hat man zu ihnen, kann man sie kontrollieren, und desto größer ist die Wahrscheinlichkeit, daß die Machthaber ihre Machtposition halten und stärken können.

4. Abstand und Anonymität haben noch eine Wirkung. Nicht nur die Machthaber sind anonym. Auch die «Machtlosen» werden für die Machthaber anonym. Deshalb wird die Beziehung zwischen diesen beiden Gruppen *unpersönlich*. Sie ist gekennzeichnet durch eine emotionale Neutralität, das heißt, die Machthaber hegen weder positive noch negative Gefühle für die «Machtlosen». Sie bedeuten nur Objekte, Dinge, leblose Wesen, Arbeitskraft und bestenfalls Kaufkraft. Nehmen wir ein konkretes Beispiel: Für die Leitung eines multinationalen Kupferkonzerns in den vollklimatisierten Luxusbüros eines New Yorker Wolkenkratzers sind die Grubenarbeiter einer Kupfermine im fernen Chile oder Sambia keine lebendigen Menschen mit Kindern und Frauen und menschlichen Bedürfnissen. Sie sind Arbeitskraft und werden vor allem nach einem Kriterium beurteilt: Welchen Nutzen haben sie, das heißt, was leisten sie und bei welchen Kosten? Diese emotionale Neutralität kann ebensogut im Büro multinationaler Konzerne wie hinter Kreml-Mauern entstehen oder, um ein schwedisches Beispiel zu nennen, in den Stockholmer Büros der Firma LKAB, die die staatlichen Minen verwaltet, und die ein paar hundert Kilometer von den Minen entfernt sind. Aber der psychologische und der soziologische Abstand ist um ein Vielfaches größer.

Diese gefühlsmäßige Neutralität, zusammen mit der Machtkonzentration, trägt als einer der wichtigsten Faktoren dazu bei, daß Bürokratien Menschen in Dinge, bestenfalls in Bauern auf einem Schachbrett verwandeln. Das ist unter Verdinglichung zu verstehen. Es deutet auch an, was dagegen zu machen ist: mehr Kontrolle, mehr Einsicht, mehr Einfluß des Volkes.

Ich möchte dieses Kapitel mit einem Beispiel abschließen, das in seiner ganzen abschreckenden Bedeutung das Gesagte ausgezeichnet erläutert. Vor einigen Jahren hatte ich Gelegenheit, einen amerikanischen Piloten über die Bombenangriffe auf Nordvietnam, an denen er teilgenommen hatte, berichten zu hören. Er beschrieb ruhig, sachlich und völlig leidenschaftslos, wie sein kompliziertes Flugzeug mit den raffiniertesten elektronischen Einrichtungen ausgestattet war, so daß er mehrere Tausend Meter hoch fliegen konnte, während die Apparatur des Flugzeugs selbständig bewegliche Gegenstände ortete und das Bombenzielgerät darauf richtete. Seine einzige

Aufgabe bestand lediglich darin, auf einen Knopf zu drücken. Er hatte nie eins seiner Opfer gesehen. Er kannte sie nicht, er hegte keinen Haß gegen sie, weder nannte er sie «Kommunisten» noch gebrauchte er andere Schimpfworte. Diese Menschen waren ihm völlig gleichgültig, weil sie nicht einmal Menschen für ihn waren. Sie waren *Objekte* seiner Bomben, und er selbst war ein Opfer, ein kleiner Teil einer raffinierten todbringenden Maschine. Dies ist für mich das Bild der totalen Verdinglichung: der Henker und auch die Opfer sind in Dinge verwandelt worden.

4. Verbrauch, Verbraucherideologie, Verbrauchergesellschaft

4.1. Der Verbraucher und seine freie Wahl

Im vorigen Kapitel haben wir immer wieder über den Verbraucher und seine Probleme gesprochen. Man kann nämlich kaum die Marktwirtschaft beschreiben und untersuchen, ohne den Verbraucher und den Verbrauch zu berühren. In diesem Kapitel werde ich noch versuchen, konzentrierter auf einige mit der Überschrift angedeuteten Probleme einzugehen.

Meine ganze Darstellung hindurch habe ich zu zeigen versucht, daß es für eine soziologische Untersuchung der Gesellschaft im großen und ganzen zwei Ausgangspunkte gibt. Der eine läuft darauf hinaus, das Individuum und seine Handlungen als grundlegendes Faktum zu wählen. Der zweite, von der Ganzheit, dem System auszugehen und das Individuum als Element dieser Ganzheit zu betrachten. Seine Handlungen werden von den Verhältnissen und Gesetzmäßigkeiten gesteuert, die von der Gesellschaftstruktur geformt werden.

Die Ganzheitsanalyse wurde unter anderem von Soziologen gewählt, die entweder von der marxistischen Theorie oder der allgemeinen Systemtheorie beeinflußt sind. Ausgangspunkt der traditionellen Soziologie und Wirtschaft sind das Individuum und sein Verhalten.[132]

Die marxistische Gesellschaftsanalyse hat sich bei wirtschaftlichen Prozessen auf die Produktion konzentriert und den Verbrauch relativ unbeachtet gelassen. Die traditionelle Ökonomie dagegen hat sich, ausgehend von der Vorstellung vom souveränen Verbraucher, auf den Verbrauch konzentriert.

Wie sieht dieser Verbraucher aus? Er ist jemand, der rational handeln kann und will: Er kennt sich bei den unterschiedlichen Waren aus, ihren

Preis, kennt seinen eigenen Willen und wählt danach frei, das heißt ausschließlich von seinen eigenen klaren Wünschen beeinflußt. Wenn der Verbraucher so handelt, kann man seine Wahl «objektiv» messen, das heißt nicht davon ausgehend, was er selbst weiß oder sagt, sondern von seinem Verhalten ausgehend. Seine Wahl drückt seinen Willen aus, und dieser Wille ist frei. Man geht von dem aus, was man beweisen soll und umgekehrt: das ist ein Musterbeispiel für einen Teufelskreis.

Ich werde einige Faktoren diskutieren, die den Verbraucher an der freien Wahl hindern. Nehmen wir zuerst die institutionalisierten Verhältnisse. Wir haben bereits erwähnt, welch enorme Kosten an materiellen Werten und Menschenleben der Verkehr fordert. Angenommen, wir möchten dies ändern und die Geschwindigkeit im Straßenverkehr auf 25 Kilometer pro Stunde beschränken.[132] Dies würde zur Folge haben, daß sich die Wahl und der Wille der Menschen radikal ändern. Sie würden nicht große Autos mit vielen PS kaufen, falls sie sich überhaupt für Autos und nicht für Fahrräder als Transportmittel entscheiden würden. Als weitere Konsequenz würden sie andere Wohnungen wählen als jetzt. Viele würden es vermeiden, Villen und Eigenheime zu kaufen, die weit entfernt sind von ihrem Arbeitsplatz. Dasselbe würde passieren, wenn man die Zinsen für Baudarlehen und Hypotheken nicht mehr vom steuerpflichtigen Einkommen absetzen könnte. Dies würde wiederum die Planung unserer Städte verändern.

«Wenn die Strafe für die Tötung eines Fußgängers Tod durch Erhängen wäre, könnte man mit großer Sicherheit ein deutliches Ansteigen des kollektiven Verkehrs, eine freiwillige, aber drastische Geschwindigkeitsbegrenzung usw. voraussagen.»[134] Das geltende Gesetz, gesellschaftliche Normen und Gewohnheiten, Traditionen usw. sowie die Gestaltung unserer physischen Umwelt bestimmen und beeinflussen die Wahl des Verbrauchers. Dies ist so selbstverständlich, daß man kaum begreift, wie Wirtschaftswissenschaftler in ihren Modellen von einem Menschen ausgehen können, dessen Vorlieben ausschließlich von seinen «Bedürfnissen», eins der unklarsten und am häufigsten mißbrauchten Worte, bestimmt werden.

Weiter wird behauptet, mit jedem Ansteigen der auf dem Markt befindlichen Waren würde auch unsere Wahlfreiheit ansteigen und damit, stillschweigend hinzugefügt, unser Wohlstand. «Aber in unserer Gesellschaft verschwinden zu häufig ältere Waren oder Modelle vom Markt, wenn neue Waren oder Modelle auftauchen. Der Kunde sucht sie vergebens. Sie werden nicht länger hergestellt, wenn es der Produzent für richtig hält.»[134]

Die Ökonomen haben es zu einem Dogma gemacht, daß Wirtschaftswachstum größere Wahlmöglichkeiten für das einzelne Individuum bedeute. «Sie haben nicht gemerkt, daß immer dann, wenn der Läufer ‹erweiterte Wahlmöglichkeiten› einen halben Meter vor uns ausgerollt wird. Wir sind gezwungen, freiwillig oder nicht, ihm in die Zukunft zu folgen, die Handel und Technik für uns gestalten.»[135]

Weiter hat man oft die freie Wahl, die nur die gleiche Ware in einer anderen Verpackung bedeutet. Als Autofahrer kann ich an zehn Sorten Benzin praktisch zum selben Preis und mit genau denselben Eigenschaften kaufen, obwohl mir ein Händler einen Tiger im Tank verspricht und der andere behauptet, mit seinem Benzin könne ich einen Kilometer länger fahren. Ich kann zwischen fünf verschiedenen Waschmitteln wählen, die im Prinzip die gleichen Bestandteile enthalten und von denen praktisch jedes Sulfate in unsere Gewässer leitet. Es ist schwer zu begreifen, daß gerade die Zahl der Waren unsere freie Wahl und somit unseren Wohlstand beeinflussen sollte. Aber es gibt auch eine andere Beschränkung der freien Wahl. Ich kann unter verschiedenen Automodellen wählen, Waschmaschinen, Kofferradios, Plastikartikeln usw. Aber ich habe weit weniger Möglichkeiten, wenn überhaupt, zwischen individuellem und kollektivem Verbrauch zu wählen. Ich kann nicht zwischen einem Platz in einem Kindergarten und elektrischen Zahnbürsten für meine Kinder wählen, da ich elektrische Zahnbürsten in der Regel kaufen kann, aber viel schwieriger einen Kindergartenplatz bekomme.

Der Verbraucher hat auch keinen Einfluß auf die Verwendung der Ressourcen. Ein Beispiel. Vor einigen Jahren wurde das Farbfernsehen auf dem skandinavischen Markt eingeführt, in Schweden unter anderem nach einer Werbekampagne der Zeitungen, nicht zuletzt, weil sie sich von dem neuen Produkt viele Anzeigen versprachen. Die Kosten für die Einführung des Farbfernsehens betrugen allein in Schweden an die 6 Milliarden Kronen. Kein Verbraucher wurde gefragt, ob er diese gesellschaftlichen Ressourcen nicht lieber für etwas anderes verwenden würde. Man hätte beispielsweise mit Hilfe der Massenmedien, unter anderem des Fernsehens, eine Informationskampagne starten können, in der man die Höhe der Kosten für die Einführung des Farbfernsehens genannt hätte. Man hätte alternative Verwendungsmöglichkeiten für dieses Geld nennen können, zum Beispiel den Bau von Kindergärten, Schulen, Krankenhäusern oder anderen kollektiven Einrichtungen. Danach hätte man eine Meinungsumfrage oder eine Volksabstimmung durchführen können, wo der Verbraucher selbst hätte bestimmen dürfen, wie die Milliarden innerhalb einer bestimmten Zeitspanne zu verwenden gewesen wären. Hätte die Mehrheit sich für das Farbfernsehen entschieden, hätte man mit Recht behaupten können, die Wahl habe ihren Willen ausgedrückt. Aber so hatte man überhaupt keine Ahnung, 1. was die Einführung des Farbfernsehens kosten würde, 2. was man statt dessen für dieses Geld hätte bekommen können und 3. was der Wille der Menschen war. Mit anderen Worten: die freie Wahl des Indivduums wird nicht nur von bestehenden Alternativen, sondern auch von dem *fehlenden Wissen über existierende Alternativen* drastisch eingeschränkt. Man kann nicht etwas wählen, das man als existierende Möglichkeit gar nicht kennt. Die Behauptung, der große Verkaufserfolg der Farbfernsehgeräte sei ausreichend Beweis dafür, daß die Leute einen «Bedarf» danach haben, da sie diese Farbfernseher anderen möglichen und wählbaren Dingen vorgezogen hätten, ist vor dem Hintergrund dieser Überlegung nur Selbstbetrug.

Wir können also nur zwischen Dingen wählen, die es gibt und die wir kennen. Aber nicht einmal das können wir voll und ganz. Wir wissen, daß es saubere Luft, saubere Badestrände und eine schöne Umwelt gibt: Aber bei den bestehenden Marktverhältnissen kann der Verbraucher nicht eine schöne Umwelt wählen, an Stelle einer Menge Dinge, die ihm das Leben erleichtern können – beispielsweise eine Waschmaschine für eine Mutter mit vier Kindern –, die einem aber teilweise weder das Leben erleichtern noch reicher und zufriedener machen. Sie werden hergestellt, weil sie schnelle betriebswirtschaftliche Gewinne versprechen. Der englische Ökonom Mishan sagt, daß die Möglichkeiten schneller Profite mit Hilfe einer geschickten Werbung in einer Gesellschaft vergrößert werden, in der die Menschen an einen sich ständig verändernden Verbrauch gewöhnt wurden und deshalb von der zurückhaltenden Wirkung der Tradition abgeschnitten sind.[136]

Die Mode mit ihrem schnellen Wechsel ist eine andere Art, uns eine freie Wahl vorzugaukeln. Der Hauptteil des Verkaufs ist für die Jugendlichen bestimmt, für die Kleidung, Kosmetika, Plattenspieler, Illustrierte, Reisen, Mopeds, Kofferradios usw. hergestellt werden. Hier werden also die Kaufressourcen bestimmter Altersgruppen ausgenutzt, während gleichzeitig die Wahlmöglichkeiten für andere und vielleicht weniger kaufkräftige Gruppen reduziert werden.

Ein weiterer Umstand beschränkt unsere freie Wahl. In vielen Produkten, die es heute zu kaufen gibt, ist ein geplanter Verschleiß eingebaut. Produkte werden oft so konstruiert, daß «sie nach einiger Zeit nicht funktionieren und weggeworfen oder repariert werden müssen. Diese Form nennt man eingebauten Verschleiß. Die zweite Form bezieht sich auf die Maßnahmen, die ein funktionierendes Produkt als weniger brauchbar und weniger wünschenswert erscheinen lassen sollen, weil neue, aber nicht besser funktionierende Produkte hergestellt werden. Diese Form der Warenabnutzung wird gewöhnlich durch neue Modelle hervorgerufen, das heißt durch Änderungen im Produktäußeren. Die dritte Form des geplanten Warenverschleißes besteht in der Herstellung eines neuen und besseren Produktes.»[137]

In vielen Fällen besteht also nicht die Freiheit, ein haltbares Produkt einem nichthaltbaren vorzuziehen. Der Umfang des Verbrauchs ist von der Haltbarkeit einer Ware abhängig. Man könnte wahrscheinlich mit unseren heutigen technischen Kenntnissen Autos, Nylonstrümpfe, elektrische Birnen, Waschmaschinen, Kühlschränke usw. herstellen, die doppelt oder dreimal so lange halten, wie die heutigen Produkte. Aber das würde den Umfang des Verbrauchs reduzieren, weil wir es nicht in Betracht ziehen, den Verbrauch auf die Gebiete der Welt auszudehnen, wo die Menschen zwar diese Dinge haben möchten, jedoch keine Möglichkeit haben, sie zu bekommen.

Der eingebaute Verschleiß ist oder kann ein Punkt sein, die Kosten niedrig zu halten. Aber es kann auch sein, daß der Hersteller hohe Entwicklungskosten zahlt, um gerade eine eingebaute Abnutzung mitzuproduzieren und somit den Umsatz zu vergrößern.

Manchmal hat ein kompliziertes Produkt ein schwaches Teil. Wenn es kaputt ist, sind mehr oder minder große Reparaturen erforderlich. Sie sind aber oft so teuer oder es ist so schwer, jemanden zu finden, der das Gerät reparieren kann, daß man mehr oder weniger freiwillig ein neues Produkt kauft.

Es zeigt sich, daß der Gedanke, ein größeres Warenangebot könnte unsere freie Wahl und damit unseren Wohlstand vergrößern, außerdem eine Ungereimtheit bergen kann. Die vergrößerte Zahl der Waren, zwischen denen wir wählen können, muß ja nicht unbedingt eine Erweiterung unserer Möglichkeiten bedeuten, rational zu wählen. Je mehr Waren, desto mehr Zeit braucht man, um sich über Angebot, Qualität, Eigenschaften, Preise usw. zu informieren. Wenn ich bei jedem Kauf versuchen sollte, relative Gewinne, Vor- und Nachteile der unterschiedlichen Ausführungen der gleichen Ware – zum Beispiel verschiedener Automodelle – miteinander zu vergleichen, wenn ich Qualität, Geschmack, Aussehen, Funktion, Haltbarkeit und andere Eigenschaften berücksichtigen sollte, dann könnte ich jede Minute, in der ich wach bin, damit verbringen, mir Informationen zu verschaffen, um wählen zu können. Ich würde schließlich einen Zustand der totalen Erschöpfung erreichen, der den ganzen Verbrauch überflüssig machen würde.

Gegen diese ganze Verbraucherideologie kann man ein Argument nach dem anderen aufzählen. Aber es ist ein wesentliches Element dieser Ideologie, «daß sie Verbraucher und Mitbürger gleichsetzt. Was die Wirtschaftspolitik betrifft, so verdient es ihrer Meinung nach nur eine menschliche Eigenschaft, eindeutig ermuntert zu werden, und zwar die, Geld zu verbrauchen. Hätten die Politiker die konstruktiven Eigenschaften der Bürger wertvoll gefunden, hätten sie sie vermutlich nicht Verbraucher, sondern Arbeiter, Investoren, Gesellschaftsgestalter genannt.»[138]

Die Verbraucherideologie ist ein Mittel, mit dem versucht wird, das Individuum zu beeinflussen, daß es seine Rolle als verdinglichte Kaufkraft akzeptiert. Diese Ideologie hat zu ihrer Verbreitung enorme Ressourcen zur Verfügung. Die Massenmedien akzeptieren sie häufig kritiklos, und wenn nicht anders, dann sorgt der Hersteller für eine breitangelegte Werbung.

4.2. Welches Gesellschaftsmodell erklärt den Verbrauchsprozeß besser?

In einem früheren Kapitel habe ich die Hypothese aufgestellt, die Gesellschaftswissenschaften gingen immer von stipulativen Vorstellungen normativer Art über die Natur von Mensch und Gesellschaft aus. Sie besagen etwa folgendes: Wenn wir eine Theorie über die Funktionsweise der Gesellschaft aufstellen, müssen wir bestimmte Annahmen über Beschaffenheit von Mensch und Gesellschaft machen. Diese Annahmen bilden gemeinsam ein Modell. Aber hier ist nicht die Rede von einem Modell der Wirklichkeit – ähnlich wie das Modell einer Lokomotive die genaue Wiedergabe einer richtigen Lokomotive ist, wenn auch im kleineren Maßstab. Das Modell, das die Gesellschaftswissenschaften benutzen, ist normativ. Es besagt etwas darüber, wie die Wirklichkeit, das heißt Mensch und Gesellschaft, beschaffen sein sollte, das heißt, welche idealen Verhältnisse herrschen sollen, damit die Theorien anzuwenden sind. Darum ist es nicht unwichtig, welche normativen Methoden man als Ausgangspunkt wählt.

Zwei Probleme scheinen bei der Wahl eines Modells, das heißt der Wahl eines normativen Ausgangspunkts, wichtig zu sein:

1. Sollen wir die Gesellschaft als Ganzheit sehen, als soziales System, in dem sich eine Reihe von Prozessen vollzieht, deren Ausformung von der Struktur des sozialen Systems bestimmt wird? Diese Prozesse bestimmen und beeinflussen das Handeln der Individuen. Die Individuen werden dann als Elemente des Systems betrachtet. Sie kommen nicht isoliert vor, sondern in ständiger Wechselbeziehung mit anderen. Alternativ können wir vom Individuum und seinen Handlungen ausgehen, diese addieren und dadurch zu dem kommen, was man «gesellschaftliche Prozesse» nennen kann.

Zweifelsohne gehen viele Ökonomen und Soziologen, die auf Marktmechanismen aufbauen und sie verteidigen, von dem souveränen, wählenden, entscheidenden Individuum aus. Dies verwandelt ihre Theorien in liberale Ideologien: Sie haben einen Ausgangspunkt gewählt, wo *normative*, individualistische Vorstellungen für die Ausformung der Theorien eine entscheidende Rolle spielen.

2. Das zweite Problem betrifft die Gesellschaft und geht von der Vorstellung aus, die Menschen hätten zwar verschiedene Interessen, es könne aber Harmonie zwischen ihnen hergestellt werden. So, behauptet man, hätten Hersteller und Verbraucher die gleichen Interessen. Alternativ kann man davon ausgehen, es sei das Zentrale in unserer Gesellschaft, daß es unvereinbare Interessen gibt: Die Interessen der Hersteller-Kapitalisten, die den Verbraucher von der Struktur der Gesellschaft *aufgezwängt* würden, nämlich die Profitmaximierung. Das steht im Gegensatz zu den Interessen der Verbraucher: billige, haltbare, funktionierende Produkte zu bekommen.

Die Verteidiger der Marktmechanismen gehen von einem individualistischen Harmonie- oder Übereinstimmungsmodell aus. Die alternative Weise, das Problem zu untersuchen, besteht darin, die Gesellschaft als ein durch ständige Konflikte charakterisiertes System zu sehen. Dies trifft sowohl auf die Nationalstaatsebene zu als auch global.

Wer von einem individualistischen Harmoniemodell ausgeht, läuft nicht nur Gefahr, seine Theorien in liberale Ideologien verwandelt zu sehen, sondern landet immer in einem psychologischen Reduktionismus, das heißt, er reduziert gesellschaftliche Phänomene auf psychologische. Er erklärt gesellschaftliche Prozesse durch die Bedürfnisse, Motive, Interessen usw. des Individuums. Damit übersieht er in seinen Erklärungen die Ausformung der gesellschaftlichen Struktur und der bestehenden Machtverhältnisse. In unserem Gesellschaftstypus liegt die wirtschaftliche Macht, das heißt die Macht, die über materielle und menschliche Ressourcen verfügt, unter anderem beim Finanzkapital. In der westlichen Welt gibt es riesige multinationale Konzerne, deren Preiskalkulationen nicht von den Produktionskosten bestimmt werden, sondern von anderen Faktoren, beispielsweise den Steuern. Die großen amerikanischen Ölgesellschaften haben beispielsweise in Schweden und Dänemark die letzten zehn Jahre mit Verlust gearbeitet und keine oder nur wenig Steuern bezahlt. Sie können es sich leisten, weil sie den Preis für das Rohöl – wenn es in den skandinavischen Ländern zu Benzin verarbeitet wird – sowie für das importierte Benzin nach Belieben festsetzen können. Die dänischen und schwedischen Tochtergesellschaften zahlen einen fiktiven Preis an den Konzern, der seine Büros in die Länder verlegen kann, wo es aus steuertechnischen Gründen günstiger ist, den Gewinn auszuweisen.

Zusammengefaßt: Marktmechanismen, Verhalten der Verbraucher usw. können entweder ausgehend vom Individuum untersucht werden, das dann als souverän, selbständig, rational wählend begriffen wird. Das Individuum ist es, das seine Entscheidungen trifft; und zusammen mit Hunderttausenden von anderen Entscheidungen entstehen «gesellschaftliche Prozesse». Damit übersieht man die Struktur einer gegebenen Gesellschaft. Man negiert vor allem jene *Machtverhältnisse*, die eine gegebene Struktur kennzeichnen. Wir müssen darum Macht und Machtverhältnisse untersuchen.

Bevor wir darangehen, möchte ich auf ein bereits angesprochenes Problem zurückkommen, nämlich, ob es denkbar ist, daß Markt*mechanismen* auch in einer Gesellschaft wirken, die nicht als eine Marktgesellschaft beschrieben werden kann. Eine Marktgesellschaft wird, der oben genannten Beschreibung zufolge, davon beherrscht, daß der Mensch in erster Linie als Ware, das heißt als *Arbeitskraft* und in den Verbrauchergesellschaften außerdem als *Kaufkraft* gesehen wird. Wie kann man eine Markt*gesellschaft* abschaffen? Die Antwort muß lauten: Erstens, indem der Mensch nicht länger Arbeitskraft ist und als solche behandelt wird, und zweitens, indem er nicht länger Kaufkraft ist und als solche behandelt wird.

Der Mensch hört dann auf, Arbeitskraft zu sein, wenn er selbst über die Produktionsmittel verfügt und aktiv an den Entscheidungsprozessen teilnimmt, die die Ausformung der Produktion und die Verwendung der Produktionsresultate betreffen. Damit ist auch gesagt, daß die Vergesellschaftung der Produktionsmittel nicht ausreicht. Wenn wir die Sowjetunion als Beispiel nehmen, dann ist der Mensch dort immer noch Arbeitskraft und wird als Ware behandelt, weil eine technokratische und planbürokratische Bevölkerungsschicht oder Klasse über die Produktionsmittel und das Sozialprodukt verfügt. Die Abschaffung der Ware «Arbeitskraft» hängt deshalb mit veränderten Machtverhältnissen zusammen und daß alle, die an der Produktion beteiligt sind, immer mehr Einfluß auf ihre eigene Tätigkeit erhalten.

Der Mensch als *Kaufkraft* kann in einer Gesellschaft abgeschafft werden, wo die Rolle der Produktion von den Produzenten bestimmt wird, die ja gleichzeitig auch Verbraucher sind. Außerdem wird vorausgesetzt, daß ein großer Teil des Verbrauchs gesellschaftlicher Verbrauch ist. Ebenso wie das Gesundheitswesen keine Ware mehr ist, sondern eine gesellschaftliche Notwendigkeit, könnten auch andere Dinge, die für den Menschen unentbehrlich sind, das heißt an denen er *Bedarf* hat, gesellschaftliche Gebrauchswerte werden. Das gilt zum Beispiel für Wohnungen.

Aber es bliebe immer noch ein Sektor übrig, der sich auf den privaten Verbrauch bezieht. Verbrauch sollte nicht mehr wie heute eine dominierende Zielsetzung sein. Vielleicht müssen die Menschen selbst dahinterkommen, daß Kaufen und Besitzen von Dingen an sich nichts Erstrebenswertes ist. Die Dinge sollten benutzt werden, um das Leben zu erleichtern und angenehmer zu machen. In diesem Fall könnten große Einheiten verbraucht werden und nicht nur einzelne Waren.

Ich will ein konkretes Beispiel geben.[139] Wenn ich in den Bergen Urlaub machen will, kaufe ich Stiefel, Ski, Anorak, Rucksack usw. Das gleiche tun eine Menge anderer Menschen auch. Wenn sie nach Hause kommen, verstauen sie die Sachen im Schrank. Reiche Leute, das heißt Leute, die große Geldressourcen haben, machen es anders. Sie fahren in die Berge und leihen sich dort für teures Geld Ski, Stiefel usw. Man könnte nach diesem Schema verfahren und den Verbrauch in einen «Paketverbrauch» verwandeln. Das bedeutet, wenn ich mich für eine Urlaubsreise in die Berge entschließe, müßte alles, was ich in den Ferien brauche, in der Reise inbegriffen und zu leihen sein. Nach meinem Urlaub könnten sich andere diese Dinge leihen.

Ebenso könnte man verfahren, wenn man Ferien an der See machen möchte: Luftmatratze, Schwimmflossen, Sonnenschirm usw. sind im Preis inbegriffen und Teil eines «Pakets». Dadurch wird der individuelle Verbrauch in einen kollektiven verwandelt: Das Individuum hat sämtliche Vorteile des individuellen Verbrauchs, braucht aber nicht für den Kauf, sondern lediglich für die Benutzung aufzukommen. Dieselben Dinge könnten von mehreren Menschen benutzt werden. Man braucht keine Dinge zu besitzen, die zu Hause Platz wegnehmen. Im Rahmen eines solchen kollektiven Verbrauchs könnten die Marktmechanismen funktionieren: Das Individuum könnte zwischen einem «Bergpaket» und einem «Seepaket» wählen. Man könnte zwischen einer mitten im Stadtzentrum gelegenen Wohnung ohne Auto und einer Wohnung außerhalb der Stadt mit Auto wählen.[140] Ich will nicht auf alle Probleme eingehen, die in Verbindung mit der von mir hier vorgeschlagenen Verbrauchsstruktur entstehen. Ich behaupte nur, daß in einer Gesellschaft, wo man mit den Ressourcen haushalten möchte, ein Großteil des privaten Verbrauchs in kollektiven Verbrauch verwandelt werden kann und das Individuum gleichzeitig ein hohes Maß an Wahlfreiheit haben könnte. Diese Wahlfreiheit würde dann Marktmechanismen erzeugen. Vielleicht wäre es bei geringer Nachfrage billiger, in den Bergen Urlaub zu machen als an der See usw. Entscheidend ist jedoch, daß diese *Marktmechanismen* in einer gesellschaftlichen Struktur funktionieren würden, die mit unserem Begriff von Markt*gesellschaft* nichts gemeinsam hat.

Teil III

Macht

1. Ökonomische Macht

1.1. Was verstehen wir unter Macht?

Macht ist eine soziale Realität. Viele streben nach Macht. Aber nur wenige würden zugeben, daß sie Macht wollen. Sie können es sogar als verwerflich ansehen, über «Macht» zu sprechen. Nur wenige Menschen scheinen bereit zu sein, freiwillig auf Macht zu verzichten oder sie mit anderen zu teilen. Ein Teil der Machthaber versucht gerade diese Tatsache öffentlich zu bagatellisieren und gleichzeitig mit allen Mitteln auszuüben. Daraus können wir schließen: Macht ist etwas Zentrales in jedem sozialen System. Für viele ist sie etwas «Verdächtiges», etwas, das man nicht zugeben möchte, aber besitzt oder anstrebt. Schließlich ist der Begriff «Macht» selbst vieldeutig und alles andere als klar abzugrenzen.

Betrachten wir erst einmal das Wort. Man spricht von «Macht», von «Herrschaft» und «Autorität», von «Einfluß», von «Entscheidung» usw. Alle diese Begriffe scheinen sich um dieselbe Erscheinung zu drehen und sich gleichzeitig auch auf verschiedene Sachverhalte zu beziehen.

Sehen wir uns zunächst den Unterschied zwischen «Herrschaft» und «Macht» an. Aber man unterscheidet allgemein zwischen «herrschen» und «Macht ausüben». Ich werde hier die Bezeichnung «Herrschaft» und «Macht» benutzen, um unterschiedliche Probleme auseinanderzuhalten, die leicht durcheinandergebracht werden.

Im ersten Teil haben wir zwischen «gesellschaftlichen Beziehungen», das heißt die für ein soziales System charakteristischen grundlegenden Beziehungen, und zwischen «zwischenmenschlichen Beziehungen» oder «sozialer Interaktion» unterschieden, die die Beziehungen zwischen Individuen charakterisieren. Wir sind davon ausgegangen, daß die ersteren über die letzteren bestimmen und sie beeinflussen. Wir können danach als «Herrschaft» oder «objektive Macht» die grundlegenden Eigenschaften der *gesellschaftlichen Beziehungen* bezeichnen, während wir von «subjektiver Macht» sprechen, wenn wir *zwischenmenschlichen Beziehungen* oder *soziale Interaktion* zwischen Individuen diskutieren.[1]

Herrschaft oder objektive Macht beruht in einer kapitalistischen Gesellschaft auf der Tatsache, daß Eigentum oder *Verfügung* über Produktionsmittel, einschließlich Boden und Kapital, das heißt Eigentum oder Verfügung über ökonomische Ressourcen, es ermöglicht, auch über die Arbeit anderer Menschen zu verfügen. Mit anderen Worten: Eigentum und die Verfügung über Produktionsmittel ermöglichen die Trennung zwischen denen, die produzieren, das heißt den Arbeitern und jenen, die über das Ergebnis der Produktion verfügen. Aus dieser Bestimmung von «Herrschaft» oder «objektiver Macht» sind eine Reihe Schlußfolgerungen zu ziehen. Erstens: da wir ökonomische Beziehungen als grundlegend betrachten, ist die Herrschaft entscheidend, die auf den Besitz gesellschaftlicher ökonomischer Mittel oder die Verfügungsgewalt über sie beruht, sich die Arbeit anderer anzueignen, müssen wir, wenn wir diese Macht diskutieren, Klassen, Klassengegensätze und Klassenunterschiede diskutieren.

Hofmann hat folgenden Versuch unternommen, die verschiedenen Formen von Herrschaft systematisch zu erfassen[2]:

I. *Herrschaft durch Verfügung über die Person des Arbeitenden*
   1. Vollständige Verfügung: Sklaverei
   2. Unvollständige Verfügung: Leibeigenschaft

II. *Herrschaft durch Verfügung über Boden: Feudalismus*
   1. Direkte Aneignung der Arbeit anderer durch Feudalherren
   2. Indirekte Aneignung durch ein System von Abgaben, Steuern und Auflagen

III. *Herrschaft durch die Verfügung über Geld: Wucher*

IV. *Herrschaft durch die Verfügung über Kapital: Boden + Produktionsmittel + Geld*
   1. Frühkapitalismus
   2. Monopolkapitalismus
   3. Staatskapitalismus

«Herrschaft» oder «objektive Macht» bezeichnet also grundlegende Beziehungen, die etwas mit Arbeit und Aneignung der Arbeitsergebnisse zu tun haben. Es gibt aber verschiedene Mittel oder Wege, sich die existierende Herrschaft zu sichern: 1. durch die Funktionsweise staatlicher Organisationen. In diesem Falle sprechen wir von *Staatsmacht* oder *politischer Macht*, 2. durch Besitz und Monopol von Zwangsmitteln. In diesem Falle können wir von *Zwangsmacht* sprechen, das heißt Macht, die aus der Kontrolle über Polizei und Militär erwächst, 3. durch Besitz oder Kontrolle sozialer Beeinflussungsmittel, vor allem Ausbildung, Massenmedien und anderer Kommunikationsformen. In diesem Falle können wir von *ideologischer Macht* sprechen. All diese Machtmittel und ihre Anwendung sind wiederum von den grundlegenden gesellschaftlich objektiven Machtverhältnissen abhängig oder von der Art, wie Herrschaft funktioniert.

Diese Machtmittel werden von Menschen in der sozialen Interaktion, in zwischenmenschlichen Beziehungen angewendet. Ein Direktor eines Unternehmens hat deshalb die *subjektive* Macht, über Einstellung oder Entlassung der Beschäftigten oder Einteilung der Arbeit usw. zu entscheiden. Diese subjektive Macht, über andere bestimmen zu können, sie zu beeinflussen, zu bestrafen, hat jedoch mit seiner Person nichts zu tun. Es hat etwas damit zu tun, daß er eine bestimmte Stellung im sozialen System einnimmt. Ohne privates Eigentum und die Verfügung über Produktionsmittel, die es den Kapitalbesitzern erlaubt, den Direktor zu ernennen, würde dieser keinerlei *subjektive* Macht, das heißt persönliche *Macht* haben. Es kann sicher vorkommen, daß sich zwei Direktoren in derselben sozialen Stellung unterschiedlich verhalten. Der eine tritt vielleicht barscher, der andere diplomatischer auf. Aber diese Unterschiede im Auftreten ändern nichts an dem grundlegenden Sachverhalt, daß *subjektive Macht die Art ist, wie sich die Herrschaft oder die objektive Macht manifestiert.*

Nachdem ich mich in diesem Buch konsequent bemüht habe, bei der Untersuchung vom Gesamtsystem und nicht von individuellen Handlungen auszugehen, ist der eben behauptete Zusammenhang eine direkte Folge meiner Art, mich den Dingen zu nähern.

Wir haben bisher unterschieden zwischen *Herrschaft*, ihrer Manifestation in der sozialen Interaktion, das heißt *subjektiver Macht*, und den *Mitteln*, durch die die *Herrschaft* gesichert werden kann. Jetzt wollen wir den Begriff *Autorität* untersuchen. Sie ist eine Beziehung zwischen dem Inhaber subjektiver Macht und dem, über den er diese subjektive Macht ausübt. Autorität ist eine Beziehung, durch die man versucht, andere zur Anerkennung der eigenen subjektiven Macht zu bewegen. Im allgemeinen kann man zwischen einer Autoritätsbeziehung unterscheiden, die auf Anwendung von Zwang beruht und einer, die auf dem Hinweis auf Kompetenz, Tüchtigkeit usw. beruht.

Ich werde an einem Beispiel erklären, was ich darunter verstehe. Ein Vater sagt zu seinem Sohn: «Geh ins Bett.» Der Sohn antwortet mit der Frage nach dem Warum. Wenn der Vater dann antwortet: «Weil ich es sage» und/oder «wenn du nicht gehorchst, dann wirst du schon sehen», dann bedient er sich der subjektiven Macht seiner Stellung in der Familie und der Zwangsmittel, über die er in dieser Stellung verfügt, nämlich der Möglichkeit, den Sohn entweder durch körperliche Gewalt oder auf andere Weise – beispielsweise das Verbot, am nächsten Abend fernzusehen –zu bestrafen.

Angenommen, der Vater antwortet statt dessen auf die Frage des Sohnes: «Du mußt früh aufstehen und in die Schule gehen. Ihr schreibt morgen ein Diktat, und du wirst wahrscheinlich müde sein, wenn du jetzt nicht schlafen gehst.» In dem Fall benutzt der Vater Argumente, die auf einem Wissen über seinen Sohn beruhen – ob es richtig oder falsch ist, spielt keine Rolle. Der Sohn kann dann dagegen argumentieren, und wenn der Vater die ganze Zeit versucht, neue Argumente vorzubringen und sich eventuell davon überzeugen läßt, daß seine Argumente falsch sind, übt er seine Autorität auf eine andere Weise aus. Der erste Typ der Autorität, der sich entweder der Machtmittel, Strafe oder anderer negativer Sanktionen bedient oder damit droht oder die Kenntnis des anderen ausnutzt, daß diese Machtmittel angewendet werden können, bezeichne ich als *Machtautorität*. Den anderen Typ der Autorität bezeichne ich als *Sach-* oder *Kompetenzautorität*. Die Ausübung der Machtautorität kann man als *«autoritär»* bezeichnen.

Die militärische Organisation ist ein typisches Beispiel eines sozialen Subsystems, wo man auf autoritäre Weise operiert. Man befiehlt und fordert

Gehorsam ohne Diskussion. Natürlich kann sich ein Offizier seiner Kompetenz bedienen, aber wenn die «Untergebenen» sich nicht überzeugen lassen, hat er immer die Machtmittel, sie zu zwingen, seinen Befehlen zu gehorchen.

Soziale Systeme, in denen die Machtausübung autoritär ist, sind durch einen hierarchischen Aufbau mit Vorgesetzten und Untergebenen gekennzeichnet. Der Vorgesetzte gibt Befehle und fordert Gehorsam. Der Untergebene muß sich fügen, wenn er keine Bestrafung riskieren will.

In einer Organisation, in der sich die Machtausübung auf Kompetenz stützt, muß der Inhaber subjektiver Macht dauernd beweisen, daß er wirklich kompetent ist, das heißt, er muß sich der Kritik aussetzen, sie zulassen und versuchen, sie zu entkräften. Die Verantwortlichkeitsbeziehungen in einer nicht autoritär geordneten Organisation sind wechselseitig. Wer subjektive Macht hat, ist ebenso verantwortlich wie einer, der dieser Macht unterliegt.

In einer autoritären Organisation sind die Untergebenen dagegen für alles, was sie tun, dem Vorgesetzten gegenüber verantwortlich. Er ist Inhaber der subjektiven Macht, ist aber seinen Untergebenen nicht Rechenschaft schuldig. Sie müssen sich ihm gegenüber verantworten. Er braucht es aber nicht ihnen gegenüber. Eine autoritär geordnete Organisation hat mit anderen Worten eine einseitige Verantwortlichkeit.

Die demokratische Staatsform beruht *im Prinzip* auf Kompetenzautorität. Die «Herrschenden» werden von den zu Beherrschenden gewählt und sind für ihre Führung verantwortlich. Sie müssen sich unter anderem in den Massenmedien der Kritik aussetzen. Ein Diktator kann – und ist es oft – inkompetent sein, herrscht aber, solange Militär und Polizei seinen Befehlen gehorchen. Kritik kann durch die Sprache der Macht und Bestrafung unterdrückt werden.

Die Ausübenden subjektiver Macht in der feudalen Gesellschaft waren autoritär. Ein großer Teil dieser autoritären Muster ist in unserer Gesellschaft erhalten geblieben, unter anderem durch ideologische Beeinflussung, wobei Religion und Kirche eine wichtige Rolle gespielt haben; man soll Vater und Mutter ehren usw. Aber wichtiger ist es, daß man in der industriellen Produktion bis auf den heutigen Tag autoritäre Machtausübung anwendet. Erst in den letzten Jahren hat man versucht, die Sprache der Macht zu ersetzen, durch verschiedene Arten, die Menschen zu manipulieren, zum Beispiel, indem man ihnen das Gefühl gibt, sie hätten Einfluß, obwohl sie in Wirklichkeit keinen Einfluß haben. Ein Beispiel sind die autonomen Gruppen in der Industrie. Sie sind oft der Versuch, ein hohes Produktionstempo zu halten, mittels gegenseitiger Beeinflussung der Gruppenmitglieder an Stelle eines Meisters, der ihnen sagt, was zu tun ist. Einen tatsächlichen Einfluß auf den Entscheidungsprozeß, der das ganze Unternehmen betrifft, haben diese Gruppen gewöhnlich nicht.

Die Tendenz von autoritärer subjektiver Machtausübung zu einer mehr kompetenzbetonten Autorität überzugehen, hängt mit einer Reihe Faktoren zusammen. Die Entwicklung der Produktivkräfte hat es mit sich gebracht, daß immer mehr Menschen eine längere Ausbildung und dadurch mehr Wissen erhalten. Im Gegensatz zur Feudalgesellschaft, wo subjektive Macht auf Grund vererbter Faktoren – zum Beispiel verlieh die adlige Geburt das Eigentumsrecht über den Boden – ausgeübt wurde, versuchte die Bourgeoisie in der frühkapitalistischen Gesellschaft, sich in ihrem Kampf gegen den Feudalismus erworbener Eigenschaften zu bedienen. Fertigkeiten, Kompetenz usw. sollten subjektive Macht verleihen, nicht aber Erbe, Herkunft usw. Solange Wissen ein Privileg von wenigen war, konnte man das Prinzip Wissen als Maßstab subjektiver Machtausübung sowie einer autoritären Praxis aufrechterhalten. Das erste Prinzip galt nur für die kleine Gruppe, die das Wissen hatte und außerdem über die Produktionsmittel verfügte. Durch die Funktionsweise der Klassengesellschaft konnte man den scheinbaren Gegensatz zwischen Kompetenz- und Machtautorität überbrücken.

Aber wenn Ausbildung allgemein wird, das heißt, wenn sich die Klassen*unterschiede* verringern – was nicht bedeuten muß, daß die Klassen*gegensätze* verschwinden –, kann man nicht mehr so leicht mit zwei gegensätzlichen Autoritätsmethoden operieren. Traditionelle Autoritätsbeziehungen werden zerstört. Ein gutes Beispiel dafür sind die Universitäten, wo die früher autoritäre Machtausübung der Professoren mehr oder minder freiwillig durch die Zusammenarbeit mit den Studenten ersetzt wird.

Diese Zerstörung traditioneller Autoritätsmuster findet, wenn unsere grundlegende Annahme richtig ist, ihre Grenzen in den bestehenden objektiven Herrschaftsverhältnissen. Das bedeutet, solange die objektive Macht auf den oben genannten gesellschaftlichen Verhältnissen beruht, muß die Entwicklung gegen die Ausübung subjektiver Macht mit Hilfe von Kompetenzautorität überall dort auf Widerstand stoßen, wo sie die bestehenden objektiven Herrschaftsverhältnisse zu beeinflussen oder zu verändern droht. Konkret bedeutet es, daß die Arbeiter mehr Mitspracherecht in den Unternehmen erhalten können, entweder direkt oder indirekt über ihre Gewerkschaftsvertreter. Aber eine vollständige Abschaffung autoritärer subjektiver Machtausübung ist nur möglich, wenn sie selbst die Macht im Betrieb übernehmen. Und das wiederum ist nur erreichbar durch eine Änderung der Verhältnisse, auf die sich die Herrschaftsausübung stützt.

Fassen wir diese Einleitung zusammen: Macht wird als objektive Beziehung mit Herrschaft gleichgesetzt. Dies beruht auf der Existenz eines Klassengegensatzes, in einer kapitalistischen Gesellschaft zwischen denen, die Produktionsmittel besitzen oder verwalten – und damit auch über das Produkt der Arbeit verfügen – und denen, die ihre Arbeitskraft besitzen, aber nicht über die Produkte und deren Wert verfügen. Diese objektive Macht oder Herrschaft bildet den Rahmen der subjektiven Macht, das heißt der zwischenmenschlichen Beziehungen, die zwischen Individuen bestehen. Für die Ausübung der Herrschaft gibt es unterschiedliche Mittel: politische, ideologische und solche Mittel, die sich auf das Gewalt- und Zwangsmonopol stützen. Die Ausübung subjektiver Macht geschieht dagegen mittels unterschiedlicher Autoritätsmethoden.

Die Macht und ihre Probleme müssen in erster Linie aus den gesellschaftlichen Beziehungen und ihrer Einordnung in die gesellschaftliche Wirtschafts- und Sozialstruktur untersucht werden.

1.2. Ökonomische Macht

Die ökonomische Macht hat eine doppelte Eigenschaft. Das Wort bezeichnet, wie im vorhergehenden Abschnitt behauptet, die grundlegenden Herrschaftsverhältnisse, die eine Klassengesellschaft charakterisieren. Aber *gleichzeitig* geben diese Verhältnisse auch *Mittel*, die bestehenden Verhältnisse zu erhalten und zu stärken. Wir können deshalb auch von ökonomischen Machtmitteln sprechen. Die Arbeit hat eine Gebrauchswert-Beziehung zum Kapital, da ihre Funktion die Vermehrung des Kapitals ist, und dessen zielgerichtete Aktivität kann nur das Wachsen sein – das ist mit dem Begriff Wirtschaftswachstum gemeint.

In diesem Prozeß, wo die Arbeit ein Mittel zur Vermehrung des Kapitals ist, kann der Besitzer von Kapital – Boden + Produktionsmittel + Geld – seine Macht über die vergrößern, die weder Kapital besitzen noch darüber verfügen. Mit anderen Worten: wer seine Arbeitskraft verkauft, trägt dazu bei, daß «die schöpferische Kraft seiner Arbeit als die Kraft des Kapitals, als fremde Macht sich ihm gegenüber etabliert. Er entäußert sich als Produktivkraft des Reichtums». Und da weiterhin «das Kapital der Gegensatz des Arbeiters ist, vermehren sie [die Arbeiter] nur die objektive Macht über die Arbeit»[3].

Im Produktionsprozeß wird die Arbeit von ihrem Produkt getrennt. Der Preis, den das Produkt erzielen kann, hat wenig mit dem Arbeitseinsatz zu tun. Aber was als *Ergebnis* des kapitalistischen Produktionsprozesses erscheint, ist bereits dessen *Voraussetzung*. Die Trennung zwischen Arbeit und Kapital ist durch die existierenden Herrschaftsverhältnisse bestimmt. Aber im Produktionsprozeß selbst ist diese Trennung ein Mittel zur Erhaltung und Stärkung dieser grundlegenden Verhältnisse. Deshalb können wir von ökonomischer Macht als von einem Mittel zur Stärkung einer *grundlegenden Beziehung* sprechen: der, die *Herrschaft verleiht*, das heißt objektive Macht.

In diesem Abschnitt werden wir die ökonomische Macht *als ein Mittel zur Sicherung* der bestehenden Herrschaft oder der objektiven Machtverteilung diskutieren.

Am besten kann die ökonomische Macht an Hand der Beziehungen zwischen der reichen Welt und den Entwicklungsländern der Dritten Welt untersucht werden. Seit Ende des Zweiten Weltkrieges haben sich die Gegensätze innerhalb des kapitalistischen Systems im Weltmaßstab grundlegend verändert. Bis zum Zweiten Weltkrieg bewirkte die Verteilung der Herrschaftsverhältnisse einen zentralen Gegensatz zwischen der Arbeiterklasse und den Kapitalisten *innerhalb* eines sozialen Systems. Durch die Steigerung des Lebensstandards, durch Schaffung einer Verbrauchergesellschaft, haben große Teile der Arbeiterklasse in den reichen Ländern die Möglichkeit erhalten, unter angemessenen materiellen Bedingungen zu leben. Das hat die Abschaffung der grundlegenden Gegensätze nicht erleichtert. Es hat jedoch dazu geführt, daß sie nicht mehr so stark hervortreten. Damit die Bevölkerung der reichen Welt – einschließlich der Sowjetunion – den jetzigen Lebensstandard erreichen konnte und um ihn zu halten, hat sich die Verwendung der Produktionsressourcen in der Welt total verschoben. 40 Prozent der Menschheit verfügen über 89 Prozent der Weltressourcen, während sich 60 Prozent mit 11 Prozent begnügen müssen.[4] Deshalb kann man behaupten, daß die prinzipiellen Gegensätze nunmehr zwischen der reichen und der Dritten Welt verlaufen.[5]

In Kürze kann man die Entwicklung der kapitalistischen Welt in drei Epochen unterteilen.

Die *erste Periode* dauerte bis zum 18. und 19. Jahrhundert und wird durch eine Art merkantilen Kapitalismus gekennzeichnet, wo der Handel zwischen den verschiedenen Teilen der Welt eine wichtige Rolle spielte, während die Industrieproduktion noch nicht voll in Gang gekommen war.[6] Dies kann als *Frühgeschichte* des Kapitalismus bezeichnet werden.

Die *zweite Periode* wird durch die industrielle Revolution charakterisiert und vom neuen Industriekapital bestimmt. Dies ist die Periode der Entwicklung des Kapitalismus, eine Periode, die von Marx beschrieben und untersucht wird.[7] In dieser Periode geschah die notwendige Kapitalakkumulation für die industrielle Produktion. Diese Akkumulation war eine Voraussetzung für die Industrialisierung und wurde gleichzeitig durch die Industrialisierung beschleunigt. Sie geschah mit Hilfe einer unglaublichen Ausbeutung von Männern, Frauen und Kindern und führte zu einer ungleichen Verteilung. Das Kapital sammelte sich in den Händen der Kapitalisten, während die Arbeiterklasse unter den denkbar schlechtesten Verhältnissen lebte: langer Arbeitstag, schwere Arbeit, niedriger Lohn, keine sozialen Rechte, sondern nur Armut und Elend. Diese Situation wurde der Arbeiterklasse auf Grund ihrer Machtlosigkeit, fehlendem Wissen, herrschenden Normen und ihrer Einstellung aufgezwungen, und teilweise akzeptierte sie selbst ihre Situation, wiederum auf Grund der Machtverteilung und weil sie die moralischen Normen selbst übernahm.

In dieser Periode findet man die Gegensätze hauptsächlich *innerhalb* eines sozialen Systems. Nach Durchführung der Kapitalakkumulation taucht der Bedarf nach neuen Märkten auf.

Damit kommt es zur *dritten Phase* in der Entwicklung des Kapitalismus. Der traditionelle Imperialismus ist dadurch charakterisiert, daß die kapitalistischen Länder mit militärischen Mitteln versuchten, Rohstoffmärkte und für einen Teil ihrer Industrieprodukte Absatzmöglichkeiten zu erobern. Das ist der Imperialismus in der Form des Kolonialismus. Nach dem Zweiten Weltkrieg wurde der Kolonialismus, nicht aber der Imperialismus abgeschafft. Dieser nahm eine andere Form an. An Stelle der Beherrschung durch militärische Macht operiert der moderne Imperialismus eher mit Hilfe ökonomischer Mittel. Kolonialismus wird durch Neo-Kolonialismus ersetzt: Die ökonomischen Mittel der Herrschaft sind folgende:

1. Konzentration der ökonomischen Macht bei den großen multinationalen Unternehmen. Sie haben die ganze Welt als ihren Markt. Teils holen sie ihre Rohstoffe aus der Dritten Welt, veredeln sie in den Industrieländern und verkaufen den Hauptteil an die Industrieländer. Wir haben bereits im Teil I ein konkretes Beispiel für die Ausbeutung genannt, der sich die großen Ölgesellschaften schuldig machen. Seit 1973 hat sich auf diesem Gebiet etwas geändert. Die OPEC, die Organisation der Erdöl produzierenden Länder, hat sich größeren Einfluß verschafft.

Rund 24 Prozent der direkten privaten Investitionen der USA in Europa wurde in Ölkonzerne, Raffinerien und Vertriebsgesellschaften gesteckt. ESSO gibt es beispielsweise überall. Das Öl wird in erster Linie aus dem Nahen Osten geholt: Saudi-Arabien, Irak, Persien, den Scheichtümern am Persischen Golf, aber auch aus Ländern wie zum Beispiel Venezuela. Das in den USA geförderte Öl bleibt zum größten Teil auf dem einheimischen Markt. Vor dem Zweiten Weltkrieg kontrollierten US-Unternehmen etwa 10 Prozent der Ölreserven im Nahen Osten. 1969 lag die Zahl bei 60 Prozent. Während der letzten zwei Jahre ist es den Öl produzierenden Ländern, den sogenannten OPEC-Ländern, gelungen, das Öl zu nationalisieren oder einen größeren Gewinnanteil bei der Ölgewinnung zu erreichen. Aber zweifelsohne beruhen die großen Gewinne, die sich die Ölkonzerne beispielsweise in Europa verschaffen, darauf, daß sie über das Öl der Entwicklungsländer verfügen.[8]

Was geschieht, wenn sie ihren Einfluß verlieren, kann mit Hilfe des Falles Kuba beleuchtet werden. Vor der Revolution hatte ESSO große Interessen auf der Insel. Sie besaß eine Raffinerie und mit den Tankstellen ein Verteilersystem. Deren Einkünfte wurden mit 63 Millionen Dollar angegeben, eine sehr niedrige Zahl, zumal der Verkaufswert der Anlagen höher ist als die abgebuchten Einkünfte. Die kubanische ESSO-Tochtergesellschaft kaufte ihr Rohöl bei der venezuelischen ESSO-Tochtergesellschaft Creole Petroleum. Die Preise für Rohöl wurden durch das internationale Ölkartell festgelegt und auf einem hohen Niveau gehalten.

Nach der Revolution wurde das Eigentum der Gesellschaft nationalisiert, und man verlor nicht nur alle Aktiva, sondern – schlimmer noch – drei verschiedene Einnahmequellen: teils die Einkünfte und Profite aus dem Verkauf des Rohöls der venezuelischen Tochtergesellschaft an die Tochtergesellschaft, die die Raffinerie besaß, teils die Einkünfte und Profite aus dem Verkauf an die Kunden.[9] Das charakteristische Merkmal multinationaler Unternehmen ist unter anderem, daß sie mit derselben Ware auf den verschiedenen Stufen der Produktion und des Verkaufs Profite erzielen.

Vor dem Hintergrund dieses Beispiels versteht man besser, warum die USA eine strikte Blockade gegen Kuba anordneten. Es galt nicht nur, Kuba zu bestrafen, sondern auch andere Länder davor abzuschrecken, sich von multinationalen Monopolunternehmen unabhängig zu machen. Die Konsequenz war, daß Kubas Öl, das früher einige hundert Kilometer aus Venezuela zur Insel befördert wurde, aus der Sowjetunion kommen mußte, das heißt Baku. Das bedeutet einen Transportweg von 10000 Kilometern und natürlich entsprechend sehr hohe Kosten. Es ist schwer zu sagen, in welchem Maß es aufgewogen werden kann, daß die Insel jetzt ihr Benzin selbst raffiniert und über eine nationalisierte Gesellschaft vertreibt.

2. Die zweite Methode, ökonomische Macht auszuüben, ist der *Handel.* Die Länder der Dritten Welt sind durch einen niedrigen Grad der Industrialisierung gekennzeichnet. Dagegen besitzen sie eine Menge Rohstoffe, die wiederum die industrialisierten Länder brauchen. Deshalb ist über den Handel eine internationale Arbeitsteilung entstanden. Sie läuft darauf hinaus, daß die Länder der Dritten Welt Rohstoffe liefern, die zum größten Teil in den industrialisierten Ländern zu Produkten veredelt werden, die wiederum in einem gewissen Umfang an die Dritte Welt verkauft werden. Hauptsächlich gehen sie jedoch in den reichen Teil der Welt. Die Preise für die Rohstoffe bestimmen nicht die Länder, in denen sie vorhanden sind, das heißt die Länder der Dritten Welt, sondern «der Weltmarkt», was bedeutet, daß sie von den großen Monopolunternehmen und Kartellen festgesetzt werden. Die ganzen sechziger Jahre hindurch gab es die Tendenz, die Rohstoffpreise niedrig zu halten, während die Preise der Industrieerzeugnisse stiegen. Die Länder der Dritten Welt erhielten dagegen niedrigere Preise für Rohstoffe oder unzureichende Preiserhöhungen indirekt durch teurere Industrieprodukte.

Die Abhängigkeit wächst auch dadurch, daß viele Länder nur über *einen Hauptexportartikel* oder höchstens zwei, drei Produkte verfügen. In Ghana zum Beispiel bestand 65 Prozent des Exports aus Kakao. In Brasilien entfielen 56 Prozent des Exports auf Kaffee. In Malaysia war es Gummi. Der Export des Irak bestand zu 100 Prozent aus Öl, bei Chiles Export entfallen 65 Prozent auf Kupfer, in Kolumbien hatte der Kaffee einen Anteil von 71 Prozent der Exporte.[10] Eine Preissenkung bei irgendeiner dieser Waren hat katastrophale Folgen für das Land. 1961 konnte Ghana für eine Tonne Kakao einen Traktor kaufen. Zehn Jahre später kostete er *fünf Tonnen.*

Eine andere Dominanz entsteht nicht auf Grund der Monokultur, das heißt einer dominierenden Exportware, sondern weil der Export in ein einziges Land geht. So gingen 1958 95 Prozent des gesamten panamesischen Exports, 64 Prozent des Exports Guatemalas, 59 Prozent des kanadischen Exports usw. in die USA.[11] Sogar wenn sich die Zahlen ändern, sind die lateinamerikanischen Länder weiterhin in großem Umfang davon abhängig, daß die USA ihre Waffen abnehmen. Das bedeutet, allein schon die Drohung einer Exportverminderung kann als effektives Druckmittel angewendet werden.

Eine weitere Dominanz über ein Land erreicht man, indem die Waren, die exportiert werden, besonders Rohstoffe, nicht dem Land gehören, das sie exportiert, sondern ausländischen Gesellschaften. Liberias Eisenerz ist so das Eigentum eines Konsortiums, bestehend aus der amerikanischen Bethlehem Steel-Gesellschaft und einer Reihe schwedischer Unternehmen. Das schwedische Unternehmen Atlas-Copco, Teil des Lamco-Syndikats, der Gruppe von Unternehmen, die das Eisenerz in Liberia fördern, erzielte dort einen so großen Gewinn, daß es die Dividende an seine Aktionäre allein aus diesem Verdienst bezahlen konnte, ohne auf den Gewinn aus eigener Produktion und Verkauf zurückgreifen zu müssen. Zu diesem gehören auch Lieferungen von Bohrmaschinen an die liberianischen Gruben.

Der liberianische Staat besitzt Aktien der internationalen Gesellschaft, die die Gruben ausbeutet. Aber diese Einkünfte kommen nicht dem Volk zugute, sondern nur einer kleinen Überklasse. Sie investiert teilweise den Gewinn in die Unterhaltung von Militär- und Polizeitruppen, um jegliche Unmutsäußerung unterdrücken zu können, teilweise legt sie ihr Geld in die USA oder auf Schweizer Bankkonten an.

Ein anderes Beispiel ist Guinea. Zwischen 1956 und 1958 investierte ein großes Konsortium 250 Millionen Dollar in dieses afrikanische Land. Guinea besitzt große Vorkommen an Bauxit, das für die Aluminiumherstellung unentbehrlich ist. Die Investitionen wurden in die Bauxitgewinnung gesteckt. Das Bauxit wurde exportiert und die Profite ebenfalls. Die direkten Steuern, die das Unternehmen bezahlte, waren gering. Das war also eine Situation, «wo alles, scheinbar der Wirtschaft Guineas zugeführte Kapital in Wirklichkeit in anderen Teilen der Welt die Wirtschaft stimulierte und arbeitete, besonders dort, wo sich die Veredelungsindustrie befindet»[12]. Sie befindet sich in den industrialisierten Teilen der Welt, in erster Linie in den USA, wo das Aluminium unter anderem für die Flugzeugproduktion gebraucht wird, ganz abgesehen von allen anderen Produkten, für die man Aluminium benötigt. Aber ohne Aluminium könnten die USA nicht ihre Bomber und Jagdflugzeuge bauen und außerdem nicht länger ihre militärische Macht ausüben. Das hat unter anderem das Volk in Vietnam zu spüren bekommen.

Da Guineas Wirtschaft so nicht entwickelt wurde – der Gewinn ging ins

Ausland, anstatt daß er für den Aufbau der eigenen Industrie und die Schaffung von Arbeitsmöglichkeiten in Guinea verwendet wurde –, entschloß man sich zur Nationalisierung der Bauxitvorkommen. Das Unternehmen ALCAN zog seine Experten aus dem Land ab, boykottierte den Export des Landes und vereinbarte mit anderen großen Monopolunternehmen, dasselbe zu tun.[13] Das Fehlen der Experten und Exportmärkte führte zum Rückgang der Bauxitförderung, und die Wirtschaft wurde ebenfalls nicht entwickelt. Guinea suchte deshalb Hilfe in Osteuropa.

3. Eine *dritte* Art, die Dritte Welt auszubeuten, sind finanzielle Maßnahmen. Nehmen wir ein Beispiel aus Schweden, das ja nicht gerade ein Entwicklungsland ist. Als die schwedische Regierung 1970 erklärte, man denke daran, der Demokratischen Republik Nordvietnam Beistand zu gewähren, teilte die halbstaatliche amerikanische Export-Import-Bank mit, man würde erwägen, ob die SAS den Kredit erhalten könne, um den das Unternehmen für den Kauf von Flugzeugen in den USA bei dieser Bank ersucht hatte. Da die SAS Schweden, Dänemark und Norwegen gemeinsam gehört und die beiden letzteren Länder Mitglieder des von den USA geführten NATO-Bündnisses sind, wurde über diese Länder auf Schweden Druck ausgeübt.[14] Als Ergebnis wurde Schweden damals gezwungen, seine Pläne zu ändern und Nordvietnam eine beschränkte Hilfe über das Rote Kreuz zu gewähren.

Wenn man bedenkt, daß Schweden zu den zehn reichsten kapitalistischen Ländern zählt und man weiß, wie sehr das Land tatsächlich durch seine Integration in das ökonomische System der westlichen Welt von den USA abhängig ist, versteht man vielleicht besser, wie die ökonomisch schwachen Länder der Dritten Welt unter Druck gesetzt werden können.

Noch ein Punkt muß geklärt werden. Ein großer Teil der Kredite, die an die Entwicklungsländer gehen, fließt nicht in die produktiven Investitionen dieser Länder. Ein großer Teil wird für den Einkauf von Waffen verwendet, damit die einheimische herrschende Klasse ihre Macht aufrechterhalten kann. Da die Herrschenden gewöhnlich mit den ausländischen Monopolunternehmen zusammenarbeiten, liegt hier also ein gemeinsames Interesse vor.

Eine Schlußfolgerung ist, daß die Situation für die Länder der Dritten Welt sehr ungünstig beurteilt werden muß. «Wenn sich große zurückgebliebene Regionen von politischer und ökonomischer Abhängigkeit freizumachen suchen, können sie auf dem Handelssektor nicht den Entfaltungsprozeß der entwickelten Länder wiederholen. Sie haben keinen Zugang zum niedrigverzinsten ausländischen Kapital, wie einst die entwickelten Länder – in Schweden etwa 3 Prozent und mitunter niedriger», sagt Gunnar Myrdal.[15] Statt dessen müssen sie hohe Zinsen bezahlen, die ihnen allmählich sozusagen das Blut aus den Adern saugen oder sie von den entwickelten kapitalistischen Ländern völlig abhängig machen – politisch sowie ökonomisch.

4. Die vierte Möglichkeit, die arme Welt auszubeuten, ist die Entwick-

lungshilfe. Das ist bereits bei der Beschreibung der finanziellen Ausbeutung deutlich geworden. Aber wie groß ist die Hilfe? Als Antwort will ich abermals Myrdal zitieren[16]: «Wenn wir davon absehen, für welchen Zweck die Hilfe verwendet wird und zu welchen politischen Bedingungen sie gewährt wird, so ist die Hilfe, gemessen in realen Werten, im Laufe der letzten zehn Jahre global zurückgegangen. Es ist niemals zugelassen worden, daß sie für die Völker der entwickelten Länder ein tatsächliches Opfer bedeutete. Kredite haben in zunehmendem Maße Geschenke ersetzt, und beide Formen wohltätiger Kapitalübertragung sind vom Export der ‹Geberländer› abhängig gemacht worden. Den politischen Interessen in diesen Ländern wurde ständig gestattet, eine zentrale Rolle zu spielen.»

Die Statistik wurde manipuliert, fährt Myrdal fort. Man hat beispielsweise das steigende Preisniveau nicht berücksichtigt, wenn man von verstärkter Entwicklungshilfe sprach. Man hat Kredite und Geschenke vermischt. Die USA seien das führende Land bei der Verringerung ihrer Hilfe und im Manipulieren der Statistik, behauptet Myrdal.[17] Analysierte man die «wirkliche Hilfe», müßte man die Zahlen für die USA um die Hälfte reduzieren.

In einer von der Weltbank finanzierten Studie wird klar gesagt: «Hilfe ist niemals eine bedingungslose Übertragung finanzieller Mittel gewesen. Gewöhnlich beabsichtigt sie eindeutig und direkt, den Interessen der Regierung zu dienen, die Hilfe leistet.»[18] Der Autor fügt hinzu, daß das Gewähren der Hilfe sich nur als Versuch erklären läßt, das kapitalistische System in der Dritten Welt zu bewahren. Die Hilfe wird für die Beeinflussung von Wirtschaft und Politik in der Dritten Welt eingesetzt. Das kann man auf drei Arten machen. Das Organ, das die Hilfe gibt, billigt nicht die Politik des Empfängerlandes und verringert oder stellt die Hilfe deshalb ein. Die Weltbank, der Internationale Währungsfonds (IFM) und die USA haben dies in ihren Beziehungen zu Kuba, Brasilien, Argentinien und Haiti getan.[19]

Die Organe, die Hilfe geben, können zweitens die Politik des Empfängerlandes billigen, aber die Hilfe so begrenzen, daß das Land nur diese Politik führen kann. Schließlich kann man die Hilfe von «zufriedenstellenden» Veränderungen in der Politik des Empfängerlandes abhängig machen. Das geschieht normalerweise in Ländern, wo sich nach Ansicht des Gebers «genügend zufriedenstellende Elemente finden und wo es sich lohnt, diese gegen andere zu unterstützen, um damit zu versuchen, ‹das Gesamtprogramm der Regierung zu verbessern›»[20]. In diesem Fall versucht der Kreditgeber, dem Empfänger seine eigene Politik aufzuzwingen.

Eines der Probleme mit der Weltbank und dem Internationalen Währungsfonds, beide werden von den USA kontrolliert, aber die ganze Welt ist über Kapitalanlagen an ihnen beteiligt, ist die äußerste Geheimhaltung bei den Verhandlungen mit dem Empfängerland. Bank und Fonds genießen einen seriösen Ruf, da es sehr wenig Informationen und noch weniger veröffentlichtes Material darüber gibt, wie sie den unterentwickelten Ländern ihre Politik aufzwingen.

1.3 Der militärisch-industrielle Komplex

In einer 1956 veröffentlichten Studie behauptete der amerikanische Soziologe C. Wright Mills, daß es in den USA drei Machteliten gebe: eine ökonomische, eine militärische und eine politische Elite. Diese drei Eliten sind seiner Ansicht nach so eng miteinander verflochten, daß sie in Wirklichkeit ineinander übergehen. Der Bedarf an Wirtschaftswachstum, um die amerikanische Wirtschaft in Gang halten zu können, und um die Stärkung des amerikanischen Militärpotentials zu sichern, lag in ihrem gemeinsamen Interesse. Das Ergebnis war nach Mills die Entstehung eines *Militärkapitalismus.*[1]

Es gibt andere gemeinsame Interessen: die großen multinationalen Konzerne brauchen das Militär und dieses braucht die Konzerne. Die hier entstandene Struktur, wie bereits erwähnt, ist als «militärisch-industrieller Komplex» bezeichnet worden und seine Funktionsweise unter anderem als «Pentagonismus»[22,23].

Ich möchte mit einigen Hintergrundinformationen beginnen. Galbraith zufolge hatten 1962 die *fünf* größten Industrieunternehmen insgesamt Aktiva von nicht weniger als 36 Milliarden Dollar.[24] Das entspricht 12 Prozent des gesamten Industriekapitals. Die *fünfzig* größten Unternehmen besaßen mehr als 67 Prozent dieser Aktiva. Unternehmen mit mehr als 10 Millionen Dollar Kapital – insgesamt 2000 – besaßen 80 Prozent aller Mittel in der amerikanischen Industrie. Das ist eine hohe Konzentration. Inzwischen hat sich die Tendenz zur weiteren Kapitalkonzentration fortgesetzt.

1950 betrug der Militäretat der USA 13,2 Milliarden Dollar. Im folgenden Jahr wuchs er um 9 Milliarden, und 1952 wurde er verdoppelt und belief sich auf 44,5 Milliarden Dollar.[25] Fünfzehn Jahre später wurden die militärischen Ausgaben der ganzen Welt auf 182 Milliarden Dollar beziffert. Davon entfielen auf die USA 73 Milliarden, auf die Sowjetunion 34 Milliarden und auf den Rest der Welt 75 Milliarden, das heißt nicht viel mehr als die USA. Auf Einwohner umgerechnet gaben die USA 368 Dollar, die Sowjetunion 147 Dollar und Schweden rund 100 Dollar für militärische Zwecke aus.[26] 1970 betrugen die Militärausgaben der USA 82 Milliarden Dollar.[27] Selbst wenn man die Geldentwertung auf Grund der Inflation berücksichtigt, ist die Steigerung von 1950 bis 1970 enorm und entspricht etwa 620 Prozent.

Was geschah zu Beginn der fünfziger Jahre? Mao Tse-tung und die Rote Armee Chinas besiegten ihre Gegner und übernehmen die Macht in China. Danach kam der Krieg in Korea. 1957 gelang es der Sowjetunion als erstem

Land, einen Satelliten in den Weltraum zu schicken. Danach folgte das amerikanische Engagement im Vietnam-Krieg mit seiner ständigen Eskalation, so daß sich 1967 über 600 000 amerikanische Soldaten in Vietnam befanden, Luftwaffe und Flotte nicht inbegriffen.

Die oben genannten Zahlen bieten keine Erklärung für die Entstehung des militärisch-industriellen Komplexes. Sie bilden lediglich den Hintergrund. Die Erklärung muß im größeren Zusammenhang gesehen werden. Die Entwicklung der Produktivkräfte führt zur Entstehung riesiger Industrieunternehmen. Diese müssen durch Erzielen von Profit Kapital akkumulieren. Sie müssen ihr Märkte in der kapitalistischen Welt auf Grund des Zwanges zur Kapitalausweitung vergrößern. Sie brauchten Rohstoffe, und sie benötigten eine starke militärische Organisation, um politisch und militärisch ihre Interessen in der Welt zu sichern. Sie mußten einen großen Teil ihrer Produkte ohne den störenden Einfluß von Marktmechanismen, die zu großen ökonomischen Verlusten führen könnten, absetzen. Das ist die innere Dynamik in dem Entwicklungsstadium, das man als «Spätkapitalismus» oder «Monopolkapitalismus» bezeichnen kann.

Das Rückgrat des militärisch-industriellen Komplexes – im folgenden verwende ich die Verkürzung MIK – ist die militärische Organisation, aber dort «gibt es auch Finanz-, Industrie- und Geschäftsleute, Schriftsteller, Journalisten, Werbeagenturen, Politiker und Vertreter verschiedener Religionen»[28]. Die Leitung von Militär- und Industrieunternehmen und die Großen der Finanzwelt bilden zusammen das, was man als «die herrschende Klasse» bezeichnen kann.[29] Es heißt zwar, daß die übrigen, zum Beispiel die Politiker, die erstgenannte Gruppe kontrollieren, aber man kann ebensogut sagen, sie seien deren Werkzeug. Journalisten, Schriftsteller und andere Intellektuelle, die mit der «herrschenden Klasse» zusammenarbeiten, sind deren Ideologen. Sie liefern die Theorien und Erklärungen, die notwendig sind, um die Stellung der herrschenden Klasse zu legitimieren.

Ein Beispiel soll letzteres erläutern: «Krieg und Frieden wechseln sich in der Geschichte der Menschheit auf dieselbe Weise ab wie in den Köpfen der Menschen . . . Die grundlegende Ursache bewaffneter Konflikte – das müssen wir bedauerlicherweise zugeben – ist jedoch die Natur des Menschen, und das kann man nicht durch dauerndes Herumnörgeln an politischen Institutionen beseitigen. Solange der Mensch diese Erde bewohnt, wird er für das eine oder andere Ziel kämpfen, und es ist die Aufgabe der Ökonomen, die Bedeutung dieser Tatsache für das Wohl der Gesellschaft zu deuten. Wenn man deshalb die Unausweichlichkeit militärischer Aufgaben auf Grund der menschlichen Natur akzeptiert, so können diese Ausgaben, richtig verwendet, eine ökonomische Rolle spielen, so daß ein maximaler Nutzen aus der beklagenswerten Notwendigkeit gezogen werden kann, daß es sie geben muß.[30]

Nach dieser Auslegung über die traurigen Konsequenzen der menschlichen Natur fährt der Verfasser fort: «Siebzig Prozent der Verteidigungsausgaben in den USA werden für Einkäufe für das Bauwesen, für die Unterhaltung von Depots und Stützpunkten, Instandhaltung, Verkehr und Kommunikationsmittel ausgegeben. Diese festen Anlagen und Produkte haben eine unsichere und begrenzte Lebensdauer, aber sie zu ersetzen, kann auf wohltuende Weise mit einer dynamischen Ausgabenpolitik kombiniert werden, um einen Rückgang der ökonomischen Aktivitäten entgegenzuwirken.[31]

Um es einfacher auszudrücken: Militärausgaben können eingesetzt werden, um Wirtschaftskrisen entgegenzuwirken. Für den privaten Sektor der Wirtschaft ist diese Tugend eine Notwendigkeit, heißt es weiter, besonders weil militärische Ausgaben nicht zu der verwerflichen Art gesellschaftlicher Ausgaben zählen, sondern zur nationalen Verteidigung beitragen.[32]

Militärische Forschung ist von großer Bedeutung für die zivile Wirtschaft, denn würde das amerikanische Verteidigungsministerium nicht einen großen Teil der Forschung finanzieren, wären die Unternehmen selbst gezwungen, dies zu tun. 1960 wurden rund 14 Milliarden Dollar für Forschung und Entwicklungsarbeit ausgegeben. Die Hälfte davon finanzierte das Verteidigungsministerium und die militärische Sektion der Atomenergiekommission.

Um die großartige Arbeit für den materiellen Fortschritt der Menschen zu erleichtern, muß die Regierung so schnell wie möglich das neue Wissen zur privaten Verwendung freigeben.[33]

Nun komme ich von der ideologischen Peripherie zum militärisch-industriellen Kern zurück. Gewisse Autoren behaupten, daß der Militärapparat die führende Rolle spielt. Einige gehen sogar soweit, ihn als neue Klasse zu bezeichnen, die nicht durch ihre Beziehung zu den Produktionsmitteln, sondern durch ihre Beziehung zu den Destruktionsmitteln definiert wird.[34]

Die Macht des Militärapparates besteht unter anderem darin, «daß er den schnellsten und sichersten Weg des Kapitalwachstums bietet, den man sich in der Geschäftswelt denken kann, da der gesamte Verdienst – oder beinahe der gesamte – in die Hände der Kriegshändler gelangt, noch ehe die militärische Ausrüstung zur Anwendung kommt»[35]. Ein Liefervertrag für Bomber bringt mehr und schneller Rendite als die Eroberung des reichsten Grubengebietes. Gleichzeitig erfolgt die Bezahlung am Herstellungsort. Auf diese Weise hält man das Geld innerhalb des eigenen Wirtschaftssystems, meint derselben Autor.[36]

Die Funktionsweise des MIK ist eine moderne Form des Imperialismus. Seine militärischen Kräfte sollen keine Kolonien erobern. Krieg wird mit dem Ziel geführt, Machtpositionen innerhalb der pentagonistischen Länder selbst zu erobern . . . Man will Zugang zu den enormen ökonomischen Ressourcen erhalten, die um der Kriegsproduktion willen in Bewegung gesetzt werden. Man sucht Profite am Herstellungsort der Waffen, nicht an ihrem Anwendungsort, und diese Profite erhält man innerhalb der Großmacht und nicht in dem überfallenen Land. Für den Pentagonismus ist das Land, das überfallen werden soll – oder bereits überfallen wurde –, nur der Ort, wo das Material – das technische sowie das menschliche – zur Zerstörung entgegengenommen werden soll.[37] Der MIK beutet deshalb genauso sehr sein eigenes Volk aus, wie auch andere Völker und Länder, die er ökonomisch beherrscht. Denn die Kriegsproduktion wird aus öffentlichen Mitteln, das heißt Steuern bezahlt, die dadurch anderen, nützlicheren Zwekken entzogen werden.

Mancher mag einwenden, das Wirtschaftswachstum in den USA sei so groß, daß man sowohl die Kriegsproduktion bezahlen sowie einen hohen zivilen Lebensstandard aufrechterhalten kann. Dem widersprechen andere Zahlen[38]:

1. 1968 gab es in den USA 6 Millionen Wohnungen von schlechter Qualität;

2. 1968/69 hungerten 10 Millionen Amerikaner;

3. die Kindersterblichkeit betrug 23,7 pro 1000 Lebendgeburten, gegenüber 12,6 in Schweden im Jahre 1966;

4. 1967 wurden 41 Prozent der zum Militär Einberufenen abgelehnt, davon etwa 30 Prozent aus Gesundheitsgründen;

5. 1950 gab es 109 Ärzte auf 100000 Einwohner, 1966 waren es nur noch 98;

6. in den USA sind etwa 30 Millionen Amerikaner einer ökonomisch unterentwickelten und armen Gruppe zuzurechnen, die einen hohen Prozentsatz an Arbeitslosen hat.

Hinzu kommen verbreitete Kriminalität, Gewalt, Rassenverfolgungen, die alle direkt oder indirekt Folge der starken Vernachlässigung von Slumsanierung und anderer sozialer Sanierungsaufgaben sind. Hinzuzurechnen sind das Fehlen eines umfassenden öffentlichen Gesundheits- und Sozialversicherungswesen. Mit anderen Worten: die an Ressourcen reichste Wirtschaft der Welt kann keineswegs sowohl Kriegsmaterial produzieren, einen Militärapparat in Gang halten, Mittel für Raumfahrtunternehmen vergeuden als auch gleichzeitig allen angemessene Wohn- und Lebensbedingungen schaffen, die Diskriminierung beseitigen und soziale Sicherheit bieten. Aber sie kann auch nicht einfach ihre jetzige Produktion einstellen, ohne daß die Wirtschaft in ernste Schwierigkeiten gerät, wie die sogenannte Dollarkrise vom Sommer 1971 bis 1973 anklingen ließ. Die dem System eigene innere Dynamik scheint es zu zwingen, den einmal eingeschlagenen Weg weiterzugehen, obwohl man damit Probleme für die Ökonomie der gesamten kapitalistischen Welt schafft sowie Leiden für große Teile der eigenen Bevölkerung und noch größeres Elend für die Bevölkerung der Länder, wo die produzierten Waffen abgeladen werden. Diese Schlußfolgerungen deuten die inneren Gegensätze des monopolkapitalistischen Systems an.

Der MIK scheint drei Zielsetzungen zu haben oder gehabt zu haben[39]:

1. eine Militärmacht zu schaffen, die den «Schutz der freien Welt» gegen Angriffe der Sowjetunion oder Chinas ermöglichen sowie die Ausbreitung des Sozialismus in der Welt verhindern sollte;

2. durch Zusammenarbeit, die eine amerikanische Dominanz und die Abhängigkeit der anderen einschließt, die gigantische amerikanische Ökonomie zur Grundlage aller anderen kapitalistischen Wirtschaften zu machen;

3. mittels militärischer und ökonomischer Macht die «freie Welt» politisch zu organisieren und eine Einheit unter Führung der USA zu schaffen.

Die Ausbreitung des Sozialismus in der Welt wird mit Recht als die große Gefahr betrachtet. Sie bedroht das kapitalistische System. Das Rückgrat im amerikanischen Teil dieses Systems sind, wie schon betont, die großen multinationalen Unternehmen: «Man muß wissen, daß dreihundert dieser Unternehmen heute mehr als 20 Prozent der industriellen Produktion in der entwickelten Welt kontrollieren; daß ca. 30 Prozent des internationalen Handels in ihren Händen liegen.»[40]

Gleichzeitig können sie das Kriegsmaterial liefern, das zur Erreichung der ersten Zielsetzung gebraucht wird. Das Pentagon braucht sie. Aber sie brauchen auch das Pentagon, um die zweite Zielsetzung zu erreichen. Sie brauchen das Pentagon außerdem, um die Profite und die Kapitalakkumulation erzielen zu können, die eine Voraussetzung sind, um sich die fortgeschrittenste Technologie, die wiederum ständig neue Kapitalakkumulation erfordert, zunutze machen zu können. Die militärische Macht des Pentagon basiert auf den Monopolunternehmen, und deren ökonomische Macht basiert wiederum auf dem Pentagon.

Einige Autoren behaupten, wie erwähnt, faktisch sei das Pentagon – mit seinem großen bürokratischen Apparat – dominierend.[41] Sie bezeichnen die amerikanische Ökonomie als «Kriegsökonomie» und benutzen den Begriff «militarisierte Gesellschaft» – *the garrison state* – für das soziale System der USA. Dieser Apparat kontrolliert Aktivitäten in 20000 Unternehmen, davon einigen sehr großen und die Mehrzahl der Zulieferbetriebe. Diese Zahlen umfassen alle Unternehmen, die entweder direkt oder durch Lieferverträge als Unterlieferanten vertraglich an das Pentagon gebunden sind.[42] Das Pentagon errichtete 1962 eine besondere Organisation, DSA – Defense Supply Agency = Versorgungsamt für Verteidigung –, die wiederum die Aufgaben von elf Organisationen und staatlichen Institutionen übernahm.[43] Die USA wiederum haben eine besondere Organisation, die die Erfüllung der Verträge mit dem Pentagon kontrollieren soll und auch im Detail vorschreiben kann, wie der Vertrag zu erfüllen ist. Diese Organisation hat überall in den USA lokale Niederlassungen. Ihr New Yorker Büro hatte 1968 3606 Angestellte.[44]

Außerdem gibt es eine unabhängige Organisation – Defence Contract

Audit Agency –, deren Aufgabe es ist, ausschließlich für die Spitze des Pentagon Kontrollen durchzuführen. Dieser gewaltige bürokratische Apparat besitzt eine schwer zu kontrollierende Macht. Er hat alle Nachteile eines bürokratischen Apparates, ist andererseits aber notwendig, weil die Spitze die gewaltigen Aufgaben, die die Verwaltung der Verteidigungsverträge mit sich bringt, nicht bewältigen kann. Die Spitze kann die allgemeine Politik angeben und formulieren. Die Ausführung der Politik muß sie anderen überlassen. Eine Kontrollinstanz ist gegenüber der Spitze direkt verantwortlich. Alle diese Organe werden ständig in Kompetenzstreitigkeiten und Konflikte verwickelt, die wiederum von dem, der kontrolliert werden soll, ausgenutzt werden können. Da die großen Unternehmen ökonomische Ressourcen haben, besteht leicht die Gefahr der Korruption, Bestechung und anderer Arten, die Kontrolle zu unterlaufen.

Welche Produkte – das heißt welches Kriegsmaterial – hergestellt werden soll, bestimmt das Pentagon nach Verhandlungen mit den künftigen Lieferanten. Den entscheidenden Beschluß trifft das Pentagon. Der Lieferant seinerseits gerät in eine Abhängigkeitssituation: er kann keinen anderen Abnehmer für seine Waren finden. Selbst wenn er jemanden fände, bekäme er keine Verkaufserlaubnis; Waffen können an andere Länder nur nach Genehmigung durch die militärische Führung verkauft werden. Das Pentagon behält sich auch in allen seinen Verträgen das Recht vor, den Vertrag zu brechen.

Weiter kann die staatliche Verwaltung dem Unternehmen, das einen Vertrag erhält, Kapital zur Verfügung stellen. Das kann Kapital für Investitionen – in Grundstücke, Gebäude und Maschinen – sein sowie Kapital – in Form eines Vorschusses –, um Rohstoffe, Löhne usw. zu bezahlen. Um ein paar Beispiele aus der Flugzeugindustrie zu nennen: Boeing erhielt für eine Fabrik in Kansas 98 Prozent des investierten Kapitals vom Pentagon. Dasselbe gilt für die Douglas Werke in Oklahoma, für das General Dynamics-Unternehmen in Texas – das 100 Prozent seines investierten Kapitals erhielt – usw.[45]

Investitionen, die mit staatlichem Kapital gemacht werden, dürfen nicht als Sicherheit für Kredite bei privaten Banken verwendet werden. Dies führt dazu, daß das Pentagon einen erneuten Kapitalbedarf nach weiterem Kredit befriedigen muß und damit seine Macht stärkt.

Ein Vertrag umfaßt gewöhnlich nicht eine Waffe allein, sondern Waffensysteme. Eine Luftabwehrrakete, die gebaut werden soll, umfaßt beispielsweise Radar, Abschußrampe sowie alle Dinge, die nötig sind, damit die Rakete funktioniert. Das Unternehmen, das den Vertrag erhält, beschafft sich deshalb Unterlieferanten, die vom Pentagon genehmigt werden müssen. Die staatliche Verwaltung muß auch den Produktionsplan im Detail genehmigen. Sie führt auch ständige Qualitätskontrollen durch, die sich immer mehr von der Produktenkontrolle dahin verschieben, daß kontrolliert wird, wie die Unternehmensleitung ihre Funktion ausübt.

Ein interessantes Problem ist der Profit, den diese Unternehmen machen. Das Pentagon geht davon aus, der Profit müsse groß genug sein, um nicht die ökonomische Position des Unternehmens zu untergraben und dadurch die Möglichkeit zu gefährden, Kriegsmaterial zu liefern. Da ein großer Teil des Kapitals Kredite des Pentagon sind, und da der Absatz der Produkte gesichert ist, stellt der Profit keinerlei Belohnung für die vom Unternehmen übernommenen Risiken dar. Es ist statt dessen «eine Methode zu kontrollieren, wie die Unternehmensleitung ihre Aufgaben ausführt. Deshalb wird, was in Wirklichkeit ein Bonus für die Unternehmensleitung ist, ‹Profit› genannt, übereinstimmend mit der Vorstellung, es handle sich um ein privates Unternehmen, das seine Operationen autonom (das heißt ohne staatliche Einmischung) ausführt.»[46] Der Verfasser fügt hinzu, da all dies aus öffentlichen Steuergeldern komme, sollten Sparsamkeit und der Wunsch nach möglichst geringen Kosten eine Zielsetzung sein. Aber die Bestimmung des Profits richtet sich nach der Aufrechterhaltung und Ausweitung des «gesamten militärisch-industriellen Imperiums und seiner Kontrolle».[47] Je größer der Anteil militärischer Ausgaben am Bruttosozialprodukt wird, desto größer wird auch die vom Pentagon ausgeübte Macht, da die alternative Verwendung öffentlicher Mittel erschwert wird.

Es besteht die Tendenz, die Rolle des Pentagon zu betonen und zu behaupten, es kontrolliere die Unternehmen und nicht umgekehrt. Durch die Militärbürokratie verfügt es über große ökonomische Mittel – rund 10 Prozent vom Bruttosozialprodukt – und hat natürlich große Macht. Aber je größer die großen multinationalen Konzerne werden, desto geringere Bedeutung kommt ihren Verträgen mit dem Pentagon für ihre Aktivität zu. Es sind in erster Linie die mittelgroßen Unternehmen, die von der staatlichen Militärbürokratie beherrscht werden. Die Beziehungen zwischen dem Pentagon und den großen multinationalen Unternehmen könnte man wohl als durch gemeinsame Interessen und wechselseitige Abhängigkeit bestimmt beschreiben. Das schließt keineswegs gegensätzliche Interessen und innere Widersprüche aus. Die großen multinationalen Konzerne haben ein beträchtliches Interesse daran, daß der Handel zwischen den USA und der übrigen industrialisierten Welt nicht durch Schranken behindert wird. Sie sind gegen die Errichtung von Zollgrenzen. Es besteht nämlich die Gefahr, daß die anderen kapitalistischen Länder das gleiche tun. Und das würde die Aktivitäten dieser Unternehmen einschränken.

Die Kosten für die militärischen Aktivitäten in der Welt und besonders in Vietnam wurden so hoch, daß die USA, wie erwähnt, eine defizitäre Zahlungsbilanz hatten und im Sommer 1971 einen zehnprozentigen Sonderzoll einführen mußten.

Eine Lösung war, wie auch geschehen, die Dollarabwertung. Sie half den multinationalen Unternehmen, weil es ihren Export begünstigte. Die übrigen Teile der Welt hatten die Kosten zu tragen. Besonders Japan traf es hart. Eine Konsequenz dieser Politik ist somit die Schaffung von Gegensätzen zwischen den USA und der übrigen kapitalistischen Welt. Diese Maßnahmen arbeiten der zweiten beschriebenen Zielsetzung entgegen, nämlich daß sich die Wirtschaft in der entwickelten Welt auf die US-Wirtschaft stützen solle. Sie erreichte ihre Vorherrschaft Ende des Zweiten Weltkrieges, als die USA gleichzeitig die Wirtschaft Westeuropas und Japans aufbauen halfen. Die Staaten in Westeuropa und Japan wurden dadurch Konkurrenten. Japanische Produkte überschwemmen die Märkte aller kapitalistischer Länder und wurden bevorzugt, weil sie billig sind. Japan hinderte ausländische Gesellschaften daran, in erster Linie die multinationalen, Kapital im Land zu investieren. Aber Japan wiederum ist abhängig vom Rohstoffimport, zum Beispiel Öl, das die multinationalen Konzerne besitzen und kontrollieren. Neue Ölvorkommen sind im Meer vor den Inseln Okinawa und Taiwan entdeckt worden, Ölfelder, die sich bis an die Küsten Kambodschas und Vietnams erstrecken. Japan könnte das Öl gebrauchen, aber amerikanische Gesellschaften haben das Kapital und die Technologie zur Ölgewinnung aus dem Meer, und sie haben sich bereits die Bohrrechte gesichert.[48]

Es gibt andere Widersprüche. Japan hat große Investitionen auf der Insel Taiwan gemacht, wo der Arbeitslohn ungefähr nur die Hälfte von dem in Hongkong, ein Zehntel von dem in Westdeutschland und ein Zwanzigstel von dem in den USA beträgt. Streiks sind auf der Insel nicht erlaubt, da sie sich mit der Volksrepublik China als im Kriegszustand befindlich betrachtet. Aber eine amerikanische Politik, die versucht, die Beziehungen mit China zu verbessern, kann zum Verlust der Investitionen führen, wenn nämlich Taiwan an China fällt und unter seine Kontrolle kommt. Japan bemüht sich deshalb um Kontakte mit China als künftigem Markt. All das deutet die Widersprüche innerhalb der gegenwärtigen kapitalistischen Welt an.

Wir können kurz zusammenfassen: die Entwicklung des militärisch-industriellen Komplexes in den USA ist eine Konsequenz der sozial-ökonomischen Struktur und der sie bedingenden Verhältnisse und Zielsetzungen: die dem Kapitalismus innewohnende Forderung nach Kapitalsausweitung und Akkumulation, die Notwendigkeit, die Rohstoffmärkte zu kontrollieren sowie zu verhindern, daß sie unter den Einfluß anderer Mächte geraten. Die Entwicklung hat zur Entstehung der multinationalen Unternehmen sowie des MIK mit gemeinsamen Interessen und gegenseitiger Abhängigkeit geführt. Die Entwicklung hat weiter bewirkt, daß die militärischen, ökonomischen und politischen Zielsetzungen nicht länger übereinstimmen. Die Widersprüche des Systems haben alte Gegensätze verstärkt und neue hervorgebracht. Diese bestehen sowohl innerhalb der politischen, ökonomischen und militärischen Machtstruktur in den USA, wie zwischen den USA und den übrigen entwickelten kapitalistischen Staaten. Es ist anzunehmen, daß 1971 eine neue Phase der internationalen Entwicklung begann, als sich die Position des Dollars auf Grund der Abwertung veränderte, was eng mit dem Vietnam-Krieg und den militärischen und wirtschaftlichen Aktivitäten der USA in der ganzen Welt zusammenhing.

2. Politische Macht

2.1. Die ökonomische und die politische Macht

Ich bin in diesem Buch die ganze Zeit von der Annahme ausgegangen, der materielle Produktionsprozeß sei im menschlichen Leben die zentrale Aktivität. Dieser Prozeß und alle anderen sozialen Prozesse vollziehen sich in einem bestimmten sozialen Rahmen. Diesen Rahmen können wir als den *Staat* bezeichnen. Der Staat ist die politische Institution, durch die politische Macht ausgeübt wird. Wie bereits betont[49], können wir ein soziales System teils als gegebene Realität, teils als Gesamtheit bestehender Beziehungen analysieren. Wenn wir ein soziales System als gegebene Realität untersuchen, dann konzentrieren wir uns auf seine Organisationen. Der Staat ist dann die politische Organisation. Interessieren wir uns für die Beziehungen, so können wir in diesem Zusammenhang das politische Handeln untersuchen.

Eine Theorie über den Staat ist auch eine Theorie über die Gesellschaft und die Machtverteilung in dieser Gesellschaft.[50] Welche Beziehungen bestehen zwischen den ökonomischen Institutionen und den Prozessen, zum Beispiel zwischen Produktionsprozeß und dem Staat als Organisation? Welche Beziehungen bestehen weiter zwischen ökonomischer und politischer Macht? Da ich oben den Ausgangspunkt einer Theorie von der Gesellschaft angegeben habe, haben wir uns in diesem Zusammenhang bereits festgelegt; objektive Macht oder Herrschaft wird mit Hilfe der sozialen und ökonomischen Gesellschaftsstruktur bestimmt. Politische Macht und die vom Staat ausgeübte Macht werden als Mittel gesehen, die existierende Struktur zu bewahren.[51]

Die letzte Behauptung können und müssen wir etwas modifizieren. Politische Macht kann ein Mittel sein, um Veränderungen zu bewirken. Die Frage ist, ob diese Veränderungen, die bedeutungsvoll sein können, die grundlegende Struktur des Systems unberührt lassen, oder ob sie in der Lage sind, eine Strukturveränderung zu bewirken. Konkreter läßt es sich mit folgender Frage ausdrücken: Besteht die Möglichkeit, eine kapitalistische Gesellschaft ausschließlich mit Hilfe politischer Reformen in eine sozialistische zu verwandeln oder bedarf es einer revolutionären Veränderung? Diese Frage und ihre Beantwortung haben die Arbeiterbewegung in zwei Lager geteilt. Eins, das behauptet hat und weiterhin behauptet, die Durchführung des Sozialismus sei nur mit Hilfe revolutionärer Veränderungen möglich.[52] Das andere Lager behauptet dagegen, es sei möglich, die Gesellschaft allmählich mit Hilfe von Reformen zu verändern, um auf diesem Wege den Sozialismus zu erreichen.

Schauen wir uns ein wenig die Argumente für den revolutionären und den reformistischen Weg an. Ich glaube nämlich, daß wir auf diese Weise Informationen über die Beziehungen zwischen der ökonomischen und der politischen Machtausübung erhalten können. Aber bevor wir das tun, möchte ich noch einmal an meine Unterscheidung zwischen Herrschaft einerseits und andererseits an die Mittel zur Aufrechterhaltung der objektiven Machtstruktur erinnern.[53] Unser Problem ist hier: Kann man mit Hilfe politischer Machtmittel eine Veränderung der grundlegenden objektiven Machtstruktur, die auf der Kontrolle über die Produktionsmittel und der Verfügung über das soziale Produkt beruht, bewirken?

In der letzten Zeit ist die reformistische Argumentation in der Theorie vom «Funktionssozialismus» von Gunnar Adler-Karlsson entwickelt worden.[54] Einer seiner grundlegenden Gedanken ist, das formale Eigentumsrecht an Produktionsmitteln sei gewiß bedeutungsvoll, es gebe aber Wichtigeres: 1. wie werden die ökonomischen Funktionen ausgeübt, die gewöhnlich mit dem formalen Eigentumsrecht verbunden sind, und wer bestimmt, wie sie ausgeübt werden sollen; 2. welche Überlegungen liegen der Funktionsweise ökonomischer Institutionen zugrunde, die ökonomischen Prozesse zu gestalten.

Ist es richtig, daß das formale Eigentumsrecht zwar bedeutungsvoll, aber nicht entscheidend ist? Heutzutage gibt es viele Kleinaktionäre. Einer Zeitungsmeldung zufolge hatte beispielsweise Volvo 1976 mehr als 100 000 Aktionäre. Viele Kleinaktionäre haben einige wenige Aktien, die ihnen teils eine Wertsteigerung des angelegten Kapitals einbringen. Die Aktienkurse haben auf Grund der Inflation die Tendenz, schneller zu steigen als die Preise. Teils erhalten die Aktionäre eine jährliche Dividende als Vergütung für ihr «Risiko» bei der Geldanlage – so jedenfalls die übliche Erklärung, weshalb man eine Dividende für seine Aktien, das heißt das angelegte Kapital, erhalten soll; es ist zu diskutieren, ob es wirklich ein Risiko ist. Diese Kleinaktionäre haben keinerlei Einfluß auf die Betriebsführung des Unternehmens, dessen Aktien sie halten.

All das führt uns zu der Schlußfolgerung, daß das Eigentum an Produktionsmitteln durch Aktien gewiß bedeutsam, aber keineswegs entscheidend dafür ist, wer entscheidet, wie ein Unternehmen geführt werden soll und wer die subjektive Macht in diesem Unternehmen ausübt. Je mehr Kleinaktionäre es gibt, desto leichter ist es für eine kapitalstarke Gruppe, Einfluß auszuüben, ohne die Aktienmehrheit besitzen zu müssen.

Ein anderes Argument gegen das Eigentum als alleinentscheidenden Faktor ist, daß staatliches Eigentum nicht unbedingt eine Veränderung der grundlegenden gesellschaftlichen Verhältnisse oder der Prinzipien und Bewertungen, nach denen ein Unternehmen geführt wird, bedeuten muß.

Staatliches Eigentum kann also durchaus parallel zu einer kapitalistischen Produktionsweise gedeihen. Die Renault-Werke in Frankreich sind beispielsweise Staatseigentum. Die französische Ökonomie und die soziale Struktur ist deshalb nicht sozialistischer als die schwedische, wo Volvo sich im Besitz von etwa 100 000 Aktionären befindet. Ein weiteres Beispiel stellen die großen amerikanischen Unternehmen der Rüstungsindustrie dar, die einen großen Teil ihres Kapitals vom Staat, das heißt vom Pentagon, erhielten.[55]

Wir wollen ein weiteres Beispiel anführen, nämlich die Sowjetunion, wo die Produktionsmittel staatlich sind. Ist die Sowjetunion deshalb ein sozialistisches Land? Die Meinungen gehen auseinander, je nach dem, wie man den Begriff «Sozialismus» definiert. Ein Teil nennt diese Wirtschaft eine «Übergangswirtschaft», das heißt sie verkörpert den Übergang vom kapitalistischen zum kommunistischen System mit dem Sozialismus als Übergangsstadium. Andere behaupten, die Sowjetunion verkörpere eine neue Form des Kapitalismus, «Staatskapitalismus». Dieser Auffassung zufolge ist in der Sowjetunion eine neue herrschende Klasse entstanden, bestehend aus einer Bürokratie, die in ihren Händen die politischen, militärischen und ideologischen Machtmittel vereinigt und dadurch die Produktionsmittel und ihre Verwendung, einschließlich des Sozialproduktes und seine Verteilung, kontrollieren kann. «Die Triebkraft menschlichen Handelns ist nicht länger die Fürsorge für das Volk, sondern der eigene private Bedarf. Das System vertraut auch nicht länger auf die Initiative der arbeitenden Massen, sondern auf die Gewinnsucht der Spitzenschicht . . . Den Nutzen aus diesem System zieht die priviligierte Spitzenschicht in Partei, Staat und Unternehmen. Das geschieht auf Kosten der Arbeitenden in Stadt und Land, das heißt der großen Masse des Volkes. Deshalb ist es ziemlich einleuchtend, daß die Sowjetunion kein Staat ist, in dem die Arbeiterklasse die Macht hat, sondern eine neue Privilegiengesellschaft mit einer herrschenden Klasse, die von der Mehrarbeit der direkten Produzenten lebt.»[56]

Unabhängig davon, wie wir die Struktur der Sowjetgesellschaft interpretieren wollen, schließen wir daraus, daß eine Verstaatlichung der Produktionsmittel keine ausreichende Bedingung ist, um eine sozialistische Gesellschaft hervorzubringen. Unsere Schlußfolgerung muß deshalb sein, daß die *formalen* Eigentumsverhältnisse nicht entscheidend dafür sind, ob eine Gesellschaft als kapitalistisch oder sozialistisch bezeichnet werden könne.

Wir wollen jetzt seine zweite Behauptung untersuchen, derzufolge man sich die Entscheidungsfunktionen und Bewertungen ansehen soll. Die Entscheidungsfunktionen betreffen drei Hauptbereiche:

1. Die *Produktion*: a) zum Beispiel was soll mit den vorhandenen Produktionsmitteln produziert werden; b) die Beschlußfassung über die Art der künftigen Produktion, was die Entscheidung über Investitionen und die Gewinnanwendung einschließt; c) die Entscheidung darüber, wie die Arbeitskraft eingesetzt werden soll.

2. Der zweite Hauptbereich betrifft die *Verteilung* des Sozialprodukts: a) wie der Gewinn verwendet werden soll; b) wie die Lohn- und Einkommensverteilung geschieht und c) wer entscheidet, wie die Verteilung des Sozialprodukts vor sich gehen soll, zum Beispiel durch Steuern, Kindergeld, Wohngeld usw., alle die Maßnahmen, die eingesetzt werden, um eine Umverteilung zu erreichen.

3. Der dritte Hauptbereich erstreckt sich auf die *Koordination*: a) wie die Produktion verschiedener Bereiche koordiniert wird und wer darüber entscheidet; ob es mit Hilfe einer Zentralplanung geschieht oder nicht; b) welche Kontrolle gibt es über die Entscheidungsträger, gleichgültig, ob die Entscheidungen in einer staatlichen Bürokratie oder in den Vorstandsetagen privater Banken bzw. Unternehmen getroffen werden, denn diejenigen, die diese Entscheidungen treffen, bekommen dadurch wichtige Machtmittel in die Hand; c) wie die Koordination ökonomischer Zielsetzungen und anderer, zum Beispiel politischer Zielsetzungen, geschieht.

Adler-Karlsson (op. cit.) behauptet, man könne während des heutigen Veränderungsprozesses gewisse Funktionen, die in einer kapitalistischen Gesellschaft, von der die ökonomischen Machtmittel kontrollierenden herrschenden Klasse ausgeübt werden, abtrennen. Auf diese Weise verringert man ihre Machtstellung, und es vollzieht sich ein allmählicher Übergang zu einer sozialistischen Gesellschaft. Das Problem bei diesem Gedanken scheint mir folgendes zu sein: Wenn man eine Gesellschaft oder ein soziales System als Ganzheit betrachtet, kann man sich Veränderungen *im Rahmen* der Struktur dieses Systems vorstellen. Aber es ist auch denkbar, das ganze System grundlegend zu verändern. Die Behauptung muß jedoch verdeutlicht werden: Was sind Veränderungen im Rahmen eines Systems und was sind Systemveränderungen? Stellt man diese Frage, so muß man auch eine andere Frage beantworten: Was charakterisiert revolutionäre Veränderungen?

Die Frage, die wir uns hier stellen, ist folgende: Wie weit könnte eine reformistische Veränderung gehen, wenn unsere Gesellschaft isoliert, das heißt unabhängig von der Umwelt, wäre? Wahrscheinlich könnte man in diesem Fall sehr weit gehen. Aber Gesellschaften wie Schweden oder die Bundesrepublik sind keine isolierten Gesellschaften. In Wirklichkeit gibt es – aus einem globalen Blickwinkel heraus – keine «geschlossenen» Gesellschaften, abgesehen von einigen wenigen isolierten Südseeinseln. Manche sind vielleicht unabhängiger als andere. Die skandinavischen Länder und die

Bundesrepublik zum Beispiel sind jedoch ein vollintegrierter Teil eines größeren, die ganze sogenannte westliche Welt umfassenden ökonomischen Systems, und die möglichen Reformen werden deshalb durch die Funktionsweise dieses ganzen Systems gebremst. Gleichzeitig besteht natürlich eine gewisse Bewegungsfreiheit, die durch den Anschluß an Machtblöcke, wie zum Beispiel die Europäische Gemeinschaft, eingeschränkt werden kann.

Aber wo verläuft die Grenze reformistischer Veränderungen? Die Antwort hängt mit der oben aufgeworfenen Frage zusammen, was strukturelle Veränderungen im Rahmen eines Systems und was Veränderungen des ganzen Systems sind. Wann geschieht das eine und wann das andere? Jede Gesellschaftsformation hat ihre inneren Grenzen. Diese sind ökonomisch-politischer sowie kulturell-psychologischer Art. Aber um diese Grenzen festzusetzen, muß man zumindest 1. genau die Funktionsweise eines sozialen Systems angeben, um wesentliche von unwesentlichen Beziehungen trennen zu können; 2. ein soziales System in einen größeren historischen Zusammenhang setzen, um die gegebene Situation zu verstehen; 3. von einer bestimmten Wertorientierung menschlicher Bedürfnisse und Zielsetzungen ausgehen.

Was sind nun die wesentlichen inneren Grenzen einer kapitalistischen Gesellschaft? Das formale Eigentumsrecht an Produktionsmitteln kann es nicht sein. Es läßt sich nämlich durch Staatseigentum ersetzen, ohne daß dies ausreichte, die inneren Grenzen zu überschreiten.

Die inneren Grenzen einer kapitalistischen Gesellschaft sind 1. die Produktion erfolgt für einen Markt und muß Gewinn erbringen, das heißt neues Kapital muß ständig akkumuliert werden, damit bereits getätigte Investitionen nicht verlorengehen[57]; 2. es muß deshalb ein Mehrwert produziert werden, was wiederum dazu führt, die Arbeitskraft als Ware zu sehen und als solche zu behandeln.

Für den Markt zu produzieren, bedeutet unter anderem die Unterordnung menschlicher Bedürfnisse und ihrer Befriedigung unter Zielsetzungen wie Konkurrenzfähigkeit, die Eroberung, Erhaltung und Ausweitung von Marktanteilen für die Kapitalakkumulation oder – was im großen und ganzen dasselbe ist – Wirtschaftswachstum.

Will man diese Grenzen überschreiten, muß man:

1. die Tatsache beseitigen, derzufolge die Arbeitskraft einzig und allein eine Ware ist und der Wert der Menschen dazu tendiert, derselbe zu sein, wie der Wert der Arbeitskraft;

2. den persönlichen Gewinn und das Streben nach eigenen materiellen Vorteilen – vielleicht nicht völlig – abschaffen, weil sie ja immerhin die wichtigste Triebkraft sind, um Menschen zu einer Arbeitsleistung anzuspornen. Aber die Punkte eins und zwei stehen in engem Zusammenhang miteinander. Ist Arbeitskraft eine Ware, wird der, der sie gibt, dafür bezahlt, das heißt, die Arbeit ist ein Tausch von Arbeitskraft gegen materielle Vor-

teile;

3. den Unternehmensprofit als Maßstab volkswirtschaftlicher Art ersetzen, in den auch solche Faktoren wie die Kosten der Umweltzerstörung und Verschwendung knapper Ressourcen eingehen.

Wenn es stimmt, wie ich behaupte, daß die oben gegebene Beschreibung die inneren Grenzen einer kapitalistischen Gesellschaft ausdrückt, dann ist jedes Überschreiten dieser Grenzen eine revolutionäre Veränderung. Es ist wichtig, dies zu betonen. Denn das Wort «revolutionär» wird sehr unterschiedlich verwendet. Die Machtübernahme durch einen lateinamerikanischen General wird ebenso als «Revolution» bezeichnet wie die Vorgänge 1789 und 1968 in Frankreich. Wir sprechen von einer «Revolution» in der Kunst, wie auch von der chinesischen «Kulturrevolution», um zu verdeutlichen, wie das Wort zu gebrauchen ist. Gewöhnlich gebraucht man es nur für Veränderungen gewaltsamer Art. Folgt man aber meiner Argumentation, so ist es keineswegs selbstverständlich, daß eine revolutionäre Veränderung gewaltsam sein muß. In einem solchen Fall schließt man zum Beispiel die chinesische Kulturrevolution von der Bezeichnung «revolutionär» aus.

Die Grenze politischer Veränderung scheint dort zu verlaufen, wo man versucht, die inneren Grenzen eines Systems und die objektive Machtverteilung, die das System charakterisiert, zu verschieben. Aber nach dieser Feststellung kann und muß man zwei Sachen hinzufügen: Wie das schwedische Beispiel zeigt, kann die politische Macht zur Verbesserung der Lebensbedingungen großer Bevölkerungsteile eingesetzt werden, auch wenn man damit nicht die inneren Grenzen des Systems überwindet. Aber da alle Menschen nur einmal leben, kann die Schaffung angemessener Lebensbedingungen, besonders für die Arbeiterklasse und die Ärmsten, nicht einfach damit abgetan werden, daß es letztlich nur «Reformismus» sei.

Das andere Problem ist, daß eine revolutionäre Veränderung nicht unbedingt zur Schaffung einer sozialistischen Gesellschaft führen muß. Wenn die Interpretation der Sowjetgesellschaft als einer neuen Klassengesellschaft, beherrscht von einer Bürokratie, richtig ist, dann kann die Schlußfolgerung nur sein, daß eine revolutionäre Veränderung bestehender *objektiver* Machtverhältnisse keinerlei Garantie dafür bietet, daß diese nicht in irgendeiner anderen Form wiederauferstehen.

Man kann im nachhinein erklären, warum es in der Sowjetunion so gekommen ist.[58] Aber alle diese Erklärungen deuten darauf hin, daß eine revolutionäre Veränderung tiefer als nur bis zur Veränderung der Eigentumsverhältnisse gehen muß. In der Sowjetunion bestehen von den vorher genannten Faktoren wenigstens noch zwei: 1. die Arbeitskraft ist fortgesetzt eine Ware; 2. der persönliche Gewinn ist immer noch die wichtigste Triebkraft, um Menschen zur Arbeit zu veranlassen. Außerdem hat man den Unternehmensgewinn als Faktor der ökonomischen Effektivitätsmessung wieder eingeführt. Um tiefgreifende Veränderungen zu erreichen, scheint es notwendig zu sein, eine einmalige Veränderung revolutionärer Art durch eine «permanente Revolution» oder wiederkehrende (Kultur-)Revolutionen zu ersetzen. Aus diesem Blickwinkel ist die Entwicklung in China besonders interessant.[59]

Zusammenfassend können wir jetzt folgende These aufstellen: Im kapitalistischen Teil der Welt ist die Kontrolle des Sozialprodukts ein zentraler Machtfaktor. Die Kontrolle beruht auf der Tatsache, daß eine Klasse Menschen über die Arbeit anderer verfügen kann, was wiederum von entscheidender Bedeutung für die Verteilung der ökonomischen und politischen Machtmittel ist. Das gleiche trifft im Prinzip auch für die Sowjetunion zu. Es gibt jedoch zumindest einen Unterschied. Der ist auf folgende Weise formuliert worden: Die politische Macht der herrschenden Klasse im Kapitalismus ist eine Funktion der ökonomischen Macht, während umgekehrt in der Sowjetunion die ökonomische Macht eine Funktion der politischen ist.[60]

Der Besitz ökonomischer Machtmittel in kapitalistischen Staaten braucht also nicht mit dem Besitz politischer Machtmittel verbunden zu sein. Die innere Dynamik des sozialen Systems setzt der Ausübung politischer Macht Grenzen, besonders bei der Vollziehung im Rahmen parlamentarischer Institutionen. Denn Politiker müssen so handeln, daß sie nicht die Unterstützung der Wähler verlieren.

In der Sowjetunion gibt es andererseits eine bürokratische Gruppe oder Klasse, die den administrativen Apparat und die gesellschaftlichen Zwangsmittel, Militär und Polizei, kontrolliert. Mit diesen Machtmitteln als Grundlage kann sie die ökonomischen Prozesse bestimmen. Aber die herrschende Gruppe oder Klasse ist abhängig vom gut funktionierenden Produktionsprozeß, und deshalb existiert ein Belohnungssystem für den Teil der Bürokratie, der die Produktion in den Unternehmen leitet. Die Direktoren sind deshalb persönlich interessiert, viel zu produzieren. Ihr Einkommen und andere Privilegien sind von der Produktionseffektivität abhängig. Damit baut man auf den persönlichen Profit als Triebkraft, um Personen in leitenden Stellungen zur Arbeit anzuspornen. Weiter gilt der Gewinn, berechnet als betriebswirtschaftliche Rentabilität, als Maßstab der Produktionseffektivität.

Als Folge dessen scheinen die Werte und Zielsetzungen in der Sowjetunion immer mehr mit den Werten und Zielsetzungen übereinzustimmen, die in der sozialen und ökonomischen Struktur kapitalistischer Gesellschaften vorherrschen.

Wir können die *herrschende Klasse* einer Gesellschaft als die Klasse von Personen definieren, die über die Produktionsmittel und über das Ergebnis der Produktion verfügt, das heißt das gesamte Sozialprodukt und seiner Verteilung. Weiter können wir die Gruppe von Personen, die an der Ausformung politischer Entscheidungsprozesse beteiligt ist, die diese Entscheidung verwirklicht oder darauf Einfluß hat, daß es geschieht und wie es geschieht, als die *politische Elite* definieren. Die Verbindung zwischen der herrschenden Klasse und der politischen Elite kann drei Formen annehmen[61]: 1. sie sind völlig getrennt; 2. die herrschende Klasse und die politische Elite fallen in gewissem Umfang zusammen; 3. die politische Elite gehört zur herrschenden Klasse, obwohl es umgekehrt nicht zutrifft. Nicht alle Angehörigen der herrschenden Klasse beschäftigen sich mit Dingen, die zu den Aufgaben der politischen Elite gehören, da die herrschende Klasse in diesem Fall umfassender ist als die politische Elite.

In einer Gesellschaft wie der schwedischen trifft der erste Zusammenhang zu: die herrschende Klasse und die politische Elite sind voneinander getrennt – diese Feststellung besagt noch nichts über ihre gegenseitigen Beziehungen. In der Sowjetunion gilt das zweite Verhältnis, nämlich ein Zusammenfallen von herrschender Klasse und politischer Elite. In den USA schließlich ist die politische Elite, besonders die, die militär-politische Entscheidungen trifft, Pentagon, ein Teil der herrschenden Klasse. Die Pentagonbürokratie verfügt über einen großen Teil der Produktionsmittel, aber nicht über alle. Sie verfügt auch über einen großen Teil des Sozialprodukts, aber nicht über das gesamte.

Wir haben jetzt versucht, drei Formen der Zugehörigkeitsbeziehungen zwischen der herrschenden Klasse und der politischen Elite festzustellen. Jetzt können wir deren gegenseitige Machtbeziehungen untersuchen. Auch sie können drei Formen haben: 1. die herrschende Klasse dominiert völlig die politischen Entscheidungsprozesse und deren Inhalt. So ist es beispielsweise in der Sowjetunion. 2. Die politische Elite unterstützt und stärkt die Dominanz der herrschenden Klasse durch ihre Beschlüsse. So geschieht es in den USA. 3. Die politische Elite begrenzt die Dominanz der herrschenden Klasse. Sie versucht es in Schweden, und es gelingt ihr in gewissem Ausmaß im Rahmen der grundlegenden Struktur des bestehenden ökonomischen Systems. Die herrschende Klasse hat hier außerdem mit der politischen Elite bestimmte informelle Kontakte entwickelt. Um sich politische Unterstützung zu sichern, kommt es auch vor, daß sie zum Beispiel die Regierung über ihre geplanten Maßnahmen informiert.

Neben diesen drei Beziehungen zwischen der herrschenden Klasse und der politischen Elite gibt es eine vierte. Aber sie geht von anderen Gesichtspunkten aus. Sie behauptet, es gebe keine herrschende Klasse. Statt dessen finde man eine Vielzahl von Gruppen, Interessenorganisationen, Verbände mit verschiedenen und mitunter entgegengesetzten Interessen. Der Unternehmerverband, der Gewerkschaftsbund, die Organisation der Beamten und Angestellten, die Interessenorganisation der Landwirtschaft sowie Wirtschaftsverbände, Industrieverbände versuchen alle, die Interessen ihrer Mitglieder wahrzunehmen. Ihre Machtmittel sind begrenzt und untereinander ausgeglichen. Die politische Elite hat hier die besondere Aufgabe, zwischen den verschiedenen Organisationen oder Verbänden zu vermitteln, um die Gesellschaft im Gleichgewicht zu halten. Diese Theorie ist auch als «Pluralismus» bezeichnet worden – das heißt gleichmäßige Verteilung der Macht unter vielen Gruppen. Der Pluralismus verneint das Bestehen einer herrschenden Klasse und behauptet statt dessen, viele Gruppen würden über Machtmittel verfügen und sie gegeneinander einsetzen.

Diese Theorie, die unter anderem wegen ihrer Annahme kritisiert wird, alle Organisationen hätten ungefähr gleich viele Machtmittel zur Verfügung, beruht auf einer ganz anderen Theorie von der Gesellschaft als sie diesem Buch zugrunde liegt. Erstens begreift sie Macht nicht als etwas Objektives, sondern Subjektives in dem Sinne, daß Personen sich Macht verschaffen oder besitzen. Man interessiert sich dann für solche Fragen wie: «Weshalb neigt ein Teil Menschen dazu, sich mehr Macht als andere zu verschaffen?» oder «Weshalb erreichen einige mehr Macht als andere?» Die Antwort liegt oft auf der psychologischen Ebene. Man sucht nach psychologischen Erklärungen statt nach soziologischen. Das hängt damit zusammen, daß man vom Individuum ausgeht und nicht von der Gesellschaft als Ganzes. Es beruht auch auf dem Versuch, soziologische Probleme auf psychologische zu reduzieren.[62] Schließlich geht man von der Vorstellung aus, eine Gesellschaft werde durch ein System des Gleichgewichts charakterisiert, und das Gleichgewicht werde gerade durch diese Gruppen und Organisationen, die sich gegenüberstehen und gegeneinander aufwiegen, bewahrt.

2.2. Der Staat

In der Gesellschaft, in der wir leben, hat der Staat als Organisation seinen Charakter verändert. Er besteht nicht aus einer bestimmten Gruppe, die über Zwangsmittel verfügt, das heißt den gesamten Staatsapparat einschließlich Armee, Polizei und Gerichte. Es gibt auch eine ständig wachsende Gruppe mit ganz anderen Funktionen. Wir haben behauptet, der Unterschied zwischen einer «Wohlstandsgesellschaft» und einer kapitalistischen «Überflußgesellschaft» sei durch den Anteil charakterisiert, den die Gesellschaft am gesamten Sozialprodukt habe, beispielsweise, gemessen am Bruttosozialprodukt. Je mehr der «öffentliche» Sektor wächst, das heißt je mehr Aufgaben und Funktionen der Staat als gesellschaftliche Organisation übernimmt, desto größer wird der staatliche Verwaltungsapparat. Man braucht sich nur die Ausweitung der administrativen bürokratischen Organisationen vor Augen zu halten.

Fassen wir zusammen, was wir über den Staat als Organisation gesagt haben: 1. Es gibt einen permanenten Zwangs- und Verwaltungsapparat. Dazu gehören die Armee, die Polizei, der Teil der Bürokratie, der Zwang gegen Individuen ausüben kann, zum Beispiel Sozialamt und Gerichte; 2. die Organisation, die diesen Apparat kontrolliert, das heißt Parlament und politische Parteien. Diese Organisation ist ebenfalls mehr oder minder permanent. Dagegen wechseln die Gruppen, zum Beispiel die politischen Parteien, die sich dieses Apparats bemächtigen, je nach Ausgang der Wahlen und den daraus folgenden Veränderungen; 3. der gesamte bürokratische Apparat sozialer Fürsorgeorganisationen und Wirtschaftsorganisationen. In diesen sind hochqualifizierte Experten in der Leitung tätig. Diese Experten verfügen oft über eine so umfassende Kenntnis der zu behandelnden Probleme, daß die politisch gewählten Vertreter, die sie kontrollieren sollen, völlig von ihnen abhängig sind. Ein konkretes Beispiel soll das erläutern. Vor einigen Jahren saß ich als politisch gewählter Vertreter in einem Gemeindeausschuß, der mit Vormundschaftsproblemen zu tun hatte. Die Ausschußsitzungen, wo entschieden werden sollte, waren stets von den Beamten gut vorbereitet, und der politisch gewählte Ausschuß billigte praktisch alle Vorlagen, die von den Beamten ausgearbeitet waren. Eine Diskussion wurde nicht nur als überflüssig, sondern sogar als störend empfunden, weil sie ja die überbeschäftigten Personen, die in diesem Ausschuß saßen, Zeit kosteten. Die Entscheidungen wurden deshalb durchgepeitscht, und die Sitzungen waren eine reine Formsache. Eine politische Kontrolle der Bürokratie war in diesem Zusammenhang völlig illusorisch. Es ist schwer zu sagen, ob das Beispiel repräsentativ ist. Jedenfalls dürfte es nicht nur eine Ausnahme sein.

Welche Funktion haben diese Organisationen und bürokratischen Apparate? Ganz allgemein kann man sagen, daß sie Fürsorge und Schulwesen verwalten müssen und gewisse Planungs- sowie konjunkturregulierende ökonomische Aufgaben haben. Aber das Zentrale ist, daß ihre Zielsetzungen von den Zielsetzungen der Gesellschaft diktiert werden und einzig und allein deren Verwirklichung dienen: Wirtschaftswachstum durch ein effektiv funktionierendes Wirtschaftsleben zu schaffen, wo die Effektivität sehr eng begriffen wird. Die sozialen Fürsorgeeinrichtungen sind *teilweise* darauf ausgerichtet, den Wert «menschlicher Ressourcen» für den Produktionsprozeß zu steigern, während gleichzeitig die von der Gesellschaft gewährte soziale Sicherheit unter anderem die Gefahr einer radikalen Kritik an der Gesellschaftsstruktur verringert.

Man darf jedoch nicht vergessen, daß die Trennung zwischen Regierungsmacht, einer zentralisierten Bürokratie und dezentralisierten Verwaltungseinheiten, wie zum Beispiel auf Gemeindeebene, auch eine andere Funktion hat. Diese Verwaltungseinheiten «stellten nicht nur Kommunikations- und Verwaltungskanäle vom Zentrum zur Peripherie dar, sondern auch ein Sprachrohr der Peripherie – oder besonderer Interessengruppen an der Peripherie. Sie sind ein Mittel gewesen, um lokale Sonderinteressen zu überwinden, aber auch ein Forum, um sie zu artikulieren, Instrument einer zentralisierten Kontrolle und gleichzeitig ein Hindernis für sie.»[63]

3. Ideologische Macht

3.1. Bewußtsein

Eine der bekanntesten soziologischen Hypothesen von Karl Marx ist folgendermaßen formuliert worden: Nicht das Bewußtsein der Menschen bestimmt ihr Sein, sondern umgekehrt ihr gesellschaftliches Sein bestimmt ihr Leben. Als diese These aufgestellt wurde, befand man sich noch am Anfang des Industrialisierungsprozesses und in der frühkapitalistischen Entwicklungsphase. Die Erziehung der Kinder geschah praktisch ausschließlich im Familienrahmen. In der Bauernfamilie hatte man eine große Zahl von Kindern, und die Geschwister kümmerten sich umeinander.

In der Arbeiterklasse arbeiteten oft beide Elternteile, und ihre Kinder und die der Nachbarn blieben sich selbst überlassen. Außerdem gab es im großen Umfang Kinderarbeit. Wo eine obligatorische Schulpflicht bestand, war sie relativ kurz, aber es gab sie nicht überall.

Das tägliche Leben der Menschen war mit Arbeit ausgefüllt. Es gab keinen Acht-Stunden-Tag, keinen bezahlten Urlaub. Die Arbeit war schwer und mühsam und die Ausbeutung der Arbeiter war eine direkte körperliche Ausbeutung. Ich möchte nicht behaupten, daß die tägliche Arbeit keine zentrale Rolle mehr in unserem Alltag spielt, aber wir haben doch eine Begrenzung der Arbeitszeit erreicht. Viele Menschen haben von Freitag nachmittag bis Montag früh frei. Die Freizeit ist länger und kann mit Information und Unterhaltung, wie sie die Massenmedien und besonders das Fernsehen bieten, ausgefüllt werden.

Als Marx seine Hypothese aufstellte, war die Arbeitssituation das alles Dominierende, was jedoch heute nicht mehr zutrifft. Marx' Hypothese besagt, die Auffassung der Menschen von ihrer sozialen Welt und ihrer physischen Umgebung sei von ihrer sozialen Existenz abhängig, und diese werde wiederum im großen Umfang von der Stellung im materiellen Produktionsprozeß, das heißt dem Arbeitsleben, bestimmt. Ich meine – und habe es bereits früher gesagt –, daß die Stellung des Individuums im Produktionsprozeß, seine tägliche Arbeit, die soziale Organisation, innerhalb derer die Arbeit geschieht usw., eine ganz wesentliche Rolle für das Bewußtsein spielen. Aber heutzutage gibt es auch Mittel, um die Menschen direkt zu beeinflussen. Das geschieht systematisch durch die Schule und über die Massenmedien. Außerdem ist ein großer Teil der Kindererziehung aus der Familie heraus in Vorschulen und Kindertagesstätten verlegt worden. Die Kindererziehung oder der *Sozialisierungsprozeß* vollzieht sich also nur noch teilweise im Rahmen der Familie und wird auch nur teilweise von den Auffassungen, Standpunkten und Meinungen der Eltern beeinflußt. Dazu kommt die geringe Zahl der Geschwister und daß diese, anders als in der ländlichen Großfamilie, sich weniger umeinander kümmern. Andererseits ist der Einfluß der Spielkameraden gewachsen. In einer Großstadt treffen die Kinder ständig andere Kinder. Sie bilden Gruppen, wo eine wesentliche Beeinflussung stattfindet.

Ein anderer Faktor ist die Verlängerung der Schulzeit. Heutzutage besuchen zum Beispiel alle Kinder in Schweden neun Jahre die Grundschule. Zwischen 85 Prozent und 90 Prozent eines jeden Jahrgangs gehen in weiterführende Schulen, das heißt Gymnasien, Fach- und Berufsschulen. Das bedeutet, daß diese Gruppe wenigstens zwölf Jahre zur Schule geht.

Nach dem Gymnasium kommen außerdem die höhere Ausbildung und alle Formen der Erwachsenenbildung. In Wirklichkeit nähern wir uns der durch die Entwicklung der Produktivkräfte bestimmten Situation, wo die Menschen ihr ganzes Leben hindurch eine regelmäßig wiederkehrende Ausbildung erfahren, die ihr Bewußtsein prägt.

Schließlich haben wir die Massenmedien. Als Marx lebte und die Gesellschaft analysierte, war ihr Einfluß begrenzt. Einerseits konnte nicht jeder lesen, andererseits bildeten Rundfunk und Fernsehen als Massenmedien – besonders letzteres – erst nach dem Zweiten Weltkrieg einen sozialen Beeinflussungsfaktor von Bedeutung. Wir müssen deshalb in diesem Kapitel die Rolle analysieren, die Schule, Ausbildung und Massenmedien bei der Formung des Bewußtseins seines Individuums spielen. Wir müssen sie auch als Instrument, als ideologisches Machtmittel jener betrachten, die sie kontrollieren und über sie verfügen.

Aber erst einmal sollten wir Begriffe wie «Bewußtsein» und «Ideologie» analysieren, ehe wir die Rolle der ideologischen Macht diskutieren.

Das Wort «Bewußtsein» ist nicht eindeutig. Man kann von vornherein wenigstens zwei Bedeutungen unterscheiden. Die eine Bedeutung ist, «bei Bewußtsein sein», die andere «bewußt sein». Wenn wir in der Umgangssprache von «Bewußtsein» sprechen, dann meinen wir unter anderem, daß wir wach sind und die Dinge um uns herum erfassen. «Bei Bewußtsein sein» steht hier im Gegensatz zu «bewußtlos sein», zum Beispiel, wenn man schläft oder nach einem Unfall. Das Gegenstück zu «Bewußtsein» ist hier Bewußtlosigkeit. Aber «Bewußtsein» wird auch in einer anderen Bedeutung gebraucht, nämlich als Gegensatz zu «unbewußt» sein. Das bedeutet unter anderem, daß ich, wenn ich unbewußt bin, nicht die Motive oder Triebkräfte meines Handelns kenne. In erster Linie spricht die Psychoanalyse von «unbewußten Trieben», die das Verhalten eines Individuums diktieren.

Bewußtsein bedeutet deshalb in *einer* Interpretation, man handle rational, das heißt kenne seine Motive, wähle zwischen möglichen Alternativen und entscheide sich für das, wovon man sich den größten Nutzen verspricht.[64]

Ich glaube aber nicht, daß Marx, als er seine These formulierte, das gesellschaftliche Sein bestimme unser Bewußtsein und nicht umgekehrt, die beiden von mir diskutierten Bedeutungen von «Bewußtsein» anwendete. Ich glaube, er benutzte das Wort in einer dritten Bedeutung, nämlich «Bewußtheit»[65]. Ich werde erläutern, was ich darunter verstehe. Angenommen, ich sage: *«Weißt du,* daß Frauen in unserer Gesellschaft nicht immer den gleichen Lohn erhalten wie die Männer, obwohl sie die gleiche Arbeit verrichten?» In diesem Fall frage ich, ob der Betreffende etwas weiß oder die tatsächlichen Verhältnisse kennt. Ich möchte mich erkundigen, ob der Betreffende weiß, was richtig und was falsch ist. Die Behauptung, die sich auf die Wirklichkeit, auf tatsächliche Verhältnisse bezieht, kann entweder wahr oder falsch sein.

Angenommen, ich sage statt dessen: «Bist du dir dessen *bewußt,* daß Frauen nicht immer den gleichen Lohn für die gleiche Arbeit erhalten wie die Mäner?» In diesem Fall frage ich nicht nur, ob der Betreffende bestimmte Kenntnisse hat. Ich gehe davon aus, daß er diese Kenntnisse hat. Ich frage danach, ob er diese Kenntnisse in einen sozialen Zusammenhang setzen kann. Wenn ich sage, «ist dir dieser Umstand bewußt», dann frage ich zum Beispiel, ob er über die Ursachen nachgedacht hat, warum Frauen nicht den gleichen Lohn wie Männer erhalten. Ich frage danach, ob er begriffen hat, daß es sich um ein (soziales) Problem handelt, das heißt die Tatsache selbst ist keineswegs selbstverständlich, sondern kann als äußerst problematisch gesehen werden. Ich ziele auch auf die Konsequenzen dieser Tatsache ab, daß Frauen nicht den gleichen Lohn bekommen. Schließlich kann ich auch danach fragen, ob diese Tatsache bedeutet, inwieweit der Befragte dazu Stellung nehmen möchte. Wenn man also von «Bewußtsein» in diesem Sinne spricht, dann meint man eine bestimmte Art, sich zur Umwelt zu verhalten, das heißt vorhandene Tatsachen in einen größeren Zusammenhang zu setzen.

«Bewußtsein» in diesem Sinne bedeutet, Fakten über die Umwelt zu haben, die Ursachen dieser faktischen Verhältnisse zu kennen, die Konsequenzen dieser Verhältnisse sowohl allgemein als auch in bezug auf die eigene Stellungnahme und das eigene Verhalten zu verstehen.

Der Prozeß, durch den «Bewußtsein» produziert wird, läuft also nicht in erster Linie auf die Vermittlung von Wissen hinaus. Er zielt darauf ab, Menschen zu veranlassen, unter vorhandenen Fakten zu wählen und andere abzulehnen. Hat man eine Auswahl getroffen, hat man bereits gewisse Interpretationen dieser Fakten ausgeschlossen. Es gibt eine andere Form der Bewußtseinsproduktion; den Versuch, Menschen zu einer bestimmten Art Interpretation gewisser Verhältnisse zu bewegen und sie danach entsprechend handeln zu lassen. Aber die Interpretation geschieht gewöhnlich auch unter Berücksichtigung gewisser gesellschaftlicher Zielsetzungen. Wenn ich danach strebe, eine sozialistische Gesellschaft zu schaffen, erkläre ich die Tatsache, daß Frauen nicht den gleichen Lohn erhalten, anders, als wenn ich die bestehenden sozialen Verhältnisse bewahren will.

Warum sollte der Prozeß, der Bewußtsein schaffen will, sich darauf konzentrieren, die Menschen zur *Interpretation* der Wirklichkeit zu bewegen und nicht darauf, *Wissen* über die Wirklichkeit zu vermitteln? Ein wichtiger Grund ist, daß es nicht nur die tatsächlichen Verhältnisse der Wirklichkeit sind, die unser Verhalten beeinflussen. Es ist in weit größerem Umfang meine *Auffassung von der Wirklichkeit*, die mein Verhalten und meine Stellungnahme beeinflußt.

In jeder Gesellschaft wollen die herrschende Klasse oder jene, die sich im Zentrum der Machtstruktur befinden, daß die Menschen die Wirklichkeit so interpretieren, daß diese Auffassung zu Handlungen führt, die die bestehende Machtstruktur nicht bedrohen. Man kann die Menschen mit Hilfe von Militär und polizeilicher Kontrolle dazu bringen, die bestehende Ordnung zu akzeptieren. Aber es ist oft effektiver, sie die Welt und die Gesellschaft aus der Perspektive der Machthaber begreifen und in Übereinstimmung mit den Zielsetzungen der Machthaber handeln zu lassen.

In der von Marx beschriebenen Gesellschaft, der frühkapitalistischen Gesellschaft, traten die Klassengegensätze offener und brutaler zutage als in der heutigen Wohlstandsgesellschaft. Diese starken Gegensätze erschwerten eine einheitliche Auffassung von der Wirklichkeit, das heißt ein Bewußtsein, das nicht von den bestehenden Gegensätzen und Konflikten beeinflußt wurde. Die soziale Stellung oder die eigene soziale Existenz war von weit größerer Bedeutung für das Bewußtsein eines Individuums, das heißt die Art, sich zur Umwelt zu verhalten. Die herrschende Klasse besaß nicht nur das Monopol der staatlichen Machtmittel – was immer noch zutrifft –, sondern sie besaß auch Mittel wie Hunger, Armut, Arbeitslosigkeit, miserable soziale Verhältnisse, um die Menschen zur Anerkennung des bestehenden sozialen Systems zu bringen. Ihre Macht wurde indirekt durch die Schwäche der politischen und gewerkschaftlichen Organisationen der Arbeiter gestärkt.

Die Entwicklung von Produktivkräften, Technik und Wissenschaft bewirkte eine größere Einsicht und eine Ausweitung der Kenntnisse. Wissen vorzuenthalten ist kein effektives Mittel mehr zur Herrschaft über Menschen, denn wenn das Individuum heutzutage effektiv im materiellen Produktionsprozeß funktionieren soll, dann muß es gewöhnlich vielseitige Kenntnisse haben. Statt dessen konzentriert sich der Bewußtseinsproduktionsprozeß auf das Hervorbringen von Werten und Zielsetzungen, die die Interpretation der Wirklichkeit in eine bestimmte Richtung fördern. Hier ist von einem Indoktrinationsprozeß die Rede. Das, was indoktriniert wird, ist eine bestimmte *Ideologie*.

Fassen wir kurz zusammen: Ich versuche hier zwischen drei Formen von «Bewußtsein» zu unterscheiden. Die erste ist eher eine physische und psychologische Eigenschaft. Ihr Gegensatz ist Bewußtlosigkeit, «Bewußtsein» kann auch in der Psychoanalyse in einer eher technischen Bedeutung angewendet werden. Dort bedeutet «Bewußtsein» das Wissen über die eigenen Motive. Das Gegenstück ist ein Verhalten, das «von blinden inneren Kräften gesteuert wird».

Die dritte Form von «Bewußtsein» dagegen bedeutet die Fähigkeit, die eigenen Kenntnisse, besonders über die soziale Umwelt, in einen bestimmten Zusammenhang zu setzen. Aus einer bestimmten Interpretation heraus, die den Augangspunkt bildet, werden bestimmte soziale Verhältnisse faktischer Art so interpretiert, daß man daraus gewisse Folgerungen für sein Verhalten zieht, das wiederum an bestimmten sozialen Zielsetzungen orientiert ist. Wenn ich von Gleichheitsprinzipien ausgehe und von einer sozialistischen Gesellschaft als Zielsetzung, dann interpretiere ich Fakten zur Geschlechtsdiskriminierung auf ökonomischem Gebiet anders, als wenn ich von den Werten einer Männergesellschaft ausgehe und die Bewahrung der bestehenden sozialen Struktur mein Ziel ist.

«Bewußtsein haben» bedeutet dann, daß ich meine Interpretationen in einem Zusammenhang machen kann, der durch meine Werte und meine Zielsetzungen begrenzt wird. Wenn Marx davon sprach, das Bewußtsein des Individuums werde durch dessen gesellschaftliches Sein bestimmt, dann meinte er, die Stellung des Individuums im materiellen Produktionsprozeß habe diesem gewisse Werte und Zielsetzungen vermittelt, die wiederum dessen Auffassung von der sozialen Wirklichkeit bestimmen.

Wenn man in Übereinstimmung mit Marx annimmt, in erster Linie sei die Klassenzugehörigkeit des Individuums von entscheidender Bedeutung für das, was man als «gesellschaftliches Sein» bezeichnet, dann kann man behaupten, es gebe zwei bedeutende Beziehungen für die Ausformung des Bewußtseins: 1. Die *Interessen*, die ein Individuum auf Grund seiner Klassenzugehörigkeit hat und die damit zusammenfallen oder seine Bewertungen bestimmen; 2. die *historische Rolle*, die die Klasse vermutlich spielt oder spielen wird und die die Zielsetzungen des Individuums bestimmt. Wenn man die Interpretation von der Wirklichkeit auf die «kurzfristigen sowie die langfristigen Interessen» und die historische Situation und Rolle der Klasse stützt, dann handelt man mit «Bewußtsein». Tut man es nicht, dann hat man «falsches Bewußtsein». «Falsches Bewußtsein» kann oft als «ideologisches Bewußtsein» definiert werden. Aber auch das Wort «Ideologie» ist vieldeutig und sollte deshalb analysiert werden.

3.2. Ideologie

Der Begriff «Ideologie» entstand in der Zeit der Französischen Revolution. Im Jahre 1795 errichtete man in Paris das Institut de France, das Frankreich ein höheres Ausbildungswesen in Übereinstimmung mit der Philosophie der Aufklärung geben sollte.[66] Ein Leiter des Instituts, Antoine Destutt de Tracy, versuchte eine «Naturgeschichte der Ideen» zu schreiben und nannte sich und seine Anhänger «Ideologen», das heißt Personen, die die Wissenschaft der Ideen studieren wollten, das heißt «Ideologie». Über den Wunsch hinaus, die Entwicklung der Gedanken und Ideen zu untersuchen, stellten de Tracy und seine Mitarbeiter gewisse Normen oder Ideale auf, wie die menschliche Natur zu formen sei. Gleichzeitig benutzten sie ihre Theorien zur Kritik und Entschleierung anderer normativer Theorien, besonders die religiös beeinflußten, die eine bedeutsame Rolle vor der Französischen Revolution gespielt hatten.

Allmählich veränderte sich die Bedeutung des Ausdrucks «Ideologie» und erhielt einen abwertenden Inhalt. Wir wollen ein Beispiel nennen: «Die Menschen haben sich bisher stets falsche Vorstellungen über sich selbst gemacht, von dem, was sie sind oder sein sollen. Nach ihren Vorstellungen von Gott, von dem Normalmenschen usw., haben sie sich ihre Verhältnisse eingerichtet. Die Ausgeburten ihres Kopfes sind ihnen über den Kopf gewachsen. Vor ihren Geschöpfen haben sie, die Schöpfer, sich gebeugt. Befreien wir sie von den Hirngespinsten, den Ideen, den Dogmen, den eingebildeten Wesen, unter deren Joch sie verkümmern.»

Das Zitat ist die Vorrede zu dem Werk von Marx und Engels, das den bezeichnenden Titel *‹Die deutsche Ideologie›* trägt[67], und die einleitenden Zeilen lassen uns ahnen, was Marx unter «Ideologie» verstand. Dahinter verbarg sich eine Kritik der Philosophie in der damaligen deutschen Ausformung. Die Ideologie ist ein Prozeß, der von einem sogenannten Denker veranlaßt wird, zwar bewußt, aber mit «falschem Bewußtsein», schrieb Engels ein paar Jahre später.[68] Hier wird also ein Gleichheitszeichen zwischen «Ideologie» und «falschem Bewußtsein» gesetzt. Ich habe im vorigen Abschnitt versucht, den Begriff «Bewußtsein» zu analysieren, ausgehend von der Art des Individuums, die Wirklichkeit als Voraussetzung für sein Verhalten zu interpretieren.

Es gibt jedoch eine andere Bedeutung des Begriffs «Ideologie» in der marxistischen Theorie. Sie beruht auf einer soziologischen Annahme über den Zusammenhang zwischen dem materiellen Produktionsprozeß und den Gesetzen, die in einer Gesellschaft herrschen, den politischen Ideen, die es dort gibt, den dominierenden ästhetischen und moralischen Vorstellungen usw. Recht, politische Ideen, moralische, ästhetische und religiöse Werte bilden nach dieser Auffassung den *ideologischen* Überbau des materiellen, grundlegenden Produktionsprozesses.

Wir haben also «Ideologie» in der Bedeutung «falsches Bewußtsein» und in der Bedeutung «Gesamtheit der rechtlichen, politischen, moralischen, religiösen und anderer Ideen einer Epoche». Man kann sich deshalb fragen, welche soziale Funktion «Ideologien» in der ersten Bedeutung haben. Geht man von einer Gesellschaft aus, deren soziales System aus Klassen besteht, kann man behaupten, die verschiedenen Gesellschaftstheorien stünden im

Zusammenhang mit den verschiedenen Klassen oder Gruppen und deren Lebensbedingungen. Die Beziehungen der Klassen zueinander seien gegensätzlicher Art. Die Klasse mit der dominierenden Stellung versuche diese zu erhalten und zu stärken. Sie müsse deshalb Gesellschaftstheorien entwikkeln, die eine plausible Erklärung der faktischen gesellschaftlichen Verhältnisse bieten, und gleichzeitig diese Verhältnisse rechtfertigen und verteidigen. Eine Ideologie wird so zum Gedankensystem, das die herrschende Klasse entwickelt, um ihr Handeln und die Gesellschaftsstruktur, die sie erhalten möchte, zu verteidigen. Der Begriff «Ideologie» spiegelt deshalb die Tatsache wider, daß eine herrschende Klasse, gebunden durch ihre Interessen, nicht länger imstande ist, gewisse Fakten zu erkennen, die ihr Dominanzempfinden schwächen würde.[69]

«Ideologie» ist hier als Begriff dem Gedankensystem oder den Theorien der herrschenden Klasse vorbehalten. Aber es gibt auch eine beherrschte Klasse, die sich zu befreien sucht und für ihre Befreiung Theorien entwikkelt. Sie sollen die sozialen Forderungen dieser Klasse unterstützen. Diese Denkansätze oder Theorien sind im Gegensatz zu «Ideologien» als «Utopien» bezeichnet worden. Der Begriff drückt die Tatsache aus, daß gewisse unterdrückte Gruppen intellektuell stark engagiert sind, um die bestehenden sozialen Bedingungen zu verändern. Sie betonen deshalb in erster Linie die Verhältnisse, die dazu beitragen können, eine Veränderung zu bewirken.[70]

In dieser von Karl Mannheim entwickelten Theorie unterscheidet man also zwischen «Ideologie» und «Utopie», zwischen den Theorien der herrschenden Klasse zur Legitimierung ihrer Stellung und der Theorie der unterdrückten Klasse zur Veränderung der Gesellschaft.

Eine «Ideologie», könnte man sagen, ist eine Theorie, deren soziale Funktion die Verteidigung und Legitimierung bestehender Verhältnisse ist.[71] Sie vermag es, weil sie auf bestimmten Voraussetzungen beruht. Denkbar ist, daß sie auch bestimmte soziale Folgen nach sich zieht, zum Beispiel die in einer Gesellschaft wie der unseren vorhandene Verdinglichungstendenz verstärkt.[72] Ideologien sind dazu imstande, weil sie beim Individuum Vorstellungen über gesellschaftliche Kräfte zu schaffen suchen, denen man sich unterwerfen müsse, die verhängnisvoll seien und sich nicht aufhalten ließen usw.

4. Klassen und soziale Schichtung

4.1. Klassen und das soziale System

In einer Gesellschaft mit einer bestimmten Struktur ist das Klassen- und Schichtungssystem der handgreifliche oder konkrete Ausdruck bestehender Machtverhältnisse. Am Anfang des 1. Kapitels habe ich zwischen «objektiver Macht», auch «Herrschaft» genannt, und «subjektiver Macht» unterschieden. «Objektive Macht» ist nach dieser Definition eine Folge von Besitz oder Verfügung über Produktionsmittel und die damit verbundene Aneignung der Arbeit anderer. Die Klassenstruktur einer Gesellschaft kann deshalb auf grundlegende Weise mit Hilfe dieser Machtdefinition beschrieben werden. Demzufolge gibt es in einer kapitalistischen Gesellschaft zwei Klassen: eine, die Produktionsmittel besitzt oder über sie verfügt und eine, die Arbeitskraft besitzt oder über sie verfügt.

Man kann diese Beziehung auch anders ausdrücken. Der materielle Produktionsprozeß wird in jeder Gesellschaft teils vom Entwicklungsniveau der Produktivkräfte – die menschliche Arbeit sowie in erster Linie die *Zusammenarbeit* gehören zu den wichtigsten Produktivkräften –, teils von den Produktionsverhältnissen bestimmt, die das umfassen, was wir die «gesellschaftlichen Beziehungen» genannt haben. In diese fließen Macht- und Klassenbeziehungen ein. Da die *Produktivkräfte* und *Produktionsverhältnisse* zusammen die *Produktionsweise* einer Gesellschaft ausmachen, können wir sagen, die Produktionsweise bestimmt die Klassenstruktur und diese wirkt wiederum auf die Produktionsweise zurück.

Eine Reihe von Faktoren macht eine Klassenstruktur komplizierter, als es dieses erste einfache Bild andeutet: 1. Wenn es stimmt, daß jede Produktionsweise durch ihre Klassenstruktur charakterisiert wird, dann bedeuten Veränderungen der Produktionsweise auch Veränderungen der Klassenstruktur. Man kann jetzt mit Recht behaupten, die rasche Entwicklung der Produktivkräfte, insbesondere der Wissenschaft und Technik, der die Produktionsweise einer Gesellschaft unterliegt, habe zu einer kontinuierlichen Veränderung geführt. Der Kapitalismus, den zum Beispiel Marx beschrieb und analysierte, unterscheidet sich in vieler Hinsicht vom Monopolkapitalismus, wo die multinationalen Unternehmen eine dominierende Rolle spielen. Er wird unter anderem dadurch charakterisiert, daß er heutzutage ein weltumfassendes System mit internationaler Arbeitsteilung bildet.[73] Wenn das stimmt, stellt sich eine wichtige Frage, wie man die Klassenstruktur sowohl im Rahmen einer Nation als auch international analysieren kann. Als soziale Systeme gesehen, verfügen die reichen kapitalistischen Länder, einschließlich der Sowjetunion, über den Hauptteil der vorhandenen Produktionsressourcen der Welt, in bezug auf Produktionsmittel wie auch auf

Rohstoffe. Die Bevölkerung dieser Länder, auch die Arbeiterklasse, ist am Ergebnis dieser internationalen Arbeitsteilung beteiligt. Man sollte deshalb von einer weltweiten Klassenstruktur sprechen, die die reiche Welt von der armen trennt. Marx' Verelendungstheorie, die sich in bezug auf die kapitalistischen Länder als falsch erwiesen hat, könnte man als stichhaltig bezeichnen, wenn man sie auf die Aufteilung der Erde anwendet.

2. Aber das Bild ist noch komplizierter. Die sozialen Systeme, die im kapitalistischen Weltsystem – zum Beispiel die USA mit ihren dominierenden Monopolunternehmen, und im Ostblock im gewissen Umfang die Sowjetunion mit ihrer herrschenden Bürokraten- und Technokratenklasse – die *Metropolen* bilden[74], expandieren. Die Metropolen schaffen sich Satelliten, die von den Metropolen ökonomisch abhängig sind. Die meisten lateinamerikanischen Staaten stellen so Satelliten der USA dar. Das bedeutet für die Satellitenstaaten entweder die Entwicklung einer kapitalistischen Produktionsweise oder eines Sektors mit dieser Produktionsweise, der aber neben anderen Produktionsweisen besteht.[75] Dies sollte bedeuten, daß man in einem sozialen System teils eine auf die kapitalistische Produktionsweise gegründete Klassenstruktur hat, teils eine Klassenstruktur, die im begrenzten Umfang auf eine vorkapitalistische Produktionsweise beruht. Die lateinamerikanischen Indianer, die isoliert leben und isoliert werden, sind teilweise von der kapitalistischen Entwicklung unberührt. «Wenn sie mit dem Indianerdasein aufhören, werden sie nicht einer abstrakten ‹nationalen Gesellschaft› einverleibt, sondern einer bestehenden Klassenstruktur, wo sie ganz unten landen», behauptet ein Experte lateinamerikanischer Verhältnisse.[76]

Wir können nun einige Schlußfolgerungen zusammenfassen: Die Analyse der Klassenstruktur muß die nationalen sowie die internationalen Verhältnisse berücksichtigen. Sie muß, wenn die Klassenstruktur mit der Produktionsweise gekoppelt wird, berücksichtigen, daß eine bestimmte Produktionsweise nicht etwas Festes ist, sondern sich ständig entwickelt. Ebenso auch die Klassenstruktur. Weiter muß die Analyse berücksichtigen, daß in verschiedenen sozialen Systemen mehrere Produktionsweisen nebeneinander existieren können. Sogar wenn eine Produktionsweise dominiert, kann dieses Verhältnis die Ursache verschiedener Klassenstrukturen innerhalb desselben sozialen Systems sein. Ein weiteres Problem sollte in einer Analyse der Klassenstruktur nicht unbeachtet bleiben: Das Verhältnis zwischen den objektiven Faktoren, die die Ursache einer bestimmten Struktur sind, und teils wie die Individuen diese Struktur erleben und teils, wie ihre eigene Stellung und Rolle in ihr sind. Schließlich kommt ein weiteres wichtiges Problem hinzu: wie sind die Beziehungen zwischen der Klassenstruktur eines sozialen Systems und seiner sozialen Schichtungsstruktur?

Ich werde mit dem letztgenannten Problem beginnen. In der traditionellen Soziologie spricht man häufig von *social stratification* oder sozialer

Schichtung, aber nur wenig oder gar nicht von Klassen. Zwei amerikanische Soziologen, die systematisch drei amerikanische Fachzeitschriften ausgewertet haben, stellten bei 68 Prozent der Artikel, die Klassen- und Schichtungsprobleme behandelten, den Gebrauch des Begriffs «Status» fest, einem Schlüsselbegriff in der Schichtungstheorie, während nur 8 Prozent den Begriff «Klasse» verwendeten.[77]

Im großen und ganzen können die Beziehungen zwischen sozialer Schichtung und Klassenstruktur auf dreierlei Weise behandelt werden: 1. Man verneint die Existenz von Klassen in westlichen kapitalistischen Gesellschaften oder behauptet, wenn sie vorhanden sind, geben sie keinerlei Aufschlüsse über die bestehende soziale Wirklichkeit. Das tut dagegen die Theorie der sozialen Schichtung. Hinter solchen Behauptungen liegen gewöhnlich bestimmte wissenschaftstheoretische und methodische Auffassungen, aber auch ideologische Standpunkte. Es wird zum Beispiel angenommen, daß soziologische Theorien eine soziale Wirklichkeit wiedergeben, während sie diese in Wirklichkeit theoretisch sowie faktisch dadurch konstruieren, daß Menschen die Theorien akzeptieren und an sie glauben. Weiter fließen, als Voraussetzung der Schichtungstheorien, Vorstellungen darüber ein, eine Gesellschaft sei ein auf Konsens, das heißt Übereinstimmung der Werte und Normen zwischen allen Mitgliedern, beruhendes System. Dagegen gehen Klassentheorien davon aus, daß Konflikte existieren und für jedes soziale System grundlegend sind.[78]

Das Grundlegende aller Theorien zur sozialen Schichtung ist die Aufteilung der Menschen nach ihrem *sozialen Status*. «Status» ist ein vieldeutiger Begriff, aber meist bezieht er sich auf etwas, das mit Prestige und Wertschätzung zu tun hat. So behaupten Vertreter sozialer Schichtungstheorien, man könne eine Gesellschaft nach einem hierarchischen Muster beschreiben, das die Bevölkerung nach ihrem Status oder Prestige und den damit verbundenen Privilegien wie zum Beispiel Einkommen, Vermögen usw. einteilt. Ich werde später auf eine kritische Diskussion sozialer Schichtungstheorien zurückkommen. Hier möchte ich mich nur mit dem Hinweis auf ihre ideologische Funktion begnügen. Für eine herrschende Klasse, meint der englische Soziologe J. Rex[79], sei die Vorstellung eines hierarchischen Gesellschaftsaufbaus, wo Menschen einen verschiedenen Status haben, ein ideologisches Mittel, um die Berechtigung ihrer eigenen dominierenden Stellung zu verteidigen. Die herrschende Klasse versucht deshalb, andere zur Anerkennung der Status-Ideologie zu veranlassen. In dieser Hinsicht kann man ohne Übertreibung behaupten, daß die traditionelle Soziologie ein Lieferant ideologischer Argumente für die herrschende Klasse war und ist.

Während die erste Art, die Beziehungen zwischen Klasse und sozialer Schichtung zu behandeln, die Existenz von Klassen verneint oder aus empirischer Sicht als irrelevant betrachtet, stellt die zweite Art einen Versuch dar, eine Synthese zwischen Klasse und sozialer Schichtung herzustellen. Aber die Synthese beruht auf der Annahme, der grundlegende Begriff sei die «soziale Schicht», während die «Klasse» nur ein untergeordneter Begriff sei. Es heißt beispielsweise: «Soziale Schichtung bzw. soziale Schicht bezeichnen einen weiteren Begriff als der Begriff, den Klassengesellschaft bzw. Gesellschaftsklassen decken. Wenn es eine *starke soziale Schichtung gibt und die Gesellschaftsschichten demnach stark abgegrenzt sind, werden die Begriffe Klassengesellschaft und Gesellschaftsklassen gebraucht.*»[80] Mit anderen Worten, «Klassen» sind nur ein besonderer Typ einer «Schicht», nämlich stark abgegrenzte Schichten. Das Problem stellt sich unter anderem, wie man «stark abgegrenzte Schichten» definieren soll. Nehmen wir eine gegebene Einkommensverteilung in einem Land als Beispiel. In Dänemark zum Beispiel hatten 1965 9,1 Prozent aller Steuerzahler ein geschätztes Einkommen von 4000 Kronen oder weniger, während 0,2 Prozent ein geschätztes Einkommen von 100 000 Kronen oder darüber hatten. Die erste Gruppe hatte 1,3 Prozent und die andere 2,4 Prozent des gesamten geschätzten Einkommens.[81] Diese beiden Gruppen kann man als «stark voneinander getrennte Schichten» bezeichnen. Zwischen ihnen liegt eine Reihe anderer Schichten – wie viele, ist ganz willkürlich, weil es von den gewählten Einteilungsprinzipien abhängt. Sind dann nur die am weitesten entfernten Schichten Klassen und die dazwischenliegenden Schichten einfach «Schichten»? Es scheint also nicht so zu sein, daß «Klassen» nur nach dem Grad der Trennung bestimmt werden können, sondern es bedarf auch anderer Einteilungsprinzipien.

Wichtiger ist jedoch, was man unter «sozialer Schichtung» versteht. Allgemein scheint man zwischen drei Hauptaspekten unterscheiden zu können:

1. Der erste kann *«funktionale oder soziale Differenzierung»* genannt werden und «bezieht sich auf Arbeitsteilung, Rollendifferenzierung und Tausch in der Gesellschaft»[82]. Mit Arbeitsteilung ist hier in erster Linie die Aufteilung gemeint, die in der Gesellschaft bezüglich des gesamtgesellschaftlichen Produktionsprozesses geschieht. Mit Rollen ist die Stellung gemeint, die die Individuen im materiellen Produktionsprozeß innehaben. Mit Tausch ist gemeint, daß verschiedene Menschen verschiedene Produkte herstellen, die, wenn sie auf den Markt gebracht werden, Waren werden und als solche getauscht werden können.

2. Der zweite Aspekt ist *« Verteilung»* genannt worden.[83] Mit diesem Wort bezieht man sich auf die «Verteilung dessen, was erstrebenswert scheint, wie Verbrauchsressourcen – Einkommen, Besitz, Vermögen –, Prestige, Aufstieg, Macht an die Mitglieder der Gesellschaft». Manchmal werden diese verschiedenen Phänomene unter ökonomischem, sozialem und politischem Status zusammengefaßt. Es muß darauf hingewiesen werden, daß sich das Wort «Macht» in diesem Zusammenhang ausschließlich auf das, was ich «subjektive Macht» genannt habe, bezieht.

3. Auf einen dritten Aspekt kann verwiesen werden, der als *«Segregation»*, das heißt Absonderung bezeichnet wird.[84] Er scheint sich auf den Grad des Bewußtseins bei den Mitgliedern einer Schicht oder Klasse über ihre eigene Position zu beziehen und ob sie sich deshalb zusammenschließen und ihre Gruppe gegenüber anderen abgrenzen.

Gewöhnlich wird behauptet, diese drei Arten, die Individuen eines sozialen Systems einzuteilen, nämlich die *soziale Differenzierung, Verteilung* und *Segregation,* seien ein universelles Phänomen, das heißt ein Phänomen, das es in allen bekannten Gesellschaften gebe. Eine solche Behauptung ist sicher richtig. Wir finden nämlich in allen bekannten Gesellschaften irgendeine Form der Arbeitsteilung. Wir finden auch eine – meist ungleiche – Verteilung der Ergebnisse des materiellen Produktionsprozesses, das heißt des gesamten Sozialprodukts. Schließlich werden die verschiedenen Machtmittel von bestimmten Gruppen verwaltet und ist die subjektive Macht auf bestimmte Art verteilt. Aber die Frage ist berechtigt, ob man sich mit solchen Feststellungen begnügen kann oder sollte. Statt dessen tauchen drei Probleme auf:

1. *Wie sind diese Ungleichheiten historisch gesehen entstanden?* Was ist geschehen, daß wir heutzutage eine gesellschaftliche Arbeitsteilung zwischen Kopf- und Handarbeit haben? Wie kommt es, daß intellektuelle Leistung heute besser bezahlt wird als Handarbeit?

2. *Wie bilden sich Ungleichheiten und Schichtungen in einem gegebenen sozialen System heraus und welche gesellschaftliche Funktionen haben sie?* Das Problem, das diese Frage anspricht, berührt die gesellschaftliche Funktion der Arbeitsteilung und der sozialen Ungleichheit. Marx meinte zum Beispiel, die Arbeitsteilung wäre eine Konsequenz der kapitalistischen Produktionsweise und ihres grundlegenden Klassenverhältnisses. Er betrachtete sie als eine Konsequenz der Verteilung und des privaten Eigentums zu den Arbeitsvoraussetzungen, das heißt Kapital, Werkzeug und Arbeitsmaterial. Die Arbeitsteilung ist also sowohl eine Voraussetzung für die Klassenteilung als daß sie die Klassenteilung auch bewahrt und verschärft, wenn sie sich erst entwickelt hat. Durkheim dagegen bezeichnet die Arbeitsteilung in der Industriegesellschaft als «organisch»: Jeder, der am Produktionsprozeß beteiligt sei, erfülle eine Funktion, aber alle seien voneinander abhängig. Während Marx meinte, die Arbeitsteilung sei Ausdruck von Klassenkonflikten und schaffe diese gleichzeitig, war Durkheim der Ansicht, sie schaffe Zusammengehörigkeit und Solidarität und verringere die Notwendigkeit, Zwang und sozialen Druck zu gebrauchen.

3. *Welche sozialen Mechanismen und Kräfte wirken auf eine Veränderung der bestehenden Schichtungs- und Verteilungsverhältnisse hin?* In jedem System gibt es Gegensätze, die zu einer Änderung führen können. Nehmen wir ein aktuelles Beispiel. Die schwedische Gesellschaft brauchte während der sechziger Jahre viele Arbeitskräfte, während gleichzeitig ein

hoher Prozentsatz verheirateter Frauen nur im Haushalt arbeitete. Der Versuch, diese ungenutzte Arbeitskraftreserve zu mobilisieren, führte zu einer lebhaften Diskussion über die Diskriminierung der Frauen. Mit anderen Worten, man kann nicht die Arbeitskraft der Frauen ausnutzen und sie gleichzeitig ohne Konflikte in ihrer diskriminierten Stellung belassen. Die ökonomische Entwicklung führt deshalb dazu, daß die, auf der Arbeitsteilung zwischen den Geschlechtern beruhende, bestehende Verteilung – die niedrigen Löhne und Einkommen der Frauen – in Frage gestellt wurde und Konflikte nach sich zog.

In der ganzen Nachkriegszeit mit ihrer Sozialpolitik und Produktivitätssteigerung und ohne langanhaltende Arbeitslosigkeit vollzog sich eine Veränderung im Verteilungssystem. Die Einkommen der Arbeiter und damit ihr Lebensstandard verbesserten sich. Aber dadurch traten die Arbeitswelt und menschenfeindlichen Bedingungen – Akkordhetze, Gesundheitsgefahren, Monotonie usw. – in den Vordergrund, und die Konflikte verschärften sich erneut.

Meiner Ansicht nach genügt nicht die Feststellung, daß es Arbeitsteilung, soziale Ungleichheit und Segregation gibt. Statt dessen sollte man einen Schritt weiter gehen und sich fragen: a) wie sind diese Phänomene entstanden; b) wie sieht das soziale System aus, in dem diese Phänomene auftreten; c) welche Funktion haben sie innerhalb des Systems; d) welche Kräfte und Verhältnisse wirken auf eine Veränderung hin.

Die Beantwortung dieser Fragen erfordert einerseits eine historische Analyse, andererseits müssen die Verhältnisse in einen Gesamtzusammenhang gesetzt werden und schließlich muß versucht werden, ihre Dynamik zu erklären.

Ich ziehe es vor, den dritten Weg zu wählen, um den Zusammenhang zwischen Klasse und Schicht zu erklären. Danach ist vom materiellen Produktionsprozeß und seiner Organisierung auszugehen. Damit wird die Klassenstruktur zum grundlegenden Faktor. Die Arbeitsteilung, sowohl die gesellschaftliche – beispielsweise die Aufteilung in Kopf- und Handarbeit – als auch die besondere in einem bestimmten Produktionszweig – oder einer bestimmten Fabrik – wird dann Folge einer Produktionsweise, das heißt der Entwicklung der Produktivkräfte und der bestehenden gesellschaftlichen Beziehungen. Dasselbe gilt für die Verteilungsaspekte. Die Verteilung von Einkommen, Privilegien, Status und Prestige, einschließlich der subjektiven Macht, beruht auf Wertkriterien, die ein integrierter Teil des bestehenden sozialen Systems sind und indirekt dessen Existenz erhalten und rechtfertigen sollen.

Der Segregationsaspekt, das heißt das Erleben der eigenen Stellung im sozialen System, ist daher eine Folge des bestehenden Bewußtseins. Dies wird seinerseits mittels der Sozialisation, in der Schule und durch die bewußtseinsproduzierende Industrie entwickelt. Es steht auch in einem engen Zusammenhang mit der existierenden Verteilung von Einkommen, Privilegien und Prestige.

Man kann sich zum Beispiel fragen, wie es kommt, daß in einem Land wie den USA die Solidarität zwischen weißen und schwarzen Arbeitern von Rassengegensätzen überschattet wird. Die Rassengegensätze sind historisch bedingt. Sie haben mit dem Bedarf der Baumwollproduzenten in den Südstaaten an billiger Arbeitskraft zu tun, was zum Import von Negersklaven führte. Zur Verteidigung der Sklaverei wurde eine rassistische Ideologie entwickelt.[85] Als die Sklaverei abgeschafft wurde, blieb die Ideologie bestehen, und gleichzeitig konkurrierten die Schwarzen mit den Weißen auf dem Arbeitsmarkt. Das galt in erster Linie für die sozial am schlechtesten gestellten Weißen. Ihre soziale Unsicherheit war ein ausgezeichneter Nährboden für rassistische Ideen. Der Rassismus, zusammen mit faktischer Diskriminierung, hatte unter anderem zur Konsequenz, daß die Mehrheit der Schwarzen eine unzureichende Schulausbildung erhält und ständig der Gefahr hoher Arbeitslosigkeit ausgesetzt ist. Ihre Arbeit wird am schlechtesten bezahlt und sie bekommen oft nur Arbeit, die kein Weißer annehmen will – eine ähnliche Funktion, wie sie heutzutage oft ausländische Arbeiter in Westeuropa haben. Dazu kam, daß ein großer Teil der weißen Arbeiter einen relativ hohen Lebensstandard erreichte und ins System integriert wurde. Diesen hohen Lebensstandard erzielten sie teils auf Kosten der Schwarzen und teils durch die Ausbeutung der Dritten Welt. Es gibt also heute kaum Gründe, warum die weißen Arbeiter in den USA sich mit den Schwarzen identifizieren und sich selbst als Teil ein und derselben «Arbeiterklasse» begreifen sollten. Ein schwarzer marxistischer Arbeiter in den USA fragt sich deshalb auch: «Ist es nicht einleuchtend, daß die Arbeiterklasse in Europa und den USA den Kleinbürgern zur Zeit Marx' entspricht und daß sie mit der Machtstruktur zusammenarbeitet und einfach deshalb das System unterstützt, weil der hohe Lebensstandard von der Existenz dieser Machtstruktur und dieses Systems abhängig ist?»[86]

Die vorangegangene Beschreibung, die natürlich keine ausreichende Analyse darstellen kann, deutet eine Reihe von Problemen an: 1. Es ist notwendig, zwischen objektiven und subjektiven Klassenverhältnissen, zwischen der Klassenstruktur als Folge der bestehenden fundamentalen sozialen Struktur und dem Bewußtsein der Individuen von diesen Verhältnissen zu unterscheiden. Das kann zu einer Identifizierung mit der «Arbeiterklasse» führen. Marx machte bereits frühzeitig die Unterscheidung zwischen «Klasse an sich» und «Klasse für sich». Er behauptete, die ökonomischen Verhältnisse hätten große Teile der Bevölkerung in Arbeiter verwandelt. Die beherrschende Stellung des Kapitals hatte eine für sie gemeinsame Situation und gemeinsame Interessen geschaffen. Deshalb sind die Arbeiter bereits eine *Klasse an sich*, nämlich in der Beziehung zum Kapital. Durch den politischen Kampf vereinigen sich die Menschen und werden sich ihrer gemeinsamen Interessen bewußt. Erst dann können sie eine *Klasse für sich* bilden.

2. Es genügt jedoch nicht, auf Marx zu verweisen, ohne zu fragen, ob nicht die ökonomischen Verhältnisse, das heißt die Produktionsweise, sich so geändert haben, daß die Arbeiterklasse in den hochentwickelten kapitalistischen Ländern eine ganz andere Rolle spielt als im Frühkapitalismus, den Marx beschrieben hat. In erster Linie sollte man berücksichtigen, daß der Klassenkampf, wie früher behauptet, von der nationalen auf die internationale Ebene übertragen wurde. Das bedeutet, die industriell hochentwickelte Welt steht der armen Dritten Welt gegenüber, aber auch, daß in gewissen Ländern ein innerer Kolonialismus existiert[87], der sich wie in den USA, Südafrika und Lateinamerika gegen rassistisch abgegrenzte Gruppen richtet.

3. Eng mit diesem Problem hängt ein anderes zusammen, nämlich ob, wie Marx es einmal genannt hat, die Arbeiterklasse die «revolutionäre Klasse» oder die «lebende Negation» des Kapitalismus sei. Es ist nämlich eine interessante Tatsache, daß überall dort, wo sozialistische Revolutionen aus eigener Kraft – und nicht durch Intervention – durchgeführt worden sind, in erster Linie Bauernrevolutionen entstanden sind. Gleichzeitig kann man die Frage stellen, ob die kapitalistische Klasse, so wie Marx sie beschreibt, heute in der spätkapitalistischen Zeit existiert. Es sieht so aus, als ob an ihre Stelle eine neue Klasse von Technokraten-Bürokraten getreten ist, die die Produktionsmittel zwar nicht besitzt, sie aber kontrolliert und darüber verfügt, einschließlich der Produkte des Produktionsprozesses und deren Verteilung.

4. Wenn man eine Klassenanalyse macht, muß man sich im Grunde nicht eines einfachen Schemas bedienen, das die Menschen in zwei Klassen einteilt. Eine Klassenanalyse bedeutet die *Klassifizierung* von etwas in bezug auf eine bestimmte *Dimension* – zum Beispiel das Eigentumsrecht an den Produktionsmitteln – und die Verwendung einer *bestimmten Anzahl Werte* – zum Beispiel zwei Werte: wer Eigentümer von Produktionsmitteln ist und wer Arbeitskraft besitzt. Aber nichts spricht von vornherein gegen die Verwendung mehrerer Dimensionen und von mehr als zwei Werten.

Ich werde versuchen, die in den vier genannten Punkten angedeuteten Probleme in der weiteren Analyse zu erläutern, wobei ich mit dem vierten Punkt anfange.

4.2. Wie erstellt man eine Klassenanalyse?

Wir können mit der Untersuchung beginnen und sehen, wie Marx selbst den Begriff «Klasse» verwendete. Eine Analyse des Marxschen Werkes zeigt, daß er den Begriff auf verschiedene Weise gebrauchte und daß er keine zusammenhängende Klassentheorie entwickelt hat.[88] Der nicht vollendete 3. Band des ‹*Kapital*› endet gerade dort, wo Marx mit seiner Klassentheorie beginnt. Aber Marx scheint den Begriff «Klassse» in zwei Formen der Analyse verwendet zu haben:

1. In einer historischen Analyse verschiedener Produktionsweisen und verschiedener Gesellschaftsformationen;

2. in einer Analyse der kapitalistischen Gesellschaft.

In seiner Analyse bediente er sich wenigstens *dreier Dimensionen*, nämlich einer ökonomischen, einer politischen und einer ideologischen. Diese Dimensionen werden mit Hilfe gewisser Auswahlkriterien bestimmt. Im dritten Band des ‹*Kapital*› sagt Marx, es gebe Lohnarbeiter, Kapitalisten und Landbesitzer, die entsprechend Arbeitskraft, Kapital und Boden besitzen. Ihr Einkommen seien der Arbeitslohn, der Profit und die Bodenrente. Gemeinsam bilden sie die drei großen Klassen der modernen Gesellschaft, die nur auf der kapitalistischen Produktionsweise beruhe.[89]

Wir haben hier also eine Klasseneinteilung mit Hilfe einer *ökonomischen Dimension*, die die *Einkommensquelle* als Auswahlkriterium verwendet sowie drei *Merkmale*: Arbeiter, Kapitalisten und Bodenbesitzer. Aus dem weiteren Text geht jedoch hervor, daß Marx selbst daran gedacht hatte, gegen eine solche Einteilung zu argumentieren, aber das Manuskript endet hier leider.

Statt dessen möchte ich in Tabellenform eine kurze Übersicht in der Art vorstellen, wie Marx den Begriff der Klasse verwendet[90]. Siehe nebenstehende Tabelle.

Nun kann man sich sehr gut die Verwendung und Kombination von mehr als einer Dimension in einer Klasenanalyse vorstellen. Wir werden uns hier zweier Dimensionen bedienen. Die erste ist die Produktionsweise. Wir werden zwischen denen unterscheiden, die über Produktionsmittel verfügen oder sie kontrollieren und denen, die machtlos sind. Ich verwende absichtlich nicht das Eigentumsverhältnis als Kriterium. Ich meine nämlich erstens, daß die gesellschaftlichen Beziehungen oder Produktionsverhältnisse nicht nur mit den Eigentumsverhältnissen, sondern auch mit den Machtverhältnissen zu tun haben: Wer kontrolliert die Produktionsmittel und – das ist ebenso wichtig – die Verwendung des Sozialprodukts und seine Verteilung. Der Grund ist, daß in den großen multinationalen Konzernen die Eigentümer oft denen an der Spitze, das heißt den Technokraten, untergeordnet sind. Es gibt beispielsweise eine große Anzahl Kleinaktionäre, die trotz ihres Aktienbesitzes keinerlei Einfluß haben. Tatsächlich führt die Eigentumsstreuung, wie sie bei Aktiengesellschaften die Regel ist, dazu, daß die Kleinaktionäre um so machtloser werden, je größer ihre Zahl ist. Deshalb hat oft eine kleine Gruppe Technokraten oder das Finanzkapital, vertreten durch eine Bank, die eigentliche Kontrolle. Zweitens kann die Tatsache, daß die Gesellschaft die Produktionsmittel besitzt, sehr leicht dazu führen, daß die Kontrolle einer mächtigen bürokratischen Gruppe zufällt, wie es in der Sowjetunion geschehen ist.

Ziel	Dimension	Hauptkriterium	Anzahl Merkmale
I Analyse historischer Prozesse	ökonomisch politisch	Funktion im sozialen Prozeß	5: Feudalherren Vasallen Zunftbürger Gesellen Leibeigene*
	ökonomisch	Stellung im Produktionsprozeß	2: Kapitalisten Lohnarbeiter
II Analyse der kapitalistischen Gesellschaft	ökonomisch	Einkommensquelle	3: Bodenbesitzer Kapitalisten Lohnarbeiter
	ökonomisch	Art der kontrollierten Produkionsmittel	3: Kapitalisten Kleinbürger** Lohnarbeiter
	ideologisch	Klassenbewußtsein	2: Klasse an sich Klasse für sich
	politisch	politische Macht	2: die herrschende Klasse die beherrschte Klasse

* Diese Einteilung wird im ‹*Kommunistischen Manifest*› vorgenommen, wo vom Mittelalter die Rede ist

** im ‹*Manifest*› werden die kleinen Industriellen, Kaufleute, Rentiers, Handwerker und Bauern als «Mittelstände» bezeichnet

Unsere erste Dimension ist also die Kontrolle über *Produktionsmittel* und *Sozialprodukt*. Aber ich möchte ein weiteres Kriterium einführen, nämlich die gesellschaftliche Arbeitsteilung zwischen Stadt und Land.

Unsere zweite Dimension ist ideologisch. Sie unterscheidet zwischen Menschen, die sich mit der herrschenden Klasse identifizieren, die Kontrolle ausüben, und jenen, die sich nicht mit etwas identifizieren, sondern unpolitisch sind oder kein Klassenbewußtsein haben. Schließlich haben wir die dritte Gruppe, die sich mit den Beherrschten identifizieren, das heißt jenen, die keinerlei Kontrolle ausüben und machtlos sind. Unsere Tabelle sieht dann folgendermaßen aus:

I. Produktionsweise A. Arbeitsteilung zwischen	Stadt	Stadt und Land	Land
B. Kontrolle und Verfügung über Produktionsmittel und Produkt	hat keine Kontrolle	hat Kontrolle	hat keine Kontrolle
II. Bewußtsein Identifiziert sich mit den «Machthabern»	1	2	3
Fehlendes Klassenbewußtsein	4	5	6
Identifiziert sich mit den «Machtlosen»	7	8	9

In unserem Schema unterscheiden wir zwischen neun Klassen. Das erste Kriterium, die Arbeitsteilung zwischen Stadt und Land, ergibt zwei Merkmale oder Klassen. Das zweite Kriterium unterteilt das soziale System in solche, die die Produktionsmittel und die Verteilung des Sozialprodukts kontrollieren oder darüber verfügen und jene, die es nicht tun. Aber die «Machthaber» oder die «herrschende Klasse» in Stadt und Land sind zusammengelegt worden, so daß wir insgesamt drei Merkmale oder drei Klassen erhalten. Ich habe die herrschende Klasse aus Stadt und Land wegen der lateinamerikanischen Verhältnisse zusammengelegt. Dort gibt es oft ein Latifundiensystem, das heißt, der Boden wird von Großgrundbesitzern kontrolliert, die in Städten wohnen und den aus dem Boden erwirtschafteten Überschuß für industrielle Investitionen und/oder den Luxuskonsum in den Städten verwenden. In den sozialen Systemen, wo die Landwirtschaft immer noch eine große Rolle spielt, sind die Großgrundbesitzer also oft ein integraler Teil der herrschenden Klasse.

Wir wollen uns jetzt anschauen, was wir in den neun verschiedenen Rubriken unserer Tabelle finden. Ich beginne mit der mittleren Spalte, den Rubriken 2, 5 und 8.

In der Rubrik 2 haben wir die herrschende Klasse, bestehend aus der Gruppe der Technokraten und Bürokraten, die zum Beispiel in den USA die Kontrolle über die großen multinationalen Konzerne hat, einschließlich der mit ihr zusammenarbeitenden staatlichen Bürokratie, in erster Linie der des Pentagon. Dort befinden sich auch die «Latifundisten», zum Beispiel lateinamerikanischer Staaten, die noch immer ein vorherrschendes Element der Landwirtschaft innerhalb der Gesamtwirtschaft bilden. Aber dazu können wir auch die Gruppe der Planungsbürokraten, Verwaltungsangestellten und Parteibürokraten rechnen, die in der Sowjetunion die Produktionsmittel sowie die Verteilung des Sozialprodukts kontrollieren. Ich meine, ihre tatsächliche Macht rechtfertigt es, von einer neuen «herrschenden Klasse» zu sprechen. Alle, die in der zweiten Rubrik erfaßt sind, haben auch ein Bewußtsein, aus dem heraus sie sich mit der bestehenden Struktur identifizieren und sie politisch sowie ideologisch verteidigen.

In der Rubrik 5 haben wir die Gruppe der Technokraten, Spezialisten und Gutsbesitzer, die über Produktionsmittel verfügen, denen es aber an politischem und ideologischem Bewußtsein mangelt und die oft gesellschaftliche Probleme als technologische Probleme begreifen.

In der Rubrik 8 haben wir eine vermutlich kleine Schicht, die formal zur herrschenden Klasse gehört, sich aber mit deren Gegnern identifiziert. Dort befinden sich vielleicht jene, die Marx meint, wenn er im ‹*Kommunistischen Manifest*› davon spricht, daß sich in einer revolutionären Situation ein Teil der herrschenden Klasse mit der revolutionären Klasse verbündet.[91]

Wir gehen jetzt zu den Rubriken über, die als Klassen charakterisiert werden, die aber weder Kontrolle noch Verfügungsmacht über die Produktionsmittel haben. Sie unterscheiden sich durch ihr Bewußtsein.

In der Rubrik 1 und 3 finden wir alle, die nicht zur herrschenden Klasse gehören, sich aber mit ihr identifizieren und bewußtseinsmäßig mit deren Interessen übereinstimmen. In der Rubrik 1 finden wir zum Beispiel die große Gruppe der Intellektuellen, die, wie man sagen kann, die «Ideologen» der herrschenden Klasse darstellen. Dort finden wir Professoren und Akademiker, Journalisten, Ingenieure und Architekten. Sie arbeiten oft für die herrschende Klasse, und als Intellektuelle rechtfertigen sie oft das bestehende System und seine Funktionsweise. Sie werden häufig mit hohen Einkommen, guten Arbeitsbedingungen, der Möglichkeit, Nebeneinkommen zu haben und anderen Privilegien belohnt. Aber sie wissen auch, daß die herrschende Klasse sie ebenso sehr braucht wie ihre eigene Stellung innerhalb der sozialen Schichtung auf der Macht der herrschenden Klasse beruht. In dieser Rubrik finden wir auch einen Teil der Mittelklasse, die sich von einer Proletarisierung bedroht fühlt oder von einer sozialistischen Entwicklung abgeschreckt wird. Das gilt wahrscheinlich besonders für diejenigen in Rubrik 3, das heißt Kleinbauern mit eigenem Hof.

In der Rubrik 4 und 6 finden wir vermutlich den größten Teil der «unpolitischen Menschen», ein großer Teil zum Beispiel der amerikanischen Arbeiterklasse, der Mittelklasse, bestehend aus mittleren und unteren Angestellten sowie der ländlichen Mittelschicht. Ihr fehlendes Klassenbewußtsein wird unter anderem durch einen hohen Lebensstandard, gemessen an den Konsummöglichkeiten, aufrechterhalten.

In der Rubrik 7 und 9 schließlich haben wir die aktiven Opponenten der herrschenden Klasse und des bestehenden sozialen Systems. Dort finden wir die Studenten und Akademiker der Städte sowie den klassenbewußten Teil der Arbeiterklasse. Dort finden wir auch die Militanten unter den Minoritäten, zum Beispiel unter den Schwarzen Amerikas.

In der Rubrik 9 finden wir die landlosen Bauern und das ländliche Proletariat, das von den Großgrundbesitzern und gleichzeitig von der städtischen Mittelklasse unterdrückt und ausgebeutet wird. Meines Erachtens ist es wichtig, gerade zwischen Rubrik 7 und 9 zu unterscheiden. Es gibt nämlich, wie die historische Entwicklung gezeigt hat, auf dem Lande ein großes revolutionäres Potential. Tatsächlich sind, wie bereits erwähnt, die sozialistischen Revolutionen in China, Kuba, Korea, Vietnam usw. hauptsächlich von Bauern und nicht, oder nur in geringem Umfang, vom städtischen Industrieproletariat durchgeführt worden.

Folgendes muß noch erwähnt werden. Der objektive, das heißt der durch die herrschende Produktionsweise bestimmte Widerspruch verläuft zwischen den Rubriken 2, 5 und 8 und den übrigen, das heißt zwischen denen, die Produktionsmittel kontrollieren sowie über die Verwendung des Sozialprodukts bestimmen und den übrigen. Diesen Widerspruch könnte man mit einem Begriff Maos als «antagonistisch» bezeichnen. Aber nichtantagonistische Widersprüche gibt es auch zwischen zum Beispiel Rubrik 1 und Rubrik 7, das heißt zwischen denen, die nicht zur herrschenden Klasse gehören, sie aber entweder aktiv unterstützen oder bekämpfen. Dieser Analyse zufolge kann der Hauptwiderspruch zwischen den einerseits der Rubrik 2 Zugehörigen und andererseits den der Rubrik 7 oder Rubrik 9 Zugehörigen lokalisiert werden.

Das von mir entwickelte Schema kombiniert mehrere Einteilungsprinzipien miteinander. Es stellt jedoch als solches keine Klassentheorie dar. Es ist vielleicht der Grundriß einer Klassentheorie, das heißt, es kann den Ausgangspunkt für eine Analyse bilden, wie es kommt, daß wir eine solche Einteilung vorfinden, welche Kräfte sie aufrechterhalten und welche Kräfte zu ihrer Veränderung beitragen.

Als einen grundlegenden Faktor haben wir die Produktionsweise. In sie geht als wichtiger Teilfaktor die Entwicklungsstufe der Produktivkräfte ein, das heißt Technik, Wissenschaft und die Menschen und ihre Art, zusammenzuarbeiten. Aber es ist wichtig, darauf hinzuweisen, daß die Produktionsweise zwar eine notwendige Bedingung, jedoch keine ausreichende Bedingung darstellt, um die Klasseneinteilung zu erklären. Dieser Unterschied zwischen notwendigen und ausreichenden Bedingungen besagt folgendes: Jedesmal, wenn wir eine bestimmte Produktionsweise sehen, sollten wir auch einen (oder mehrere) grundlegende Widersprüche feststellen als Ursache der Klassenteilung. Aber damit wird diese Aufteilung nur in groben Zügen angegeben. Man kann beispielsweise zwischen der herrschenden Klasse und den Beherrschten unterscheiden. Diese Unterscheidung nennt man eine notwendige Bedingung. Aber es gibt eine Reihe Faktoren, die gewiß nicht notwendig sind, aber hinreichend erklären, welche weiteren

Faktoren die Klassenstruktur beeinflussen. Ein Beispiel: Die Entwicklungsstufe ist in den USA und in der Sowjetunion heutzutage grob gesehen dieselbe. In beiden Gesellschaften finden wir auch eine herrschende Klasse, bestehend aus Technokraten, Bürokraten und Verwaltungsangestellten; in den USA gewöhnlich der militärisch-industrielle Komplex genannt und in der Sowjetunion die führende Planungs-, Partei- und Militärbürokratie. Für diese beiden herrschenden Klassen gilt, daß sie formal die Produktionsmittel nicht besitzen, aber darüber verfügen, und daß sie die Verteilung des gesamten Sozialprodukts bestimmen oder auf entscheidende Weise beeinflussen. Aber es wäre natürlich falsch, es bei einer solchen Beschreibung zu belassen. Das Aufzeigen der Ähnlichkeiten ist ebenso wichtig wie das der Unterschiede. Diese sind, könnte man sagen, von hinreichenden, wenn auch nicht notwendigen Faktoren hervorgerufen worden. Die Ausformung der Herrschaftsweise der sowjetischen Bürokratie ist unter anderem durch die historischen Verhältnisse bedingt. Weiter spielen geographische Verhältnisse eine Rolle. Andere Verhältnisse sind politischer und ideologischer Art. Noch ein Beispiel: In den Verträgen, die das Pentagon mit den Giganten der Kriegsindustrie abschließt, wird ihnen vom Pentagon der Kauf einer bestimmten Menge von Produkten, zum Beispiel, Bombern, garantiert. Außerdem können diese Unternehmen vom Pentagon Kapital für notwendige Investitionen bekommen. Das bedeutet, daß diese Unternehmen ohne Gewinn produzieren. Im Vertrag wird jedoch festgelegt, daß der Herstellungspreis einen gewissen Prozentsatz «angemessenen Profit» einschließen soll.[92] Einer der Gründe dafür ist die Absicht, die Vorstellung von einer Marktwirtschaft auf kapitalistischer Grundlage zu erhalten, obwohl die Zusammenarbeit zwischen Pentagon und Monopolunternehmen den Marktmechanismus außer Kraft gesetzt hat.

In der Sowjetunion erhalten Unternehmensleiter, die den Plan in Übereinstimmung mit bestimmten Richtlinien erfüllt haben, einen Bonus. Hier benutzt man also das Gewinnmotiv als Triebkraft für das Handeln der Individuen, obwohl das private Eigentumsrecht an Produktionsmitteln abgeschafft ist. Diese beiden Beispiele zeigen, welche Rolle ideologische Faktoren bei der Bildung von Klassenstrukturen spielen.

Politische und ideologische Faktoren sind auch wichtig dafür, wie Einkommen, Privilegien, Prestige usw. verteilt werden. Solche Faktoren, wie unterschiedliche Möglichkeiten des Verbrauchs und Unterschiede im Lebensstandard, können nicht allein zur formalen Einteilung einer Bevölkerung in verschiedene Schichten benutzt werden, wie in der traditionellen Soziologie üblich. Sie schaffen auch Gegensätze und entgegengesetzte Interessen zwischen einer Gruppe Menschen, die infolge objektiver Kriterien dieselbe Stellung im Produktionsprozeß hat.

Ein Arbeiter und ein Hochschullehrer sind beide Lohnempfänger, aber der letztere hat ein bedeutend höheres Einkommen, einen höheren Status, leichteren Zugang zu Menschen, die der herrschenden Klasse angehören usw. Es ist deshalb nicht sehr wahrscheinlich, daß er sich in seiner Eigenschaft als Lohnempfänger mit dem Arbeiter identifizieren könnte. Er und der Arbeiter haben auch auf Grund dieser Verhältnisse ganz unterschiedliche Interessen – zumindest kurzfristige Interessen, die das tägliche Verhalten beeinflussen.

Ein weiteres Beispiel: Vor einigen Jahren wurde in Schweden diskutiert, ob sich ein schwedisches Unternehmen an der Errichtung eines großen Kraftwerkes in Mozambique beteiligen sollte. Eine starke Gruppe war gegen eine schwedische Beteiligung, weil das Kraftwerk die Möglichkeiten der damaligen portugiesischen Kolonialmacht stärken würde, die Afrikaner zu unterdrücken und ihre Befreiung zu verhindern. Jene, die für eine Beteiligung argumentierten, behaupteten, daß schwedische Arbeiter eventuell arbeitslos würden, wenn sich das Unternehmen nicht an dem Bau beteiligte. Gleichgültig, ob das Argument richtig ist oder nicht, gab es hier also Interessengegensätze zwischen dem Kampf der afrikanischen Bevölkerung gegen die Unterdrücker und dem Wunsch der schwedischen Arbeiter, sich ihren Broterwerb zu erhalten. Diese Gegensätze sind eine Folge der auf internationaler Ebene entstandenen Klassenteilung.

Wir können folgendermaßen zusammenfassen: In diesem Abschnitt habe ich zu zeigen versucht, daß man eine Klassenanalyse nicht nur nach *einem* Einteilungsprinzip machen, sondern mehrere miteinander kombinieren kann. Welche Einteilungsprinzipien gewählt werden, ist von der konkreten Situation, in der sich eine Gesellschaft befindet sowie von der globalen Situation abhängig. Es hängt auch von der Art der Analyse ab, die man machen will. Möchte man zum Beispiel eine umfassende historische Analyse von einer Gesellschaft machen oder lediglich einen Teil von ihr analysieren? Weiter sollte man zwischen notwendigen und hinreichenden Faktoren zur Erklärung der Klassenstruktur unterscheiden. Ist man in der Lage, alle notwendigen und alle hinreichenden Faktoren festzustellen und ihre Wirkung zu erfassen, dann kann man auch eine erschöpfende Analyse erstellen. Ich bezweifle jedoch, daß dies praktisch möglich ist, unter anderem, weil sich die verschiedenen Faktoren gegenseitig beeinflussen.

Ich nehme an, daß die Produktionsweise ein notwendiger, aber nicht ausreichender Faktor für die Erklärung der Klassenstruktur ist. Der Begriff «Produktionsweise» ist jedoch nicht eindeutig. Außerdem kann es mehrere Produktionsweisen in ein und derselben Gesellschaft geben. Weiter ist die Produktionsweise kein Zustand, sondern ein permanenter Veränderungsprozeß. Dies bedeutet, daß auch die Klassenstruktur fließend ist. Aber die Veränderungen, die die Produktionsweise beeinflussen, hängen nicht nur mit der Entwicklung der Produktivkräfte zusammen, sondern auch mit Faktoren, die man als «hinreichend» bezeichnen kann, zum Beispiel politische Faktoren, die auf fundamentale Verhältnisse einwirken können.

Teil IV

Sprache und Kommunikation

1. Sprache

1.1. Ausgangspunkt unserer Analyse

Wenn wir einen Augenblick die Gliederung dieses Buches betrachten, vom einleitenden Teil abgesehen, so habe ich versucht, mich auf drei gesellschaftliche Erscheinungen zu konzentrieren:

1. auf ökonomische Institutionen und Prozesse;
2. auf Macht und Herrschaft;
3. und hier im letzten Teil auf Sprache und Kommunikation.

Das beruht auf der Auffassung von der «Natur der Gesellschaft» als Ausgangspunkt unseres ganzen Buches. Das Zentrale im Dasein der Menschen ist die Produktion und Reproduktion ihres Lebens. Dies geschieht im materiellen Produktionsprozeß sowie durch die Verteilung und Konsumtion dessen, was produziert wird. Aber es geschieht innerhalb eines sozialen Rahmens. Die ökonomischen Prozesse führen zu einer bestimmten gesellschaftlichen Machtstruktur, die wiederum auf diese Prozesse zurückwirkt. Dazu kommt aber, daß der Mensch ein soziales Wesen ist. Alles was er tut, geschieht in Interaktion mit anderen. Diese Interaktion setzt Sprache und Kommunikation voraus. Wir gebrauchen Symbole, um anderen zu verstehen zu geben, was wir tun, was wir denken, wie wir sie begreifen und was es um uns herum gibt.

Wenn ich dieses Buch schreibe, dann gehe ich von der Selbstverständlichkeit aus, daß andere *verstehen*, was ich sagen möchte. Teilweise stimmen sie dem zu, teilweise sind sie kritisch gegenüber dem Gesagten. Aber ich nehme an, daß ich meine Gedanken anderen mitteilen kann und daß meine Gedanken ihr *Bewußtsein erreichen*. Betrachtet man die Sprache auf diese Weise, sozusagen «von außen», so stellt sie eine *Voraussetzung* jeglichen sozialen Handelns und jeder Wechselbeziehung dar, und gleichzeitig ist die Sprache eine Reihe von Handlungen. Die Sprache ist unter *diesem Aspekt* gesehen («von außen») in sich selbst eine soziale Institution. Unser Bewußtsein von sozialen Erscheinungen und sozialen Prozessen wird durch die Sprache vermittelt und setzt sie voraus. Führt diese Folgerung zu dem Schluß, die Sprache sei das eigentlich Fundamentale, das unsere tägliche Existenz, die soziale Praxis, unsere Art zu produzieren und unser Leben zu reproduzieren, bestimmt? Eine solche Behauptung würde im Widerspruch zum sogenannten «methodologischen Materialismus» stehen, der den Ausgangspunkt dieses ganzen Buches bildet. Er behauptet, unsere ganze Praxis sei im materiellen Produktionsprozeß verankert, der unser Bewußtsein bestimmt. Aber welcher Zusammenhang besteht zwischen «der Sprache» als soziale Institution gesehen und dem «materiellen Produktionsprozeß»? Wie hängen Sprache und «Macht», ebenfalls als soziale Institution verstanden, zusammen?

Ehe ich darauf antworte, möchte ich ein Gedankenexperiment machen. Angenommen, wir stoßen auf Lebewesen anderer Sonnensysteme, wenn die Raumfahrttechnik entsprechend entwickelt ist. Oder, vielleicht haben solche Lebewesen bereits vorher die Erde erreicht. Um das zu können, müssen sie über eine außerordentlich entwickelte Technik verfügen. Wir Erdbewohner wissen, daß «technische Entwicklung» wissenschaftliche Kenntnisse voraussetzt. Diese und die Umsetzung in technisch anwendbare Aktivität setzt Sprache voraus. Ausgehend von unserer Situation können wir also annehmen, daß Wesen, die über entwickelte Technik verfügen, mit der sie die Erde erreichen können, auch ein Symbolstystem, eine Sprache, eine Möglichkeit gegenseitiger Verständigung haben müssen, da ein einzelnes Wesen der uns bekannten Art nicht imstande wäre, sich alles für eine solche Raumfahrt Notwendige selbst auszudenken, zu planen und zu produzieren. Aber wenn diese Wesen eine gesprochene Sprache oder ein anderes Symbolsystem haben, ist es dann wahrscheinlich, daß *wir* dieses System verstehen können? Wahrscheinlich nicht. Denn ihre entwickelte Technik hat dann sicherlich auch ihr Symbolsystem beeinflußt. Wir wissen nämlich aus Untersuchungen von Gesellschaften, die eine rasche technische Entwicklung durchlaufen, zum Beispiel eine Industrialisierung, daß sich deren Sprach- und Kommunikationsstruktur verändert – ebenso wie die traditionelle Verwandtschafts- und Familienstruktur. Diese Hypothese besagt deshalb, der materielle Produktionsprozeß – von dem die Technik ja ein Teil ist, und zwar ein wichtiger – beeinflusse die Sprache. Aber gleichzeitig wirken die wissenschaftlichen Kenntnisse, die wir uns ohne Sprache nicht vorstellen können, auf den grundlegenden materiellen Produktionsprozeß ein. Das bedeutet, es existiert eine Wechselwirkung zwischen sozialer Praxis und Sprache, beide *von außen* als soziale Institutionen begriffen.

J. Habermas hat es so ausgedrückt[1], daß die Sprache aus dieser Perspektive in einen größeren sozialen Zusammenhang – Kontext – eingeht, der von den bestehenden Begrenzungen bestimmt wird. Diese sind von zweierlei Art: 1. Jene, die die Natur uns auferlegt, zum Beispiel, daß wir mit unserem heutigen Wissen und unserer heutigen Technik andere Sonnensysteme nicht erreichen können, oder um ein einfacheres Beispiel zu nennen, die Grenzen, die das Gesetz der Schwerkraft setzt. Aber auch der Mensch ist ein Teil der Natur und seine «Natur» setzt seinem Tun bestimmte Grenzen. Wir können beispielsweise nicht so schnell rechnen wie ein Computer. Aber seltsamerweise können wir einen Computer konstruieren, der schneller rechnen kann als der Mensch. 2. Die Grenzen, die die soziale Struktur unserem Handeln setzt, besonders die Macht- und Herrschaftsstruktur – die nach unserer Auffassung durch die ökonomische Struktur bestimmt wird.

Diese beiden Begrenzungen können mit Hilfe der Sprache analysiert, erklärt und interpretiert werden, aber sozusagen «hinter dem Rücken der

Sprache» beeinflussen sie auch die sprachlichen Regeln, mit deren Hilfe wir die Welt erklären.[2] Der soziale Zusammenhang, der den Rahmen aller unserer Handlungen bildet, setzt sich also aus *drei Strukturen* zusammen, nämlich der, die den materiellen Produktionsprozeß charakterisiert, der, die Machtverhältnisse und der, die Sprache und Kommunikation kennzeichnet. Diese drei Strukturen beeinflussen sich gegenseitig. Daß wir den materiellen Produktionsprozeß als fundamental ausgewählt haben, ist eine methodologische Annahme[3], weil ich glaube, daß er als Ausgangspunkt für soziologische Analysen am fruchtbarsten ist.

Bisher habe ich von der Sprache nur aus einer Perspektive, «von außen», gesprochen, wie ich es nenne. Eine andere Perspektive ist die «von innen», wie ich es nennen würde. Um den Unterschied zu erklären, möchte ich auf die Gliederung im Einleitungskapitel zurückgreifen.[3] Dort habe ich behauptet, die Gesellschaft könne teils als eine *objektive Realität* und teils als Gesamtheit aller *gesellschaftlichen Beziehungen* gesehen werden. Im ersten Fall ist die Gesellschaft ein System mit einer bestimmten Struktur. Sie ist ein System mit einer Geschichte. Sie besteht unabhängig von uns, aber nicht ohne uns. Die Sprache als Teil dieser sozialen Realität wird dann zu einem System von Regeln. Dieses System habe ich früher als «strukturell» bezeichnet. Die Regeln geben an, wie sprachliche Äußerungen zu formen und umzuformen sind.[4] Die Sprache, «von außen» als strukturelles System gesehen, hat auch eine Geschichte. Das bedeutet, wir werden in ein bestimmtes Sprachmilieu hineingeboren.

Wenn wir die Perspektive ändern und die Sprache «von innen» als «Sprechen» betrachten wollen, müssen wir uns auf die soziale Interaktion konzentrieren, die nur mit Hilfe eines Symbolsystems möglich ist: Durch dieses System teilen wir einander Informationen mit, *verständigen* wir uns untereinander. Das, was wir vermitteln, können wir als «Botschaft»-Nachricht bezeichnen. Aber eine Botschaft hat einen Inhalt, einen Sinn. Diesen bekommt sie unter anderem durch den Zusammenhang, den Kontext, in dem sie vermittelt wird.

Zusammenfassend kann man sagen: Ebensowenig wie wir die «Gesellschaft» analysieren, erklären und verstehen können, wenn wir sie nur als «objektive Realität» betrachten, genausowenig können wir die «Sprache» analysieren, erklären und verstehen, wenn wir sie nur als ein System von Formungs- und Umformungsregeln betrachten. Ebenso wie wir bei der «Gesellschaft» die Perspektive ändern und sie als eine Gesamtheit gesellschaftlicher Beziehungen sowie als soziale Interaktion betrachten müssen, so müssen wir die Perspektive wechseln, wenn wir über «Sprache» diskutieren und sie als soziale Verständigung – Kommunikation – betrachten. Nehmen wir nur eine Perspektive, wo die Gesellschaft nur objektive Realität ist, laufen wir Gefahr, den Menschen als *Subjekt* zu verlieren. Wir erleben ihn lediglich als passives Objekt, als Spielball der Einflüsse und Kräfte, die er nicht beherrscht. Nehmen wir nur eine andere Perspektive und betrachten wir die Gesellschaft als Gesamtheit aller sozialen Beziehungen, laufen wir Gefahr, den Menschen lediglich als Subjekt zu sehen, das heißt, daß er als aktiv und schaffend erscheint, während die Einflüsse, denen er unterliegt, außer acht gelassen werden. Dasselbe gilt für die Sprache: Sie ist ein Regelsystem sowie ein Instrument, um untereinander Nachrichten zu vermitteln. Beide Perspektiven müssen einbezogen werden, damit man mit einer gewissen Berechtigung von einer «dialektischen» Theorie sprechen kann.

1.2. Syntaktische, semantische und pragmatische Aspekte der Sprache

Eine Art, die Sprache einzuteilen, ist ein Regelsystem, das zwischen syntaktischen, semantischen und pragmatischen Aspekten unterscheidet. Mit der *Syntax* einer Sprache meint man das System von Regeln, nach dem sprachliche Zeichen zusammengesetzt werden. Das Zusammengesetzte können Worte, Redewendungen (Wortgruppen) oder Sätze sein.[5] Gewöhnlich nehmen wir diese Zusammensetzungen von Zeichen vor, ohne darüber nachzudenken. Man sagt beispielsweise: «Meine Kinder müssen um acht Uhr ins Bett gehen», und nicht «um acht Uhr ins Bett gehen müssen Kinder meine». Aber warum wir einen Satz auf eine bestimmte Weise bilden, ist sehr schwer zu erklären. Die meisten Menschen kennen die Regel nicht und doch können sie richtige Sätze bilden. Gleichzeitig können sie rasch erkennen, ob jemand anderes, zum Beispiel eine Person, die nicht die Sprache beherrscht, einen falschen Satz bildet.

Ein Satz besteht aus Komponenten. Nehmen wir den Satz «Der Hund liegt in seinem Korb.» «Der Hund», so sagt man, ist das *Subjekt* und das Wort ist ein *Substantiv*. «Liegt» ist das *Prädikat* und das Wort ist ein *Verb*. «Seinem Korb» ist das Objekt und besteht aus einem *Possesivpronomen* (seinem) und einem *Substantiv*. «In» schließlich ist eine *Präposition*, die das Prädikat mit dem Objekt verbindet. In neueren Sprachtheorien, besonders in der von N. Chomsky gebildeten[6], kann der obige Satz in zwei Hauptkomponenten aufgestellt werden: 1. eine *Substantivgruppe*, bestehend aus dem Substantiv «Hund» *plus* dem bestimmten Artikel «der»; 2. eine *Verbgruppe*, bestehend aus dem Verb «liegt» *plus* einer Ergänzung, die aus einer Präposition «in» besteht und einer anderen Substantivgruppe, bestehend aus Pronomen und Substantiv. Das ganze kann in einem sogenannten Baumdiagramm dargestellt werden:

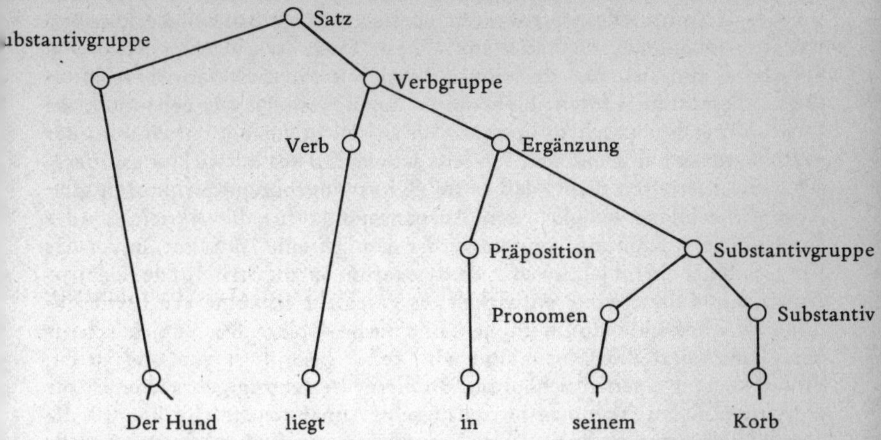

Durch die Einordnung der Punkte «im Baum» auf unterschiedlichen Ebenen gibt man die verschiedenen Komponenten und ihre inneren Beziehungen an. Nehmen wir ein anderes Beispiel[7], den Satz: «Der Hund dort in seinem Korb ist hungrig.» Dieser Satz kann in eine Frage umgeformt werden: «Ist der Hund dort in seinem Korb hungrig?» Die Umformung ist durch die Umstellung von «ist» an den Anfang des Satzes geschehen. Man kann jetzt verschiedene Regeln aufstellen. *Eine* besagt: Stelle erst die Substantivgruppe fest und verschiebe danach das «ist», das der Substantivgruppe folgt, an den Anfang des Satzes. Die Substantivgruppe ist hier *«der Hund dort in seinem Korb»*. Eine *zweite* Regel könnte so formuliert werden: Nimm das «ist», das im Satz am weitesten links steht und setze es an den Satzanfang.

Welche der beiden Regeln ist die richtige? Wir können es rasch feststellen durch die Formulierung folgenden Satzes: «Der Hund, der in seinem Korb ist, ist hungrig.» Wenn die zweite Regel gilt, heißt der Satz: «Ist der Hund, der in seinem Korb, ist hungrig?» Die zweite Regel gilt also nicht. Chomsky bezeichnet die erste Regel als «strukturabhängig», die zweite als «strukturunabhängig».

Mit Hilfe dieser Art von Schlüssen versucht Chomsky eine *«generative Grammatik»* aufzustellen, das heißt ein Regelsystem, nach dem man «generieren» (= erzeugen) oder grammatisch richtige Sätze machen kann. Dieses Regelsystem – das wir früher «Sprache» nannten und von der «Ausdrucksweise» und dem «Sprechen» unterschieden – bezeichnet Chomsky als *«sprachliche»* oder genauer *«syntaktische Kompetenz»*, während «Sprechen» als «Performance», das heißt Gebrauch oder Anwendung bezeichnet wird.[8] Nun behauptet Chomsky, die Fähigkeit, das «Sprechen» gebrauchen zu können, beruhe auf angeborenen, aber noch unbekannten Strukturen unseres Gehirns. Diese Strukturen «besitzen in sich selbst die Idee von struktur-abhängigen Operationen»[9]. Diese These ist von einer Reihe von Forschern, die sich mit Erkenntnis- und Sprachentwicklung beschäftigt haben, bestritten worden. Einer unter ihnen, Jean Piaget, behauptet, die Entwicklung des Sprechens unterscheide sich nicht von der Entwicklung der Fertigkeiten im allgemeinen, sondern sei ein Teil des Entwicklungsprozesses.[10] Sie bestreiten nicht, daß es im Gehirn angeborene Strukturen gibt. Aber diese bilden lediglich den Ausgangspunkt für die *Aktivitäten* des Kindes. Die Aneignung von Wissen ist nämlich eine Aktivität, in der das Kind–Subjekt ein Objekt schafft, das wiederum auf die Struktur des Gehirns einwirkt und diese weiterentwickelt. Es geschieht also eine Wechselbeziehung zwischen Individuum–Subjekt und Sache–Objekt. Das Subjekt schafft oder konstruiert das Objekt und wird selbst beeinflußt von und ist ein Produkt seiner eigenen Schöpfung. In dieser Beziehung gebrauche ich für den individuellen Erkenntnisprozeß dieselbe Annahme, die ich früher für die Gesellschaft gemacht habe.[11] Das Individuum ist ein Produkt der Gesellschaft, die es selbst mitschafft.

Ich werde an einem Beispiel zeigen, wie der frühe Lernprozeß abläuft. Wenn ein kleines Kind von knapp einem Jahr zum erstenmal einen Ball sieht, kann es nicht wissen, was das ist. Die Erwachsenen dagegen wissen es. Wenn ich das Wort «Ball» schreibe, habe ich eine Vorstellung von etwas Rundem, vielleicht Rotem, aus Gummi, das springen kann usw. Das kleine Kind hat keine solche Vorstellung und kann sie nicht haben. Um zu erfahren, was ein Ball für ein Ding ist, muß es ihn aufheben, hineinbeißen, ihn ablecken. Auf diese Weise «konstruiert » das Kind das Objekt «Ball». Die vom Kind im Umgang mit Sachen entfaltete Aktivität ist in diesem Entwicklungstadium die Art des Kindes, sich Wissen über Dinge in seiner Welt anzueignen. Wissen ist ein Verhältnis zwischen Kind–Subjekt und Sache–Objekt.[12] Wissen wird in diesem Entwicklungsstadium noch ohne sprachliche Aktivität angeeignet oder mit Lauten, die der Erwachsene noch nicht als sprachliche Zeichen begreift. Es ist sicher nicht falsch zu behaupten, die sprachliche Entwicklung beruhe gleichermaßen auf Aktivität, durch die Zeichen geschaffen werden können, und diese Zeichen werden in Beziehung zu der Objekt-Welt gesetzt, in der das Kind lebt.

Die Aktivität, durch die das Kind Dinge «konstruiert» und sich damit Wissen aneignet, ist außerdem nichts Isoliertes. Sie erfolgt stets in einem physischen und sozialen Zusammenhang. Ein Beispiel: Als mein Sohn sieben Monate alt war, trank ich einmal Wasser aus einem Glas. Er streckte die Hand danach aus. Ich gab ihm das Glas. Er nahm das Glas in seine Hände, leckte daran, biß hinein und trank schließlich daraus. Dieses «Spiel» wiederholte er mehrere Male. Durch diese Aktivität verschaffte er sich Wissen über das Ding «Glas» ; nach einigen Malen nahm er sofort das Glas, wenn man es vor ihn hinstellte und trank daraus.

Macht unsre Bücher billiger! . . .

Aber er erwarb nicht nur Wissen über das Ding «Glas», sondern auch über das Ding «Glas mit Wasser gefüllt, das man trinken kann». Dazu kommt ein weiterer Faktor. Es war eine Person, die ihm das Glas gab und es wiederholt tat. Das bedeutete, daß der Prozeß, durch den sich das Kind das Wissen aneignete über «Glas mit Wasser gefüllt, das man trinken kann», in einem sozialen Zusammenhang geschah. Wahrscheinlich kann man annehmen, daß das Wissensobjekt des Kindes tatsächlich folgendes war: «Die Person, die ich kenne, die lacht und Laute verwendet, die das Glas mit Wasser reicht, das man trinken kann und das dazu führt, daß man nicht länger das Gefühl Durst erlebt.» Mit anderen Worten: Das Erkenntnisobjekt ist ein vielseitig zusammengesetztes Objekt. Es wird gewöhnlich in einen Zusammenhang gesetzt, in dem zwischenmenschliche Beziehungen bedeutungsvoll sind. Zum Beispiel wandte sich mein Sohn gewöhnlich an mich, wenn er aus einem Glas trinken wollte, nachdem ich – und versuchsweise kein anderer – ihm das Glas zum wiederholten Male gab. Ich möchte behaupten, ähnliche Schlüsse können für das Erlernen der Sprache gezogen werden. Es findet immer in einem sozialen Zusammenhang als *Kommunikation* statt. Das gilt auch, wenn das Kind Laute für sich selbst bildet und sie wiederholt. In diesem Fall kann man nämlich behaupten, spricht das Kind sozusagen zu sich selbst.

Das ist vielleicht eine Erklärung dafür, warum man eine Sprache, ohne die Regeln zu kennen, trotzdem richtig sprechen kann. Das *Sprechen* geschieht in einem sozialen Zusammenhang. Es wird Teil der sozialen Kommunikation. Mit anderen Worten: man lernt nicht das, was ich oben als «Sprache» bezeichnet habe, sondern das, was ich als «Sprechen» bezeichnet habe, und dies wiederum beruht auf bestimmten «Ausdrucksweisen». Das Paradox, sprechen zu können, ohne die Regeln zu beherrschen, erscheint vielleicht nicht länger als paradox, wenn man zwischen «etwas können», das heißt die praktische Fertigkeit für etwas zu haben, und «etwas wissen», das heißt das theoretische Wissen über etwas zu haben, unterscheidet. Jemand kann zum Beispiel beim Fahrradfahren das Gleichgewicht halten, aber wie und warum er das tut, kann er vielleicht nicht erklären.

In Wirklichkeit verfügen wir über viel mehr praktisches Können als wir theoretisches Wissen haben. Wir *können* mehr als wir *wissen*. Mitunter verfügt man auch über theoretisches Wissen, ohne das praktische Können zu haben. Man kann beispielsweise die französische Grammatik beherrschen, ohne sie anwenden zu können, das heißt ohne Französisch sprechen zu können. Ebenso auch die Fähigkeit, Gleichungen zweiten Grads zu lösen, wovon man keinen Nutzen hat, das heißt das Wissen nicht gebrauchen kann, wenn man am Fließband Schrauben anzieht.

Die Beziehung zwischen praktischem Können und theoretischem Wissen oder zwischen Theorie und Praxis ist ein besonders soziales Problem. Nach marxistischer Auffassung ist es oft eine Folge gesellschaftlicher Arbeitsteilung zwischen Kopf- und Handarbeit. Vermutlich ist die Arbeitsteilung ein notwendiger Faktor für die Trennung von Theorie und Praxis, aber sie dürfte kaum ein ausreichender Faktor sein. Das bedeutet, daß die gesellschaftliche Arbeitsteilung nicht allein die Trennung von Theorie und Praxis erklären kann.

Was die «Sprache» anbelangt, so bezieht sich das theoretische Wissen auf den von mir als *strukturell* bezeichneten Aspekt, das heißt das System der Regeln für Bildung und Transformation der *Sätze*. Das, was man praktisch beherrscht, ist die «*Ausdrucksweise*» und das «*Sprechen*». Beides manifestiert sich in *Äußerungen*, die somit *Sätzen* gegenübergestellt werden können. Erstere betreffen die praktische, letztere die theoretische Sprachfertigkeit.

Von den existierenden sprachlichen Regeln haben wir uns bisher hauptsächlich auf syntaktische Regeln konzentriert. Wir haben noch nicht *semantische Regeln und semantische Kompetenz* behandelt. Die Semantik beschäftigt sich mit Sinn, Bedeutung und Inhalt von Zeichen und wie man die Zeichen deutet.

Nehmen wir wieder den Satz: «Der Hund dort in seinem Korb ist hungrig.» In diesem Satz kommen verschiedene Worttypen vor. Nehmen wir als Beispiel die Wörter «Hund» und «Korb». Sie beziehen sich auf bestimmte Objekte und können deshalb als *Inhaltsworte* bezeichnet werden. Inhaltsworte bezeichnen nichtsprachliche Erscheinungen. Dies können Objekte, Ereignisse, Zustände oder Eigenschaften sein.[13] Sie *weisen* auf etwas *hin*, und diese Tatsache ist auch als *Referenzfunktion* der Wörter bezeichnet worden. Doch haben nicht nur Substantive wie «Hund» oder «Korb» eine solche Funktion. Adjektive oder Verben können ebenfalls eine Referenzfunktion haben. Das Adjektiv «hungrig» in unserem Satz verweist auf einen Zustand und hat also auch eine Referenzfunktion.

Betrachten wir nun zwei Wörter im selben Satz, nämlich «in» und «ist». Sie verweisen auf nichts Besonderes. Aber ohne diese Wörter könnten wir den Satz nicht verstehen. Ohne sie würde er lauten: «Der Hund dort seinem Korb hungrig.» Diese Wörter scheinen also die Aufgabe oder Funktion zu haben, andere Sprachelemente miteinander zu verbinden, um ihnen dadurch einen Inhalt oder einen Sinn zu geben. Wir können deshalb sagen, daß sie eine *Kombinationsfunktion* haben.[14]

Schließlich haben wir das Wort «dort». Es bezeichnet eine räumliche Bestimmung. «Hier» oder «da drüben», «da draußen» oder «hier drinnen» sind beispielsweise Wörter, die eine räumliche Bestimmung angeben. Hinzu kommen die Wörter mit einer Zeitbestimmung, zum Beispiel «jetzt», «gestern», «künftig». Eine dritte Gruppe nimmt eine Personenbestimmung vor: «ich», «er» usw. Alle diese Wörter können als *deiktisch* (vom griechischen Wort für «hinweisen») bezeichnet werden. Sie verweisen auf Zeit, Ort und Person.[15]

Wir können also wenigstens drei Gruppen von Wörtern unterscheiden: *Inhaltswörter* mit einer Referenzfunktion, *Kombinationswörter* mit einer sinnvermittelnden Funktion und *deiktische Wörter*, die eine Zeit-, Orts- und Personenbestimmung angeben.

Ohne diese Worttypen wären wir kaum imstande, anderen diese Beschreibungen zu *beschreiben* und mitzuteilen. Eine Reihe Sprachforscher vertritt die Ansicht, daß gerade die beschreibenden Sätze fundamental seien und deshalb in allen Sprachen vorkämen. «Der Hund dort sitzt in seinem Korb» ist eine Beschreibung. «Schließe das Fenster», ist dagegen keine Beschreibung. Es ist eine Aufforderung oder ein Befehl, je nach der Situation, in der es gesagt wird. Sagt man es zu einer als gleichgestellt verstandenen Person, ist es oft eine Aufforderung. Um das zu verdeutlichen, kann man hinzufügen: «Sei so freundlich und schließe das Fenster.» Die Betonung kann dann auf «Fenster» liegen. Sagt man dagegen: «Schließe *sofort* das Fenster», mit der Betonung auf «sofort», ist es kaum noch eine Aufforderung, sondern ein Befehl. Aber kehren wir zur Beschreibung zurück. Wenn man eine Beschreibung ausgesprochen hat, hat man infolge dieser Auffassung bewußt oder unbewußt eine Wahl getroffen. Man hat in einer gegebenen Situation sprachlich Stellung bezogen. Angenommen, ich bin in einem Zimmer, wo ein Hund in einem Korb und ein Kind auf einem Stuhl sitzt. Indem ich beschreibe, was der Hund macht, habe ich eine Wahl getroffen: Ich spreche vom Hund und nicht vom Kind. Aber ich habe mich auch durch gewisse Beschreibungen *gebunden*. Ich kann nicht sagen: «Der Hund dort sitzt auf seinem Stuhl.» Indem ich gesagt habe «der Hund dort sitzt» binde ich den übrigen Satz. Ich hätte sagen können, «auf seinen Hinterbeinen» oder «und schaut auf mich» usw., aber nicht «und spielt Karten» oder «und macht seine Schulaufgaben»[16].

Diese Beispiele wirken einleuchtend und deshalb beinahe banal. Aber ich werde ein anderes Beispiel geben, das ich bei Rommeveit entnommen habe.[17] Er geht vom Streik in den schwedischen Erzgruben aus und formuliert zwei Sätze, um die Botschaft über diesen Streik zu vermitteln:

1. Der rechtswidrige Streik in den schwedischen staatlichen Erzgruben geht weiter.

Der zweite Satz hat folgende Formulierung:

2. Der Streik gegen die Sklavenarbeit in der schwedischen kapitalistischen Wohlstandsgesellschaft geht weiter.

Beide Sätze beziehen sich auf dieselbe Erscheinung, den *Streik*, und sie äußern sich zu demselben Zustand, nämlich, daß der Streik weitergeht. Aber beide Sätze haben verschiedene Elemente, die wiederum detailliert beschrieben werden können:

1. A. Der Streik ist rechtswidrig
   B. Der Streik ist in den Erzgruben
   C. Die Gruben sind in Schweden

D. Die Gruben sind in Staatsbesitz
E. Der Streik geht weiter

Der zweite Satz kann dagegen auf folgende Weise unterteilt werden:

2. A. Der Streik ist gegen Sklavenarbeit gerichtet
B. Die Sklavenarbeit gibt es in der Wohlstandsgesellschaft
C. Die Wohlstandsgesellschaft ist kapitalistisch
D. Die Wohlstandsgesellschaft ist die schwedische
E. Der Streik geht weiter

Nur ein Element haben beide Sätze gemeinsam, nämlich Element E. Dieses Element, daß «der Streik weitergeht», ist an ein anderes Element gebunden, das als allgemein bekannt vorausgesetzt wird, nämlich, daß «ein Streik in den Erzgruben stattfindet». Außerdem ist Element E an die Elemente A–D gebunden. Aber dadurch, daß man die Ausdrucksweise «der rechtswidrige Streik» gewählt hat, hat man nicht nur das Element E gebunden, sondern auch andere Elemente ausgeschlossen. Das gleiche gilt für die zweite Formulierung. Es wäre überraschend, wenn da stünde: «Der Streik gegen die Sklaverei in der schwedischen Wohlstandsgesellschaft ist rechtswidrig» oder «der rechtswidrige Streik ist gegen die Sklavenarbeit in der kapitalistischen Wohlstandsgesellschaft gerichtet».

Indem man das Wort «rechtswidrig» verwendet, will man eine Botschaft vermitteln, die von der Beschreibung der Arbeit als «Sklavenarbeit» abweicht. Der Inhalt, den der Satz erhält, hängt teils von den Absichten des Informanten ab, teils davon, in welchem sprachlichen Zusammenhang das geschieht, das heißt wie die Elemente miteinander verbunden werden, und teils, in welchem sozialen Zusammenhang sie verwendet werden. Wörter erhalten oft ihren Sinn durch den Zusammenhang, in dem sie erscheinen. Das Wort «Arbeitgeber» vermittelt einen ganz anderen Inhalt als das Wort «Arbeitskäufer».

Man kann sich dann fragen, warum die Tatsache, daß eine Person oder ein Unternehmen Arbeitskraft *kauft* und diese mit Lohn bezahlt, sprachlich so dargestellt wird, als ob der Betreffende etwa *gebe*. Das Wort «geben» wird ja oft in einem Zusammenhang verwendet, wo man den Tausch ausschließt. Das ist nicht der Fall, wenn man das Wort «kaufen» verwendet. Das geht klar aus den Wörtern «Autokäufer» und «Autogeber» hervor. Wenn ich ein Auto kaufe, kann man mich nicht analog zum Wort «Arbeitgeber» einen «Autogeber» nennen. Ich kaufe es durch *Tausch gegen* eine bestimmte Summe Geld. Ich kann es als Geburtstagsgeschenk meinem Sohn geben – und kann dann vielleicht etwas geschraubt ein «Autogeber» genannt werden –, aber in diesem Fall erwarte ich keine Gegenleistung. Mit anderen Worten: Wenn ich das Wort «kaufen» verwende, so binde ich die Teile des übrigen Satzes. Die Bindung ist eine andere, wenn ich das Wort «geben» verwende.

Dieses Beispiel zeigt auch, daß die Sprache benutzt werden kann, um richtige sowie falsche Beschreibungen zu vermitteln oder tatsächliche Verhältnisse durch die besondere Bindung, die man vornimmt, zu verschleiern oder zu mystifizieren. Die politische Sprache – oder in unserer Terminologie –, die politische Ausdrucksweise, erfordert ein eigenes Studium, wenn es zu untersuchen gilt, wie die Sprache Meinungen vermitteln kann. Welche Wörter und Begriffe wir wählen und wie wir unsere Begriffe definieren, ist sehr eng damit verbunden, was wir sind, was wir wollen, welche Werte und sozialen Institutionen wir haben. Die Bedeutung der Wörter, ihr Sinn, wird durch ihre Verwendung und durch den Zusammenhang bestimmt, in dem sie erscheinen.

Es ist deshalb schwer, syntaktische und semantische Regeln scharf voneinander zu trennen. Die moderne Sprachtheorie trennt sie auch nicht. Wenn man zum Beispiel, wie Chomsky, von «generativer Grammatik» spricht[19], umfaßt das Wort Grammatik in Wirklichkeit syntaktische sowie semantische Regeln – und phonologische, das heißt solche, die mit Lauten und ihrer Anwendung zu tun haben.[20]

Übrigbleibt, darüber zu sprechen, was man unter *pragmatischen* Regeln versteht. Sie haben etwas mit den Bedingungen und Konsequenzen von Äußerungen zu tun. Wir versuchen ja nicht nur Informationen, sondern auch Gefühle zu vermitteln. Wie das geschieht, kann am Beispiel folgender Frage gezeigt werden: «Findest du das?» Sie ist nach bestimmten syntaktischen Regeln gebildet worden und hat offensichtlich einen bestimmten Sinn. Der Satz ist schwerlich mißzuverstehen. Aber er kann auch ganz verschiedene Gefühle ausdrücken, je nachdem, welches Wort in diesem Satz betont wird:

1. «*Findest* du das?» Hier wird das erste Wort betont, und wenn man hinzufügt «wirklich», wird der Inhalt sofort klarer. Die Frage kann auch *Überraschung* ausdrücken, daß jemand wirklich eine bestimmte Auffassung oder eine bestimmte Meinung hat. Ein ganz anderer Gefühlszustand wird ausgedrückt in:

2. «Findest *du* das?» Wenn man «du» betont, dann wird der eventuelle Inhalt klarer, wenn man hinzufügt: «gerade du». Man drückt damit eine Verurteilung mit einem gewissen aggressiven Unterton aus. Schließlich können wir folgendermaßen betonen:

3. «Findest du *das*?», eventuell mit der Hinzufügung «das kann doch nicht wahr sein». In diesem Fall drückt man seine *Zweifel* aus, ob der Betreffende tatsächlich richtige Ansichten hat oder eine wahre Beschreibung bestimmter Verhältnisse gegeben hat. Durch Hinzufügung eines Wortes wie «so» kann man den Satz weiter variieren, zum Beispiel:

4. «So, *du* findest das!» Hier ist es keine Frage mehr, sondern man stellt die *Haltung* des Sprechenden fest. Die Betonung von *«du»* kann dann unausgesprochen bedeuten, «ich kümmere mich einen Dreck darum, was du findest». Der aggressive Unterton wird hier im Vergleich zu Satz 2 verstärkt. Aber der Satz kann auch als Drohung gedeutet werden, nämlich wenn ein

Vater zu seinem Sohn sagt: «So, das findest *du*», unausgesprochen hinzugefügt, «aber dann mußt du dich in acht nehmen, wenn du es nicht mit mir zu tun haben willst».

5. «So, du *findest* das», mit dem Zusatz «und ich soll dem zustimmen, aber das mache ich nicht».

6. «So, du findest *das*», mit dem unausgesprochenen Zusatz «das ist ja wirklich interessant». In diesem Fall kann man sowohl ein positives wie auch ein negatives Gefühl ausdrücken, je nachdem, wie man das Wort «interessant» benutzt.

Dieses Beispiel mit einem so einfachen und in unserem Sprachgebrauch so allgemeinen Satz zeigt, wie kompliziert die Sprachanalyse eigentlich ist. Eine Lösung ist es, auf die Trennung von syntaktischen, semantischen und pragmatischen Aspekten zu verzichten und sie zusammen zu behandeln, wie zum Beispiel die «generative Grammatik» oder die *Semiotik*, die sowohl die syntaktischen, semantischen als auch pragmatischen Elemente in der Analyse erfaßt.[21] Eine andere Lösung besteht darin, die Sprache in einem breiteren Rahmen zu behandeln, nämlich im Rahmen der sozialen Kommunikation, das heißt als Teil der sozialen Interaktion. In diesem Fall kann man davon ausgehen, daß soziologische und psychologische Verhältnisse dasselbe oder mehr Gewicht bekommen als rein linguistische. Diese Probleme behandeln wir im nächsten Kapitel.

Aber erst eine kurze Zusammenfassung: Syntaktische, semantische und pragmatische Regeln verweisen auf Beziehungen. Wenn wir das, war wir in der Sprache benutzen, *Zeichen* nennen, geben *syntaktische* Regeln die *Beziehungen zwischen Zeichen* oder einer Sequenz (= Folge) von Zeichen an. *Semantische* Regeln geben wenigstens zwei Beziehungen an: a) Zeichen, die etwas *bezeichnen*; b) Zeichen, die etwas *bedeuten*.

Im Fall a geht es um die Frage einer Beziehung zwischen einem *Zeichen* und dem *Objekt*, für das das Zeichen «steht» oder das es bezeichnet. Wenn wir Inhaltswörter nehmen, so bezeichnen die die Dinge, «für die sie stehen». So bezeichnet das Wort «Stuhl» oder *chair* sämtliche Stühle, die wir uns vorstellen können, einen Barhocker ebenso wie einen Rollstuhl.

Im Falle b handelt es sich um eine andere Beziehung, nämlich die zwischen einem *Zeichen* und den *Vorstellungen*, die wir haben oder erhalten, wenn wir das Zeichen sehen oder hören. Wenn ich das Wort «Stuhl» höre, dann bedeutet es für mich etwas, worauf man sitzen kann.[22]

Alle Inhaltswörter *bedeuten* etwas, das heißt, wir können eine Vorstellung von ihnen haben, ohne daß sie unbedingt etwas bezeichnen müssen. Ich kann mir zum Beispiel vorstellen, was das Wort «Troll» oder «achtbeiniges Pferd» *bedeutet*, obwohl diese Wörter sich nicht auf etwas *beziehen* oder etwas bezeichnen, das ich kenne. Eine Zusammenstellung von Zeichen kann auch syntaktisch richtig sein, ohne etwas zu bezeichnen oder etwas zu bedeuten. Nehmen wir den Satz «Die Windmühle heiratet einen Strohsack».

Vom syntaktischen Standpunkt wird die deutsche Sprache korrekt benutzt, aber der Satz bezeichnet nichts und ist sinnlos.

Pragmatische Beziehungen schließlich sind Beziehungen *zwischen Zeichen* und *denen, die sie verwenden,* beispielsweise Menschen. Das ganze kann in folgendem Diagramm zusammengefaßt werden:

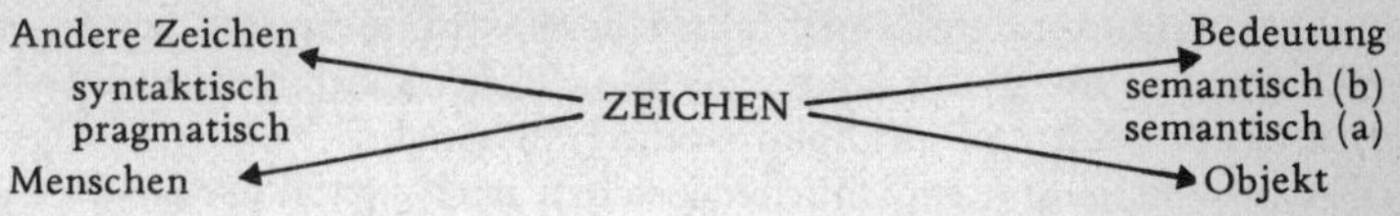

Wir werden diesen Abschnitt mit einigen Unterscheidungen abschließen, wie man sie in der traditionellen Logik gewöhnlich macht. Dort unterscheidet man zwischen 1. *Wort*; 2. *Ding* und 3. *Begriff*. Das Wort «Stuhl» besteht aus fünf Buchstaben, wie das englische Wort «*chair*». Das *Ding*, das wir mit dem Wort «Stuhl» bezeichnen (benennen oder nennen), ist dasselbe wie das auf englisch bezeichnete «*chair*». Wir können also verschiedene Worte für dasselbe Ding haben. Wir können auch dasselbe Wort haben, um ganz verschiedene Dinge zu bezeichnen.

Wofür das Wort steht oder was es bezeichnet, geht gewöhnlich aus dem Zusammenhang hervor. Aber der Zusammenhang entsteht nicht nur durch das Zusammenfügen von Wörtern mit anderen, sondern auch durch die psychologische und soziale Situation, in der die Zeichen verwendet werden.

Ein Ding, das durch ein (Inhalts)Wort bezeichnet wird, hat viele Bestimmungen. Nehmen wir das Ding «Buch». Es ist viereckig, aus Papier, gedruckt, hat einen Umschlag, ist in einer bestimmten Sprache geschrieben usw. Ein Begriff besteht aus einer Bestimmung oder Zusammenfassung einer Reihe von Bestimmungen. Man kann zwischen dem Inhalt und dem Umfang eines Begriffs unterscheiden. Der Inhalt besteht aus den Bestimmungen, mit deren Hilfe man Begriffe schafft, während der Umfang aus allen Gegenständen besteht, die mit dem Wort «Buch» bezeichnet werden. Die Beziehung zwischen dem *Wort* «Buch» und dem *Begriff* «Buch», könnte man sagen, ist die, daß das Wort den Begriff «Buch» «ausdrückt» oder sich «darauf bezieht». Wir können die verschiedenen Beziehungen mit einem Diagramm veranschaulichen:

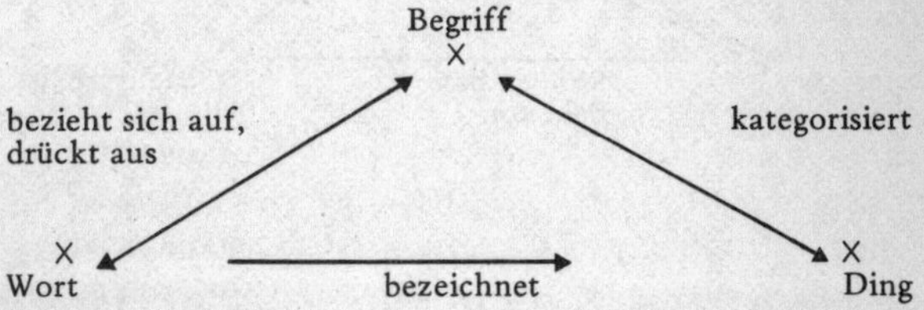

Die Beziehung zwischen «Wort» und «Ding» ist eine *Referenzfunktion*: das Wort *bezeichnet* das Ding. Die Beziehung zwischen «Wort» und «Begriff» ist eine *Inhaltsbeziehung*: das Wort bezieht sich auf einen Begriff oder drückt einen Begriff aus, der wiederum dem Wort den *Sinn* verleiht. Die Beziehung zwischen «Begriff» und «Ding» ist schließlich eine *Kategorisierungsbeziehung*: der Begriff gibt die Bestimmung an und kategorisiert damit alles, was unter den Begriff fällt. Übereinstimmung mit der von mir vorgeschlagenen Einteilung kann man die Zeichenkombination einteilen. Nehmen wir den *Satz*: «Stockholm ist die Hauptstadt Schwedens.» Das ist eine Zusammenstellung sprachlicher Zeichen nach syntaktischen Regeln. Ein Satz kann in gewissen Fällen aus einem Wort bestehen. Wenn man einen Menschen ansieht und «Idiot» sagt, dann ist das eine Umschreibung des Satzes: «Du bist ein Idiot.»[23] *Sätze* drücken Behauptungen aus. Der Satz «Stockholm is the capital of Sweden» drückt *dieselbe Behauptung* aus wie der Satz «Stockholm ist die Hauptstadt Schwedens». Wenn Sätze Behauptungen *ausdrücken*, kann man sagen, daß die Behauptungen den *Sinn* oder den *Inhalt* der Sätze darstellen.[24] Es gibt natürlich Sätze, die keine Behauptungen sind, zum Beispiel Fragesätze oder solche, die einen Befehl vermitteln, das heißt imperative Sätze. Ein Satz besteht aus Worten. Das ist dagegen bei einer Behauptung nicht der Fall. Derselbe Satz kann verschiedene Behauptungen in verschiedenen Zusammenhängen ausdrücken.[25] Weiter können verschiedene Sätze dieselbe Bedeutung ausdrücken: «Herr X ist mit Frau Y verheiratet» ist dasselbe wie «Herr X ist der Ehemann von Frau Y.»

Wir haben auch eine dritte Kategorie, die man als einen *Sachverhalt* bezeichnen kann. «Grönköping ist die Hauptstadt Schwedens», ist ein Satz, dessen Behauptung falsch ist: der Sachverhalt existiert nicht. In Übereinstimmung mit den *tatsächlichen Verhältnissen* ist dagegen Stockholm die Hauptstadt Schwedens. Der Sachverhalt ist das, worauf sich die Behauptung *bezieht*, während der Satz vom Sachverhalt *handeln* kann. Wir stellen auch hier die Beziehungen zwischen diesen drei Arten von Zeichenzusammenstellungen in einem Diagramm dar:

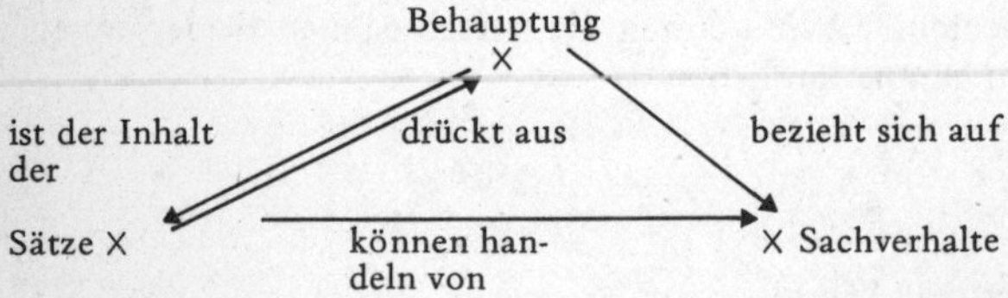

2. Soziale Kommunikation

2.1. Elemente einer Theorie der sozialen Kommunikation

Im 1. Kapitel habe ich versucht, die Sprache «von außen», das heißt als soziale Institution, zu analysieren. Es entstehen beachtliche Schwierigkeiten, wenn man versucht, Sprachprobleme zu beschreiben und zu analysieren, ohne den sozialen Zusammenhang zu berücksichtigen, in dem diese Probleme entstehen. Man kann also mit anderen Worten in einer ersten, begrenzten Analyse zwischen «Sprache», «Ausdrucksweise» und «Sprechen» unterscheiden. Aber es zeigt sich sehr bald, daß die «Sprache» nur verstanden werden kann, wenn man ihren Gebrauch berücksichtigt. Dieser Gebrauch bedeutet *Kommunikation*, das heißt, daß Beziehungen sozialer Art zwischen dem Sprechenden und dem Zuhörer entstehen oder vorliegen. Wir müssen also in erster Linie zwischen *Sender* und Empfänger unterscheiden. Das bedeutet, daß an einer Situation, die wir als «soziale Kommunikation» bezeichnen, wenigstens zwei Personen beteiligt sind.

Der erste Einwand ist: Wenn jemand laut mit sich selbst spricht, beispielsweise «laut denkt» oder Gedichte deklamiert usw., haben wir es dann mit «sozialer Kommunikation» zu tun? Die Antwort ist entweder nein oder wir behaupten, jemand, der mit sich selbst spricht, sei gleichzeitig Sender und Empfänger. Er lauscht seinen eigenen Worten. Er kann sich außerdem eine Zuhörerschaft oder einen Empfänger vorgestellt haben. Der Mensch, der laut deklamiert, ist vielleicht ein Schauspieler, der seine Rolle einübt und sich vorstellt, welche Wirkung eine bestimmte Passage auf ein Theaterpublikum haben kann.

Der *Sender* verfolgt eine bestimmte Absicht mit dem, was er zu vermitteln sucht. Es können Informationen in Form einer Botschaft, ein Befehl oder eine Bitte usw. sein. Um das Gewünschte in einer Botschaft zu vermitteln, muß er sich eines *Codes* bedienen. Er muß, um das Gewünschte verständlich zu machen, es auf eine Weise übersetzen, die ihm eine gewisse Garantie bietet, daß der andere ihn versteht. Der Empfänger muß die Botschaft *entschlüsseln* (= dechiffrieren) können. Wir haben also die *Verschlüsselung* (= Chiffrierung) und die Entschlüsselung. Ich möchte ein Beispiel einer Verschlüsselung nennen.[26]

Unsere Sprache hat Wörter für verschiedene Farbnuancen. Dasselbe findet sich nicht unbedingt in anderen Sprachen. Wir können einen Vergleich ziehen zwischen der *Shona*-Sprache, die in Rhodesien gesprochen wird, und dem *Bassa*, das man in Liberia spricht. Ich werde den Unterschied in Form eines Diagramms darstellen:

Deutsch

violett	blau	grün	gelb	orange	rot

Shona

cipswuka	citema	cicena	cipswuka

Bassa

hui	ziza

Unsere Farbworte stützen sich auf das Spektrum und stehen im Zusammenhang mit der Wellenlänge der genannten Farben. Während wir sechs verschiedene Nuancen und Worte benutzen, bedient sich die Shona-Sprache für denselben Teil des Spektrums nur dreier Worte. Die Shona-Sprache kategorisiert violett und rot unter der gleichen Bezeichnung. Die beiden anderen Gruppen entsprechen unserem blau-grün und grün-gelb. Die Bassa-Sprache umfaßt nur zwei Bezeichnungen, «hui», das unserem «violett-blau-grün» und «ziza», das unserem «gelb-orange-rot» entspricht. Stellen wir uns vor, ich stehe am sonnenbeschienenen Meer und möchte meinen Eindruck vermitteln. Ich kann dann die Botschaft verschlüsseln, indem ich sage: «Das Meer ist blau», oder «ganz grün» usw. Im Shona braucht man nur zu sagen, es sei «cipswuka» oder «citena», während sich das Bassa damit begnügen muß, es «hui» zu nennen. In diesem Fall ist also die Unterscheidung zwischen «blau» und «grün» nicht möglich.

Bei der Verschlüsselung geht der Sender von unausgesprochenen und nicht unbedingt bewußten Voraussetzungen aus. Er nimmt an, er habe sie mit dem Empfänger gemeinsam. Wenn ich an einen Freund schreibe: «Hier ist das Meer blau», dann setze ich voraus, daß er sich unter meinen Worten etwas vorstellen kann. Außerdem hoffe ich, daß diese Vorstellung einigermaßen mit dem Eindruck übereinstimmt, den ich vermitteln möchte.

Wir können zusammenfassen. In einem Kommunikationsakt gibt es einen *Sender*, der mit Hilfe eines besonderen *Mediums* – Sprache, Bildern wie zum Beispiel in einem Stummfilm, oder Gemälden, Bewegungen, Gesten, wie bei der Pantomime usw. – eine Botschaft verschlüsselt und einen *Empfänger*, der die Botschaft entschlüsselt, um zu verstehen, was der Sender «meint» oder «welche Absichten» er hat.[27]

Ich möchte noch ein paar Worte zum *Medium* der Kommunikation sagen. Es ist zum größten Teil sozial bestimmt. Angenommen, ich möchte jemand zum Mittagessen einladen. Ich kann ihn entweder anrufen und einladen, oder ich kann auch besondere Einladungskarten drucken lassen mit dem Hinweis: Antwort erbeten. Es wirkt etwas merkwürdig, wenn ich eine schriftliche Einladung für ein gewöhnliches Essen verschicke oder wenn der Gast ein enger Freund ist. Die schriftliche Einladung bedeutet in diesem Fall, man will den sozialen Beziehungen eine gewisse Förmlichkeit geben.[28]

Nehmen wir ein anderes Beispiel. Ich spreche mit jemandem. Je formeller ich sein will, desto weniger will ich Gefühle zeigen und desto weniger gestikuliere ich. Unterhalte ich dagegen informelle Beziehungen zum Empfänger und will ich Gefühle ausdrücken, liegt es nahe, Gesten zu verwenden. Aber hier gibt es auch kulturelle Unterschiede. In Schweden ist es beispielsweise sehr viel ungewöhnlicher, beim Sprechen zu gestikulieren, als zum Beispiel in südlicheren Ländern wie Frankreich und Italien. Das gilt auch für eher förmlichere Verhältnisse.[29]

In diesem Zusammenhang ist es ganz interessant, auf eine von Rommetveit gemachte Beobachtung hinzuweisen. Ich habe betont, daß in einer mündlichen Kommunikation gewisse unausgesprochene gemeinsame Voraussetzungen zwischen Sender und Empfänger bestehen.[30] Wenn ich mit einer bestimmten Person oder einer Gruppe spreche, zum Beispiel mit Studenten in einem Seminar, kann ich mir Vorstellungen über die gemeinsamen Voraussetzungen machen. Jemand, der dagegen in modernen Massenmedien, Rundfunk und Fernsehen, spricht, erreicht gewiß viel mehr Personen als bei einer direkten Unterhaltung, aber er weiß nichts darüber, wie viele von den Angesprochenen diese gemeinsamen Voraussetzungen haben. Das Anwachsen der Zahl der Empfänger meiner Kommunikation wird problematisch, wenn ich nicht weiß, zu «wem» ich spreche.

2.2. Kommunikation und soziale Schichtung

Unserer früheren Analyse folgend, gehe ich davon aus, daß es in jeder Gesellschaft eine Klassenteilung und eine damit verbundene soziale Schichtung gibt. Die Klassenunterschiede spielen bei der sozialen Kommunikation eine wichtige Rolle. Darauf komme ich im nächsten Kapitel zurück. Aber auch die soziale Schichtung kommt in unserer Art, miteinander zu kommunizieren, zum Ausdruck. Die Sprache ist sowohl ein *Instrument* der sozialen Interaktion als auch ein *Maß* für die Achtung und den Status der Personen, die sich an dieser Interaktion beteiligen.[31]

Ein sehr anschauliches Beispiel sind die Wörter, die wir für die Anrede benutzen, nämlich die Verwendung der Singularform «du» und der Pluralform «Ihr» und «Sie». Mit Ausnahme des Englischen, wo man nur das Zeichen «*you*» verwendet – im Singular sowie im Plural, gibt es diesen Unterschied in vielen Sprachen: in den skandinavischen, in der deutschen, in der französischen Sprache usw.

Die Verwendung des Anredewortes hat eine Entwicklung und Veränderung durchlaufen. Im Lateinischen unterscheidet man zwischen *tu*, wenn man zu einer Person spricht, und *vos*, wenn man zu mehreren spricht. Die römischen Kaiser wurden mit *vos* angeredet, aber nur sie allein. Dafür gibt es verschiedene Erklärungen. Die Verwendung der Pluralform begann im 4. Jahrhundert, und da gab es tatsächlich zwei Kaiser, einen in Rom und einen in Konstantinopel. Dies ist eine mögliche Erklärung. Eine andere ist, daß der Kaiser als *Repräsentant seines Volkes* auftreten wollte, und die Pluralform deutet also darauf hin, daß man ihn nicht als Individuum, sondern als Repräsentanten betrachtete. Einer dritten Erklärung zufolge ist die Pluralform Ausdruck subjektiver Macht. Der König und andere Personen, die subjektive Macht verkörpern – tatsächlich oder symbolisch –, sprechen auch von sich selbst im Plural. Man spricht deshalb auch vom «Pluralismus majestatis», der Pluralform, die von und gegenüber Majestäten als traditioneller Ausdruck der Distanz und des Respekts verwendet wird.

Interessant ist jedoch, daß die Verwendung der Anredeform sich ausbreitete und zur Betonung von Macht- und Statusunterschieden allgemein verwendet wurde. Als generelle Regel, wenn auch nicht ohne Ausnahme, galt, daß Personen, die innerhalb der Hierarchie einen hohen Rang einnahmen, mit «Sie» angeredet werden sollten, das heißt in der Pluralform. Sie selbst konnten zwischen der Verwendung des Singulars, das heißt «du» und des Plurals «Sie» wählen. Die Kinder in der Schule sollten «Sie» bei der Anrede des Lehrers sagen, während sie untereinander selbstverständlich das «du» gebrauchten.

Bei einer Untersuchung über Kommunikationsverhältnisse im Krankenhaus – das ja durch unterschiedliche Kategorien mit unterschiedlicher Ausbildung und ausgeprägten Statusunterschieden der dort arbeitenden Personen gekennzeichnet ist – fand ich Mitte der sechziger Jahre heraus, daß die Anredeform eine bedeutende Rolle spielte.[32] Die Krankenhelfer wollten gern die Schwestern mit «du» anreden und selbst gern so angeredet werden. Unter den Krankenschwestern herrschte großer Zweifel. Sie zogen es vor, entweder «Sie» zu sagen oder «Frau» bzw. «Fräulein» und die *dritte* Person Singular zu verwenden. Zum Beispiel «Kann Fräulein Anna in Zimmer 5 gehen und das Becken holen?» Als Begründung wurde angegeben, man könne mit Hilfe der Pluralform und/oder der dritten Person Singular den vorhandenen Abstand bewahren, jemand würde den Respekt vor einem verlieren, wenn man ihm das «du» gestattete, und vor allem, wenn man «Untergebenen» gestattete, die Singularform zu benutzen, und es wäre dann schwer, Ordnung zu halten und Vorgesetzter zu sein usw.

Alle Argumente liefen größtenteils darauf hinaus, die Anrede «Sie» würde die Distanz und die bestehende hierarchische Ordnung mit Vorgesetzten und Untergebenen ausdrücken, die man erhalten wollte. Interessant waren auch die bestehenden Klassenunterschiede. Die Krankenhelfer kamen meistenteils aus der Arbeiterklasse, betrachteten sich selbst auch als Angehörige der Arbeiterklasse und wurden unter anderem durch das Lohnsystem und die Gewerkschaftszugehörigkeit auch so eingestuft: Sie waren Gewerkschaftsmitglieder. Die Krankenschwestern kamen größtenteils aus der Mittelklasse, begriffen sich selbst als Mittelklasse und gehörten einer gewerkschaftlichen Angestelltenorganisation, nämlich der TCO, an.[33] Dies deutet auf eine andere Beziehung hin. Die Anrede «du» ist und war in der Arbeiterklasse gebräuchlich, unter Menschen, die sich kennen sowie unter denen, die sich nicht kennen. In der Mittel- und Oberklasse dagegen ist das «du» traditionell für die Unterhaltung zwischen Menschen reserviert gewesen, die sich gut kennen.

Die Anredeform «du» kann auch Ausdruck starker Gefühlsregung, zum Beispiel Aggressivität, sein. Es wirkt lächerlich, wenn jemand im Zorn einen anderen mit «Sie, Sie Schwein» tituliert.

Zusätzlich zur Verwendung der Singular- und Pluralform gibt es andere Formen der Anrede, um soziale Klassen-, Status- und Machtunterschiede zu kennzeichnen. Eine haben wir bereits genannt, nämlich die Verwendung der dritten Person. Traditionell wurde in der schwedischen Bauerngesellschaft die dritte Person oft zwischen Eltern und Kindern – beispielsweise: «Würde Mutter mir die Butter geben» – benutzt. In einer Untersuchung der fünfziger Jahre fanden wir auch heraus, daß die Anrede gegenüber den Eltern ein guter Gradmesser dafür war, ob die Erziehungsmethoden der Eltern autoritär waren oder nicht.[34] Autoritäre Eltern wurden in der dritten Person angeredet, während nichtautoritäre Eltern sich viel öfter mit ihren Kindern duzten.

Eine weitere Art, Unterschiede deutlich zu machen, ist die Verwendung des Vornamens. In Dänemark bedient man sich gewöhnlich der Singularform «du», vermeidet aber den Gebrauch des Vornamens und verwendet den Nachnamen des anderen. In den Südstaaten der USA war es traditionell so, daß die Weißen die Schwarzen mit Vornamen anredeten, während diese gezwungen waren, die Kombination *mister* mit dem Nachnamen zu benutzen. Besonders interessant ist, wie man in angelsächsischen Ländern die soziale Schichtung ausdrückt, wo es nur die Anredeform *you* gibt. Man verwendet oft den Vornamen auch zwischen Personen mit unterschiedlichem Status, kennzeichnet aber Status- und Machtverhältnisse auf andere Art. Ein Werkmeister oder ein Fabrikbesitzer kann zum Beispiel zu einem Arbeiter sagen: «Hallo, Jim, wie geht es deiner Frau?» Dieser kann antworten: «Ihr geht es gut, Joe», kann aber nicht hinzufügen «und wie geht es deiner Frau?» Hier werden die Unterschiede also nicht durch die Anrede, sondern durch den Grad der erlaubten Intimität gekennzeichnet.

Schließlich kennen wir eine weitere Art, Unterschiede zu kennzeichnen, nämlich durch die Verwendung des Titels: «Herr Professor X, was meinen Sie dazu?» In dieser Beziehung unterscheiden sich die drei skandinavischen Länder Norwegen, Dänemark und Schweden. Titel scheint man am wenigsten in Norwegen, am meisten in Schweden zu benutzen, während Dänemark dazwischen liegt. Titel können sogar übertragen werden, so daß zum Beispiel die Frau eines Generals «Frau General» usw. genannt wird. Die Verwendung des Titels ist geeignet, den Status eines Menschen zu unterscheiden, besonders wenn seine Tätigkeit in der Hierarchie der Tätigkeiten hoch bewertet wird. In der Arbeiterklasse verwenden nur wenige Menschen die Berufsbezeichnung oder den Titel in der Anrede – man sagt nicht: «Hören Sie mal, Schweißer Meier . . .»

Die Anredeform wird durch soziale Veränderungen beeinflußt. In den letzten zehn Jahren hat sich beispielsweise immer mehr die Verwendung des Singulars – «du» –, unabhängig vom sozialen Status, durchgesetzt. Die Veränderung bei der Anrede bedeutet jedoch nicht, die Klassen- und Statusunterschiede gäbe es nicht mehr. Es gibt andere Möglichkeiten, um sie zu kennzeichnen. Doch scheint die Verwendung der Anrede «du» die Distanz der Individuen untereinander verringert und die Kommunikation weniger formell gemacht zu haben. Man braucht wohl kaum zu unterstreichen, daß eine Veränderung der Anredeform dagegen allein nicht eine grundlegende Veränderung der Struktur des sozialen Systems bedeutet. Das Duzen in Unternehmen kann zum Beispiel eine Form der Manipulation sein. Es ist sinnlos, sich unnotwendigerweise mit Leuten anzulegen und gleichzeitig die tatsächlichen Klassenschranken zu verschleiern. Aber ich glaube dennoch, daß die Tendenz zum «Du» eine Veränderung der traditionellen Autoritätsbeziehungen widerspiegelt, die wir aus der alten Bauerngesellschaft in die Industriegesellschaft übernommen haben.

Es gibt auch Beispiele, wo tiefgreifende Veränderungen in der sozialen und ökonomischen Struktur nicht unbedingt zu Veränderungen und Sprachgewohnheiten in der Anredeform führen. Ein Beispiel ist Deutschland, das vielleicht einen Sonderfall darstellt, da dort selbst unter Menschen, die einander gut kennen, eine starke Abneigung besteht, die Anrede «du» zu benutzen. Die «Titelsucht» ist dort auch ausgeprägter als in Skandinavien. Vor einigen Jahren las ich in Zusammenhang mit einer Untersuchung über Inhaltsanalysen eine Zeitlang regelmäßig erscheinende DDR-Zeitungen. Trotz der Veränderungen, die das Land in ökonomischer und sozialer Beziehung durchgemacht hat, werden immer noch die Titel der Leute in vollem Umfang genannt. Es war nicht ungewöhnlich, daß jemand als «Genosse Prof. Dr. phil., Dr. h. c. X.» vorgestellt wurde. Sämtliche Titel wurden nacheinander aufgeführt. Der Unterschied zu früher war lediglich, daß das «Herr» durch «Genosse» ersetzt worden war. Man könnte daraus schließen, daß die sozialen Veränderungen die hierarchischen Statusstrukturen unberührt gelassen hatten.[35]

Ich habe diese Beispiele genannt, um den pragmatischen Aspekt der Sprache zu verdeutlichen, das heißt wie die sprachliche Ausdrucksform zur Kennzeichnung bestehender zwischenmenschlicher Beziehungen verwendet wird. Diese Ausdrucksform verweist nicht nur auf bestimmte soziale

Erscheinungen, beispielsweise die Statusverteilung und die Verteilung der subjektiven Macht. Sie scheint diese auch zu erhalten und zu verstärken. Denn, wenn in einer solchen Beziehung jemand einen anderen beim Vornamen nennt, während der andere mit «*mister*» bzw. «Herr» antwortet, dann bekräftigen beide durch ihren Sprachgebrauch, daß sie die zwischen ihnen bestehende zwischenmenschliche Beziehung aufrechterhalten wollen und/oder sich dazu gezwungen fühlen.

2.3. Begriffe und soziale Verhältnisse

Gibt es einen Zusammenhang zwischen den von uns verwendeten Begriffen und sozialen Verhältnissen ganz allgemein? Viele bejahen dies. Es wäre auch seltsam, wenn es anders wäre. Denn wenn wir davon ausgehen, daß grundlegende soziale Verhältnisse unsere Sprache beeinflussen und diese wiederum auf die Verhältnisse einwirkt, so müßte es auch für die zentralen Begriffe unserer Sprache gelten: Ohne sie könnten wir uns nicht untereinander verständigen. «Die Art der Begriffe – und die *Art der Erklärung* von Begriffen –, die wir wählen», meint der englische Philosoph und Soziologe E. Gellner, «ist vielleicht enger und direkter mit dem verknüpft, was wir sind und welche Institutionen und Werte wir haben, als zum Beispiel die zur Zeit in Chemie vorherrschende Theorie.»[36]

Ich würde gern der Behauptung zustimmen, obwohl ich ein wenig daran zweifle, daß wir Begriffe «wählen», in dem Sinne, daß wir bewußt tun. Viele Begriffe lernen wir, ohne wählen zu können oder zu müssen. Bei Begriffen auf höherer Abstraktionsebene können wir vielleicht von einer «Wahl» sprechen. Ich werde ein Beispiel nennen.

Nehmen wir den Begriff «Stuhl». Dieser Begriff umfaßt die Klasse aller Gegenstände, die mit dem Wort «Stuhl» bezeichnet werden. Der Begriff «Stuhl» umfaßt auch die Eigenschaften und Merkmale, die die von uns als Stuhl bezeichneten Dinge charakterisieren und von anderen Dingen, zum Beispiel einem von uns bezeichneten Tisch, unterscheiden.

Die Begriffsbildung setzt erstens Kategorisierung, das heißt eine Einteilung der Dinge nach bestimmten Merkmalen, voraus. Zweitens setzt sie voraus, daß wir von den konkreten Dingen, mit denen wir bestimmte Erfahrungen haben, abstrahieren können. Ich nehme zum Beispiel einen bestimmten Stuhl wahr, zum Beispiel den, auf dem ich beim Schreiben dieses Buches sitze. Wenn ich jemand erklären soll, was ein Stuhl ist – und nicht nur der, auf dem ich sitze –, muß ich bestimmte Eigenschaften auswählen – in diesem Sinne nehme ich eine Wahl vor. Das wiederum setzt voraus, daß ich zwischen verschiedenen Objekten unterscheiden kann.

Die Begriffsbildung hat also *erstens* mit Wahrnehmung und Auswahl solcher Kennzeichen zu tun, die einen Gegenstand von einem anderen unterscheiden. Aber die Wahrnehmung reicht nicht aus. Gewöhnlich habe ich eine Vorstellung von Dingen entwickelt, das heißt, ich kann mich an sie erinnern. Wenn ich die Augen schließe, kann ich mir vorstellen, wie der Stuhl aussieht, auf dem ich jetzt sitze, oder wie ein anderer Stuhl aussieht, auf dem ich saß, als ich einen Freund besuchte. Aber wenn mich jemand bittet, diese beiden Stühle zu beschreiben und worin sie sich unterscheiden, dann muß ich erst darüber nachdenken. Ein Begriff scheint also Prozesse wie Wahrnehmung, Erinnerung, Vorstellung, Denken vorauszusetzen.

Wie steht es aber mit komplizierteren Begriffen, zum Beispiel solchen, die keine konkreten Dinge bezeichnen? Nehmen wir den Begriff «die kapitalistische Produktionsweise». Um sie zu beschreiben, muß ich *andere Begriffe* benutzen, wie zum Beispiel «Kapital», «Lohnarbeit» und «Profit». Nehmen wir beispielsweise den Begriff «Lohnarbeit». Ich kann verschiedene Merkmale angeben, die die Lohnarbeit kennzeichnen: daß sie in einem Betrieb stattfindet, daß sie eine Beziehung zwischen Arbeiter und Arbeitskäufer usw. ist. Ich kann also von einer ganz konkreten Situation ausgehen. Ich kann eine bestimmte Fabrik wählen, sagen wir VW, und beschreiben, was es bedeutet, «Lohnarbeiter» in der Halle zu sein, wo Autos montiert werden. Ich kann von der *konkreten Wirklichkeit* ausgehen und sie im Detail beschreiben. Danach versuche ich, von dieser Wirklichkeit zu *abstrahieren.* Statt von «dem zu sprechen, der in der VW-Montagehalle dies und jenes macht und Teil dieser und jener Arbeitsbeziehungen wird», konstruiere ich den Begriff «Lohnarbeit». Das bedeutet, ich versuche das Charakteristische der Verhältnisse anzugeben, die dieses Wort beschreibt. Dieser Begriff hat sozusagen zwei Seiten. Teils knüpft er an der Wirklichkeit an. Teils, und das ist wichtig, weist er von der Wirklichkeit weg auf andere, noch kompliziertere Begriffe, beispielsweise «die kapitalistische Produktionsweise». Um jemandem, der diesen Begriff und seinen Inhalt nicht kennt, dies ganz klarmachen zu können, muß ich wieder *konkret* werden. Dies tue ich, indem ich verschiedene Bestimmungen – über die Lohnarbeit hinaus – angebe. Ich muß von der historischen Entwicklung sprechen, die zu der von mir so bezeichneten «kapitalistischen Produktionsweise» führte und darüber, was sie von anderen Produktionsweisen unterscheidet. Aber diese Art, *konkret* zu sein, unterscheidet sich von der ersten Art, die eine Beschreibung der Wirklichkeit war. Die zweite Art kann dagegen als gedankliche Konkretisierung» bezeichnet werden.

Die Begriffsbildung – jedenfalls die, die zu theoretischem Wissen führt – scheint also eine gedankliche Bewegung zu durchlaufen. Sie geht von der *konkreten Wirklichkeit* aus, führt zu *abstrakten Kategorien* und danach wieder zurück auf eine *konkrete Ebene,* die sich jedoch vom ersten Schritt dadurch unterscheidet, daß es sich jetzt um ein Problem gedanklicher *Konkretisierung* handelt. Dies bedeutet eine *vielseitige Bestimmung* eines komplizierten Begriffs und fließt gewöhnlich wiederum in eine «Theorie» ein, mit deren Hilfe ich die Wirklichkeit zu erklären suche. Diese Theorie wiederum kann Ausgangspunkt meiner Beobachtungen werden und danach die Art beeinflussen, wie ich mich der Wirklichkeit nähere. Ich nähere mich also der Wirklichkeit nicht völlig ohne Voraussetzungen. Ich habe immer Vorstellungen, die mehr oder weniger gut zu einer Theorie geordnet sind. Durch sie kann ich meine Erfahrungen mit der konkreten Wirklichkeit *interpretieren.* Ich habe gerade eine Erkenntnistheorie wiedergegeben, die unter anderem von Marx entwickelt worden ist.

Es scheint also so zu sein, daß unsere Erfahrungen auf unsere Begriffe einwirken, das heißt unsere Sprache, während die Sprache unsere Art zu denken und damit auch unsere Art, die Wirklichkeit zu begreifen, beeinflußt. Ich habe oben an einem Beispiel gezeigt, wie man in verschiedenen Sprachen auf verschiedene Art Farben benennt.[37] Wenn man zum Beispiel nicht zwischen violett und blau unterscheidet, wird die Auffassung von der Wirklichkeit, das heißt von der Welt, in der wir leben, anders sein, als wenn man dazwischen unterscheidet. Aber verschiedene Arten, zwischen Erscheinungen zu unterscheiden, führen zu unterschiedlichen Begriffen. Die Sprache wird auf diese Weise eine soziale Institution, die vor uns existiert, in die wir hineingeboren werden und die uns und unsere Art zu handeln beeinflußt. Die Kategorisierung, der wir uns bei der Begriffsbildung bedienen, scheint mit unserer Art zu leben und das zu produzieren, was wir für die Erhaltung des Lebens und die Reproduktion der Familie benötigen, zusammenzuhängen. Dies wird einsichtiger an Beispielen aus Gesellschaften, wo die Produktionsprozesse einfacher sind als in hochindustrialisierten Gesellschaften. Wir müssen also zu den sogenannten Naturvölkern und ihren Sprachen gehen.

Es gibt viele Beispiele in der Literatur von Kategorisierung und Unterscheidung, wie sie für eine bestimmte Kultur typisch sind. So haben die Eskimos drei Wörter für Schnee.[38] Das ist verständlich, wenn man bedenkt, welche Rolle der Schnee in ihrem Leben spielt und wie wichtig es für sie sein muß, in einem Wort die Schneequalität angeben zu können. Aber nehmen wir die Hopiindianer. Sie bezeichnen alles, was fliegt, als Vögel – mit Zusatzbezeichnungen – und alles andere, was fliegt, ist eine Kategorie. So haben sie dasselbe Wort für Flugzeug, Pilot und Insekt.[39] Diese Kategorisierung ist vielleicht schwerer zu verstehen und erfordert eine umfassendere Analyse ihres Lebens. Ich werde davon Abstand nehmen und statt dessen ein anderes Beispiel nehmen.

In Bolivien gibt es einen Indianerstamm, der Aymara heißt. Sie haben lange Erfahrungen im Gemüseanbau und der Konservierung von Nahrungsmitteln. Unter anderem haben sie eine Technik entwickelt, wie man verschiedene Produkte trocknet, lange ehe wir auf die Herstellung beispielsweise von Trockenmilch kamen. Lévi-Strauss zufolge ermöglichte «die direkte Nachahmung ihrer Trockentechnik, daß die amerikanische Armee während des Zweiten Weltkrieges die Kartoffelrationen durch Kartoffelpulver ersetzen konnte»[40].

Das Volk der Aymara lebt in ca. 4000 Meter Höhe. Dort kann man weder Mais noch Korn anbauen. Statt dessen hat sich der Stamm auf den Anbau von Pflanzen spezialisiert, die zur Familie *Solanum* (Nachtschattengewächse) gehören und zu der die Kartoffel, die Tomate und die Aubergine gerechnet werden. Der Anbau verschiedener Solanum-Arten ist also von größter Bedeutung für die Überlebenschancen der Aymara.

In der Aymarasprache gibt es nicht weniger als 250 *Worte* für die Bezeichnung verschiedener Solanum-Arten. Der Stamm hat ein Kategoriensystem aufgestellt, nach dem seine Mitglieder die Solanum-Früchte in 22 Hauptarten einteilen. Für jede dieser Hauptarten gibt es Bezeichnungen. Diese Hauptarten sind weiter in Unterarten eingeteilt. Eine der Hauptarten heißt *«Imilla»*, was die Bezeichnung für «Mädchen» ist. Diese ist nach *Farbe, Aussehen* und *Geschmack* in Unterarten eingeteilt. Man unterscheidet zwischen schwarzen, blauen, weißen, roten und blutfarbenen Imillas. Man hat Namen für solche, die zum Beispiel grasartig, eiförmig oder fade im Geschmack sind.

Eine weitere Bestimmung der Solanum-Arten bezieht sich darauf, wie man diese Pflanzen essen kann, ob man sie zum Beispiel kochen muß oder erst einfrieren und sie dann beim Auftauen gären lassen soll. Diese Kategorisierung scheint eng mit dem Bedarf verbunden zu sein, sich während der Winterzeit versorgen zu können, wenn man keine Früchte anbauen kann. Die sonderbarste Einteilung ist jedoch die, die Pflanzen in eine «Mädchensorte» und eine «Jungensorte» einzuteilen. Das hat nichts damit zu tun, wie sich die Pflanzen vermehren, wie man meinen könnte, wenn man in der Schule das Linnésche System gelernt hat.

Vielleicht hat die Einteilung der Pflanzen in eine «Mädchen»- und eine «Jungensorte» etwas mit den Regeln zu tun, die die Heirat betreffen. Die Schlußfolgerung scheint also zu sein, daß die Kategorisierung und Begriffsbildung, in bezug auf die Pflanzen, mit dem Sippensystem eng verknüpft sind. Interessant ist, daß viele Völker mit einer gering entwickelten Technologie ein äußerst kompliziertes Regelsystem für das Eingehen einer Ehe haben. Der Zweck dieser Regeln scheint zu sein, das Überleben der Gruppe durch die Erweiterung des Verwandtschaftskreises zu erleichtern, die Stammesfehden zu verringern und die Arbeitsteilung sowie den Tausch von Produkten zu fördern.

Je weniger entwickelt die Technologie einer Gesellschaft ist, desto abhängiger ist der materielle Produktionsprozeß von der natürlichen Umgebung, in der man lebt und die Landwirtschaft, Fischfang und Jagd ermöglicht. Je mehr man von der Natur abhängig ist, desto größer ist die Gefahr, daß ein Mangel an lebensnotwendigen Dingen entsteht. Im Falle eines Mangels kommt es leicht zu Streit und Krieg. Um das zu verhindern, hat man ein

Regelsystem für den Tausch von Frauen und Produkten entwickelt, um die durch Not und Krieg drohende Gefahr zu verringern. Um ein Regelsystem haben zu können, muß man eine Sprache haben, und in ihr spielt die Begriffsbildung eine zentrale Rolle. In den sogenannten primitiven Gesellschaften kann man deshalb einen engen Zusammenhang zwischen der Struktur des sozialen Systems und der Sprache erwarten.

Für die Versorgung des Aymara-Volkes spielen die Solanum-Früchte eine große Rolle. Wir finden deshalb ein sehr entwickeltes Begriffssystem für diese Gewächse. Aber das Begriffssystem scheint sich nicht darauf zu beschränken, den Wörtern für die Pflanzen einen Sinn zu geben. Es scheint auch einen anderen Inhalt zu geben, der mit dem Familiensystem zu tun hat.

Nun können wir zum Ausgangspunkt zurückkehren, nämlich den verschiedenen Stadien des Erkenntnisprozesses. Ausgangspunkt ist die konkrete Wirklichkeit, zum Beispiel die natürliche Umgebung, in der die sogenannten Naturvölker leben, und die konkrete Wirklichkeit, die sie selbst geschaffen haben, zum Beispiel durch den Anbau von 250 Sorten Solanum-Früchten. Der nächste Schritt ist die Schaffung eines Kategoriensystems, das der sprachlichen Begriffsbildung zugrunde liegt. Hier geht man von der konkreten Wirklichkeit zur Ebene der Abstraktion über. Aber das Begriffssystem scheint eine wichtige Vermittlungsfunktion zu haben. Es scheint eine gedankliche Synthese zu ermöglichen, das heißt eine vielseitige Bestimmung der Wirklichkeit, da dasselbe System sowohl von Pflanzen, Verwandtschaft, als auch Tausch «handelt». Das Begriffssystem bildet dann den Übergang zum dritten Stadium. Es ermöglicht die Erfassung der konkreten Wirklichkeit auf gedankliche Art, so daß man sie in ihrer ganzen Komplexität versteht. Genau das macht Lévi-Strauss, wenn er behauptet, daß ein Übergang geschehe von «empirischer Vielfalt zu begrifflicher Vereinfachung und danach von einer begrifflichen Vereinfachung zu einer sinnvollen Synthese»[41].

2.4. Der soziale Zusammenhang der Sprache

Ich beginne noch einmal mit einem Zitat von Gellner: «Begriffe und Vorstellungen existieren nicht isoliert in Texten oder im Kopf der Individuen, sondern im Leben der Menschen und der Gesellschaft. Die Aktivitäten oder die Institutionen, in deren Rahmen ein Wort, ein Satz oder eine Reihe von Sätzen verwendet werden, müssen bekannt sein, ehe dieses Wort oder diese Sätze verstanden werden können und ehe wir überhaupt von einem Begriff oder einer *Vorstellung* sprechen können.»[42,43]

Sinneserfahrungen, das heißt, was wir sehen oder hören, sind individuelle Erlebnisse. Ich kann nicht die Zahnschmerzen meiner Frau erleben. Aber ich kann mit Hilfe der Worte und Begriffe, die sie benutzt, wenn sie zu beschreiben und auszudrücken sucht, was sie erlebt, *verstehen*, wie sie ihre Zahnschmerzen erlebt. Aber die Worte, die sie verwendet, sind für mich nur in dem von ihr verwendeten sozialen Zusammenhang – Kontext – verständlich. Als Ergebnis kommt heraus, daß «Begriffe im Gegensatz zu Sinneseindrükken nur im sozialen Zusammenhang möglich sind (oder besser noch, sie können nur verstanden werden, wenn der soziale Zusammenhang bekannt ist)»[44].

Aber das Problem ist doch noch etwas komplizierter. Angenommen, wir haben eine Behauptung, also einen Satz aus der Sprache einer anderen Kultur, zum Beispiel die Behauptung der Aymarasprache: «Kartoffeln können in eine Jungenart und in eine Mädchenart eingeteilt werden.» Um die Bedeutung dieser Behauptung verstehen zu können, müßten wir sie, nach der eben aufgestellten Behauptung, in ihren sozialen Zusammenhang setzen. Genau das habe ich im vorigen Abschnitt versucht, damit eine zunächst «sinnlos» scheinende Behauptung einen «vernünftigen» Inhalt erhält. Aber da gehe ich davon aus, daß sie einen sinnvollen Inhalt hat. Würde ich das nicht tun, bräuchte ich sie ja nur als «komisch» abzutun. Aber meine Meinung, die Behauptung sei sinnvoll, scheint geradezu die Voraussetzung zu sein, die mich veranlaßt, nach dem Zusammenhang, in dem diese Behauptung vorkommt, zu suchen. Man kann deshalb behaupten, eine Interpretation der obengenannten Behauptung würde nicht ein *Verständnis* des sozialen Zusammenhangs *voraussetzen*. Im Gegenteil, man könnte behaupten, man wähle einen sozialen Zusammenhang, der es ermöglicht, die Behauptung so zu interpretieren, daß sie sinnvoll werden *muß*. In unserem Beispiel habe ich die Benennung der Kartoffelpflanzen in Verbindung zu dem Familiensystem gebracht.

Das Problem ist ja, daß es «in der Natur der Dinge oder der Gesellschaften nichts gibt, was sichtbar angeben kann, wieviel vom Kontext für eine bestimmte Aussage relevant ist oder wie dieser Kontext beschrieben werden soll»[45].

Fassen wir jetzt zusammen, was wir bisher festgestellt haben:

1. Wir beginnen mit der Behauptung, ein Begriff oder eine Vorstellung – und die Sätze, in welche die Begriffe oder Vorstellungen einfließen – könnten nur verstanden werden, wenn man den sozialen Kontext – Zusammenhang – kennt, in dem sie benutzt werden.

2. Der soziale Kontext ist jedoch nichts Vorgegebenes. Statt dessen besitzen wir die große Freiheit auszuwählen, *wieviel* und *welche Aspekte* von diesem wir verwenden müssen, um Begriffe, Vorstellungen und Aussagen begreiflich zu machen.

3. Es scheint, mit anderen Worten, so zu sein, daß wir von vornherein eine Theorie brauchen, die uns als Wegweiser dafür dient, wie wir den sozialen Kontext zu verstehen haben.

Wenn wir dieselbe Einteilung wie im vorigen Abschnitt verwenden wollen, scheint unser Ausgangspunkt folgender zu sein: 1. konkretes Denken – zum Beispiel eine Theorie –, die 2. auf eine konkrete Wirklichkeit angewendet wird, zum Beispiel die soziale Struktur des Aymarastammes, 3. der Versuch, von den konkreten Verhältnissen zu abstrahieren, und danach 4. der Versuch, eine Synthese zu bilden. Das bedeutet einen neuen Typ des konkreten Denkens, das wiederum als Ausgangspunkt für eine weiterführende Analyse benutzt werden kann usw. Es ist also die ganze Zeit eine Frage der Wechselwirkung zwischen konkretem Denken und konkreter Wirklichkeit oder, um einen anderen Ausdruck zu benutzen, zwischen Theorie und Praxis.

Aber jetzt wird das Problem noch komplizierter. Nehmen wir wieder den Satz: «Kartoffeln können in eine Jungenart und in eine Mädchenart eingeteilt werden.» Wir haben gesagt, damit es möglich sei, diesen Satz zu verstehen, müssen wir den sozialen Zusammenhang kennen, in dem er benutzt wird, aber da sind wir von der stillschweigenden Annahme ausgegangen, dieser Satz sei *sinnvoll* und wir *können* ihn verstehen und er sei nicht nur Nonsens. Aber ist diese Annahme berechtigt?

Ich möchte davon absehen, daß es selbstverständlich in einer Sprache eine Menge sinnlose und deshalb auch nicht verständliche Aussagen gibt, so sehr wir auch nach dem sozialen Zusammenhang suchen. Interessanter dagegen sind die Versuche, mit denen man mehr oder weniger systematisch und bewußt eine Aussage vieldeutig zu machen sucht, so daß ihr Sinn verborgen bleibt.

Ich werde ein konkretes Beispiel nennen.[46] Ein beliebtes Wort der Soziologen ist das Wort «Status». Es ist heute nicht nur Bestandteil ihrer Terminologie, sondern wird allgemeiner gebraucht, vielleicht am häufigsten von denen, die sich im Besitz dieser Eigenschaft glauben. Man kann sich nun fragen, wann Leute einen «Status haben». Als Antwort für die Behauptung, eine Person «habe Status», lassen sich zwei Bedingungen nennen.

1. Bestimmte Eigenschaften im Auftreten eines Menschen führen zum Zuerkennen von «Status». Er ist zum Beispiel tüchtig, ehrlich und strahlt im Umgang mit anderen Menschen Vertrauen aus, so daß man ihm vertraut.

2. Eine bestimmte soziale Stellung, die eine Person innehat oder ein bestimmtes Amt, zum Beispiel ein Professorat.

Benutzt man das Wort «Status» in der ersten Bedeutung, so ist es in erster Linie ein *beschreibender* Begriff. Ich beschreibe, welche Eigenschaften ein Mensch haben muß, um von ihm sagen zu können, er habe einen «Status». Eine solche *Beschreibung* kann richtig oder falsch sein – wichtig ist, daß man sich auf der beschreibenden Ebene bewegt. Gebraucht man das Wort in der zweiten Bedeutung, so wird Status etwas, das einer Person *zugeschreiben* wird. Das kann auf sozialen Werten, Machtstrukturen und auf der Verbindung beider sowie auf Wertungen beruhen. Man braucht bestimmt nicht lange zu suchen, um einen Professor zu finden – dem, nach der zweiten

Definition «Status» zugeschrieben wird und dem die Eigenschaften fehlen, die nach der ersten Definition eine Voraussetzung für «Status» sind. Es gibt Professoren, die nicht tüchtig oder nicht entbehrlich sind oder beides nicht und zu denen man kein Zutrauen faßt. Wenn man ihnen dennoch «Status» – in der zweiten Bedeutung – *zuschreibt*, beruht es unter anderem auf ihrer Rolle in der sozialen Struktur, zum Beispiel, daß sie oft die Ideologen der herrschenden Klasse waren. Aber das Problem ist, daß man, wenn man das Wort «Status» benutzt, vielleicht nicht zwischen den beiden möglichen Bedeutungen des Wortes unterscheidet. Man glaubt dann leicht, alle Inhaber eines bestimmten Amtes – und damit des «Status» Nr. 2 – hätten auch die positiven Eigenschaften, die Voraussetzung für den «Status» Nr. 1 sind.

Ein solches Wort kann dann zur Begriffsmanipulierung verwendet werden, so daß «die privilegierte Klasse in einer gegebenen Gesellschaft sich etwas von dem Prestige aneignet, das gewisse in der Gesellschaft anerkannte Tugenden verleihen, ohne sich die Mühe machen zu müssen, sie auch zu praktizieren, dank der Anwendung des Wortes auf jene, die entweder diese Tugenden aufweisen oder die bevorzugte Positionen innehaben»[47]. Gleichzeitig werden auch diese Tugenden bedeutungsvoller, weil man davon ausgeht, sie seien auch bei jenen zu finden, die Machtpositionen innehaben.

Wir können folgende Schlußfolgerung ziehen: Ganz sicher wird der Inhalt von Wörtern und Äußerungen durch ihre Verwendung bestimmt, das heißt vom sozialen Zusammenhang, in dem sie vorkommen. Aber es wäre allzu leichtsinnig anzunehmen, es gäbe nur *eine Art* der Verwendung, oder davon auszugehen, Wörter seien in bestimmten Zusammenhängen nicht der systematischen Manipulation ausgesetzt. Möchte man also den Sinn von Wörtern – oder Äußerungen – auf der Grundlage ihrer Verwendung bestimmen, müssen wir gleichzeitig mit der Analyse der verschiedenen Inhalte beginnen, die ein und dasselbe Wort haben kann. Gleichzeitig müssen wir wenigstens einige der Beziehungen erklären können, die dazu führen, daß ein Wort auf verschiedenen Situationen verwendet wird. Wir kommen jetzt auf die alte Behauptung zurück, nach der das Verständnis des Inhalts einer Sprache die Kenntnis des sozialen Systems und seiner Funktionsweise voraussetzt. Aber dieses Mal fügen wir hinzu, daß man nicht stillschweigend davon ausgehen kann, die Wörter würden immer logisch zusammenhängen oder semantisch eindeutig verwendet werden. Im Gegenteil, man muß damit rechnen, daß die Manipulierung von Worten und Begriffen in die Ausübung dessen einfließt, was ich oben «ideologische Macht» genannt habe.

Anmerkungen

Teil I: Theoretische und methodologische Ausgangspunkte

1 Siehe zum Beispiel F. Basaglia 1971; M. Greenblatt, D. Levinson & R. Williams 1957; Y. Løchen 1965
2 Siehe zum Beispiel S. Haugsjerd 1971; R. D. Laing 1974; T. Scheff 1966
3 Ausführlich in J. Israel 1972 b
4 Biologische Probleme siehe zum Beispiel P. Weiss 1970. Angeborene Instinkte siehe S. A. Barnett 1971
5 Diese Gedanken wurden unter anderem von Karl Marx in seinen frühen Schriften entwickelt. Zur Diskussion siehe J. Israel 1972 a
6 Siehe zum Beispiel Washburn & Howell 1960 oder Howells 1959
7 S. Huberman 1975
8 Berger & Luckman 1969
9 Eine interessante Diskussion zu Theorien evolutionärer und revolutionärer Veränderungen findet man bei Wertheim 1974
10 Die Begriffe «semantisch» und «syntaktisch» werden in Teil IV, Kapitel 1, näher erklärt, wo auch die Sprachtheorien behandelt werden. Als Übersicht über die Entwicklung der Sprachtheorie siehe Bierwisch 1966; Chomsky 1970; Fages 1974
11 J. Israel 1976
12 Zur Rollentheorie siehe Biddle & Thomas 1966. Kritische Stellungnahme siehe J. Israel 1972 b und Gerhardt 1971
13 Zum Problem Erbe–Umwelt existiert eine umfassende Literatur. Siehe zum Beispiel Dunn & Dobzhansky 1970
14 Piaget 1964 und Piaget & Inhelder 1966
15 Dieses Problem wird in Teil IV, Kapitel 1, weiter erörtert. Die Theorie Piagets über die Entwicklung der Intelligenz des Kindes ist den traditionellen Erziehungsmethoden vom Typ «ansehen, aber nicht anfassen», genau entgegengesetzt
16 J. Bowlby 1972
17 Gustav Jonsson über das «soziale Erbe», 1969
18 Ryle 1949
19 Diese oder ähnliche Vorstellungen haben unter anderem K. Marx, G. H. Mead, M. Merleau-Ponty, J. Piaget, J.-P. Sartre vertreten, um einige Namen zu nennen, die trotz unterschiedlicher Ausgangspunkte gewisse grundlegende Annahmen gemeinsam haben. Diese berühren unter anderem erkenntnistheoretische Probleme
20 Einen ähnlichen Gedanken formuliert Marx in der sechsten seiner elf Thesen über Feuerbach: «Aber das menschliche Wesen ist kein dem einzelnen Individuum innewohnendes Abstraktum. In seiner Wirklichkeit ist es das Ensemble [=die Gesamtheit, Anm. der Übers.] der gesellschaftlichen Verhältnisse» (Marx/Engels, Werke, im folgenden MEW Bd. 3, S. 534). Vgl. auch die Unterscheidung, die ich zwischen «gesellschaftlichen Beziehungen» und «zwischenmenschlichen Beziehungen» später machen werde
21 Diesen Gedanken hat ein Klassiker der Soziologie, Ch. H. Cooley 1964, folgendermaßen ausgedrückt: Wenn wir von der Gesellschaft sprechen oder einen

anderen kollektiven Terminus anwenden, konzentrieren wir uns auf einen generellen Aspekt bei den betroffenen Personen, während wir von diesem generellen Aspekt absehen, wenn wir von Individuen sprechen und denken, sie kämen isoliert vor

22 Siehe zum Beispiel Piaget 1969
23 Über Praxis siehe zum Beispiel Jordan 1967; Petrovic 1968 und J. Israel 1972c
24 G. H. Mead 1956 und über Mead: H. Joas 1975
25 Mead unterscheidet zwischen dem «Ich» (*the I*) und dem «Mich» (*the me*). Beide zusammen nennt er das «Selbst» (*the self*). «Ich» ist der handelnde Teil meines Ichs, während «Mich» der Teil meines Ichs ist, den ich wahrnehme, wenn ich an mich selbst denke. Beide zusammen bilden dann das «Selbst» (*self*), das heißt «mich selbst». Siehe auch J. Israel 1976
26 Siehe Teil II, Abschnitt 3.4: Der Verdinglichungsprozeß
27 Marx sagt dies folgendermaßen: «Die Gesellschaft besteht nicht aus Individuen, sondern drückt die Summe der Beziehungen, Verhältnisse aus, worin diese Individuen zueinander stehen.» Grundrisse, S. 176
28 S. 19
29 Siehe zum Beispiel Coser & Rosenberg 1967; Berger & Luckman 1969
30 Siehe auch J. Israel 1971b
31 Berger & Luckman 1969
32 A. W. Gouldner 1974
33 Ebd., vgl. auch J. Israel 1972b
34 Zum Ideologiebegriff siehe zum Beispiel Hofmann 1968; Mannheim 1952; Lichtheim 1967 und Israel 1972a, Kapitel 4
35 Siehe auch Teil III, Kapitel 3
36 Tjaden 1969
37 Gouldner 1974, S. 48f
38 Ebd. 1974, S. 11f
39 Über Objektivität Israel 1977
40 Gouldner 1974, S. 48f
41 Von Parsons zahllosen Büchern möchte ich hier das erwähnen, in dem er sich mit dem sozialen System beschäftigt. 1952
42 Kritische Ansichten zu Parsons finden sich bei Gouldner 1974; Mills 1973 und R. A. H. Robson 1968
43 Die letzten Zeilen könnten aus einer Besprechung des ‹*Kapital*› zitiert sein, die Marx selbst zustimmend im Nachwort zu der zweiten deutschen Auflage erwähnte. MEW, Bd. 23, S. 26
44 So der englische Wissenschaftstheoretiker Karl Popper 1969, S. 42
45 Der achtzehnte Brumaire des Louis Bonaparte in MEW Bd. 8
46 Siehe zum Beispiel Lenin, «Was tun». In: Ausgewählte Werke Bd. 1
47 G. Lenski 1973
48 Siehe Israel 1972b
49 S. 119
50 Hier zitiere ich sinngemäß Marx und Engels, «Die deutsche Ideologie», MEW, Bd. 3, S. 20
51 Dies ist vereinfacht das zweite thermodynamische Gesetz. Siehe Rapoport 1968

52 Es gibt einzelne Ausnahmen. In der Literatur finden sich zum Beispiel Beschreibungen von sogenannten primitiven Gesellschaften, Naturgesellschaften auf Südseeinseln, die in ihrer isolierten Lage weder Import noch Export haben. Siehe zum Beispiel die Schilderung der Insel Bellona in Polynesien von U. Prætorius 1970

53 Der interessierte Leser wird auf E. Schrödinger, 1951, verwiesen, der eine technische, aber populär geschriebene Darstellung von Entropie gibt und wie sie zu messen ist

54 D. Easton 1968

55 Siehe S. 47ff

56 Die Darstellung fußt auf einer Analyse von v. Wright 1963

57 Man kann jedoch zwischen einer *Formulierung* eines Gesetzes (oder Norm) und einer *Beschreibung* eines Gesetzes (oder Norm) unterscheiden. Angenommen, ich sage: Es ist verboten, im Wald Feuer zu machen. Handelt es sich um eine Normformulierung, dann beinhaltet der Satz, daß ich ein Verbot aufstellen will. Aber ein solches Verbot gibt es vielleicht schon und ich weise nur auf sein Vorhandensein hin. In dem ersten Fall wäre der Satz (ein Verbot) präskriptiv, im zweiten deskriptiv

58 Sherif 1936

59 Ein sehr bekanntes Beispiel ist folgendes: Man sitzt in einem haltenden Zug. Daneben steht ein anderer Zug. Setzt sich dieser Zug in Gang, erlebt man es, als würde sich der eigene Zug bewegen, wenn man den anderen als Fixierungspunkt benutzt

60 R. Rommetveit 1954

61 L. Wittgenstein 1960

62 G. H. von Wright 1963

63 In der Logik gibt es eine andere Gruppe Konditionalsätze, die sogenannten Implikationen, mit der Form «wenn . . . dann». Außerdem können Sätze mit den Worten «wenn . . . dann» eine logische Notwendigkeit ausdrücken: «Wenn dies ein Dreieck ist, dann beträgt die Winkelsumme 180°» oder ein Kausalgesetz: «Wenn die Temperatur Null Grad beträgt, dann friert Wasser»

64 Das ist zumindest die sehr umstrittene Interpretation Piagets, 1972 (Original 1968). Siehe auch mein Vorwort zu dem erwähnten Buch Piagets. Außerdem Fages 1974 und Lévi-Strauss 1967

65 Das ist zum Beispiel die von Bertrand Russell 1952 benutzte und heute noch übliche Definition

66 Das versucht zum Beispiel Marx in seinen Analysen der kapitalistischen Gesellschaft. Siehe zum Beispiel Godelier 1972 und 1973 sowie Zelený 1968

67 Siehe meine Einleitung zu Piaget 1972 (Original 1968)

68 M. Merleau-Ponty 1969, S. 192

69 M. Godelier 1973. Siehe auch Lévi-Strauss 1967

70 G. H. von Wright 1971

71 Siehe S. 41f

72 J. Piaget 1968

73 Ebd.

74 Vgl. S. 60f

75 Israel 1970a
76 Der englische Philosoph Tucker schreibt Marx diese Theorie zu, weil er eine Äußerung von Marx falsch übersetzt. Vgl. Israel 1972a, Marx behauptet, das Verhalten des Menschen sei eine Folge der gesellschaftlichen Funktionsweise
77 Vgl. Israel 1972b
78 Freud 1940–1952
79 Israel 1972b und Israel 1977a
80 G. H. von Wright 1971
81 P. Winch 1970

Teil II: Wirtschaftliche Institutionen und Prozesse

1 M. Godelier 1973
2 Siehe S. 82f
3 Robert Björkenvall, der das Manuskript gelesen und kritisiert hat, kommentierte diesen Abschnitt folgendermaßen: «Dieser Typ Rationalismus bedeutet lediglich, daß immer weniger Menschen durch einen gegebenen Kapitaleinsatz beschäftigt werden, was wiederum bewirkt, daß immer weniger Menschen am Fließband immer mehr produzieren müssen, zum Beispiel Autos usw., während gleichzeitig immer mehr Menschen Opfer des Stress werden und nicht mehr mitmachen können. Die Gesellschaft ist gezwungen, sich ihrer anzunehmen. Dies muß die verringerte Anzahl der in Produktion Arbeitenden bezahlen, während man gleichzeitig gegen die Sozialfürsorge Stimmung macht»
4 Ich werde im folgenden konsequent das Wort «Arbeitskäufer» verwenden und nicht «Arbeitgeber», wenn Unternehmer, Kapitalisten usw. gemeint sind. Tatsache ist ja, daß sie nicht Arbeit «geben», sondern für einen bestimmten Lohn Arbeitskraft «kaufen». Das Wort «Arbeitgeber» zu gebrauchen, heißt deswegen, die faktischen gesellschaftlichen Verhältnisse verschleiern. Ich lege dagegen keine besondere Wertung in das Wort. Vgl. die Analyse in Teil IV, Kapitel 1
5 Polonyi 1968
6 Siehe auch Godelier 1976
7 Auf der Insel Bellona benutzen die Einwohner einen einfachen Grabstock zum Pflanzen ihrer etwa hundert Sorten Süßkartoffeln oder Yamswurzeln. Der Versuch, den Spaten einzuführen, scheiterte völlig, da für jede Sorte eine bestimmte Tiefe erforderlich ist, die sich nur mit dem Grabstock regeln läßt. Vgl. U. Prætorius 1970
8 Siehe S. 167f
9 Lévi-Strauss 1971, S. 152
10 Siehe Teil I, 3.1.
11 Dies ist Marx' Grundeinstellung. Mit diesem Ausgangspunkt konzentriert er sich auf den materiellen Produktionsprozeß. Man kann deswegen die Marxsche Richtung einen «methodischen Materialismus» nennen
12 Es ist nicht immer möglich, zwischen diesen beiden Kategorien scharf zu trennen. Die Zusammenarbeit innerhalb der Produktion und die Form, die sie unter gegebenen technischen Umständen annimmt, ist eine Produktivkraft und gleichzeitig ein Verhältnis
13 Polanyi hat eine Unterteilung der Verteilungsformen erstellt, 1968. Siehe auch

Godelier 1973
14 K. Marx, Grundrisse, S. 12ff
15 M. Godelier 1973
16 M. Weber 1968, S. 15f
17 Über Entfremdung und Verdinglichung, vgl. Teil II, Abschnitt 3.4.
18 M. Weber 1920. Siehe auch Israel 1972a, Kap. 5
19 M. Godelier 1973
20 M. Weber 1922
21 O. Lange 1963
22 Lange 1970, Werner Sombart zitierend
23 M. Weber 1922
24 Die Darstellung basiert auf Max Weber 1922
25 O. Lange 1970
26 M. Weber 1922
27 R. Aron 1971
28 Weber 1922; Israel 1972a, Kapitel 5
29 S. 82f
30 M. Weber 1922
31 Da Untersuchungen zeigen, daß meistens die Oberklasse ins Theater geht, erhalten also in erster Linie die Reichen diese Unterstützung. H. Swedner 1969; Israel 1969
32 O. Lange 1970
33 Max Weber kannte diesen Zusammenhang wohl, aber er fand, daß alle technisch hochentwickelten Gesellschaften, auch die sozialistischen, nur funktionieren können, wenn die formale Rationalität dominierendes Prinzip sei. Die Frage lautet, kann eine hochindustrialisierte Gesellschaft anders funktionieren? Vielleicht wird China ein entscheidendes Beispiel geben
34 W. Hofmann 1969, S. 65
35 J. Robinson 1965
36 Siehe S. 39f
37 «Fetischismus» bedeutet den Glauben an die «übernatürliche Kraft eines Gegenstands
38 Marx, MEW, Bd. 23; Israel 1972a, Kapitel 9, und Israel 1976a
39 R. Hilferding 1964
40 B. McFarlane 1971, S. 26
41 McFarlane 1971; G. Myrdal 1968
42 Eine ausführliche Analyse dieses Problems gibt Sweezy 1970
43 K. Marx
44 Siehe Israel 1972a, Kapitel 5, wo die Theorie Simmels zu diesem Problem erörtert wird
45 Unter anderm findet sich in Myrdals großem Werk über die Neger in den USA eine geschichtliche Untersuchung, 1944
46 Aus dem Pachtsystem kann jedoch durch Verschuldung schnell eine Art Leibeigenschaft werden. Beispiele aus Indien und Lateinamerika könnten dies verdeutlichen
47 In Ausnahmefällen wird das Entgelt in Naturalien gezahlt

48 Beispiele zeigen jedoch, daß er den Verbrauch zu steuern versucht. In alten schwedischen Fabrikorten kam es mitunter vor, daß die wichtigsten Verteilungszentralen, das heißt die Lebensmittelläden, dem Fabrikbesitzer gehörten. Der ausgezahlte Lohn kehrte somit als Bezahlung für Lebensmittel zum Arbeitskäufer zurück, der so weitere Gewinne erzielte. Noch heute gibt es Industriegesellschaften, die von einem großen Unternehmen dominiert werden, dem wiederum Lebensmittel- und andere Läden gehören können. Die Tatsache, daß produzierende Unternehmen auch Verkaufsorganisationen für ihre Waren besitzen, bedeutet, daß sie ein Teil der Kosten für die Arbeitskraft zurückerhalten, ob sie nun Lebensmittel, Schuhe oder Autos verkaufen

49 Man schließt einen sogenannten «Tarifvertrag»

50 Das heißt ein Lohn, der nicht nur nach seinem Geldwert, sondern auch nach seinem Tauschwert berechnet wird, das heißt, wieviel man dafür kaufen kann

51 Da ich früher behauptet habe, die Marxsche Werttheorie sei keine *Preistheorie*, das heißt eine Theorie darüber, wie die Preisfestsetzung auf einem kapitalistischen Markt geschieht, werde ich hier auch nicht behaupten, der Verdienst des Kapitalbesitzers sei ausschließlich darauf zurückzuführen, daß der Arbeiter durch seine Arbeit einem Objekt einen neuen Wert zuführt. Angenommen, der Hersteller eines Produkts besitzt ein Monopol, das heißt produziert ohne Konkurrenz, dann kann er weitgehend den Preis der Produkte selbst festsetzen

52 Ein aufschlußreiches Beispiel ist folgendes: Jemand kauft einige Grundstücke am Rande einer Großstadt. Er läßt sie brachliegen und wartet ab, beispielsweise zehn Jahre. Inzwischen hat sich die Großstadt ohne sein Mitwirken so stark ausgedehnt, daß man seine Grundstücke für den Wohnungsbau braucht. Er kann dann die Grundstücke zum vielfachen Preis verkaufen. Danach kann er für das Geld Aktien von Unternehmern erwerben, die mit Gewinn arbeiten, und er kann ein so hohes Einkommen erreichen, daß er den Rest seines Lebens keinen Finger mehr zu rühren braucht. Aber der Gewinn in dem Unternehmen wird von den dortigen Arbeitern und Angestellten erzeugt

53 Was jedoch nicht bedeutet, daß die Machthaber nicht auch Aktien haben können. Siehe zum Beispiel G. Adler-Karlsson 1973; P. Baran & Sweezy 1967

54 Das bedeutet jedoch nicht unbedingt einen Machtzuwachs für die *Arbeiter*, da auch die Gewerkschaftsbewegung wie alle anderen großen Organisationen durch die Konzentration der Entscheidungsmacht bei der Spitze bürokratisiert wurde

55 E. Dahlström u. a. 1971

56 M. Marković 1968

57 J. Israel 1972a

58 «Primitiv» bezeichnet hier einen niedrigen Grad der technischen Entwicklung

59 M. Godelier 1973

60 Dies sind kurz die von E. Durkheim 1968 entwickelten Thesen

61 Diese Theorie haben Marx und Engels u. a. in der ‹*Deutschen Ideologie*› entwickelt. In: MEW, Bd 3

62 Mao Tse-tung, 1968, unterscheidet zwischen antagonistischen und nichtantagonistischen Gegensätzen. Siehe auch Israel 1972b

63 T. B. Bottomore 1971

64 E. L. Wheelwright & B. McFarlane 1970 haben ein ungewöhnlich anregendes

Buch über die chinesische Wirtschaftsentwicklung geschrieben
65 Und die Kosten für diese zwei Stunden sind nicht nur die Transportkosten, sondern können zum Beispiel als Lohn berechnet werden, den er für zwei Stunden mehr Arbeit bekommen hätte
66 H. Swedner 1969
67 McFarlane 1971, S. 20
68 Es ist wichtig, den Unterschied zwischen *Gleichheit* und *Gleichstellung* hervorzuheben. Die Menschen können sich durchaus in bezug auf Geschlecht, Intelligenz und andere Fähigkeiten unterscheiden, ohne daß dies an sich ausreichte, um eine fehlende Gleichstellung zu erklären
69 E. Dahlström u. a. 1971 und Trist & Bamford 1969 geben für diese Problematik gute Beispiele
70 MEW, Bd. 13, S. 8
71 Siehe auch Teil III, Abschnitt 1.1.
72 Galbraith 1968
73 Laut eines Artikels in *Dagens Nyheter* vom 25. März 1972 kommen in den USA pro Stunde sechs Menschen durch Verkehrsunfälle ums Leben. In der Bundesrepublik stirbt jede halbe Stunde ein Mensch im Verkehr. Jeder dritte Schwede riskiert zu Lebzeiten, einen Unfall zu haben
74 Siehe zum Beispiel S. Lindquist 1971
75 Das Beispiel stützt sich auf einen Artikel des Lateinamerika-Korrespondenten von *Dagens Nyheter*, B. Sourander. *Dagens Nyheter* vom 27. Februar 1972. Siehe auch D. Bauchard 1970
76 B. Sourander 1972
77 oder Libyen, Irak, Venezuela usw.
78 G. Therborn 1971, S. 66
79 Siehe S. 135f
80 O. Lange 1970
81 Ebd. 1963
82 von 1727 bis 1829
83 R. Garaudy 1970
84 Ebd., S. 129
85 Obwohl in Schweden zu Beginn der siebziger Jahre nur 22 Prozent der Studenten aus der Arbeiterklasse kamen
86 R. E. Slitor 1971
87 Ch. Levinson 1972
88 C. W. Mills 1955
89 Auch in den USA existiert eine enge Zusammenarbeit zwischen der Industrie und den Technokraten des Militärs, die darum kombiniert mit Zuckerbrot und Peitsche arbeiten können: hoher Konsum und Unterdrückung der Opposition
90 Zum Vergleich der Technokratie in den USA und der Sowjetunion, siehe M. Marković 1972
91 Dahlström u. a. 1971
92 Der Streik wurde jedoch nicht allein durch schlechte Arbeitsbedingungen ausgelöst
93 Siehe R. Björkenvall 1972

94 J. Israel 1973
95 So die Zeitung *The Observer* vom 9. April 1972
96 Aus der dänischen Tageszeitung *Information* vom 8./9. April 1972
97 Die von den Verteidigern jedoch nicht als Übel betrachtet wird
98 Vgl. S. 79f
99 S. Heinild 1965
100 Siehe zum Beispiel Ch. Bettelheim 1968
101 Siehe S. 124ff
102 Und sie haben es getan, solange das kapitalistische System besteht
103 Vgl. S. 181
104 Galbraith 1968
105 S. Melman 1971
106 Galbraith 1968
107 Auch in Skandinavien werden wichtige, für die ganze Gesellschaft entscheidende Beschlüsse im Kommandoraum der großen Banken getroffen, zum Beispiel der Skandinaviska Enskilda Banken, die große Teile des schwedischen Wirtschaftslebens beherrscht, oder der Østasiatisk Kompagni in Dänemark, nur um zwei Beispiele zu nennen
108 A. Lindbeck 1973
109 Ebd.
110 J. Israel 1967
111 E. L. Wheelwright & McFarlane 1970
112 Vgl. S. 113f
113 Der Prozeß, durch den die Menschen in ein Ding, ein seelenloses Objekt, verwandelt werden, ist «Verdinglichungsprozeß» genannt worden.
Den Terminus «Verdinglichung» hat G. Lukács (1975) geprägt. Eine ausführliche Erörterung gibt J. Israel 1972a
114 K. Marx, MEW, Bd. 23
115 Ebd., S. 86f
116 Ebd., S. 87
117 J. Israel 1972a und 1976a
118 P. Berger & T. Luckman 1969
119 J. Israel 1972a und 1976a
120 Siehe Teil I
121 J. Israel 1972a und 1976a
122 K. Marx, MEW, Bd. 23, S. 596
123 Eine interessante Untersuchung über das Subjekt-Objekt-Verhältnis und die Verdinglichung hat Sartre gemacht
124 M. Marković 1972
125 J. Israel 1972a und 1976a
126 Galbraith 1964, S. 143
127 L. Anell 1969, S. 85
128 J. Israel 1972a, Kap. 9
129 Siehe Abschnitt über die Selbstbewertung
130 J. Israel 1972a, Kapitel 9
131 Siehe auch Teil I, Kapitel 2

Teil III – Anmerkungen

132 E. J. Mishan 1969, S. 114
133 Ebd., S. 114
134 Ebd., S. 110
135 Ebd.
136 Ebd.
137 L. Anell 1969, S. 35
138 L. Söderström 1968, S. 33
139 Dieses Beispiel habe ich von meinem Sohn Dan Israel
140 Es wäre auch vorstellbar, daß ein Wohnviertel über eine gewisse Zahl Autos verfügt

Teil III: Macht

1 Die Unterscheidung zwischen «Macht» und «Herrschaft» findet sich zum Beispiel in den Schriften Max Webers, um nur einen Namen der klassischen Soziologie zu nennen; siehe auch Hofmann 1969, S. 33
2 W. Hofmann 1969, S. 39
3 Marx, Grundrisse S. 214f
4 Siehe z. B. P. Sweezy & H. Magdoff 1972; andere Bücher, die das gleiche Thema behandeln sind Adler-Karlsson 1971; E. Brun & J. Hersh 1975; P. Baran & P. Sweezy 1967, handelt vom Monopolkapital und seiner Rolle
5 Man darf nicht vergessen, daß es in den Industrieländern große Einkommens- und Vermögensunterschiede gibt, und die Ärmsten der Bevölkerung der Vereinigten Staaten leben unter elenden Verhältnissen. Auch in den ärmsten Ländern der Dritten Welt gibt es meistens eine reiche Schicht, die nur einen kleinen Teil der Bevölkerung umfaßt.
Der Ausdruck «Dritte Welt» wurde von dem französischen Bevölkerungsexperten Alfred Sauvy in einer Art Analogie zum «dritten Stand» während der Französischen Revolution geprägt. Siehe dazu E. Brun & J. Hersh 1975. Diese Verfasser liefern auch Argumente gegen Überbevölkerung und Kapitalmangel als fundamentales Hindernis einer Entwicklung
6 S. Amin 1975; E. Brun & J. Hersh 1975
7 Siehe auch K. Schumpeter 1946
8 D. Bauchard 1970; M. Tanzer 1969; siehe auch *Le Monde* vom 9. August 1972
9 P. Baran & P. Sweezy 1967
10 E. Brun & J. Hersh 1975; Politics & Money Nr. 1, 1972, S. 9
11 E. Brun & J. Hersh 1975; siehe auch A. Emmanuel 1972
12 R. Murray 1969
13 Vgl. a. die Angriffe von Kennecott gegen das Chile der Unidad Popular
14 B. Elmbrant & E. Eriksson 1970; siehe auch «Ist Schweden wirtschaftlich abhängig?» In: Kommentar Nr. 8, 1972
15 Myrdal 1972, S. 14
16 Ebd., S. 39
17 Ebd.
18 T. Hayter 1971; s. a. Brundenius 1972
19 Hayter 1971
20 Ebd.

21 C. W. Mills 1959
22 J. Bosch 1969
23 Pentagon, der Name des amerikanischen Verteidigungsministeriums in Washington, D. C.
24 Galbraith 1968
25 Bosch 1969
26 G. Adler-Karlsson 1971
27 Melman 1971, S. 274
28 Bosch 1969
29 Zu einer näheren Analyse des Klassenbegriffs siehe Teil III, Kapitel 4
30 J. J. Clark 1970, S. 231
31 Ebd., S. 232
32 Ebd.
33 Ebd., S. 233
34 Melman 1971
35 Bosch 1969
36 Ebd., S. 21
37 Ebd., S. 19
38 Melman 1971, S. 3
39 F. Schurman 1971
40 *Le Monde* vom 21. März 1972
41 Melman (Hg.) 1971a
42 Melman 1971, S. 35
43 Ebd., S. 36
44 Vgl. Standard Oil of New Jersey – ESSO –, eins der größten Unternehmen der Welt, hat 3000 Angestellte in seiner Hauptzentrale
45 Melman 1971, S. 41
46 Ebd., S. 65
47 Ebd.
48 F. Schurman 1971, S. 84
49 Siehe Teil I, Kapitel 2
50 Miliband 1972
51 Vgl. S. 157f
52 Marković 1972
53 Siehe S. 155f
54 G. Adler-Karlsson 1967
55 Siehe S. 167f
56 B. Gustafsson 1971, S. 15
57 Siehe Teil II, Abschnitt 2.5.
58 Siehe z. B. P. Andersson 1965; I. Deutscher 1970 und B. Gustafsson 1971
59 E. L. Wheelwright & B. McFarlane 1970; J. Robinson 1970; E. Brun & J. Hersh (Hg.) 1969
60 B. Gustafsson 1971
61 W. Wesolowski 1965
62 Siehe dazu Teil I, Kapitel 3
63 R. Miliband 1972

Teil IV – Anmerkungen

64 Siehe auch Teil II, Abschnitt 1.3. über «Rationalität»
65 Marx
66 G. Lichtheim 1967
67 MEW, Bd. 3
68 MEW in Ausgewählte Schriften, 3 Bände, Band 2, S. 451
69 K. Mannheim 1952
70 Ebd.
71 W. Hofmann 1968, S. 54
72 Zur Verdinglichung s. Teil II, Abschnitt 3.4.
73 Siehe z. B. A. Emmanuel 1972
74 A. G. Frank 1968
75 R. Stavenhagen 1969
76 Ebd.
77 L. Reismann & M. N. Halstead 1970
78 Israel 1972b
79 J. Rex 1970
80 E. Dahlström 1971a; meine Hervorhebung
81 B. Hansen 1969
82 Dahlström 1971a, S. 10
83 Ebd., S. 11
84 Ebd.
85 Dies ist ausführlich in Myrdals klassischer Studie über die Neger in den USA, 1944, behandelt
86 J. Boggs 1967
87 Stavenhagen 1969
88 B. Lindensjö 1968
89 Marx, MEW, Bd. 25, S. 892
90 B. Lindensjö 1968; J. Israel 1970
91 Marx & Engels
92 S. Melman 1971

Teil IV: Sprache und Kommunikation

1 Habermas 1967
2 Ebd., S. 179; Israel 1972b
3 Siehe Teil I
4 Siehe Teil I, Kapitel 1, 2 und 3
5 B. Sigurd 1970, S. 66
6 N. Chomsky 1970
7 Chomsky 1971, S. 29
8 Rommetveit 1972, S. 81; Sigurd 1970, S. 72
9 Chomsky 1971, S. 31
10 J. Piaget & B. Inhelder 1969
11 Siehe Teil I, Abschnitt 1.3.
12 Piaget 1969
13 Rommetveit 1972, Kapitel 3
14 Ebd., S. 52

15 Ebd., S. 34
16 Thing Mortensen 1972, S. 28ff
17 Rommetveit 1972, S. 123
18 E. Gellner 1968, S. 255
19 Chomsky 1970
20 Ebd.
21 R. Fages 1974
22 G. Klaus 1972
23 A. Næss 1961; A. Schaff 1964
24 G. H. von Wright 1963
25 Siehe unser Beispiel, S. 219f
26 R. Brown 1965, S. 316
27 Ich folge hier Rommetveits Schema (1972). Andere, die sich mit dieser Problematik beschäftigt haben, verwenden andere Einteilungen. Beispielsweise kann Del Hymes, 1968, genannt werden, der zwischen 1. Sender, 2. Empfänger, 3. Form der Botschaft, 4. Vermittlungskanal, 5. Vermittlungscode, der verwendet wird, 6. Thema oder Themata, welche die Botschaft enthält und 7. der Situation, in der gesendet bzw. empfangen wird, unterscheidet. Die Einteilung geht auf ein Modell zurück, das der amerikanische Informationstheoretiker C. Shannon (1968) entwickelt hat
28 S. Moscovici (1967) hat dieses Problem untersucht und herausgefunden, daß verschiedene Medien die grammatikalische und syntaktische Form der Kommunikation verändern
29 S. Moscovici 1967, S. 231
30 Siehe obiges Beispiel
31 R. Brown 1965, S. 54ff
32 J. Israel & S. Calais 1967
33 Abkürzung für Tjänstemännens centralorganisation = Zentralverband der Beamten und Angestellten
34 Israel 1955
35 Israel & Häggquist 1961
36 E. Gellner 1968, S. 255
37 Vgl. S. 224
38 B. Whorf 1956
39 Ebd.
40 C. Lévi-Strauss 1973
41 Ebd.
42 E. Gellner 1970, S. 119
43 Diese These hat ursprünglich E. Durkheim aufgestellt, der behauptete, das Ritual habe die Bewahrung der grundlegenden Begriffe und Vorstellungen zur Aufgabe
44 E. Gellner 1970, S. 119
45 Ebd., S. 130
46 Ich folge hier im Prinzip E. Gellners Gedankengang, obwohl ich andere Schlüsse daraus ziehe als er
47 Gellner 1970, S. 140

Literaturverzeichnis

Das Literaturverzeichnis enthält alle zitierten Arbeiten, damit der interessierte Leser die Hinweise nachvollziehen kann. Soweit vorhanden wird die deutsche Version genannt, andernfalls die Originalausgabe. Skandinavische Texte, die nicht übersetzt vorliegen, haben in Klammern eine wörtliche Übersetzung des Titels. Schließlich hat Lutz Mez das Verzeichnis um einige grundlegende deutschsprachige Soziologie-Werke ergänzt.

ADLER-KARLSSON, G. (1971): Hyckleriets årtionde (Das Jahrzehnt der Heuchelei). Stockholm 1971

ADLER-KARLSSON, G. (1973): Funktionaler Sozialismus. Zug 1973

ALTVATER, E. (1969): Die Weltwährungskrise. Frankfurt/M. 1969

Amin, S. (1975): Die ungleiche Entwicklung. Hamburg 1975

ANDERSSON, P. (1965): Origins of the Present Crisis. In: Towards Socialism. London 1965

ANDERSSON, P. (1968): Staten og neo-kapitalismen (Der Staat und der Neokapitalismus). In: Zenit 1 (1968)

ANELL, L. (1969): Det andra samhället (Die andere Gesellschaft). Stockholm 1969

ARON, R. (1971): Hauptströmungen des soziologischen Denkens. 2 Bd. Köln 1971

BARAN, P. A. & SWEEZY, P. (1967): Monopolkapital. Frankfurt/M. 1967

BARNETT, S. A. (1971): Instinkt und Intelligenz. Frankfurt/M. 1971

BASAGILA, F. (1971): Die negierte Institution. Frankfurt/M. 1971

BAUCHARD, D. (1970): Le jeu mondial des pétroliers. Paris 1970

BELLEBAUM, A. (1972): Soziologische Grundbegriffe. Stuttgart–Berlin–Köln–Mainz 1972

BERGER, P. L. (1973): Einladung zur Soziologie. München 1973

BERGER, P. L./BERGER, P. (1976): Wir und die Gesellschaft. Reinbek 1976

BERGER, P. L. & LUCKMAN, T. (1969): Die gesellschaftliche Konstruktion der Wirklichkeit. Frankfurt/M. 1969

BETTELHEIM, CH. (1968): La transition vers l'économie socialiste. Paris 1968

BIDDLE, B. & THOMAS, E. J. (Hg.) (1966): Role Theory: Concepts and Research. New York 1966

BIERWISCH, M. (1966): Strukturalismus. In: Kursbuch 5 (1966)

BIERWISCH, M. (1974): Strukturalismus und Linguistik. S'Gravenhage 1974

BJÖRKENVALL, R. (1972): Varför så förbannad på människor i nöd? (Warum so böse auf Menschen in Not?). In: Arbetet v. 16. 6. 1972

BOGGS, J. (1967): Svart makt (Schwarze Macht). In: Black power – svart makt (Black Power – schwarze Nacht). Stockholm 1967

BOSCH, J. (1969): Der Pentagonismus. Reinbek 1969

BOTTOMORE, T. B. (1971): Sociology. Erw. Auflage. London 1971

BOWLBY, J. (1972): Mutterliebe und kindliche Entwicklung. München 1972

BROWN, R. (1965): Social Psychology. New York 1965

BRUN, E. & HERSH, J. (1975): Das kapitalistische Weltsystem. Frankfurt/M. 1975

BRUN, E. & HERSH, J. (Hg.) (1969): Kulturrevolution i Kina (Die Kulturrevolution in China). Kopenhagen 1969

BRUNDENIUS, C. (1972): Imperialismens ansikte (Das Gesicht des Imperialismus). Stockholm 1972

BUCKLEY, W. (1967): Sociology and Modern Systems Theory. Englewood Cliffs 1967

CHOMSKY, N. (1969): Amerika und die neuen Mandarine. Frankfurt/M. 1969

CHOMSKY, N. (1970): Sprache und Geist. Frankfurt/M. 1970

CHOMSKY, N. (1971): Problems of Knowledge and Freedom. London 1971

CLARK, J. J. (1970): War and Economic Progress. In: MERMELSTEIN, D. (Hg.), Economics: Mainstream Readings and Radical Critiques. New York 1970

COHEN, P. S. (1972): Moderne soziologische Theorie. Wien–Köln–Graz 1972

COOLEY, CH. H. (1964): Human Nature and the Social Order. New York 1964

COSER, L. & ROSENBERG, B. (1967): Sociological Theory. A Book of Reading. 2. Aufl. New York 1967

DAHLSTRÖM. E. u. a. (1971): LKAB och demokratin (LKAB und die Demokratie). Stockholm 1971
DAHLSTRÖM, D. (1971 a): Klasser och samhällen (Klassen und Gesellschaften). Stockholm 1971
DEUTSCHER J. (1970): die unvollendete Revolution. Frankfurt/M.–Hamburg 1970
DUNN, L. C. & DOBZSHANSKY, T. (1970): Vererbung, Rasse und Gesellschaft. Frankfurt/M. 1970
DURKHEIM, E. (1968): The Division of Labor in Society. 6. Aufl. New York 1968
EASTON, D. (1968): A System Analysis of Political Life. In: BUCKLEY, W. (Hg.), Modern Systems Research for the Behavioral Scientist. Chicago 1968
ELIAS, N. (1970): Was ist Soziologie? München 1970
ELMBRANT, B. & ERIKSSON, E. (1970): Det bidde en tumme. Stockholm 1970
EMMANUEL, A. (1972): Unequal Exchange. New York 1972
FAGES, J. B. (1974: Den Strukturalismus verstehen. Lollar 1974
FISCHER, G. (1971): Sprache und Klassenbindung. Hamburg 1971
FRANK, A. G. (1968): Kapitalismus und Unterentwicklung in Lateinamerika. Frankfurt/M. 1968
FREUD, S. (1942–50): Gesammelte Werke. Bd. 14 u. 15. London 1942–50
FUCHS, W. u. a. (Hg.) (1975): Lexikon zur Soziologie. 2 Bd. Reinbek 1975
GALBRAITH, J. K. (1964): Gesellschaft im Überfluß. München 1964
GALBRAITH, J. K. (1968): Die moderne Industriegesellschaft. München–Zürich 1968
GARAUDY, R. (1970): Die große Wende des Sozialismus. Wien–München–Zürich 1970
GELLNER, E. (1968): Words and Things. Harmondsworth 1968
GELLNER, E. (1970): Concepts and Society. In: EMMET, D. & MACINTIRE, A., Sociological Theory and Philosophical Analysis. London 1970
GERHARDT, U. (1971): Rollenanalyse als kritische Soziologie. Neuwied 1971
GODELIER, M. (1972): Rationalität und Irrationalität in der Ökonomie. Frankfurt/M. 1972
GODELIER, M. (1973): Ökonomische Anthropologie. Reinbek 1973
GOULDNER, A. W. (1974): Die westliche Soziologie in der Krise. 2 Bd. Reinbek 1974
GREENBLATT, M., LEVINSON, D. & WILLIAMS, R. (Hg.) (1957): The Patient and the Mental Hospital. New York 1957
GRIESWELLE, D. (1974): Allgemeine Soziologie. Stuttgart–Berlin–Köln–Mainz 1974
GUSTAFSSON, B. (Hg.) (1971): Socialkapitalismen (Der Sozialkapitalismus). Stockholm 1971
HABERMAS, J. (1967): Zur Logik der Sozialwissenschaften. Tübingen 1967. 2. Aufl. Frankfurt/M. 1969
HABERMAS, J. (1968): Technik und Wissenschaft als «Ideologie». Frankfurt/M. 1968
HABERMAS, J. (1971): Theorie und Praxis. Frankfurt/M. 1971
HABERMAS, J. (1973): Legitimationsprobleme im Spätkapitalismus. Frankfurt/M. 1973
HAHN, E. (1974): Theoretische Probleme der marxistischen Soziologie. Köln 1974
HANSEN, B. (1969): Velstand uden velfærd (Wohlstand ohne Wohlfahrt). Kopenhagen 1969
HARTFIEL, G. (1972): Wörterbuch der Soziologie. Stuttgart 1972
HAUGSGJERD, S. (1971): Psykiatrin i nyt perspektiv (Die Psychiatrie in neuer Perspektive). Kopenhagen 1971
HAYTER, T. (1971): Aid as Imperialism. Baltimore 1971
HEINILD, S. (1965): Den virkelighed barnet lever i (Die Wirklichkeit in der das Kind lebt). Kopenhagen 1965
HILFERDING, R. (1964): Böhm–Bawerks Marxkritik. In: FETSCHER, I. (Hg.), Der Marxismus – seine Geschichte in Dokumenten. München 1964
HOFMANN, W. (1968): Universität, Ideologie, Gesellschaft. Beiträge zur Wissenschaftssoziologie. Frankfurt/M. 1968
HOFMANN, W. (1969): Grundelemente der Wirtschaftsgesellschaft. Reinbek 1969
HOMANS, G. C. (1968): Elementarformen sozialen Verhaltens. Köln–Opladen 1968
HOWELLS, W. (1959): Mankind in the Making. London 1959
HUBERMAN, L. (1975): Kapital und Proletariat. 2. Aufl. Gießen 1975
HYMES, D. (1968): The Ethonography of Speaking. In: FISHMAN, J. (Hg.), Readings in the Sociology of Language. Hague 1968
Institut für Sozialforschung (Hg.) (1956): Soziologische Exkurse. Frankfurt/M. 1956
ISRAEL, J. (1955): Auktoritära attityder i uppfostran (Autoritäre Attitüden in der Erziehung). In: Aktuella Samhällsfrågor (Aktuelle Gesellschaftsfragen). Stockholm 1955

ISRAEL, J. (1967): Zwei Probleme des Sozialismus. In: SZCZESNY, G. (Hg.), Club Voltaire. Jahrbuch für kritische Aufklärung III. München 1967
ISRAEL, J. (1969): Teatern och samhället (Das Theater und die Gesellschaft). In: 14 forfattere mot et rigere teater (14 Verfasser gegen ein reicheres Theater). Kopenhagen 1969
ISRAEL, J. (1970): Remarks concerning some Problems of Marxist Class Analysis. In: Acta Sociologica, Vol. 13, Nr. 1 (1970)
ISRAEL, J. (1972): Vorwort in: PIAGET, J., Strukturalismen. Stockholm 1972
ISRAEL, J. (1972a): Der Begriff der Entfremdung. Reinbek 1972
ISRAEL, J. (1972b): Stipulations and Constructions in the Social Sciences. In: ISRAEL, J. & TAJFEL, H., The Context of Social Psychology: A Critical Assessment. London 1972
ISRAEL, J. (1972c): Is a Non-normative Social Science possible?. In: Acta Sociologica, Vol. 15, Nr. 1 (1972)
ISRAEL, J. (1973): Det förträffliga marknadsamhället (Die vortreffliche Marktgesellschaft). In: ÅKERMAN, N. (Hg.), Tvingande ekonomiska skäl (Zwingende ökonomische Grenzen). Stockholm 1973
ISRAEL, J. (1976): Sozialpsychologie. Stuttgart 1976
ISRAEL, J. (1976a): Alienation and Reification. In: GEYER, R. F. & SCHWEITZER, D. R. (Hg.), Theories of Alienation. Leiden 1976
ISRAEL, J. (1977): Remarks concerning Epistemological Problems of Objectivity in the Social Sciences. In: JONES, R. A. (Hg.), Research in Sociology of Knowledge, Science and Art, Vol. I, Greenwich/Conn. 1977
ISRAEL, J. (1977a): Das Prinzip des methodologischen Individualismus und marxistische Erkenntnistheorie. In: EBERLEIN, G. & KONDRATOWITZ, H. J. v. (HG.),Psychologie statt Soziologie?. Frankfurt/M. 1977
ISRAEL, J. & CALAIS, S. (1967): Medicinsk sociologi (Medizinische Soziologie). Stockholm 1967
ISRAEL, J. & HÄGGQVIST, B. (1961): Propaganda kring Genevekonferensen 1959 (Propaganda um die Genfer Konferenz 1959), MPI Rapport Nr. 7, 1961
JOAS, H. (1975): Die gegenwärtige Lage der soziologischen Rollentheorie. 2. verb. Aufl. Frankfurt/M. 1975
JOAS, H. (1976): George Herbert Mead. In: KÄSLER, D. (Hg.), Klassiker des soziologischen Denkens. München 1976
JONSSON, G. (1969): Det sociala arvet (Das soziale Erbe). Stockholm 1969
JORDAN, Z. A. (1967): The Evolution of Dialectical Materialism. London 1967
KÄSLER, D. (Hg.) (1976): Klassiker des soziologischen Denkens. München 1976
KERNIG, C. D. (Hg.) (1973): Soziologie. 2 Bd. Frankfurt/M.–New York 1973
KISS, G. (1971): Marxismus als Soziologie. Reinbek 1971
KLAUS, G. (1972): Die Macht des Wortes. Berlin 1972
KRECKEL, R. (1975): Soziologisches Denken. Opladen 1975
KRYSMANSKI, H. J. (1971): Soziologie des Konflikts. Reinbek 1971
LAING, R. D. (1974): Das geteilte Selbst. Köln 1974
LANGE, O. (1970): Politische Ökonomie. Frankfurt/M. 1970
LENIN, W. I. (1966): Ausgewählte Werke. 3 Bd. Berlin 1966
LENSKI, G. (1973): Macht und Privileg. Frankfurt/M. 1973
LÉVI-STRAUSS, C. (1971): Strukturale Anthropologie. Frankfurt/M. 1971 und 1975
LÉVI-STRAUSS, C. (1973): Das wilde Denken. Frankfurt/M. 1973
LÉVINSON, CH. (1972): Inflation, das weltweite Phänomen. Hamburg 1972
LICHTENHEIM, G. (1967): The Concept of Ideology. New York 1967
LINDBECK, A. (1973): Die politische Ökonomie der Neuen Linken. Göttingen 1973
LINDENSJÖ, B. (1968): Marx's klassbegrepp (Marx's Klassenbegriff). In: Haften för kritiska studier, 1 (1968)
LINDQVIST, S. (1971): Lateinamerika, der geplünderte Kontinent. Hamburg 1971
LØCHEN, Y. (1965): Idealer og realiteter i et psykiatrisk sykehus (Ideale und Realitäten in einem psychiatrischen Krankenhaus). Oslo 1965
LUKÁCS, G. (1975): Geschichte und Klassenbewußtsein. 3. Aufl. Neuwied 1975
MACKENZIE, N. (Hg.) (1969): Führer durch die Sozialwissenschaften. München 1969

MAGDOFF, H. (1970): Das Zeitalter des Imperialismus. Frankfurt/M. 1970
MANNHEIM, K. (1952): Ideologie und Utopie. Erw. Neuaufl. Frankfurt/M. 1952. [zuerst Bonn 1929]
MAO TSE-TUNG (1968): Über Praxis und Widerspruch. Berlin 1968
MARCUSE, H. (1965): Kultur und Gesellschaft. 2. Bd. Frankfurt/M. 1965
MARKOVIĆ, M. (1968): Dialektik der Praxis. Frankfurt/M. 1968
MARKOVIĆ, M. (1972): Philosophy and Social Criticism. 1972
MARX, K. (1953): Grundrisse. Berlin 1953
Marx/Engels Werke (MEW). Bd. 3, Bd. 8, Bd. 13, Bd. 23, Bd. 25
MATTHES, J. (1973): Einführung in das Studium der Soziologie. Reinbek 1973
MCFARLANE, B. (1971): Economic Policy and Economic Growth in China. In: Journal of Contemporary Asia 1 (1971)
MEAD, G. H. (1956): The Social Psychology of G. H. Mead (ed. by A. Strauss). Chicago 1956
MELMAN, S. (1971): Pentagon Capitalism. New York 1971
MELMAN, S. (Hg.) (1971a): The War Economy of the United States. New York 1971
MERLEAU-PONTY, M. (1969): Signes. La philosophie et la sociologie. Paris 1969
MILIBAND, R. (1972): Der Staat in der kapitalistischen Gesellschaft. Frankfurt/M. 1972
MILLS, C. W. (1955): Menschen im Büro. Köln 1955
MILLS, C. W. (1959): The Power Elite. New York 1959
MILLS, C. W. (1973): Kritik der soziologischen Denkweise. Neuwied 1973
MISHAN, E. J. (1969): The Costs of Economic Growth. London 1969
MOSCOVICI, S. (1967): Communication Process and the Properties of Language. In: BESKOWITZ, L. (Hg.), Advances in Experimental Social Psychology. Vol. 3. New York 1967
MURRAY, R. (1969): Imperialismens politiska ekonomi (Die politische Ökonomie des Imperialismus). In: Om Förenta Staternas imperialism (Über den Imperialismus der Vereinigten Staaten). Stockholm 1969
MYRDAL, G. (1944): An American Dilemma. New York 1944
MYRDAL, G. (1968): Asiatiskt drama (Asiatisches Drama). Stockholm 1968
MYRDAL, G. (1972): The World Poverty Problem. In: Book of the Year of Encyclopedia Britannica. 1972
NAESS, A. (1961): Empirisk semantik (Empirische Semantik). Stockholm 1961
PARSONS, T. (1952): The Social System. Glencoe 1952
PETROVIC, G. (1968): Marx in the Midtwentieth Century. New York 1968
PIAGET, J. (1964): Six études des psychologie. Paris 1964
PIAGET, J. (1968): Le structuralisme, Paris 1968; schwed. Ausgabe mit Vorwort von J. ISRAEL 1972
PIAGET, J. (1969): Psychologie et pedagogie. Paris 1969
PIAGET, J. & INHELDER, B. (1966): La psychologie de l'enfant. Paris 1966
PIAGET, J. & INHELDER, B. (1969): The Gaps in Empiricism. In: KOESTLER, A. & SMYTHIES, J. R. (Hg.), Beyond Reductionism: New Perspective in the Life Sciences. London 1969
PLACK, A. (1967): Die Gesellschaft und das Böse. München 1967
POLANYI, K. (1968): Primitive, Archaic and Modern Economics (ed. by G. Dalton). Garden City 1968
POPPER, K. (1969): Conjectures and Refutations, London 1969
PRÄTORIUS, U. (1970): Aggressionsmønstre og deres socialisation på Bellona – et polynesisk ø-samfund (Aggressionsmuster und ihre Sozialisation auf Bellona – eine polynesische Inselgesellschaft), verf. Magisterarbeit. Kopenhagen 1970
RAPOPORT, A. (1968): General Introduction to BUCKLEY, W. (Hg.), Modern Systems Research for the Behavioral Scientist, Chicago 1968
REIMANN, H. (Hg.) (1975): Basale Soziologie. 2 Bd. München 1975
REISSMAN, L. & HALSTEAD, M. N. (1970): The Subject in Class. In: Sociology and Social Research, 54 (1970)
REX, J. (1970): Grundprobleme der soziologischen Theorie. Freiburg 1970
ROBINSON, J. (1965): Doktrinen der Wirtschaftswissenschaft. Eine Auseinandersetzung mit ihren Grundgedanken und Ideologien. München 1965
ROBINSON, J. (1970): The Cultural Revolution in China. Harmondsworth 1970
ROBSON, R. H. A. (1968): The present State of Theory in Sociology. In: LAKATOS, J. & MUSGRAVE, A. (Hg.), Problems in the Philosophy of Science. Vol. 3. Amsterdam 1968

ROMMETVEIT, R. (1954): Social Norms and Roles. Oslo 1954
ROMMETVEIT, R. (1972): Språk, tanke og kommunikasjon (Sprache, Gedanke und Kommunikation). Oslo 1972
RUNCIMAN, W. (1967): Sozialwissenschaft und politische Theorie. Frankfurt/M. 1967
RUSSELL, B. (1952): Das menschliche Wissen. Umfang und Grenzen. Baden-Baden 1952
RYLE, G. (1949): The Concept of Mind. London 1949
SCHAFF, A. (1964): Sprache und Erkenntnis. Wien 1964
SCHEFF, T. (1966): Being Mentally Ill. Chicago 1966
SCHRÖDINGER, E. (1951): Was ist Leben? 1951
SCHUMPETER, K. (1946): Kapitalismus, Sozialismus und Demokratie. Bern 1946
SCHURMAN, F. (1971): The Waning of the American Empire. In: Journal of Contemporary Asia, Vol. 1, Nr. 3 (1971)
SEGER, I. (1970): Knaurs Buch der modernen Soziologie. München 1970
SHANNON, C. (1968): A Mathematical Theory of Communacation. In: OLDFIELD, R. C. & MARSHALL, J. C. (Hg.), Language, Harmondsworth 1968
SHERIF, M. (1936): The Psychology of Social Norms. New York 1936
SIGURD, B. (1970): Språkstruktur (Sprachstruktur). Stockholm 1970
SLITOR, R. E. (1971): The Tax Treatment of Research. In: LAMBERTON, D. M. (Hg.), Economics of Information and Knowledge. Harmondsworth 1971
SOURANDER, B. (1972): Ecuadors dåliga oljeaffärer (Ecuadors schlechte Ölgeschäfte). In: Dagens Nyheter v. 28. 2. 1972
STAVENHAGEN, R. (1969): Les classes sociales dans les sociétés agraires. Paris 1969
SWEDNER, H. (1969): Värderingar i arbete (Bewertung in Arbeit). Stockholm 1969
SWEEZY, P. M. (1970): Theorie der kapitalistischen Entwicklung. Frankfurt/M. 1970
SWEEZY, P. M. & MAGDOFF, H. (1972): The Dynamics of U.S. Capitalism. New York 1972
SÖDERSTRÖM, L. (1968): Människa eller konsument? (Mensch oder Konsument?). Stockholm 1968
TANZER, M. (1969): The Political Economy of International Oil and the Underdeveloped Countries. Boston 1969
THERBORN, G. (1971): Klasser och ekonomiska system (Klassen und ökonomische Systeme). Kristianstad 1971
THING MORTENSEN, A. (1972): Perception og sprog (Perzeption und Sprache). Kopenhagen 1972
TJADEN, K. H. (1969): Soziales System und sozialer Wandel. Stuttgart 1969
TRIST, E. L. & BAMFORTH, K. W. (1969): Technicisms: Some Effects of Material Technology on Managerial Methods and on Work Situation and Relationships. In: BURNS, T. (Hg.), Industrial Man. Harmondsworth 1969
WASHBURN & HOWELL (1960): Human Evolution and Culture. In: TAX, S. (Hg.), The Evolution of Man. Vol. 2. Chicago 1960
WEBER, M. (1920): Gesammelte Aufsätze zur Religionssoziologie. Bd. 1. Tübingen 1920
WEBER, M. (1922): Wirtschaft und Gesellschaft. Tübingen 1922
WEBER, M. (1968): Methodologische Schriften. Frankfurt/M. 1968
WEISS, P. (1970): The Living System. In: KOESTLER, A. & SMYTHIES, R. (Hg.), Beyond Reductionism. New York 1970
WERTHEIM, W. F. (1974): Evolution and Revolution. Harmondsworth 1974
WESOLOWSKI, W. (1965): Ruling Class and Power Elite. In: The Polish Sociological Bulletin (1965)
WETZEL, M. (1974): Gesellschaft als System menschlicher Praxis. Hamburg 1974
WHEELWRIGHT, E. L. & MCFARLANE, B. (1970): The Chinese Road to Socialism. New York 1970
WHORF, B. (1963): Sprache, Denken, Wirklichkeit. Reinbek 1963
WINCH, P. (1970): Understanding a Primitive Society. In: WILSON, B. (Hg.), Rationality. Oxford 1970
WITTGENSTEIN, L. (1960): Philosophische Untersuchungen. Frankfurt/M. 1960
WRIGHT, G. H. VON (1963): Norm and Action. London 1963
WRIGHT, G. H. VON (1971): Explanation and Understanding. London 1971
WULFF, CH. (Hg.) (1974): Wörterbuch der Erziehung. München 1974
WYGOTSKI, L. S. (1977): Denken und Sprechen. Frankfurt/M. 1977
ZELENY, J. (1968): Die Wissenschaftslogik bei Marx und «Das Kapital». Berlin 1968

Politik in der Bundesrepublik

HEINRICH ALBERTZ / HEINRICH BÖLL / HELMUT GOLLWITZER u. a. «Pfarrer, die dem Terror dienen»? Bischof Scharf und der Berliner Kirchenstreit 1974. Eine Dokumentation [1885]

CARL AMERY / JOCHEN KÖLSCH (Hg.) Bayern – ein Rechts-Staat? Das politische Porträt eines deutschen Bundeslandes [1820]

ANTI-SOZIALISMUS AUS TRADITION? Memorandum des Bensberger Kreises zum Verhältnis von Christentum und Sozialismus heute [4003]

LIESELOTTE BERGER / LENELOTTE VON BOTHMER / HELGA SCHUCHARDT Frauen ins Parlament? Von den Schwierigkeiten, gleichberechtigt zu sein [1946]

REINHARD CRUSIUS / WOLFGANG LEMPERT / MANFRED WILKE (Hg.) Berufsausbildung – Reformpolitik in der Sackgasse? Alternativprogramm für eine Strukturreform [1768]

FREIMUT DUVE / WOLFGANG KOPITSCH (Hg.) Weimar ist kein Argument oder Brachten Radikale im öffentlichen Dienst Hitler an die Macht? Texte zu einer gefährlichen Geschichtsdeutung. Vorwort: Alfred Grosser [4002]

IRING FETSCHER / HORST E. RICHTER (Hg.) Worte machen keine Politik. Beiträge zu einem Kampf um politische Begriffe [4005]

KARL-HERMANN FLACH / WERNER MAIHOFER / WALTER SCHEEL Die Freiburger Thesen der Liberalen [1545]

ERICH FRISTER / LUC JOCHIMSEN (Hg.) Wie links dürfen Lehrer sein? [1555]

MARTIN GREIFFENHAGEN (Hg.) Der neue Konservatismus der siebziger Jahre [1822]

MARTIN GREIFFENHAGEN / HERMANN SCHEER (Hg.) Die Gegenreform. Zur Frage der Reformierbarkeit von Staat und Gesellschaft [1943]

JUGENDARBEITSLOSIGKEIT Materialien und Analysen zu einem neuen Problem. Hg. von Sybille Laturner und Bernhard Schön [1941]

ULFRIED KLEINERT Seelsorger oder Bewacher? Pfarrer als Opfer der Gegenreform im Strafvollzug [4116]

REINHARD KÜHNL (Hg.) Geschichte und Ideologie. Kritische Analyse der bundesdeutschen Geschichtsbücher [1656]

JOACHIM STEFFEN Krisenmanagement oder Politik? [1826]

CAROLA STERN (Hg.) Was haben die Parteien für die Frauen getan? Mit Beiträgen von Gerda Hollunder, Luc Jochimsen, Heike Mundzeck und Claudia Pinl [4006]

Politiker zur Zeitgeschichte

HEINRICH ALBERTZ Dagegen gelebt – von den Schwierigkeiten, ein politischer Christ zu sein. Gespräche mit Gerhard Rein [4001]

166/62–62c